现代出版学精品教材
Contemporary Publication Studies Series

中国编辑出版史

第3版

黄镇伟 编著

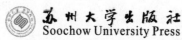

苏州大学出版社
Soochow University Press

图书在版编目(CIP)数据

中国编辑出版史 / 黄镇伟编著. —3 版. —苏州:
苏州大学出版社, 2022.1
现代出版学精品教材
ISBN 978-7-5672-3619-6

Ⅰ.①中… Ⅱ.①黄… Ⅲ.①编辑工作—历史—中国
—教材②出版工作—历史—中国—教材 Ⅳ.①
G239.29

中国版本图书馆 CIP 数据核字(2021)第 127536 号

现代出版学精品教材………
Comtemporary Publication Studies Series

总 策 划
吴培华

中国编辑出版史(第3版)

编 著
黄镇伟

责任编辑
王 娅

出版发行
苏州大学出版社
(苏州市十梓街1号 邮编:215006)

印 刷
南通印刷总厂有限公司
(南通市通州经济开发区朝霞路180号 邮编:226300)

开 本 787 mm×960 mm 1/16
印 张 19.75 **字 数** 344 千
版 次 2022 年 1 月第 3 版 2022 年 1 月第 1 次印刷
书 号 ISBN 978-7-5672-3619-6
定 价 52.00 元

若有印装错误,本社负责调换
苏州大学出版社营销部 电话:0512-67481020
苏州大学出版社网址 http://www.sudapress.com
苏州大学出版社邮箱 sdcbs@suda.edu.cn

总　　序

　　书籍,是人类传承文明的主要载体;近代兴起了报纸和杂志,于是文明传承又多了一种工具和媒介,从而新闻与出版并称。但是二者在传承文明过程中所起的作用和各自的特点有所不同。报纸杂志的时效性强、内容多样;书籍则传世久远、影响深远。二者相济,既及时反映了即时发生的情况,又引导人们思考过去、现在和未来,于是人类的文明得以播散和流传。

　　任何国家的新闻出版事业都是为自己国家的利益服务的,绝无功利的新闻出版事业从来不存在。过去,我国的新闻出版事业只注重了它的宣传作用,而忽略了它还有商品性的一面。这是计划经济导致的必然结果。改革开放以后,人们很快意识到了出版事业的二重性:意识形态属性和商品属性。我国的新闻出版业,一方面要发挥党和人民喉舌的作用,另一方面也要按照社会主义市场经济的规律去建设、发展、生产和流通,这两种属性是并行不悖、相辅相成的。只有按照市场经济的规律去建设、发展、生产和流通,才能更好地宣传科学的理论、正确的思想,弘扬正气,凝聚人心;也只有坚持正确的导向,乘市场经济的浪潮发展,才不至于迷乱了本性,才能为最广大人民的根本利益服务,才能在世界范围内形成自己的特色,参与国际出版业的激烈竞争。

　　无论是哪个国家的出版业,也无论从我国出版事业的哪一方面的属性来说,要使这一事业发展壮大,人才都是关键。特别是我国的出版事业正处在由传统的生产方式向现代生产方式转变的过程当中,人才的问题更加显得重要而急迫。

　　现代的出版业需求怎样的人才呢?我想,这样的人才除了应该熟悉现代新闻出版的经营方式方法之外,还需要有较高的理论素养、创新的意识和能力。后者也许比前者更为重要,因为经营的方式方法可以在实践中摸索、总结,而理论修养和创新能力却需要较长时间的积累和一定的悟性,需要良好的环境和条件的熏陶与培育。

　　如果以上述的标准衡量,应该承认,我国新闻出版界的人才结构和知识结构的确急需改善。同时我们应该看到,我国出版教育事业要承担起培养新型出版人才的历史重任,还有很多工作要做,还有很长的路要走。在诸多应该做的工作当中,编写出版具有理论深度的著作和具有时代特色的教材是其中最重要的基础性建设。

出版事业和社会生活几乎是同步前进的,在"知识爆炸"的今天,出版事业的发展可谓一日千里,也只有一日千里才能跟上时代。永远向前看,这是出版业的重要特征。因此,原有的读物显然已经不能完全满足当前的需要。现在出版的这套由我国新闻出版界一批著名专家策划并编写的"现代出版学丛书",就是为了跟上出版业改革发展的形势,根据他们在这一领域中多年积累的经验、最新的发展动态、研究的最新成果和对未来的深刻思考编写而成的,供正在出版事业前沿努力奋斗的专业人员和有志于投身这一事业的年轻人学习之用。

参加策划和编写的专家,都在出版业的各个方面工作过多年,有的担任过出版业领导工作并长期从事出版理论研究,有的在出版教育领域耕耘时久,有的一直在出版部门从事实际工作。他们虽然分布在全国各地,专业也不尽相同,但是有着一个共同的特点,这就是始终紧跟时代的脚步,密切关注着国际上出版界的动态,苦苦思考着我国的出版业如何适应21世纪中国和世界的情况。

任何著作都不可能十全十美,因为就在作者研究、写作的时候,客观情况已经在变化了;再加上每个人占有的资料很难滴水不漏,观察的角度彼此或异,如果读者发现这套丛书还有什么不足和可议之处,我看应属正常。我们总不能等到一切都研究得完美了再来编写——实际上永远不会有这样一天,重要的是做起来,教起来,学起来。

我衷心希望这套丛书尽快出齐,在听取读者的意见后不断修改提高,使之成为具有权威性的读物和教材;我同时希望我国的出版教育界以这套丛书的出版为新的起点,加强科学研究,逐步形成和完善具有中国特色的出版理论体系,使我国的出版事业不仅在数量和质量方面达到与我国的国际地位相应的水平,出色地承担起传承人类文明的重任,而且在理论建树和人才储备方面也能令世界刮目相看。

许嘉璐

于日读一卷书屋

目 录

绪　论　第一节　中国编辑出版活动的历史渊源和学科
　　　　　　　　体系 / 2
　　　　　第二节　中国书籍制度的演变 / 8
　　　　　第三节　中国的图书分类 / 15
　　　　　第四节　历代政府的编纂制度与出版机构 / 18

第 一 章　古代编辑出版活动的起点

　　　　　第一节　汉字的产生及其相关探索 / 24
　　　　　第二节　夏商文明与图书的起源 / 30
　　　　　第三节　图书的早期形态 / 35
　　　　　第四节　历史考古视野中的编辑活动 / 40

第 二 章　春秋战国时期的编辑出版活动

　　　　　第一节　教育下移与私家著述的兴起 / 46
　　　　　第二节　孔子的编辑活动及其历史意义 / 51
　　　　　第三节　先秦著述的编辑与传播 / 59
　　　　　第四节　竹帛与简策制度 / 66

第三章 秦汉时期的编辑出版活动

第一节 秦汉时期的文化政策与图书编校机构／72
第二节 两汉时期辉煌的编撰成就／80
第三节 《史记》与《汉书》／86
第四节 刘向、刘歆的编校活动及其历史贡献／89
第五节 纸的发明与图书市场的萌芽／96

第四章 魏晋南北朝时期的编辑出版活动

第一节 魏晋南北朝时期的思想文化状况／108
第二节 历朝政府的图书编纂机构及其编纂活动／115
第三节 图书品种的变化与四部分类法的确立／118
第四节 纸的广泛使用与纸本书的制作／121
第五节 图书编纂和社会传播活动的扩大／124

第五章 隋唐五代时期的编辑出版活动

第一节 隋唐五代时期的图书文化事业概貌／136
第二节 政府编纂机构的活动与修史制度的确立／140
第三节 雕版印刷术的发明与图书形制的发展／153
第四节 唐五代时期的编辑出版事业／162
第五节 唐五代时期的图书贸易／168

第六章　宋辽金元时期的编辑出版活动

第一节　宋代的图书编纂机构及其编纂活动 / 174
第二节　宋代的图书出版事业 / 185
第三节　民间书坊与社会文化传播事业的发达 / 192
第四节　宋代图书形制的发展和印刷技术的进步 / 202
第五节　两宋时期的图书发行业 / 209
第六节　辽金元三代的图书编辑出版事业 / 215

第七章　明清时期的编辑出版活动

第一节　政府的编纂机构与编纂活动 / 232
第二节　明代的刻书事业 / 240
第三节　清代前期的刻书事业 / 251
第四节　晚清编辑出版事业的发展 / 256
第五节　印刷技术的进步与图书发行业的建立 / 271

第八章　民国时期的编辑出版活动

第一节　编辑出版事业的基本状况 / 282
第二节　书刊的编辑出版 / 288
第三节　民营出版业的发展及其出版活动 / 295
第四节　中国共产党领导下的编辑出版事业 / 301

主要参考书目 / 307

绪 论

中国编辑出版史是一门以中国编辑出版事业产生、发展、演变的历史为研究内容的学科。

编辑出版是人类重要的社会文化活动。文字诞生以后,在现代印刷技术应用之前的漫长历史中,书籍一直是社会信息交流和文化传播的主要媒介。人类以智慧创造出书籍,书籍则以知识滋养人类。正是编辑出版活动,使前人形诸文字的知识得以转换成滋养后人的书籍。

中国有着五千年文明历程,其间促使书籍生产得以进入规模经营的两项伟大发明——造纸与印刷术,为历史上的编辑出版活动创造了巨大的发展空间,成就了举世瞩目的辉煌业绩。

书籍是一种精神文化产品,其编辑出版会受到诸多因素的影响和制约,包括政府的思想文化政策、时代风尚、社会需求、生产技术状况等。一部中国编辑出版史将从复杂的历史现象中梳理出清晰的编辑出版发展轨迹,并探讨其发展规律,突出历史上编辑出版活动为社会文化传播做出的巨大贡献,从而为编辑出版事业现在乃至未来的发展提供借鉴。

学习和研究中国编辑出版史,需要从了解、把握中国编辑出版活动的历史渊源和学科体系开始。

第一节 中国编辑出版活动的历史渊源和学科体系

文字和书写材料诞生之初,中华民族的编辑出版活动就已经有声有色地开展起来了,数千年来积累了丰富的历史内涵,形成了具有浓郁民族特色的学科体系。

一、中国编辑出版活动的历史渊源

中国编辑出版活动的历史渊源,可以从"编辑"和"出版"两个词的词义演变中加以了解。

(一)关于编辑

编,最早见于甲骨文中,由"册"与"糸"合体而成。《说文解字·糸部》:

"编，次简也。"清段玉裁注曰："以丝次弟竹简而排列之曰编。"可见，编连简册是它的本义，即顺次编排、编列之意。20 世纪初，在河南安阳小屯村殷墟出土了大量公元前 14 世纪至公元前 11 世纪之间的甲骨文献。经研究发现，它们是按所记内容的事类加以区分，并以时间顺序分编建窖储藏的，这足以说明我国编辑活动起源的历史十分悠久。

辑，本义为车舆；又同"集"。东汉班固《汉书》中常用之。例如，《景武昭宣元成功臣表》记曰："后世承平，颇有劳臣，辑而序之，续元功次云。"《礼乐志》记曰："河间献王采礼乐古事，稍稍增辑，至五百余篇。"《地理志》记曰："丞相张禹使属颍川朱赣条其风俗，犹未宣究，故辑而论之，终其本末著于篇。"《艺文志》记曰："门人相与辑而论纂，故谓之《论语》。"《司马迁传》记曰："赞曰……及孔子因鲁史记而作《春秋》，而左丘明论辑其本事，以为之传。"对以上各篇中的"辑"字，颜师古均注曰："辑，与集同。"这里特指搜集、辑录。辑，又通"缉"，所以早期"编辑"一词又经常写作"编缉"。

"编""辑"二字连用成词，最早见于《魏书·李琰之传》，其中记载：秘书监李琰之尝修撰国史，"前后再居史职，无所编缉"。又《北齐书·魏收传》中记载：魏收"所引史官……刁柔、裴昂之以儒业见知，全不堪编缉。"《北史·孝行传》中记载："今赵琰、李棠、柳桧……入别传及其家传，其余并从此编缉，以备《孝行传》云。"又《北史·循吏传》中记载："其余皆依时代编缉，以备《循吏篇》云。"前两例中，"编缉"一词当指史官编修史书的活动；后两例中，"编缉"仅指编排序次而已。

稍后，唐颜元孙《干禄字书序》曰："若总据《说文》，便下笔多碍，当去泰去甚，使轻重合宜。不揆庸虚，久思编缉。顷因闲暇，方契宿心。遂参校是非，较量同异，其有义理全僻，罔弗毕该。点画小亏，亦无所隐。"①这里对编辑工作的内涵做了更为详细的说明，表明编辑不仅包括形式上的编排序次，更重要的还在于对内容的审定。

《魏书》由北齐史学家魏收于公元 553 年开始纂修，《北齐书》《北史》分别为唐太宗贞观年间史学家李百药、李延寿所撰。可见，"编辑"一词的出现，与古代雕版印刷术的发明、应用基本同时，而且在唐代已经具有与现代基本相同的意义和用法。

唐宋以来，编辑工作日益成为一项重要的学术活动，学者编辑的书籍往往见

---

① 李学勤.中华汉语工具书书库(第 11 册)·干禄字书.合肥：安徽教育出版社,2002：587.

重于世。苏舜钦《题杜子美别集后》记曰:"杜甫本传云:'有集六十卷',今所存者才二十卷,又未经学者编辑,古律错乱,前后不伦,盖不为近世所尚,坠逸过半,吁!可痛闵也!"①又《渭南文集》中陆子遹序称:"惟遗文自先太史未病时故已编辑而名以《渭南》矣。"显然,这里的"编辑"包括收集史料、发凡起例、校正是非、确定取舍、纂集成书的全过程,其要在于体例创新、内容精当,因此,古代大多使用编纂、纂修和纂述、编述等词加以表述。

随着图书生产技术的进步和现代出版机构的成熟,编辑活动不断被细化,致使学术界出现了将编辑分为"作品编辑"和"出版编辑"的不同观点,前者系指收集史料、发凡起例、编纂成稿的过程,后者专指对成稿的审定和技术处理。

《中国大百科全书·新闻出版卷》在现代环境下把"编辑"一词的内涵界定为:"使用物质文明设施和手段,从事组织、采录、收集、整理、纂修、审定各式精神产品及其他文献资料等项工作,使之传播展示于社会公众者。"这一定义对编辑活动的工作基础、作用对象、选取手段等从宏观上做出了较为完整的概括,事实上它已涵盖了所谓"作品编辑"和"出版编辑"的全部内容。但是,定义最后"使之传播展示于社会公众者"的表述,存在着易与出版工作界限相混淆的不足。其实,关于编辑、出版二者的区别与衔接,在雕版印刷术得到应用以后已逐步明确。例如,明代彭时在元欧阳玄《圭斋文集》的跋文中说:"兹所编辑凡十六卷,将以属浙江督学宪副刘君仗和重加校正入梓。"这就明确区分了编辑与入梓,即进入出版程序之间的界限。所以,表述若改为"使之圆满进入出版程序者"似更适宜。

(二) 关于出版

出版,是指通过一定的物质载体,将著作制成各种形式的出版物,并使之进入流通领域,以保存和传播人类知识的社会专业化活动,包括排版、印刷、装帧和发售等环节。

"出版"一词是外来语,大约在近代机械印刷工业初起的19世纪下半叶才从日语中引进。但是,其内涵在公元10世纪的后唐长兴年间(930—933)已有完整的表述。宋初《册府元龟》卷608"学校部"中记载,后唐宰相冯道重经学,为此向明宗李亶建言:"如经典校定,雕摹流行,深益于文教矣。"冯道所言"雕摹流行",后固定为"版行"、"刊行"或"梓行",其义与"出版"相同。此外,尚有"镂

---

① [宋]苏舜钦.苏舜钦集.上海:上海古籍出版社,1981:171.

版""刻版""雕版""付梓"等词,其义不包含"流行"这一环节。

上述各词基本上都与雕版印本书籍的生产相关,是唐代雕版印刷术广泛应用于图书生产后出现的术语。但是,这并不说明中国的出版活动就始于唐代。

在雕版印刷术诞生之前,中国的图书传播经历过一个漫长而辉煌的传抄时代,正是因为传抄的相对低效难以满足日趋旺盛的社会需求,所以寻求生产制作技术的创新才成为一种历史的选择。

传抄时代的起始,当不晚于殷周,《尚书·多士》所载"惟殷先人,有册有典"即是明证。那时,王公贵族都有意识地将一些重要的事情通过各种形式记载下来,传之于后世。《墨子·尚贤》曰:"古者圣王既审尚贤,欲以为政,故书之竹帛,琢之盘盂,传以遗后世子孙。于先王之书《吕刑》之书然。"又《墨子·天志》曰:"有书之竹帛,藏之府库。为人后子者,必且欲顺其先君之行,曰:何不当发吾府库,视吾先君之法美(一说仪)。"此二例中,"书之竹帛"一语系指将事实和思想用文字抄录于竹帛载体上,使后世子孙能够借此了解古者圣王的尚贤和先君的法仪。其原意虽非面向社会出版,但却符合出版活动的最终目的在于保存、传播的要义。

春秋战国时期,诸子并起,百家争鸣,文化学术事业空前发展。其标志之一就是学术著作大量问世,正如《墨子·天志》所载,"今天下之士,君子之书,不可胜载"。所以,墨子"南游使卫,关(同辒,代指车)中载书甚多"①,而"惠施多方,其书五车"②。大量书籍经传抄流入民间,成为私人藏品而产生了重大社会影响,致使秦孝公采取挟书禁令,禁止民间藏书。

中国文化元典大多产生于春秋战国时期,传抄则使这些元典中的思想得到广泛传播。那时,传抄就是出版活动。兴盛的传抄行为使春秋战国时期形成了中国历史上第一个出版活动的高潮。

概括来说,根据历史文献记载和地下出土文物的双重证据,中国历史上的编辑出版活动应肇始于殷商时代。

二、中国编辑出版史的学科体系

学习、研究中国编辑出版史,首先要明确研究对象,进而了解其研究的内容和范围,熟悉其与相关学科的关系和界限。也就是说,要掌握它的学科体系,即

---

① [清]孙诒让,撰;孙启治,点校.贵义第四十七.北京:中华书局,2001:445.
② [清]郭庆藩,撰;王孝鱼,点校.庄子集释·天下第三十三.北京:中华书局,1961:1102.

研究对象、研究内容和学科地位。

（一）中国编辑出版史的研究对象

本书所称的中国编辑出版史的研究对象是指从上古至中华人民共和国成立这一历史时期的编辑出版活动。

中国古代的文化传播，其主要媒介是图书，自唐宋以来，已步入一个由雕版印刷技术支持的图书时代。本学科主要研究、探讨围绕图书进行的编辑出版活动，兼及在1840年鸦片战争前后西学东渐浪潮中新生的报纸和期刊。

从历史上看，由生产技术能力、社会发展需求、人们认识水平等因素综合构成的历史条件决定着图书的产生与发展。历史唯物主义告诉我们，这样的历史条件，有一个从无到有，从基本、简单逐步到优越、完善的形成过程，主要围绕图书进行的编辑出版活动，其发展历程与之完全一致。所以，中国编辑出版史研究的编辑出版活动是一个动态演进的过程，它原始、简单、程序混沌的开局，与如今技术先进、分工细化、程序严格的现状存在巨大的差距。编辑出版史的研究任务就是要历史地反映古今编辑出版在内容、理论、方法和机构等方面继承、变革、发展的事实，并辩证地分析和揭示出推动变革、发展的内部因素和外部因素。

（二）中国编辑出版史的研究内容

图书是人类在自身发展过程中所创造的一种物化了的精神产品，它能不断反映、复制、放大、传播人类的精神文明成果。人类围绕图书而发生的一切社会文化现象，可以分为创造性活动和利用接受行为。人类的创造性活动作用于图书，使图书在形制、编纂体例和内容、生产技术等方面得到持续的创新、丰富和发展；人类利用图书的行为包括人们的阅读活动、社会的传播方式和收藏等，利用接受行为会在相当程度上推动编辑出版活动在内容、体例方面不断开拓创新。

编辑出版活动正好贯穿融通于创造和利用之间。因此，编辑出版史的研究内容可相应地分为两个方面：其一，编辑出版内部在体例、内容、技术、制度等方面的继承、发展及其相互联系；其二，编辑出版事业与社会政治、经济、文化等方面的相互影响。具体来说，这两方面的内容主要通过编辑出版家的活动、各类典籍的持续出版和图书市场的日益扩大综合表现出来。所以，一部中国编辑出版史的主要研究内容和研究任务可以解析为以下几点：

（1）重要文化典籍编辑、出版的过程及其历史意义；

（2）著名编纂出版机构的创办、发展及其历史地位；

（3）杰出编辑出版家的重要业绩及其历史影响；

(4) 重大编辑出版技术与制度的产生、完善及其历史作用；

(5) 编辑出版活动在长期发展中积累的历史经验。

本书将在广阔的社会文化背景中，对上述内容在各个历史时期的具体表现进行分析、叙述，从中展示中国编辑出版活动的历史轨迹和发展规律。

(三) 中国编辑出版史的学科地位

在中国历史上，许多现代学术研究确立的学科往往是有其实而无其名，编辑出版史即是其中之一。古代，在以图书文献为研究对象的领域产生了校雠学，泛称治书之学，其在图书文献的整理、编纂与利用上讲求目录、版本、校勘、辑佚等专学，后又各自发展成独立学科——目录学、版本学、校勘学、辑佚学。近代以来，学术界以文献学来涵盖古代校雠学的研究范围，逐渐建立了图书学、编辑学、出版学，以及相应的中国文献学史、中国目录学史、中国书史、中国印刷史、中国编辑史、中国出版史、中国藏书史等新学科，初步形成了对中国图书文化进行多方位研究的学科体系群。

中国编辑出版史是编辑学、出版学与历史学的交叉学科。编辑学、出版学分别以研究编辑、出版工作的内在规律和学科理论为主，侧重分析、探讨其内部各环节、各层面的工作规范及其相互联系。编辑出版史虽然也要研究编辑出版活动及其规律，但以从历史的层面上揭示编辑出版活动发生、演变的内部因素和外部因素为主，侧重探讨、归纳编辑出版活动数千年发展历程中的经验与教训，以便昭示来者。

在有关中国图书文化研究的学科体系群中，中国编辑出版史与中国文献学、文献学史、中国书史也存在部分交叉，但是区别十分明显。中国书史以图书与图书事业为研究对象，图书载体、形制的演变和发展是它的核心内容；传统文献学与文献学史也以图书为主要研究对象，以版本、目录、校勘、辑佚之专学如何运用于图书文献的整理和编纂为中心。但是，文献学仅将图书作为知识的载体而非传播媒介，所以其研究重在文化的承载而非知识的传播。编辑出版史则重在传播效果，所以着重探究与回答编纂体例如何适应社会阅读要求、出版如何满足社会传播要求、政府思想文化政策和社会文化思潮如何影响编辑出版事业等原本散落在图书史和文献学研究视野之外的问题与细节。

另外，中国新闻传播史亦以媒介传播研究为主，但是，囿于本学科的体系，其研究视野基本不涉及图书。

中国编辑出版史相对独特的研究视野和阐述任务，决定了它重要的学科地位。

第二节　　　　　　　　中国书籍制度的演变

书籍制度，主要是指书籍书写材料的品质和规格、装帧的工艺和形式，以及出版的方式。自先秦以来，中国的书籍制度几经变迁，书写材料由竹木而为缣帛，继由缣帛转而用纸；装帧形式由简册而为卷轴，继由卷轴转为册叶；出版方式由抄录而为雕版，继由雕版而用活字。近现代学者曾在充分利用历史文献和出土实物的基础上，对古代书籍制度进行了深入的考证研究，大致廓清了中国古代书籍制度的基本情况。马衡的《中国书籍制度变迁之研究》、余嘉锡的《书册制度补考》和钱存训的《书于竹帛：中国古代的文字记录》等是其中的代表性论著。

一、简策制度

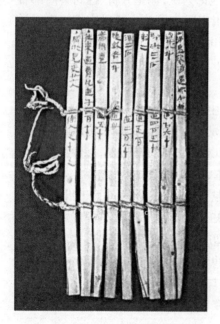

图1　汉简《劳边使者过境中费》

简策(图1)是春秋以迄秦汉三国时期书籍的主要形式，它在书写、编次、装帧等方面都已具备了后世正规书籍的基本要素，因而成为中国书籍之始。

简策之"简"，早期专指竹质的书写材料，木质者则称为"牍"。到了东汉，"简"可以泛指竹、木质书写材料。现在习惯上仍以"简牍"来概称写有文字的竹简和木牍。策，又作册，是指由若干简牍编连而成的书册。所以，简策就是指书写在竹、木之上的书籍。在长达千年的发展进程中，简策在书写工具、材料规范、刮治缮写、削改标号、题记编连等技术处理方面，形成了一整套制度，史称"简策制度"。王国维的《简牍检署考》和高敏的《简牍研究入门》对此有较为深入、系统的论述。

简策制度是中国书籍制度的滥觞,其主要内容分为材料处理、形制规格、书写及书写工具、题记与编连四个方面。

(一)材料处理

简牍作为书写材料,在书写文字前要进行技术处理。竹简,一般选取毛竹或慈竹,剖开后削成签形;木牍,一般选用松木或柳木,锯断后劈成片状,然后修整划一。书写的一面要刮削平坦,打磨光滑。竹简还需要增加一道工序,即放在火上将水分烘干,以防蠹朽。这就是古书上经常提到的"杀青"。在烘烤过程中,新鲜的竹条上会有水分渗出,类似人之出汗,且颜色由青变黄,故又称为"汗青"。后来,"汗青"一词被引申为"书册、史册"的意思。南宋文天祥《过零丁洋》中的千古名句"人生自古谁无死,留取丹心照汗青",其中"汗青"一词即指史册。

(二)形制规格

简与牍在形制上有所不同。简,一般宽0.5~1厘米,厚0.2~0.3厘米;长则有多种规格。从出土的战国和秦汉时期的竹简来看,大致可分为3种:长简,简长三尺(秦汉尺,一尺约合23厘米。下同),约合70厘米;中简,简长一般为二尺四寸,约合56厘米;短简,简长大多为一尺,约合23厘米,在当时称为"尺牍",大多用来书写信札,所以,后人把书信雅称为"尺牍"。除长简、中简、短简外,亦有尺四简、尺二简或八寸简。1993年出土的郭店战国楚简中就有尺四简、尺二简和七至八寸简等多种,1975年出土的云梦秦简大多为尺二简和一尺短简,1972年出土的银雀山汉简大多为尺二简。

一般认为,简之长短与所写文字内容的重要与否有关,如帝王诏令、政府法律等大多用三尺长简,以示王权法威。但是,这并非恒制,简长的规格随时代不同而有所变化。据东汉王充、郑玄等人的记载,汉代书写六经皆用尺四简,即简长为55~56厘米。1959年,甘肃武威六号汉墓出土的《礼仪》简册,其简长即在55.5~56.5厘米之间,正合尺四简之制。1977年,安徽阜阳双古堆西汉汝阴侯夏侯灶墓中出土了百余枚《诗经》简,其简长不到一尺二寸。武威汉墓为西汉晚期墓葬,而阜阳汉墓则系西汉初文帝时的墓葬。据此,阜阳汉简研究者胡平生推论:"汉初抄写《五经》(或《六经》)并无统一的规格,至少在武帝之前不大可能有统一的规格,王充、郑玄等关于《六经》之册皆用二尺四寸简的说法,不是汉初制度。"[①]

[①] 胡平生.阜阳汉简诗经研究·阜阳汉简《诗经》简册形制及书写格式之蠡测.上海:上海古籍出版社,1988:97.

牍，一般宽于竹简，能书写较多的文字。云梦秦墓中曾出土两件木牍，一件长23.4厘米、宽3.7厘米，一件残长16厘米、宽2.8厘米，其两面都写有文字。

（三）书写及书写工具

简牍上书写字数的多少并无定制。据出土实物，普通的一尺之简，每简书写一行，一般为30字左右，多至60字。古人为了增加单简的书写字数，经常采用加宽的方法，即将简宽增至2厘米左右，使每简可抄写两行字，名曰"两行简"。牍的宽度大多超过简，有的甚至宽至6厘米，故能多行书写。当牍的宽度几与长相等而近于方形时，就专称为"方"。另一种增加字数的方法是添加书写面，主要用于木牍，即取圆木，用刀削成3~4个书写面。这种呈棱柱形的木牍专名为"觚"。

简牍的书写工具，主要是笔和刀。唐宋以来，曾有学者以为简牍文字是用刀刻写的。根据近现代对大量出土简牍的研究证明，简牍文字都是毛笔墨书的。刀只是用来削改错误，当发现文字写错而墨汁已渗入竹、木时，就用刀将错字表层削去。后世将修改文字称为"笔削"，当是此制的遗意。

有关简牍书体，据出土简牍，战国简为篆书，秦简大多为墨书秦隶，汉简则为墨书汉隶。由于抄手书风不一，简牍文字会形成不同的字体风格。字体与形制一样，是辨识出土散落简牍是否属于同一篇、同一卷的重要依据。

（四）题记与编连

把一枚枚形制基本一致的简牍按内容顺序编成书册的工序，称为"编连"。编连时，简牍的数量由书写内容的多少确定。用来编连的绳子叫"编"，通常用细麻绳，也用丝或熟牛皮。用丝者称"丝编"，用熟牛皮者叫"韦编"。编连之法类似编竹帘，编绳有用两道、三道、四道甚至五道者。编连与书写的关系，有先编后写与先写后编之别。1957年出土的武威《仪礼》汉简编绳处无字，说明是先编后写。1973年江陵凤凰山汉墓出土的竹简编绳处覆盖文字，说明是先写后编。

简牍编连成册，其最前面有两根简一般不写字，起保护简册的作用，称为"赘简"。赘简的背后书写书名和篇名，这就是后世书籍封面的起源。写满文字的简册就是一部竖排的书，一般从右向左读。读完后，可以像卷竹帘一样，把简册自简末向前卷起。这样，一卷书的最外面必然是题写书名、篇名的赘简简背，阅读者无须舒卷简册，就可准确取阅所需书卷。这就是中国古代书卷的最初形式，也是后世书籍卷轴装的雏形。

二、与简策并行的帛书

帛书是指书写在缣帛上的书籍。缣帛是丝织品,包括帛、素、缯、缣等品种,所以,帛书有时又称"素书"或"缣书"。

缣帛质地轻薄,书写时可以根据文字内容的长短随意裁剪,舒卷方便,且在携带、阅读、保存和收藏各方面都十分理想。作为书写材料,缣帛的这些优点都是简牍所不具备的,所以到东汉时,帛书得以盛行。据史籍记载,东汉献帝初平元年(190),董卓胁迫献帝从洛阳迁都长安,大量国家所藏帛书被毁,从一个侧面反映出当时社会上帛书的流行。但是,缣帛毕竟是一种价格相对昂贵的丝织品,生产量又较低,难以成为社会生活中普通的书写材料。在帛书流行的近千年间,它始终只是王室显贵的文房用品。这就是缣帛尽管具有诸多优点,但终究不能取代简牍而成为书写材料主流的根本原因。

由于缣帛较易朽损,流传数量相对又少,故古代帛书的实物遗存极为罕见。关于帛书的形制,过去主要根据古代有限的文字记载推定。1942年,长沙子弹库一座战国中晚期楚墓被盗掘,出土的一幅宽38.7厘米、长47厘米的帛书,墨书楚国文字,凡900余字,为阴阳术数之书。该帛书原件现为美国私人收藏,摹本见1944年蔡季襄的《晚周缯书考证》。1973年,长沙马王堆汉墓帛书出土,我们终于全面、具体地了解了帛书的形制。

长沙马王堆3号汉墓出土的《周易》《战国策》《老子》《黄帝书》《五十二病方》等20余种帛书,多达12万字,墨书有小篆和隶书两种字体。这批抄写于西汉初年的帛书有两种形式:其一,书写在幅高48厘米的整幅帛面上,出土时折叠存放在一个漆奁的下层;其二,书写在幅高24厘米的半幅帛面上,卷轴状存放。整幅帛高与二尺四寸简的长度相近,半幅帛高与尺简近似。帛面画有很细的朱丝栏,栏宽约0.6厘米,与竹简宽度相近,很像是把帛面划分成一枚枚竹简,且其实物为卷轴状存放。这说明帛书的形制是依简策沿用而来的。

三、纸本书的版式和装帧艺术

纸与印刷术发明后,各地先后出现了许多优质名纸和刻书中心,繁华的都市开始形成书肆集中的特色文化街,中国的图书编辑出版事业进入了崭新的历史发展阶段。纸与印刷术成功地催生了纸本和印本书籍的面世,而纸本和印本书籍在制作、版式和装帧等方面形成了与简策制度不同的特色。

(一) 纸质抄本的装帧

六朝和隋唐时期,纸质书籍大多为抄本,其装帧形式沿袭帛书而为卷轴装,稍后才逐渐出现改进式:旋风装与经折装。

卷轴装(图2)是指在一卷书的末尾安上一根轴,以轴为中心,书卷可以由尾向前卷起。现在书画作品的装裱仍采用这种形式。

图2　卷轴装

卷轴装包括卷、轴、褾、带、签五大部件。卷,即书卷本身,一般是指把写有文字的纸裱在稍大的坚韧背纸上,达到一定的长度就截下作为一卷。古人以"卷"作为书籍的计量单位即源于此。轴,通常用普通的竹、木制作,卷轴露出卷外的两端,大多上漆装饰。皇家贵族、豪门巨富的藏书,书轴制作十分考究,大多选用象牙、琉璃、紫檀等高级材料。唐代吕牧《书轴赋》中"饰以金玉,交以丹漆"之语,说的就是这种情况。褾,是指书卷最右端一段不写字的空白处,又名玉池、护首。该段空白靠近书卷外层,最易污损,故其上面常裱有一层韧性较好的物质加以保护。粘裱材料一般用纸,高档者用丝织品。带,是装在褾前端的一根捆缚书卷的绳子,往往选用丝织的彩带,其颜色即作为区别图书类别的标志。签,是固定带端、防止书卷散脱的一种插销式骨制品。此外,古人常称"牙签万轴"中的牙签,则是指挂在卷轴上写有书名、卷数的牙制标签。隋唐时期,书籍的卷轴装帧十分讲究,书轴牙签各以品质、颜色标示书品的等级和内容的类别。藏书之室,丝光流彩,五色灿然。

卷轴装是根据缣帛和纸张柔软轻便、舒卷自如的特点,依仿简策编连卷装的遗意发展起来的。如果书籍内容较多,书卷则相应较长,展读不便。尤其唐代,已出现主要供人查考典故、字义的类书和韵书,书籍的卷子形式更显不适。于是,人们开始寻找新的装帧形式,旋风装、经折装就是这种努力的结果。

旋风装又称龙鳞装,其形式为:以一长形条纸为底,首叶单面书写,全部粘裱在底纸的卷端。自第二叶起,双面书写,右侧留出一条空白,供粘裱用。然后,将各叶鳞次相错地自右向左粘裱在前叶下面的底纸上。这种装帧形式,展卷时状如龙鳞,收卷时形似旋风,故名。旋风装除首叶外,其他各叶皆可像现代书籍一样,逐一翻转,在保留卷轴装外形的前提下,增加了书卷的内容容量,解决了卷子翻检卷舒的不便。

经折装是一种主要用于佛教经书的装帧样式,故名。其根据一定的行数宽度,把写好的长条书卷均匀地连续折叠起来,然后在首尾粘加封叶。

旋风装、经折装都是古代纸本书籍装帧由卷轴过渡到册叶的中间形态。比较起来,经折装取消了卷轴,已呈现书叶的雏形。

(二) 册叶制度

唐末、五代以来,雕版印刷的书籍开始由单叶书纸积累装订而成,其生产制作的工艺规程形成了新的制度,史称"册叶制度"。册叶制度包括书籍的版式、行款、字体、装帧等内容,这里主要介绍版式和装帧的基本情况。

1. 版式

版式,指雕版印本书籍在长期的发展中形成的固定的单叶版面形式(图3)。

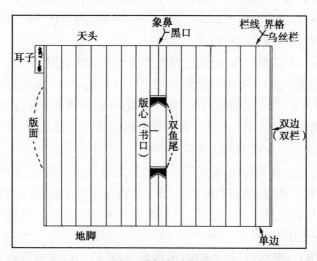

图3 雕版书叶版式

其组成部分及名称如下：

版框，即书版四周的黑线，又称栏线。上方称上栏，下方称下栏，两边则称边栏或左右栏。栏线以直线最常见，亦有由花纹构成的花栏、由各种古乐器图纹构成的博古栏，以及状如竹节的竹节栏。

界行，即分割版面的直线，亦称行格栏线。其颜色有别，红色者称为朱丝栏，黑色者称为乌丝栏。有的古籍版面不分界行，则称为"白文"。

天头、地脚，分别指版框上栏上方与下栏下方的空白处。古人常于天头书写评注或校语。

版心，版面正中较窄的一行，是书叶装订对折的基准，故又称中缝，俗称书口。书口多刻有书名、卷次、叶数等。

鱼尾，位于版心处类似鱼尾的印符。仅有一个鱼尾者称为单鱼尾；在版心上下方对称处刻有两个鱼尾者，称为双鱼尾。一般认为，鱼尾具有折叶标志的作用。

象鼻，版心中上下鱼尾至版框之间的部分，因其中间印有黑线，形如象鼻之下垂，故名。该部位凡印有黑线者，又称为"黑口"，无黑线者则称为"白口"。

2. 装帧

雕版印刷，一块书版印一叶纸，分左右两面。册叶装帧就是将书叶沿版心中线双面对折，积叶成册。宋元以来，书叶折叠和粘装的方法不断改进，先后形成了蝴蝶装、包背装和线装三种样式。

蝴蝶装是早期的册叶装帧样式，其特点是版心向内、边栏向外。其装帧方法是先将每叶印纸沿版心向内对折，然后把书叶背面的中缝（即版心的背面）粘贴在一张裹背纸上。书衣用硬纸衬装，有时还取绫、锦等高档丝织品裱褙，从封底、书脊一直包裹到封里。书一打开，书叶即向两边展开，若蝴蝶的双翅，故名之曰蝴蝶装，简称蝶装。宋代书籍大多采用蝶装。

包背装盛行于元明时期，它的折叶方式与蝴蝶装正好相反：将书叶沿版心向外对折，纸叶背面相对，版心向外。各书叶左右两边的余幅向内，装订时在此部位穿孔，用绵性的纸捻订住。最后，用整张纸将书从封面到封底整个包裹粘牢，类似现在的平装书籍。

线装（图4），将书叶沿版心的中线对折，折叶排序后在前后各加书衣，然后打孔穿线成册。比较珍贵的书，装订时常取湖色或蓝色的绫子将书角包起，称为"包角"。

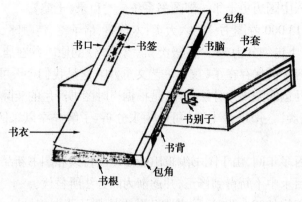

图 4 线装

现代印刷工业诞生后,普通图书开始采用新闻纸、铜版纸,且单页双面印刷,版式与古籍有了根本区别,不再适宜于线装,转而采用西式装订法,即所谓平装、精装。

第三节　中国的图书分类

中国古代的书籍浩如烟海,据不完全统计,尽管经历了数千年的销蚀淘汰,至今仍保存着近10万种。这是中国历史上编辑出版活动的史诗般的伟大成就。要切实了解、把握这一伟大成就的具体内涵,就需要从熟悉图书分类及其知识体系入手。

书籍积聚多了,在阅读、查考和管理上,都会产生建立图书分类体系的需要。关于图书分类编目的学问,古代名之曰"目录学"。据文献记载,中国最早的图书分类体系产生于公元前1世纪末年西汉成帝时期的一次大规模图书整理活动。

一、六略四部

汉成帝河平三年(前26),学者刘向、刘歆父子受命主持全面整理国家藏书。经过19年不懈努力,刘氏父子组织各方面专家、学者校定抄清图书13 000卷,并成功地将其编入中国历史上第一部图书系统分类目录《七略》。

《七略》将13 000卷图书分为六大类：六艺略、诸子略、诗赋略、兵书略、数术略和方技略，其下再细分为38个二级类目。《七略》的原本约在唐宋时期散佚，但它的基本内容却被保存在了《汉书·艺文志》中，这是我们今天可以看到的。

刘氏父子开创的图书六分法体系，是根据当时图书产生的实际情况确定的，所谓"因书以设类"。所以，《七略》可以用来分析、了解先秦以来图书编辑出版的基本情况。

此后的六百多年间，由于图书编辑出版活动的持续和图书新品的出现，导致六分法在新编目录中不断得到修正，并逐渐为四分法所替代。

西晋太康年间(280—289)，秘书监荀勖主持朝廷藏书的校勘、编目工作，据魏秘书郎郑默所撰《中经》编成新的目录《中经新簿》。在编校过程中，荀勖等人根据当时图书典籍品种的增减变化情况，革新了刘向的六分法，建立起新的以甲、乙、丙、丁天干符号标类的四部分类体系，其中丙部主要著录汉魏以来盛行的历史类著作。至东晋穆帝永和年间(345—356)，著作郎李充编《晋元帝四部书目》，又重分四部，将荀目中乙、丙两类的著录内容对换，使历史著作升入乙部。

唐太宗贞观年间(627—649)，秘书监魏徵等人主持编修《隋书·经籍志》，其分类沿袭四分法，正式以经、史、子、集的命名来替代甲、乙、丙、丁的叙次。此后一千多年间，官私书目绝大多数沿用这一分类法，虽然在二级和三级类目上有所变更调整，但四部大类则恪守不易。

四部分类法脱胎于《七略》的六分法，如六艺略发展为经部，诗赋略发展为集部，诸子、兵书、数术和方技四略合并扩充为子部，史部则根据后世大量新品图书增设。四部分类法发展到清代编纂《四库全书总目》基本完备定型。《四库全书总目》凡4部、44类。其中，经部10类，主要收录儒家经典以及注释、阐述这些经典的有关书籍；史部15类，收录各种体裁的史书，以及地理、传记和目录等类著述；子部14类，收录先秦以来各学术流派代表人物的著作，以及农艺、医学、算学、书画等科技艺术类著作；集部5类，收录历代文人的诗文创作及文学评论、词曲方面的著作。

历代图书的校勘、编目工作是重要的编辑出版活动，其所产生的分类法在分类思想和设类原则上体现了编目时代的思想意识、学术风貌，以及书籍编辑出版的状况，是我们研究历史上编辑出版活动的重要切入点。

二、近代图书分类法的演变

19 世纪初,西学东渐的浪潮极大地影响了整个晚清社会。西方现代印刷术的输入,西方传教士的译书和出版传播活动,又极大地推动了中国编辑出版活动的变革和发展。

美国芝加哥大学教授钱存训曾对 1580 年至 1940 年间中国翻译图书的情况做了一个较为详细的统计,在这逾三个半世纪的时间里,译书总数为 7 601 种,其中近 95% 为 19 世纪以来所译,19 世纪初至 60 年代、20 世纪初至 40 年代是译书集中的高潮时期。①

近代译书和新的科学著作的大量面世,使中国传统的四分法越来越不能适应对迅速涌现的图书新品进行分类的需要,分类法的革新势在必行。

1896 年,康有为刊布《日本书目志》,分 15 门介绍了日本明治维新以来的书刊:生理、理学、宗教、图史、政治、法律、农业、工业、商业、教育、文学、文字语言、美术、小说、兵书。

同年,梁启超在《时务报》上发表了《西学书目表》,将当时译出的西书分为西学诸书、西政诸书、杂类三部分,其中西学类下分算学、重学、电学、化学、声学、光学、汽学、天学、地学、全体学、动植物学、医学、图学 13 目。西政类包括史志、官制、学制、法律、农政、矿政、工政、商政、兵政、船政 10 目。杂类复分游记、报章、格致、西人议论之书、无可归类之书 5 目。虽然书目中有些类目存在界限不明、类名不尽合理的问题,但是已能使人从中看出将图书划分为自然科学、社会科学和综合性图书三大部类的新分类法的雏形了。

光绪二十二年(1896),支持维新变法的内阁学士李端棻上《请推广学校折》,提出设置藏书楼的主张,中国近代图书馆建设自此拉开了序幕。两年后,京师大学堂大藏书楼、安徽藏书楼、浙江藏书楼等先后创办。新办藏书楼广置中西各类图书,其藏书目录纷纷在四分法的基础上进行改造。1904 年,浙江绍兴徐树兰捐建的公共图书馆古越藏书楼开馆,内藏古今中外图书 7 万余卷。其所编《古越藏书楼书目》分学部、政部两大类,两部各分 24 个二级类目,三级类目则多达 332 个。其中,二级类目大多沿用四部类名,而三级类目则较多设置新目,以容纳新品。这部开创了中国近代图书馆目录先河的书目,其编目思想对后

---

① [美]钱存训.近世译书对中国现代化的影响.见:程焕文编.中国图书论集.北京:商务印书馆,1994:297.

世产生了很大影响。其后,各地公立图书馆纷纷改良美国《杜威十进分类法》,编成了一批馆藏目录,刘国钧的《中国图书分类法》分为总部、哲学部、宗教部、自然科学部、应用科学部、社会科学部、史部、语文部、美术部等9部,具有代表性。

近代编辑出版活动的巨大变革、平装图书的大量涌现,促使研究者考虑建立科学的图书分类法,以"依类以归书"来代替古代"因书以设类"的做法,这显然是一个巨大的进步。

新图书分类法的出现,适应了新时代编辑出版活动的现实和发展需要,但这并不意味着传统四部分类法就此退出了历史舞台。四部分类法还是基本反映了古代图书的特征,目前在线装古籍的编目中继续沿用。

第四节　历代政府的编纂制度与出版机构

自先秦以来,大规模的编纂出版活动大多是由帝王授意、朝廷组织的,历代大中型图书绝大部分出于官修,这与中国历朝相沿不易的编纂与刊行制度有关。

中国具有悠久的史官制度,早在黄帝时就有史官仓颉、沮涌,虞舜时有伯夷,夏有终古。从甲骨文献的记载算起,我国有连续不断的历史记载,至晚从殷商就开始了。商朝的史官负责记录商王先公先王世系和商王的行事。《史记·殷本纪》所载,据王国维《殷卜辞中所见先公先王考》《殷卜辞中所见先公先王续考》的考证,基本符合史实,据此可以推定,司马迁当日依据的史料应该包括殷商史官们的这类记录。西周至春秋时期,周王室设有多种职掌不同的史官,其中主要是太史和内史。西汉司马迁的先世即为周王室的太史,"世典周史",负有载笔修史的职责。司马谈、司马迁父子先后为朝廷太史令,以薪传祖业、修史传世为理想,终于修成了千古不朽的历史巨卷《史记》。

秦王朝建立后,继承了周王室和诸侯国的史官制度,但其运作情况不详,今据司马迁《史记·六国年表序》所述,其史官曾编纂《秦记》。《汉书·艺文志》在小学类的序中称,"《博学》七章者,(秦)太史令胡母敬所作也"。所以,唐代刘知几以为:"至秦有天下,太史令胡母敬作《博学章》,此则自夏迄秦,斯职无改者矣。"

汉隋之间,封建国家历经统一、分裂、再统一的艰难发展历程,社会数经大动荡的磨难。战火中,经过数代人努力建立起来的国家藏书毁于一旦。封建统治者为张扬自己的新朝,往往首先重建、整理、典校国家藏书;而为总结历史经验和教训,尤其是为了给自己的统治寻求历史根据,又都十分重视修史,置官设局,规模宏大。古代的史官制度,发展到两汉,开始逐渐将记事、修史、典校图书和刊行集于一体,如西汉石渠、天禄之阁,东汉的兰台、东观。隋唐以来不断完善的秘书监、国子监制度,馆阁、翰林院等机构的应时设置,构成了历朝政府绵延千余年的编纂与出版制度,成为我国历史上编辑出版活动的主流力量。

本节主要就历代秘书监、史馆、国子监承担编辑出版任务的基本情况做一概述,以详历代编纂与刊行制度发展的历史梗概。详情则在以后各章专节中展开。

一、秘书监

秘书监始设于东汉。

东汉宫中建有多处藏书之所,其中兰台、东观既是藏书之室,又为著述之所。明帝、章帝时,史学家班固、傅毅等被任命为兰台令史,执掌兰台藏书事务,并与学者贾逵共同典校秘书,从事著述,班固的《汉书》就是在兰台完成的。其时,又多选官入东观典校秘书,或撰述国史,称为校书郎,或著作东观。终东汉一朝,以"郎"的身份在东观校书的学者除了班固、傅毅外,还有李尤、马融、蔡邕等人,其著述成果斐然。

汉桓帝延熹二年(159),初置秘书监官,执掌图书古今文字,考合异同。秘书监作为官署,监为长官。曹魏时增设秘书丞、秘书郎、秘书校书郎、著作郎、佐著作郎,以为属官。历代秘书监,虽在官称、隶属和员额上或有差异,但建制和职责是基本一致的。

建安初(198—200),献帝以《汉书》文繁难读,命秘书监荀悦依《左传》体例改写,撰成《汉纪》30卷。这是已知秘书监受帝命编纂书籍的最早记载。曹魏立国之初,王象受诏编纂类书《皇览》,领秘书监,创我国图书编纂的新体制。

晋武帝时,将秘书监的藏书功能并入中书省,而保留秘书著作局。晋惠帝永平元年(291),别置秘书监,掌三阁图书,兼领著作局。自此,秘书监始从禁中转居外府。历任秘书监的挚虞、司马彪、袁山松皆以著述名世。南北朝时期,南北各朝多因袭晋制,秘书监整理图书的职能比较突出。据《隋书·经籍志》记载,宋秘书监谢灵运、秘书丞王俭,齐秘书监谢朓、秘书丞王亮,梁秘书监任昉、秘书丞殷钧,都曾主持过国家藏书的编目工作。

自梁朝始,秘书监官署易名秘书省,仍以监为长官。隋、唐、两宋因之。

隋唐时期，秘书省为执掌国家图书事业的政府机构，主持国家藏书的整理、抄写、校勘和编目。隋文帝时，秘书监牛弘表请搜访天下遗书。炀帝时，秘书监柳顾言主持校书、编目。唐代秘书监皆选名重一时的学者，如魏徵、虞世南、颜师古、马怀素等，主持国家图书的整理、编目工作。

北宋初，秘书省掌管祭祀祝文祝版的撰写，秘书监、秘书丞也参与修纂国史。宋神宗元丰改制，废馆职，以秘书省统领三馆秘阁，秘阁经籍图书由秘书郎主之，校书郎则负责编辑、校订。南宋秘书省沿元丰旧制，除搜求遗书、编制国家书目外，还统领国史院、实录院、国史日历所、编修会要所等编纂机构，受诏编纂本朝历代皇帝实录、宝训、日历、会要及国史等。南宋秘书少监程俱的《麟台故事》、南宋秘书监陈骙的《南宋馆阁录》、无名氏的《南宋馆阁续录》对此有详细记载。

金代，秘书监下隶著作局、笔砚局、书画局等，兼理图书的编修和整理之责。

元代置秘书监，以掌管国家图书事业，同时于监下设兴文署负责雕印图书。元秘书监管勾王士点、秘书监著作郎商企翁合撰的《秘书监志》是有关元代秘书监建置沿革和典章制度的专门著述。

明初，朱元璋废秘书监，成立翰林院，以涵盖秘书监、史馆、著作局等众多文化编纂机构的职能。清沿明制，不设秘书监。

唐宋以来形成的馆阁，逐渐成为朝廷的主要编纂机构。历代秘书监虽然也经常参与有关编纂、刊行书籍的活动，但仍以整理国家藏书为主要职责。不过，监中常设抄书、装潢等专职人员，对经过校勘和整理的图书进行抄写、录副、装订，其规模十分浩大。在以抄录为主要保存、传播手段的时代，这正是重要的编辑出版活动。

二、史馆

史馆制度滥觞于东汉，确立于唐代。

东汉初明帝时，已开始确定由史官分撰本朝国史，历经安、桓、灵三朝，史官班固、陈宗、刘珍、李尤、边韶、崔实、蔡邕、卢植等前后续撰，终成《东观汉纪》143卷。这一编纂活动已具有后世朝廷设立史馆修史的性质。

北齐天保年间（550—559），高氏政权在北魏著作局的基础上设置史馆，专以修史为主要任务。这是中国历史上最早设立的专门修史机构，显示了统治者对修纂史书的高度重视。

唐初，史馆因隋制属秘书省著作局，太宗贞观三年（629），设立史馆代替著作局的修史之职,修撰本朝的实录和国史,并确立了宰相监修之制。自贞观四年(630)至显庆四年(659),30年间陆续修成《梁书》《陈书》《北齐书》《周书》《隋书》《晋书》《南史》《北史》等纪传体史书,国家重臣魏徵、房玄龄、令狐德棻、褚遂良、长孙无忌等皆参与其事。中晚唐时,史馆主要修撰实录、国史,至五代后梁、后唐,史馆续搜史料,后晋史馆则主持修纂《旧唐书》。

宋初沿袭唐制,设史馆,与昭文馆、集贤院合称"三馆",担任修纂实录、国史之责。神宗元丰改制,史馆裁入秘书省为国史案,继续执掌修史要务。南宋史馆虽数经裁撤分并,但国史、实录的编修活动始终没有停止。理宗嘉熙二年(1238),史学家李心传被授秘书少监、史馆修撰之职,奉命主修高宗、孝宗、光宗、宁宗四朝国史和实录,足见史馆的编修活动直至宋末。

元代,翰林国史院承担纂修国史之任,王恽、欧阳玄等曾以国史院编修官参与修国史,采录历朝事实以备编辑是其日常工作。元文宗天历二年(1329),又置奎章阁学士院,稍后立艺文监,下辖艺林库、广成局,贮藏书籍,统令校雠、纂修、翻译儒家经典,并传刻书籍及印行之事。著名的《皇朝经世大典》就是由奎章阁主持纂修的。

明承元制,史馆隶属于翰林院。翰林院设修撰、编修和检讨为专职史官,掌修国史,凡朝廷有纂修著作之事,则承担撰述、考辑、检阅的任务。煌煌巨卷《明实录》,自太祖朱元璋至熹宗朱由校,凡13朝,3 045卷,即由历朝史馆主持修纂而成。

清代开设各种史馆纂修史籍,有常开、例开和特开三种,其中国史馆为专门纂修纪传体国史而置的常设机构,康熙二十九年(1690)首次开馆,在康熙、雍正、乾隆、嘉庆四朝断续运作的几十年中,编纂了国史列传、帝纪、志书,以及《皇清奏议》《大清一统志》等大量图书典籍。① 其他例开、特开者有实录馆、明史馆、会典馆、通鉴纲目馆、古今图书集成馆、四库全书馆等。

三、国子监

国子监,又称"国学""太学",祭酒为主管长官。西汉武帝时,为了加强中央集权统治,采纳董仲舒的建议,"兴太学,置名师,以养天下之士"。晋武帝咸宁四年(278)始设国子学。隋炀帝即位,改名国子监。

国子监一身两职,既是古代掌管国家儒学训导政令的官署衙门,又是古代国

---

① 乔治忠.清代国史馆考述.见:文史(第三十九辑).北京:中华书局,1994:181.

家的最高学府。隋唐之际,科举制度确立,国子监常受命勘正经籍,传布天下。唐贞观中,国子监祭酒孔颖达即受命校撰《五经正义》。唐末、五代时,雕版印刷术开始大规模应用于刊行儒家经典,由于国子监中聚集了全国优秀的博士儒生,堪当校读缮书之任,自然成为朝廷刊行书籍的主要机构。

后唐长兴三年(932),明宗诏令国子监集博士儒徒校正九经,且负责召集写手雕匠,雕版刊行,历经后晋、后汉、后周四朝五帝,耗时22年始校勘雕印完成,史称"五代监本"。王国维在《五代监本考》中论定:"自五代监本出而注文始有定本,虽文字不无差讹,然比之民间俗本,固有优无绌。""古籍流传,自宋以后,以刊本为枢纽;而经史诸要籍,尤以五代、北宋监本为枢纽。"①

宋代,国子监是中央政府主要的刻书发行机构。太宗端拱元年(988),国子监受命镂版印行经国子监司业孔维等校正的孔颖达的《五经正义》。《宋史·职官五》记载,淳化五年(994),判国子监李志言:"国子监旧有印书钱物所,名为近俗,乞改为国子监书库官。"易名后,设置书库监官,并确定其职责包括刻印书籍和发行出售。景德元年(1004),真宗临幸国子监问经书版片事,国子祭酒邢昺答曰:"国初不及四千,今十余万,经传正义皆具。"稍后,史、子、集部要籍陆续雕版颁行,其中尤以史书和医书为盛,足见北宋国子监刻书之盛。宋室南渡,国子监随迁杭州,并继续承担刻书发行之责,所刻数量几与北宋相当。

金海陵王完颜亮天德三年(1151)置国子监,监中有专门的雕字匠人。凡经、史、子书皆由国子监印行,授诸学校作为教本。金国官刻以国子监为代表,所刻多汉文经史典籍。据元好问《中州集》卷9记载,海陵王曾以"宋名臣孰为优"问耶律履,耶律履力举苏轼,且于"明日录轼奏议上之,诏国子监刊行"。金设有译经所和宏文馆,以女真字译写汉文经史。金世宗曾于大定四年(1164)和大定二十三年(1183)两次诏命颁行。史书虽然未明刊行者,但国子监参与刊行是可以肯定的。

明代建都,先南京后北京,故国子监有南北之分,简称南监、北监。据明代周弘祖《古今书刻》著录,南京国子监刻书270种;清《钦定国子监志·经籍志》附录《明太学志》所载书版,北京国子监刻书为144种。实际上,南北两监的刻书都要高出这一数字。

清代,武英殿为官方刊行书籍的主体机构,承担着清代朝廷大型图书的出版任务。国子监刻书规模较小,主要由其下属典籍厅负责,除雕印书籍外,还采用石印技术刊行书籍。

---

① 谢维扬,房鑫亮.王国维全集(第7卷).杭州:浙江教育出版社,2009:205.

第一章

古代编辑出版活动的起点

中华民族有着五千年绵延发展的辉煌历史,创造了灿烂的中华文明。但是,我国有确切年代记载的古史,却仅始于司马迁在《史记·十二诸侯年表》中推定的西周共和元年(前841)。在我国古代文明发展史上具有重要地位的夏、商、周三代,其年代学问题长期得不到令人满意的解决。1996年启动的国家"九五"规划重大科研项目"夏、商、周断代工程",通过历史学、天文学、考古学和科技测年四个学科的综合研究比对,于2000年11月公布了阶段性成果,给出了夏、商、周三代的年代学标尺,即

(1)推定周武王克商年为公元前1046年,明确了西周共和元年(前841)以前各王的在位年代。

(2)推定商汤元年为公元前1600年,明确了商代后期武丁以下各王的在位年代。对商代前期给出了一个比较详细的年代框架。

(3)推定夏代始年为公元前2070年,提出了夏代基本的年代框架。①

"夏、商、周断代工程"在研究过程中使用了大量图书文献记载,这些图书文献正是我国早期编辑出版活动的成果,而夏、商、周三代年代学标尺的建立,又为我们探索中国编辑出版活动的起点提供了可靠依据。

第一节　汉字的产生及其相关探索

恩格斯在《家庭、私有制和国家的起源》中论及文字对人类发展的伟大意义时说,人类社会"由于文字的发明及其应用于文献记录而过渡到文明时代"②。图书文献的编辑出版活动就是从文字的诞生开始的。

图画是文字的前身。大约在旧石器时代(距今约10 000年以前),人类就会通过图画表达思想了。例如,相约狩猎,就画一头野牛或一头鹿,加上一个手持弓箭的人。最初的图画比较复杂,随着人类思维能力的发展和提高,图画的结构和笔画开始简化,趋向概括,并逐步演进为象形符号,最终诞生了文字。

---

① 于静. 从夏启建国到武王克商——夏商周三代建立年代学标尺. 中华读书报,2000-12-20.
② 马克思恩格斯全集(第21卷). 北京:人民出版社,1965:37.

一、汉字的产生

中国文字——汉字的产生与结绳、契刻、图画有密切的关系。

东汉经学家、文字学家许慎在我国历史上第一部字书《说文解字》的序中,对汉字的起源做了如下的推论和描述:

> 古者庖牺氏之王天下也,仰则观象于天,俯则观法于地;视鸟兽之文,与地之宜;近取诸身,远取诸物,于是始作《易》八卦,以垂宪象。及神农氏结绳为治,而统其事。庶业其繁,饰伪萌生。黄帝之史仓颉,见鸟兽蹄迒之迹,知分理之可相别异也,初造书契。百工以乂,万品以察。①

这段话述及汉字产生之前中华民族的先民们曾经使用过的三种记事方式,即八卦、结绳、书契,其基本意思早已见诸《易经·系辞下》。关于八卦,据学者考证,只是一种由三个奇数或偶数组成的排列符号,其产生要晚于甲骨文。所谓庖牺作八卦,只是古人的一种附会,其作为汉字产生源头的理由不能成立。关于结绳,情况就大不一样了。

我国先秦典籍中,有中华民族上古时代结绳记事的明确记载。《庄子·胠箧篇》曰:"昔者容成氏、大庭氏、伯皇氏、中央氏、栗陆氏、骊畜氏、轩辕氏、赫胥氏、尊卢氏、祝融氏、伏羲氏、神农氏,当是时也,民结绳而用之。"文中所说的人物都是传说中中华民族的上古帝王。"上古结绳而治,后世圣人易之以书契",《易经·系辞下》中的这段话肯定了结绳是汉字的先驱。商周金文中尚有个别字采用结绳符号作为构字符号,如"十"及其倍数,其"十"写作"✝"、"廿"写作"⋎"、"卅"写作"⋓",又如"世"写作"⋓",其形状皆像打有若干结的绳子。结绳确实比单凭记忆方便可靠,但是时间越长,绳结越多,哪个结子表示什么意思就越难弄清楚。此外,简单的绳结只是一种物件记事的方式,不能用来记录语言的意和声。就是说,怎么打也难以表达复杂的事情,更不要说是复杂的思想了。于是,结绳就慢慢沿着画图、象形符号的路径,逐步朝汉字的方向发展演化。

书契,《说文解字·聿部》中说:"书,箸也。"汉刘熙《释名·释书契》曰:"契,刻也,刻识其数也。"唐陆德明《经典释文》曰:"书者,文字。契者,刻木而书其侧。"其中,都将书契分释为书写、刻画的意思。考许慎乃至《易经·系辞》所

---

① 王贵元.说文解字校笺.上海:学林出版社,2002:661.

言之意,书契是指一种区别于结绳的新的记事方式,有研究者指出,这种新方式包括契刻记事和图画记事两种。20世纪,中国田野考古取得了丰硕成果,几十处远古文化遗址中出土了大量原始刻画符号,包括几何形和象形两种符号。高明先生曾指出,"商代彝铭中那些近似图形的文字约有620多个,在甲骨文中可找到200多个"①。这部分印证了契刻记事与图画记事的历史存在及其作为汉字源头的推论。

二、汉字起源的考古学依据

汉字起源于何时,是学术界一直在努力探讨的问题。自从殷墟甲骨文被发现以来,学术界一直在关注、寻找更早的文字实物资料,以求最接近于历史事实的解答。随着现代考古学的建立和发展,20世纪以来很多新石器时代和夏商周时期文化遗址和墓葬的考古发掘,为探讨这一问题提供了大量珍贵资料,研究取得重大突破。现代学者根据现代考古发掘报告将远古文化遗址发现的原始刻符(图5)按时代先后加以梳理。

图5 新石器时代的陶器刻符

(一)裴李岗文化时期(前6000)

20世纪80年代,河南舞阳贾湖新石器时代遗址出土了一批陶、石、骨、甲等质料的遗物,其中一部分甲骨载有契刻符号。经碳-14断代法测定,这是一处距今8 000年、保存完好、相当于裴李岗文化时期的原始社会聚落遗址。对此,研

---

① 王宇信,杨升南.甲骨学一百年.北京:社会科学文献出版社,1999:115.

究者认为,"贾湖甲骨契刻符号的发现,表明在 8 000—9 000 年前已经出现了原始文字性质的符号,其中个别符号与商代甲骨文有相似之处,因之,贾湖契刻符号很可能是汉字的滥觞"①。

(二)仰韶文化时期(前 5000—前 3000)

20 世纪 20 年代,渑池县城北仰韶村文化遗址首先被发现。此后,黄河中上游地区也陆续发现了一些类似的文化遗址。由于这些遗址中均出土有一定数量的彩陶,所以曾被概称为"彩陶文化"。20 世纪 50 年代,西安半坡村仰韶文化遗址经过五次发掘,出土了百余件彩陶,这些彩陶上有着许多类似文字的刻画符号。研究发现,彩陶上的符号大多是在陶器烧成后刻画的,有的单独出现,有的重复出现,有的集中出现,说明它们代表不同的含义。黄盛璋、陆忠发先生通过对其中的"个"形刻符进行研究考证,一致认为,它是表示原始住房的专字,进而推论:"我们不但已经通过考古发现了 7 000 年前的汉字,而且有的字已经认识了。"②半坡遗址属于新石器时代中期,距今大约 7 000 年。

(三)大汶口文化时期(约前 4300—前 2400)

大汶口文化因 1959 年发掘的山东泰安大汶口遗址而得名,主要分布在泰山周围的山区,以具有鲜明特点的陶器为文化特征。20 世纪 50 年代至 70 年代,山东莒县陵阳河、杭头、大朱村和诸城前寨四处大汶口文化遗址中陆续出土了 19 个陶尊的刻画符号,发现部分象形刻符。有研究者认为,这些象形刻符与甲骨文、金文一脉相承,已非一般图画。陵阳河遗址属大汶口文化晚期,距今 4 000 多年。

(四)龙山文化时期(前 2900—前 2000)

龙山文化,泛指黄河中下游地区相当于新石器时代晚期的一类文化遗存,以 1928 年发现的山东章丘龙山镇城子崖遗址定名。

20 世纪 80 年代,属于河南龙山文化王湾三期类型的登封王城岗遗址被发现,其中出土的陶器上有一些刻画的"文字",其形体结构与商代甲骨文及西周金文存在相似之处。研究者认为,这是目前考古发现的有确凿年代的最早的文字,其绝对年代为距今 4 000 多年,属于文献记载的夏朝初期,而且遗址可能是禹都阳城之所在,应是夏朝的文字。

1992 年,山东邹平苑城乡丁公遗址编号为 H1235 号的龙山文化灰坑中发现

---

① 张居中.淮河上游新石器时代的绚丽画卷——舞阳贾湖遗址发掘的主要收获.东南文化,1999(2):9.
② 陆忠发.汉字起源的历史年代.寻根,1999(6):12.

了一块刻有符号的陶盘底部残片。残片自右向左、自上而下刻有5行11个符号,行款较规整,极近古汉字书写格式,且符号可能构成或表述了一个完整的意思,即为一件首尾完整的文书。这样的陶文在以往田野考古发掘中极为罕见。这件被称为"丁公'辞章'式陶文"的残片一经公布,立刻引起了学术界的极大关注。全国文字学、考古学界16位著名学者发表了基本一致的见解:11个刻画符号是文字。① 丁公"辞章"式陶文是龙山文化晚期的遗物,其产生时代约为公元前2500至公元前2100年之间。

20世纪80年代,西安西郊斗门乡花园村遗址连续出土了两批属龙山文化晚期的甲骨文献,学者考释了其中"万""退""人""羊"四字,尤其对"羊"字的考释取得了统一的意见。陕西考古学者认为,花园村遗址甲骨文较殷墟甲骨文要早1200年以上,断代在陶文与甲骨文之间,时期在黄帝时代和夏朝初期,反映了汉文字萌芽时期的特征,印证了"黄帝之史仓颉造字"的远古传说。

(五) 岳石文化时期(前1900—前1600)

岳石文化是以1960年发现的山东平度县东岳石村遗址命名的考古学文化,为龙山文化的后续。1996年,在山东桓台史家遗址岳石文化祭祀器物坑中发现了刻有文字的卜骨残块2件,计有6个符号,其中"大""卜""幸"三字已经研究者考定,余者尚待考释。② 从岳石文化的时间下限来推测,它们较殷墟甲骨文要早300年左右。

截至2001年,我国已在近百处文化遗址中出土了带有刻画符号的遗存物。对于这些大都为新石器时代的刻画符号,学者们做了大量的对比研究。文字本有广、狭两种定义。广义者认为,人类用来记事或传递信息、表示一定意义的图形和符号,都可以称为文字;而狭义者则坚守一个十分严格的定义:文字是记录语言的符号。由于这些早于甲骨文的出土陶文或甲骨上,除了丁公"辞章"式陶文以外,未见成句的文辞,所以,若以严格定义来衡量,难以确定哪些单独甚至连续的刻符为文字。但是,作为广义文字,这些刻符却为汉字从契刻几何形符号,经图画象形符号,到象形文字、甲骨文的起源演进历程,提供了关键的连接点。

---

① 专家笔谈丁公遗址出土陶文.考古,1993(4):344.
② 淄博市文物局,等.山东桓台县史家遗址岳石文化木构架祭祀器物坑的发掘.考古,1997(11):1.

三、仓颉造字与现代结论

关于汉字的发明者,据古代文献的记载,有多种说法。其一为伏羲,《尚书序》称:"古者伏羲氏之王天下也,始画八卦,造书契,以代结绳之政,由是文籍生焉。"但是,文献记载更多的是黄帝时史官仓颉造字之说。仓颉,一作苍颉,《荀子·解蔽》《韩非子·五蠹》《吕氏春秋·君守》《淮南子·本经》等战国与秦汉时期的典籍中都有他造字的记载,其中尤以《淮南子》"仓颉作书而天雨粟,鬼夜哭"之说最为有声有色。陕西西安西南约15千米处有"仓颉造字台"遗址,历来被视为圣迹,唐代诗人岑参游览瞻仰后,留下了"空阶有鸟迹,犹是造字时"的诗句,足见此说在古代具有十分广泛的影响。

文字是人类在漫长的社会生活实践中共同创造、逐渐形成的,汉字同样是汉民族共同创造的。关于仓颉造字,战国时期的思想家荀况在《荀子·解蔽》中记曰:"故好书者众矣,而仓颉独传者壹也。"汉末思想家徐幹在《中论·治学》中记曰:"帝轩闻凤鸣而调律,仓颉视鸟迹而作书,斯大圣之学乎神明而发乎物类也。"①这些都说得比较客观而辩证。徐幹所谓"发乎物类",可以理解为需要实践,"神明"说明具有一定的内外因素促发思考。所以,比较可信的解释是,仓颉作为朝廷主管文字记事的史官,较留意文字的使用功能问题,因而曾经对当时已流行的文字进行过一番开创性的整理工作。

迄今为止,仓颉作为黄帝的史官、汉字的始创者,仍是一个传说中的人物。据古史记载,黄帝是一位活动于公元前3000年左右的部族首领,居住在姬水一带,即今陕西、甘肃、青海之间的古齐家文化区域。其后裔中有一支进入今山西南部,创造了夏文化。由于距今约5 000年的大汶口文化遗址以及河南、山东龙山文化的遗址陆续被发现,有关遗迹、遗存渐次清理出土,黄帝时代史官仓颉造字的传说也得到了现代考古学证据的支持。当然,仅从目前已掌握的出土陶文做推测,当时尚处于由象形符号向象形文字演变的历史阶段。

殷墟甲骨文已具有表达记事、概念、形状、行为等的实词以及意义比较抽象的虚词,并已具有相对固定的组合方式,约定俗成,可以自由运用,连字成文,合句为段,自如地用于记事表意,是一种成熟的文字。所以,上溯1 500年左右,将黄帝时代,即距今5 000年左右的大汶口文化晚期作为象形文字的肇始时期,在理论上是站得住脚的。

---

① [魏]徐幹,撰;孙启治,解诂. 中论解诂. 北京:中华书局,2014:14.

唐兰先生在其20世纪30年代完成的《古文字学导论》中对汉字的起源做过推论,至今看来这仍是各种不同说法中较为可靠的结论:

> 我们在文字学的立场上,假定中国的象形文字,至少已有一万年以上的历史,象形象意文字的完备,至迟也在五六千年以前;孔诞前三千五百—二千五百年。而形声文字的发轫,至迟在三千五百年前。孔诞前一千年。这种假定,决不是夸饰。①

第二节　夏商文明与图书的起源

图书是人类记载事实、表达思想、传播知识的重要工具,由记录载体和表达一定知识内容的记录符号(主要是文字)组成。

作为人类有意识创作的精神文化产品,图书是人类社会发展到一定阶段的产物,其标志是文字的产生。

"夏、商、周断代工程"推定夏代始年为公元前2070年,亦即相当于龙山文化的晚期。西安西郊斗门乡花园村遗址和山东桓台史家遗址岳石文化祭祀坑中发现的刻符,甚至丁公"辞章"式陶文,都证明夏代已经因使用早期文字而进入文明时代。这一点,对于我们探讨图书和编辑活动的起源及其早期形态具有重要意义。

一、夏商文明

夏王朝,据《史记·夏本纪》和《竹书纪年》的记载,自禹受舜禅至桀亡,凡历14世、17王,计400余年。20世纪50年代起,我国开始了以现代考古学方法研究夏文化的工作,先后发现的二里头文化遗址和河南龙山文化遗址成为重要的研究对象。

二里头文化属中国青铜时代文化,以河南偃师二里头文化遗址命名。二里头文化遗址坐落在伊水、洛河之旁,面积约3平方千米。1959年该遗址被发现后,经过近半个世纪的发掘,已陆续清理出宫殿建筑基址、作坊遗址、一般居住

---

① 唐兰.古文字学导论(增订本).济南:齐鲁书社,1981:79.

址、陶窑、窖穴、墓葬等。其中已经发掘的两座宫殿,其主体建筑殿堂下有基座,上为四阿式屋顶的宫室和回廊,建筑技术已达到相当水平,展示了恢宏的王都气势。文化遗物出土有青铜器、玉器、陶器等,其中发现了迄今所知中国最早的青铜容器。据碳-14断代法测定,其年代范围大致在公元前1900年至公元前1500年之间,分为四期,第三期为全盛期,发现的各种遗迹主要属于这一时期。

1950年,河南郑州商代遗址被发现,其文化遗存以二里冈发现得最早,因此被命名为"二里冈期商文化"。位于郑州市城内和郊外的二里冈商代遗址,发现了规模宏大的城垣和宫殿遗址,以及城垣周边的铸铜、制陶作坊遗址,表明这是商代的一个重要都邑。该遗址出土的遗物以陶器、青铜器居多,其品种、数量比二里头文化遗址发现的明显增多。经碳-14断代法测定,遗址的年代为公元前1500年左右,相当于二里头文化的晚期,是早于殷墟的商代文化遗存。

二里冈时期属于早于殷墟的商文化,但对于确定最早的商文化究竟在二里冈时期,还是在二里头文化晚期或中晚期,由于无法科学区分夏文化与早期商文化,长期未达成共识。

夏文化始于龙山文化中晚期或晚期,有人认为二里头文化一期为最早的夏文化。对于夏文化与早期商文化的分界,学术界的意见不一致。或以为郑州商城为商汤所居亳都,或以为二里头文化遗址为商汤之都西亳。

1983年,河南偃师商城被发现后,学术界开始有人主张偃师商城为汤都西亳,而二里头遗址则为夏桀之都斟寻。

偃师商城位于洛阳盆地东缘,北依邙山,南临洛河。1983年以来经多次大规模科学发掘,已知该城有夯筑而成的三重城垣:大城、小城和宫城。大城南北长1 700余米,东西最宽为1 200余米,外有护城壕沟环绕。小城位于大城西南,南北长1 100米,东西宽740米。宫城位于小城的偏南部位,初建时呈边长200米的正方形,四周宫墙宽2米。在城址东北隅发现了铸型和铜渣等遗物,说明该地在修建大城城垣前已存在铸铜遗址。从已发掘的规模和格局判断,它应是一座在整个商代前期被延续使用,并具有都城性质的城址。

偃师商城与著名的二里头文化遗址相距仅6千米,考古学者根据偃师商城出土的陶器群中含有大量二里头文化因素,但是又具有与郑州商城基本相同的文化因素的自身特点,认为应该属于商文化。考古研究者又发现了两处都城遗址建筑物朝向不同的特点:二里头遗址的宫殿及其他重要建筑均朝南偏东,偃师商城则无论城址、殿址,一律朝南偏西,与郑州商城、安阳殷墟一致,这正反映了"殷人尊东北方位"的观念。

对偃师商城的深入发掘研究,取得了系统、确切的考古实物证明,"偃师商城之始建为夏、商王朝交替界标",因而"至迟在二里头文化四期晚段,已经完成了夏商王朝的更替"。①

20世纪80年代,属于河南龙山文化王湾三期类型的登封王城岗遗址被发现。距今4 000多年的遗址,正处于古史记载中禹都阳城的区域。

"夏、商、周断代工程"通过对登封王城岗遗址、二里头遗址、偃师商城、郑州商城所采含碳样品的测定数据,推定公元前2070年为夏朝始年,公元前1600年为商汤元年。

20世纪初殷墟甲骨的出土,使长期无由详知史实的殷商时代,带着惊世的异彩浮出传说时代的历史迷雾,成为信史。20世纪中叶以来,有关龙山文化遗址的重大考古发掘,则展现了夏文化和早期商文化的丰富内涵。这些遗址中清理出土的遗迹、遗物,充分显示出夏朝和商朝前期社会的文明程度,为我们探讨中国图书起源和原始编辑活动提供了文化条件和社会环境方面的重要参照系。

二、图书的起源

追溯中国图书的起源,《河图》《洛书》的传说可谓由来已久。

《河图》《洛书》本言《易经》一书的由来。《易经·系辞上》曰:"河出图,洛出书,圣人则之。"《礼记·礼运》曰:"河出马图。"唐孔颖达疏引《尚书中候·握河纪》所言:"尧时受河图,龙衔赤文绿色。"引郑玄注:"龙而形象马,故云马图。是龙马负图而出。"又云:"伏羲氏有天下,龙马负图出于河,遂法之画八卦。"②就是说,伏羲根据龙马从黄河中负出的"图"、神龟从洛水中驮出的"书",画成八卦,奠定了儒家经典《易经》中符号部分的基础。

在中华民族的文化发展史上,《河图》《洛书》曾多次现身授人,除了伏羲及尧以外,还有黄帝和大禹。

今本《竹书纪年》中记载:黄帝"五十年秋七月庚申,凤鸟至,帝祭于洛水"。王国维引《宋书·符瑞志》语作疏证:"庚申,天雾三日三夜,昼昏……雾既降,游于洛水之上,见大鱼,杀五牲以醮之,天乃甚雨,七日七夜,鱼流于海,得图书焉。

---

① 高炜,等.偃师商城与夏商文化分界.光明日报,1998-07-24.
② [汉]郑玄,注;[唐]孔颖达,疏.礼记正义卷二十二.见:十三经注疏.北京:中华书局,1980:1427.

《龙图》出河,《龟书》出洛,赤文篆字,以授轩辕。接万神于明庭,今塞门谷口是也。"①

《竹书纪年》中又记道:"帝禹夏后氏……禹观于河,有长人白面鱼身出曰:'吾河精也。'呼禹曰:'文命治水。'言讫,授禹河图,言治水之事。"

甚至还有将《洛书》与仓颉造字相连在一起的:

北魏郦道元《水经注》卷15"洛汭",注引《河图玉版》曰:"仓颉为帝南巡,登阳虚之山,临于玄扈洛汭之水,灵龟负书,丹甲青文以授之,即于此水也。"

这些记载反映了一个共同点,就是图书与文字一样,是一种具有神秘色彩的灵物,为我们的先民所敬畏。对此,《管子·小匡》曰:"昔人之受命者,龙龟假(至),河出图,洛出书。"东汉王充在《论衡·感虚篇》中说得更明白:"夫河出图,洛出书,圣帝明王之瑞应也。"两位思想家对这一传说内涵的理解无疑是正确的。

上述诸事,惟伏羲得《河图》而画八卦一事,可与图书起源联系起来。

传说中的《河图》《洛书》,文献的描述仅是"赤文绿色""赤文篆字""丹甲青文",难解真相。据战国、秦、汉儒生方士的解说,《河图》《洛书》是由一系列符号组成的数字方阵,或说是由龟甲天然痕迹发展而来的抽象符号。

八卦之说,经考证起于甲骨文之后。但是,《河图》《洛书》由一系列符号组成又有其真实因素。根据现代考古学发掘研究的成果,我国新石器时代晚期的龙山文化已出现大量象形刻符,在相当于夏代纪年的文化遗存中也发现了龟甲文字。由一系列符号组成的《河图》《洛书》符合夏朝先民见到的文字刻符使用的事实。

又,《河图》《洛书》出现于黄河、洛水之中。据历史文献记载和田野考古发现,河南西部的颍水上游和洛阳附近的伊河及洛河下游地区,山西南部黄河支流的汾水下游、涑水附近是夏朝先民主要的活动区域。这也与《河图》《洛书》的出现地点吻合。

归纳起来,《河图》《洛书》传说的内容,与夏代文明的认识水平相当。可以说,《河图》《洛书》的传说是夏代先民灵物崇拜意识与使用早期文字实践的综合产物,从而显示终夏一代可能已经完成由文字使用到积累成图书文献的历史性进程。

---

① 王国维.今本竹书纪年疏证.见:方诗铭,王修龄.古本竹书纪年辑证.上海:上海古籍出版社,1981:190.

支持上述结论的还有其他历史文献记载：

《尚书》有《夏书》4篇，宋蔡沈传曰："夏，禹有天下之号也。《书》凡四篇，《禹贡》作于虞时，而系之夏书者，禹之王以是功也。"其余3篇为《甘誓》《五子之歌》《胤征》。《尚书》是我国古代最重要的一部经典，它记录了古代帝王尧舜以来王室的诰命、誓言和其他大事。先秦学者著书立说，皆将其视为古典训诂而加以援引。今见《夏书》，虽据清儒考证，其中《五子之歌》《胤征》系伪作，但《禹贡》《甘誓》两篇分别记载了夏代禹治洪水和夏王征伐有扈两件大事，为我们研究中国奴隶社会的建立提供了极其重要的文献依据。

《礼记·礼运》记曰："孔子曰：我欲观夏道，是故之杞而不足征也。吾得《夏时》焉。"汉郑玄注曰："得夏四时之书，其书存者有《小正》。"《史记·夏本纪》曰："孔子正夏时，学者多传《夏小正》云。"《夏小正》原为《大戴礼记》中的一篇，自《隋书·经籍志》别出著录，后以单行本行世。书中按12个月的顺序记载自然变化与物候农事，是我国现存最古老的月令。

《吕氏春秋·先识览》记曰："夏太史令终古出其图法，执而泣之。夏桀迷惑，暴乱愈甚。太史令终古乃出奔如商。"图法不详为何物，从为太史令所有来看，应当属于史官记录典守的图书法令。《诗经·商颂·长发》中有"受小共大共，为下国骏厖"之句。《毛传》训"共"为"法"。章太炎《蓟汉闲话》举证《毛传》之说："案吕氏《先识篇》，夏太史令终古出其图法，执而泣之，乃出奔如商。汤喜，而告诸侯曰夏王无道，守法之臣自归于商。此所谓受小法大法也……法以统制诸侯。共主守之，莫大于此。是以受之则为下国缀游，为下国骏厖矣。"①陈子展在《诗经直解》中特别拈出此例，以为夏代已有图书法令之证。

《论衡·别通篇》记曰："禹主治水，益主记异物，海外山表，无远不至，以所闻见作《山海经》。"《山海经》出自禹、益之手的说法，最早源自汉刘歆《上山海经表》，影响较大。

事实上，经过后世学者持续的潜心考证，在《尚书》《史记》《大戴礼记》等古代典籍中提及的夏代或夏代以前的图书文献，其真正的著述年代大多在春秋战国时期，甚至有汉魏时期羼入的内容。也就是说，至今我们仍无法确切证明有图书文献出自夏人之手。不过，这些主要产生于先秦的著作，其记述的夏代史事应该有一定的依据，作为夏代已经存在图书文献记录的旁证，是可以认定的。

---

① 陈子展.诗经直解.上海：复旦大学出版社.1997:1204.

第三节　　　　　　　　图书的早期形态

中国古代早期形态的图书,是指殷商和西周时期以甲骨、青铜为载体形成的文字记载,主要为甲骨卜辞和青铜铭文。

图书的现代定义是:用文字、图画或其他符号,手写或印刷于纸或其他载体之上,并具有一定篇幅的出版物。早期形态的图书不符合其中"出版物""一定篇幅"两项要件,但是,作为对图书产生、发展过程进行追溯的历史研究,这样较为宽泛的确认是必要的,也是符合历史事实的。

一、甲骨卜辞

20世纪初,中国文化史上有四大辉煌的史料发现:殷墟甲骨、汉晋木简、敦煌遗书、内阁大库档案。前两项的发现,对考察中国图书的起源与发展具有重大意义。

甲骨卜辞,主要是指20世纪初在河南安阳小屯村殷墟出土的刻在龟甲和兽骨上的文字(图6)。商朝统治者极端迷信,一举一动都要事先举行占卜问神仪式,预测吉凶,并将结果包括应验情况书刻在甲骨之上。由于这些文字大多是占卜情况的记录,故称为"卜辞"。

商代的文献史料,在殷墟甲骨出土之前,大多集中于《尚书》《诗经》之中。

《尚书》中有《商书》17篇,宋蔡沈传曰:"契始封商,汤因以为有天下之号。《书》凡十七篇。"其中《太甲》《盘庚》《说命》各分上、中、下3篇,余为《汤誓》《仲虺之诰》《汤诰》《伊训》《咸有一德》《高宗肜日》《西伯戡黎》《微子》。《太甲》3篇、《说命》3篇,以及《仲虺之诰》

图6　牛骨刻辞

《汤诰》《伊训》《咸有一德》，经明、清学者考证为伪作。7篇真作中，《汤誓》记述了商汤王朝的建立，《盘庚》《高宗肜日》记述了盘庚、武丁时期商王朝中兴事，《西伯戡黎》《微子》记述了商朝的衰亡。

《诗经》中也有关于商朝的诗篇，即《商颂》5篇、16章：《那》1章、《烈祖》1章、《玄鸟》1章、《长发》7章、《殷武》6章，皆为祭祀祖宗的颂歌，其中《那》《长发》祀成汤，《烈祖》祀中宗大戊，《玄鸟》《殷武》祀高宗武丁。

《尚书》《诗经》是我国结集最早的书籍，后来成为先秦经典中的主要部分。但是，它们的撰著结集出于后人之手，都不是商朝当世之书。只有殷墟的甲骨卜辞才是殷商当世之物，王国维就曾根据甲骨卜辞论证《商颂》为宋诗而非商诗。① 在夏代和商朝前期尚无类似文字记载的实物显世之前，甲骨卜辞自然成为我们考察与研究中国早期图书形态的最佳标本。

甲骨是殷商时期文字的书刻材料。甲是指龟的腹甲与背甲；骨是指兽骨，主要为牛的肩胛骨。1928年，当时的中央研究院首次组织了对安阳小屯村殷墟的科学考古发掘，迄今已先后出土甲骨15万片，其中多数是1928年以前农民私掘出土的，科学发掘获得的共计34 842片。经几代学者的研究考订，证实这些甲骨卜辞是公元前14世纪末至公元前11世纪商王盘庚迁都殷地到商纣王亡国273年间的遗物。

甲骨卜辞的形成相当复杂。利用甲骨占卜具有一定的方式、方法和程序，甲骨学研究上称为卜法。占卜时，经过一定的宗教仪式，将要问卜之事向神灵禀告清楚，然后将经整治钻凿的龟甲用火灼烤，龟甲受热后产生爆裂而形成裂纹，这就是占卜所求的"卜兆"。占卜者根据卜兆的纹式来判断所问事务的成败与吉凶，最后把占卜过程中的事和事后应验的情况刻录在甲骨上，形成卜辞。所以一篇完整的卜辞包括四个部分：

(1) 叙事，记录占卜的时间和占卜者的名字；
(2) 命辞，占卜人贞问的事情；
(3) 占辞，卜兆所显示的结果；
(4) 验辞，占卜后应验的事实。

在已发现的卜辞中，四项俱全者很少，一般都无验辞。其字数多寡不一，多者近百字，需用多块龟甲连缀，少者仅数字，一般为二三十字。

甲骨卜辞是珍贵的古史研究资料，内容丰富。20世纪70年代出版的《甲骨

---

① 王国维.说商颂上；说商颂下.见：彭林整理.观堂集林.石家庄：河北教育出版社，2003：53.

文合集》，将所收 4 万余片甲骨，按内容分成 4 个大类、22 个小类。第一大类，阶级和国家：(1) 奴隶和平民，(2) 奴隶主贵族，(3) 官吏，(4) 军队、刑罚、监狱，(5) 战争，(6) 方域，(7) 贡纳；第二大类，社会生产：(8) 农业，(9) 渔猎，(10) 手工业，(11) 商业、交通；第三大类，思想文化：(12) 天文、历法，(13) 气象，(14) 建筑，(15) 疾病，(16) 生育，(17) 鬼神崇拜，(18) 祭祀，(19) 吉凶梦幻，(20) 卜法，(21) 文字；第四大类，其他。显然，卜辞的内容十分广泛，涉及商朝中后期社会生活各个层面的基本情况。

甲骨卜辞的出土，为我国史学研究探索新方法、开创新思维提供了绝好的契机。1917 年，王国维首先利用当时所见的甲骨卜辞开展对殷商历史的研究，撰写了著名的《殷卜辞中所见先公先王考》《殷卜辞中所见先公先王续考》，研究考证《史记·殷本纪》所载殷商先公先王之名绝大多数都见于甲骨卜辞中，确立了《史记》的信史地位。稍后，王国维沿着这一研究新思路，陆续完成了《殷周制度论》《古史新证》《殷礼徵文》等学术论著，并进而提出了著名的"二重证据法"，即以地下实物资料与历史文献资料互相印证的方法，开创了史学研究的新局面。自 1930 年起，郭沫若开始利用甲骨卜辞研究殷商历史，先后撰写了《卜辞中的古代社会》《殷周奴隶社会考》等论著，渐次将利用甲骨材料进行殷商社会历史的研究推向了高潮。

除了卜辞以外，甲骨文中还有记事的刻辞，如记载战争中俘虏的数字、田猎收获的多少，以及封赏和祭祀的情况等。单纯记事的刻辞多刻在兽骨上。已发现的非卜辞的甲骨刻辞，包括干支表、祀谱、家谱等表谱刻辞和记载甲骨来源、甲骨祭祀等的记事刻辞。卜辞与刻辞的区别在于甲骨表面有无钻凿、灼烤之痕。

目前已发现的甲骨文字，除去重复者，总数约 4 500 个。其中，已被确认的字不到三分之一；未被释读的字中包括相当数量的常用字。甲骨文字的释读工作还远远没有结束，甲骨刻辞作为殷商当世文献资料，其重要的历史文献价值还有待进一步发掘。

董作宾于 20 世纪二三十年代先后 3 次主持殷墟的发掘工作，他在《新获卜辞写本后记》一文中提到曾发现刻有"册六"二字的龟版，且有穿孔。1936 年YH127 坑发掘出土的龟甲中，有的已编连成册，或见数片牛肩胛骨合为一包，又有刀形背甲，中间穿孔，并有刻辞。考古学家认为，将若干龟甲通过孔眼编连起来，应该就是《尚书·多士》所载"惟殷先人，有册有典，殷革夏命"中的"典""册"，堪称我国早期图书的雏形。

除甲骨卜辞之外，殷商晚期，人们已开始通过在青铜器上铸刻文字，记录各种重要的史实,由此形成了铜器铭文。

二、铜器铭文

铜器铭文(图7),主要指商周时期刻铸在青铜器上的具有历史内容的篇章。

图7　墙盘铭文

在青铜器上刻铸文字,始于殷商晚期。当时的统治者每逢喜庆大事,都习惯于专门铸造青铜器作为纪念。这类青铜器往往刻铸有文字,说明铸器的时间、原因,甚至还有成篇的重要文字及其相关史实。青铜器上的这种文字叫作"铭文",由于古人习惯于把铜称为金,所以后人统称之为"金文"。

铜器铭文初期仅为族名、作器者名、受器者名或器名,只有很少几个字,现存商代最大的铜器后母戊鼎,仅在鼎腹内刻铸了"后母戊"三字。直到殷商晚期武乙朝后,铜器铭文才开始出现记事性内容。西周中叶以后,出现了多达数百字的长篇铭文,蕴涵有较大的历史容量,不仅可以与已有的历史典籍相印证,而且还记述了大量历史典籍失载的重要史实,其重要意义,正如郭沫若在《两周金文辞大系考释·序文》中所说的那样:"传世两周彝器,其有铭者已在三四千具以上,铭辞之长有几及五百字者,说者每谓足抵《尚书》一篇,然其史料价值殆有过之而无不及。"①

历代出土的铜器铭文较多,其重要者如下:

利簋,西周初年青铜器,1976年在陕西临潼零口乡出土,以腹内记载周武王克商日期的铭文著称于世,现藏中国历史博物馆。作簋者是一位叫利的官员,官称"有司"。铭文凡4行、32字,其大意为:周武王征伐商纣,在甲子日的早晨克商。辛未这一天,武王在师旅驻地将青铜赏赐给利,利用其制作纪念自己先人檀公的宝器。利因参与伐商之役受赐而做此簋,时在决战后的第七天。铭文关于武王伐纣决胜之日为甲子朝、做器时间为七天后的辛未日的确切记时,证实了《尚书·牧誓》《逸周书·世浮》等周代文献对武王克商事件的记载,同时也为西周青铜器的断代提供了重要的标准。

墙盘,又名史墙盘,西周中期恭王时代的青铜器。1976年在陕西扶风法门公社庄白大队,即周原宫庙遗址出土,现藏陕西周原扶风文管所。铜器腹内底部有长达287字的铭文,其前段历颂周初文、武、成、康、昭、穆、恭各王的功德,后段记作器者微氏家族的历史。铭文印证并补充了许多西周的历史资料。

2003年1月19日,陕西省眉县杨家村单氏家族封地遗址出土了西周时期单氏家族的27件青铜器,包括凡鼎12件,鬲9件,方壶2件,盘、盉、盂、匜各1件,经观察27件铜器全部有铭文。② 鼎,包括四十二年鼎2件、四十三年鼎10件。其中,四十二年鼎乙有铭文282字,四十三年鼎辛有铭文316字,而盘的底部则有铭文21行、372字,是中华人民共和国成立以来出土的最长的青铜器铭文。

这次眉县青铜器群的出土,意义十分重大:

首先,其铭文总数达4 000余字,约占历代出土西周青铜器铭文总数的四分之一。长达372字的逨盘铭文记述了单氏家族自皇高祖单父到逨前后8代人的历史,可以说是一部完整的单氏家族史。铭文中还首次列出了西周12位周王:文王、武王、成王、康王、昭王、穆王、共王、懿王、孝王、夷王、厉王、宣王,仅未及西周的末代周王——幽王。1976年出土的微氏史墙盘,在284字的铭文中,记述了周文王以后7个王的事迹。而逨盘铭文的记述则下延至周宣王,显示出了西

---

① 郭沫若著作编辑出版委员会. 郭沫若全集·考古编(第8卷). 北京:科学出版社,2002:9.

② 陕西省考古研究所,宝鸡市考古工作队,眉县文化馆联合考古队.陕西眉县杨家村西周青铜器窖藏.考古与文物,2003(3):3.

周史的大致轮廓。逨盘铭文对西周诸王世系的记述,印证了《史记·周本纪》的记载,其学术意义与殷墟卜辞印证《史记·殷本纪》的商王世系同样重大。逨盘铭文所载西周各王的重要史事和文献与已发现的金文的记述基本吻合,如文王、武王的克殷,成王、康王巩固和开拓疆土,昭王征楚,穆王四面征战,等等。

其次,逨盘铭文与史墙盘铭文中都未提到周公,使专家对历史文献中所谓武王死后,周公摄政称王,七年致政成王之说的可信度产生怀疑。这些都对西周史的研究产生了较深远的影响。

逨家窖藏铜器铭文之间相互关联。四十二年鼎乙铭文、四十三年鼎辛铭文记述宣王的册命,在时间上先后衔接;逨盘铭文则在受王册命后细数先祖追随历代周王建功立业的事迹,在内容上与四十三年鼎辛铭文所载册命衔接。将这些家藏铜器的铭文联系起来,无疑就是一部记载单氏家族历史的史书;而将已发现的西周铜器铭文联系起来,又无疑是一部记载西周社会历史的史书。

西周的传世图书文献相对商代要丰富,《尚书》中有《牧誓》《康诰》《酒诰》等19篇经历代学者考证确认的周书,《逸周书》中的《世俘》《克殷》《商誓》《度邑》《作雒》等篇,大部分是西周初期的历史记录,但是仍难以确认为西周的当世文献。西周当世的文献资料中,甲骨刻辞较少,1977年曾在陕西岐山凤雏村的一个窖穴里出土了17 000余片甲骨,其中有刻辞者仅200多片。而现在仅是"单五父"一家的窖藏,就有铭文三千。所以,铜器铭文不愧是一部记载西周历史的大书。

甲骨卜辞与铜器铭文,大多属于以甲骨或青铜作为载体的官方或家族的文书档案,其原意并不在于广泛传播,而在于永久保存。不难想象,铸刻在甲骨或青铜器物上的文字,是不便于人们阅读或携带的。为了改变这种状况,大约在西周,也就是在青铜器物上铸刻铭文之风盛行的时候,人们已开始尝试着把文字写在竹条或木片上,并逐渐形成了以竹、木为书写材料的图书形态。

第四节　　历史考古视野中的编辑活动

殷商、西周时期,除甲骨卜辞和青铜铭文外,尚无其他当世文字记载现世。考察这一历史时期的编辑活动,主要利用二重证据法,即从出土实物和历史文献中发现线索，寻找证据，加以分析、考证和推论。下文先从考察"史"字的出现和史官的职守开始介绍。

一、史官职守

在甲骨卜辞、铜器铭文和记载商周史事的典籍中，"史"字的出现相当频繁。

"史"，在甲骨文和金文中都属于象形字：峕，如右手持物状。《说文解字·又部》中说："史，记事者也，从又持中。中，正也。"对所持为何物，清代吴大澂认为是简策类物，江永则认为是官府的簿书。王国维在《释史》一文中赞同江说，以为吴说仅指单一之简，而簿书需要众简方能成之，从而考证"史字从又持中，义为持书之人"。他并进一步指出："史为掌书之官，自古为要职。""史之职专以藏书、读书、作书为事。"

在学术统于王官的商周时代，史官受命为王起草册命，代王宣命，且负责记录王室朝廷的重大事件和天子诸侯的言论。现存西周迄于秦汉的典籍中，大多有关于商朝先公先王的记载，经王国维《殷卜辞中所见先公先王考》《殷卜辞中所见先公先王考续考》的考证，证明所载基本符合史实。从中，我们可以推定，商朝的史官负有记录先公先王世系和商王行事、言论及国家大事的职责，后世作者必定依据商代史官的这类记录润饰笔削，编写新集。

自三代以来，见诸记载的史官职名较多。仅《周礼·春官》中就有大史、小史、内史、外史、御史等名。其中，内史"掌书王命"，王国维《释史》中说："自《诗》《书》、彝器观之，内史实执政之一人。其职与后汉以后之尚书令，唐、宋之中书舍人、翰林学士，明之大学士相当，盖枢要之任也。"①显然，内史具有很大的权力，自古为朝廷要职。因内史掌起草册命之责，故古书与铜器铭文中常以"作册"称之，其长官则称为"尹氏"。

正如王国维所指出的那样，在铜器铭文及《诗》《书》《左传》等先秦典籍中，多见有关史官职守和活动的记载。例如，师晨鼎铭文记曰："王呼作册尹册命师晨。"逨四十三年鼎辛铭文记曰："王乎（呼）尹氏册令逨。"《尚书·金縢》记曰："史乃册祝。"

商周铜器铭文往往以"王若曰"开篇，如盂鼎铭文、毛公鼎铭文、单氏四十二年鼎乙铭文、四十三年鼎辛铭文等。这是册命的格式，表示史官代王宣命，可与

---

① 谢维扬，房鑫亮.王国维全集（第8卷）.杭州：浙江教育出版社，2009：177.

《尚书》中相关篇章相互印证。

西周王室史官的设置,较商代为多,职掌亦相对繁多。据《周礼·春官》记载:"大(太)史掌建邦之六典","小史掌邦国之志,奠系世","内史掌书王命","外史掌书外令,掌四方之志,掌三皇五帝之书,掌达书名于四方"。东汉经学家郑众对其中"小史"的职掌做了这样的注解:"志,谓记也。《春秋传》所谓《周志》《国语》,所谓《郑书》之属是也。史官主书,故韩宣子聘于鲁,观书太史氏。系、世,谓《帝系》《世本》之属是也。"可见,小史负有收藏邦国史书,书定帝王世系的职责。

可以毫不夸张地说,殷商西周时期的史官负责王室朝廷与文字书写有关的一切要事,书写帝王的诰誓号令、记录国家的军政大事、典藏朝廷的文献档案是其中的三大要务。这些活动中自然已经包含了对文字记录材料,即图书文献的积累、编次和纂集等工作。所以,殷商、西周时期的史官应是我国历史上有案可稽的早期编辑活动的开创者和推动者。

二、早期编辑活动的内容与程序

探讨早期编辑活动的内容与程序,可依据的文献实物是出土的甲骨卜辞和铜器铭文。

甲骨卜辞的书刻有严格的规则,都是自上而下竖列书刻,行列则有的自右向左,有的自左向右,基本上与后来的书写行款相同。完整的龟版或骨版,有的记录若干段卜辞,段与段之间采取自下而上的次序。各段的卜辞一般来自不同的时间。郭沫若《殷契萃编》所录176片、307片和《甲骨文录》所载268片3块残片,原系甲骨文二期祖庚、祖甲时期的同一片龟甲,经掇和保存得较好,"内容是祭祀自大乙至武丁共十一位大宗先王的记录,从第一年的十二月开始,到第二年的三月结束,轮祭一周,共跨了两个年度,占了四个月份,但实际所用的天数约八十天"①。这是在相对比较长的时间里,用同一片龟甲记录卜辞的例子。这种情况下,在反复取用的过程中,必须为龟甲确定一个固定的位置,这需要有较严格规范的先后编次和保藏管理的规则来加以保证。

另外还有一种情况,就是卜辞较长,需要若干块甲骨才能容纳,因而形成了成套甲骨。1936年,殷墟YH127大坑曾出土许多经改造成椭圆形的有孔背甲,

---

① 高明. 中国古文字学通论. 北京:文物出版社,1987:347.

有学者认为其孔是用来穿编绳的。恰好同坑有一块卜甲,记有"三册,册凡三",论者以为这表明有 9 块甲骨分 3 册编集在一起。

甲骨卜辞的编次,主要是以时间为序的。时间意识是人类思维方式的基础,而时间也正是历史的基础。甲骨卜辞中的第一项内容叙事(辞)首先记录的就是占卜的时间。日后要追记验辞,寻找最方便的标志就是它的时间先后次序。

在已出土的铜器铭文中,我们同样可以看出这种以时间先后为次序编次文档史料的思想。20 世纪 70 年代陕西扶风庄白微氏家族窖藏中共出土铜器 103 件,其中属于微氏家族四代的铜器 61 件,著名的史墙盘就在其中。四代铜器在同坑出土是十分罕见的,这表明家族铜器在很长时间内是被保存、收藏在一处的,这实际上将各代铜器的铭文自然连成了一部持续反映家族历史的文献档案。考微氏世为周王室的史官,做器者墙又为周室史官,这样做应该是他处理编次王室朝廷文献档案方式在家族中的沿用。2003 年,眉县单氏家族窖藏中出土了 27 件铜器,其中四十二年鼎乙、四十三年鼎辛铭文逐年记载史事,集中保存、收藏于一处,做器者逨虽非史官,但所表现出的时间意识则是完全相同的。

可以想见,在王权意识和宗法制度作为社会重要支柱的商周时代,史官们随时逐日地记载帝王的言行,贵族大家逐年累代书写家族历史,都是以时间的推移为先后的。所以,编年体应是我国早期编辑活动最早形成的编辑体式。唐史学家刘知几在《史通·编次》中总结先秦史籍的编次方式时说:"昔《尚书》记言,《春秋》记事,以日月为远近,年世为前后。用使阅之者雁行鱼贯,皎然可寻。"先秦史籍多为编年体,正是受到商周文献典籍编辑体式的影响。当年孔子周游列国,应聘不遇,归而观书于太史氏,因《鲁春秋》而作《春秋》,就是一个明显的例证。

从考古发现来看,甲骨与铜器都是有固定的收藏处所的。这与甲骨卜辞及铜器主要为王室取用的性质有关。商周统治者建有专门的藏室,集中典藏甲骨已为考古研究所证实。殷墟在 1936 年的科学发掘中发现了 YH127 大坑以及宫室以外的宗庙建筑。大坑圆形,最宽处直径约 1.8 米,底径 1.4 米,坑底距地面约 6 米。在坑口以下 0.5 米到 2.1 米的土层中,出土甲骨 17 096 片,其中完整的龟甲 200 多版,有的甲骨上还有朱墨书写的文字,表明这是当时有意识掘建的典藏库。西周甲骨也集中出土于陕西岐山凤雏村,即西周前期的政治中心周原遗址。

据文献记载,商周王室的甲骨集中收藏在龟室。《周礼·春官》"龟人"记载:"凡取龟用秋时,攻龟用春时,各以其物入于龟室。"《史记·龟策列传》褚少孙补曰:"今高庙中有龟室。"由于占卜祭祀都在王室宗庙进行,龟室便就近建在宗庙。

从文献记载看,旧题周公所作的《周礼》,记录有周王朝关于文书档案收藏职责归属的情况。全书凡6篇:《天官冢宰》《地官司徒》《春官宗伯》《夏官司马》《秋官司寇》《冬官司空》,其中《冬官司空》早佚,当时以《考工记》替代。《天官冢宰》曰:大宰之职,掌建邦之六典,以佐王治邦国。六典指治典、教典、礼典、政典、刑典、事典。以八法治官府,所谓"八法",是指官属、官职、官联、官常、官成、官法、官刑、官计;以八则治都鄙,所谓"八则",是指祭祀、法则、废置、禄位、赋贡、礼俗、刑赏、田役。又,小宰掌邦之六典、八法、八则之贰,以逆邦国、都鄙、官府之治。小宰为大宰属官,六典、八法、八则皆为治国安邦的法典。就是说,朝廷实行两级收藏制度,王室重典,集中由太史收藏,各相关部门、地方保存有副本。这样的典藏制度有利于取阅和查考。

《春官宗伯》在记述"外史"职责时,提到"掌达书名于四方"一项。对此,后世注家多有诠释,大意是王室朝廷恐有重要文书图籍四方不知,如果已知亦恐四方语言不同、音读互异而至讹误,因此要求外史将其颁达四方,使邦国无私书,天下无异学。这实际上已经涉及传播和出版问题了。

《周礼》本名《周官》,是古文经学最重要的典籍,西汉刘歆以为是周初周公制礼的大典。但是,历代今文经学家皆认为是刘歆伪造的。自20世纪30年代郭沫若提出以西周铜器铭文来验证其真伪的观点以来,已有学者进行并完成了这项研究,他们择取近500件铜器,从其铭文中整理出近900条有关材料,考证分期,并与《周礼》一一比对,发现在主要内容上,《周礼》与西周铭文所反映的西周官制颇多一致或相近之处。所以,完全肯定或基本否定都不妥当。[1] 若以此观点视之,当时需要外史达于四方之书,应为夏太史令终古奔商所携的图法一类,属于甲骨卜辞和铜器铭文以外的图书文献。

关于这一点,我们热切期待新的考古发现加以证明。

---

[1] 张亚初,刘雨. 西周金文官制研究. 北京:中华书局,1986:3.

第二章

春秋战国时期的编辑出版活动

公元前770年,周平王自镐京(今陕西长安区西北)东迁洛邑(今河南洛阳西),至公元前476年周敬王卒,其间历时295年。这一历史时期因周王室东迁,史称东周。同时,由于这段历史的起讫与鲁国史书《春秋》所记时限相合,故又称春秋。春秋时期,东周王室衰微,诸侯互争霸权,社会处于动荡变革之中。自公元前475年周元王元年至公元前221年秦统一止,各诸侯国之间的兼并战争日趋激烈,并逐渐走向统一。这一历史时期,史称战国。由于战国时期周王室名存而实亡,所以也有人把春秋战国时期合称为东周。

春秋战国时期,中国社会处于激剧动荡的转型期,其间诸子蜂起,百家争鸣,诗文骚赋,风采纷呈。士大夫即知识分子阶层的崛起,带动了思想文化的空前繁荣和社会传播的不断发展。其标志之一就是文字记载由简单的片段逐步形成为正式的图书,书籍的种类、体式由单一逐步走向多样,文字载体出现了以新材料竹、木为主导的新形式。编辑出版活动初具规模,形成多元格局,为以后的发展奠定了良好而坚实的基础。

第一节　教育下移与私家著述的兴起

我国上古时代,书籍和著作权都集中掌握在朝廷任命的史官手中,只有极少数上层贵族子弟能够接受教育。春秋末年,随着奴隶制宗族制度的不断衰落和新兴地主阶级的逐步强盛,上层贵族和御用史官把持书籍、垄断知识的局面渐渐被打破。教育下移,私家讲学风行;学术自由,百家九流蜂起。诸子门人的聚散流动,说客策士的出秦入楚,带动了社会学术思想和生产知识的大传播,成为促使春秋战国时期编纂出版活动广泛开展的社会基础。

一、史官制度的演变与学术下移

春秋时期,周王室式微,整个社会从政治制度、社会组织到学术思想、文化教育都发生了巨大的变化。史官地位的削弱、职守的改变就是其中之一。

司马迁在《史记·历书》中记述了这样的情况:"幽、厉之后,周室微,陪臣执政,史不记时,君不告朔,故畴人子弟分散,或在诸夏,或在夷狄,是以其禨祥废而不统。"畴人,即古代掌管天文、历法的史官,职守世袭。郑玄称:据周礼,"人君每月告朔于庙有祭,谓之朝享"。现今史官不记时,君王不告朔,畴人失去职守,于是就带着他们世代相传的专学和有关图籍,流散到各地。公元前525年,鲁昭公问来朝的郯国国君:黄帝之子少皞氏何以鸟名官?郯君一一作答。据《左传·昭公十七年》记载,当时年近三十的孔子就前去向郯君请教问学,从而得到了原来统于周王室的学术文化知识,因此相信"天子失官,学在四夷"的传闻。郯国,周之邦国,己姓,故城在今山东郯城西南境。

春秋时期"天子失官,学在四夷"的现象,说明周王朝的史官制度已遭到破坏,史官地位已被削弱。但是,史官的职守在各诸侯国得到了很好的延续。在先秦文献中,我们经常可以看到有关春秋各诸侯国史官忠于职守的记载。著名者,如晋国的董狐,公元前607年以直书大臣"赵盾弑其君"事,被孔子誉为"古之良史"。

春秋晚期至战国时期,随着新兴地主阶级的进一步强大,各诸侯国的政权开始旁落,一些执掌大权的大夫和具有特殊身份的贵族,也设置史臣之职。见于记载的如晋国执政上卿赵鞅的家臣周舍,《新序》称其"墨笔操牍,司君之过而书之",做到"日有记,月有效,岁有得"。

史官的职守在诸侯各国的落实和强化,使春秋时期的史书得到了较大的发展。《国语·楚语上》记载了楚庄王时大夫申叔时谈论太子教育应设的科目,他说:

> 教之"春秋",而为之耸善而抑恶焉,以戒劝其心;教之"世",而为之昭明德而废幽昏焉,以休惧其动;教之"诗",而为之导广显德,以耀明其志;教之"礼",使知上下之则;教之"乐",以疏其秽而镇其浮;教之"令",使访物官;教之"语",使明其德,而知先王之务用明德于民也;教之"故志",使知废兴者而戒惧焉;教之"训典",使知族类,行比义焉。①

文中共提到了九类典籍,其中:

春秋,各国编年史,但名称不一。晋曰《乘》,楚称《梼杌》,他国多以《春秋》为名。故墨子有"吾见百国春秋"之谓。

世,历代帝王的世系,原本即称为《世》或《经世》。《世》是古代王侯贵族十分重视的文献记载。《庄子·齐物论》曰:"《春秋》《经世》,先王之志,圣人议而不辩。"《周礼·春官》载"瞽矇"之职为"讽诵诗,世奠系,鼓琴瑟";而"小史"之

---

① [春秋]左丘明,撰;[三国吴]韦昭,注. 国语. 上海:上海古籍出版社,1998:528.

职为"掌邦国之志,奠系世,辨昭穆"。西汉尚多《世》一类的文献传世,司马迁在《史记》中提及"余读《谍记》,黄帝以来,皆有年数"。"太史公读《春秋历谱谍》,至周厉王,未尝不废书而叹也。"文中的《谍记》《春秋历谱谍》就属于世。世应是《世本》的原始材料。

诗,上古歌谣集。《汉书·艺文志》曰:"古有采诗之官,王者所以观风俗,知得失,自考正也。"

乐,上古音乐、舞蹈的曲谱。

礼,当时礼仪的规章制度。《孝经·广要道章》引孔子曰:"移风易俗,莫善于乐;安上治民,莫善于礼。"

令,韦昭注谓先王的官法、时令,即当时王朝政令的汇编本。《国语·周语》中所引"故《夏令》曰:'九月除道,十月成梁'"中的《夏令》即是。

语,韦昭注曰:"治国之善语。"即古代圣王的言论。贤明君王去世,后人回忆其生前言论,加以写定辑集。《尚书》中的《盘庚》,以及《国语》即属此类。

故志,记前世成败之书,包括远古的历史追忆和近世的掌故材料。《尚书·尧典》开篇"曰若稽古",大意为"据古代传闻",便属于此类追忆远古历史的情况。又多见于古籍引用的《史佚之志》《仲虺之志》《军志》等,应即此类记言之书。

训典,五帝之书,韦昭注曰:"训,教也;典,法也。"盖先王、贤臣教导下属的告诫性词章,如《尚书》中的《大诰》《康诰》。楚国的左史倚相,就是一位"能道训典"的良史。

上述九类典籍,除诗、礼、乐以外,都是以记言记事为主的史书,其中春秋和世是记事的,其余均为记言之作。

楚庄王公元前 613 年至公元前 591 年在位,早于孔子约一个世纪。从这些丰富的图书文献品种中,我们可以大概推知当时学术下移后学术思想和文化知识的传播概貌。后来,孔子就充分利用这些材料,编订了"六经"。

二、百家争鸣与私家著述的勃兴

春秋战国时期,社会发生了剧烈的变动。先是春秋五强齐、晋、楚、吴、越相继争霸于天下,后又有战国七雄秦、魏、韩、赵、楚、燕、齐并起逐鹿中原,连年征战,天下汹汹。在这样一个"邦无定交,士无定主"的失常世道里,应运蜂起的百家诸子都各尽心智,把关注的目光投向对社会变革以及社会治乱关系的探索上。

春秋末年，鲁、宋、楚三大文化中心形成：鲁国孔丘创立儒家，宋国墨翟创立墨家，楚国李耳创立道家。各学派纷纷设学授徒，天下从学者如星聚云涌，盛况空前。

诸子百家的学说互有异同，各具短长，相互辩难，形成了百家争鸣之势。《孟子·滕文公下》曰："圣王不作，诸侯放恣，处士横议，杨朱、墨翟之言盈天下。天下之言不归杨，则归墨。"其争鸣之声势可见一斑。

战国中后期，齐国田氏政权在列为诸侯之初，即在临淄设置稷下学宫，汇聚各个学派的代表人物，成为战国时期百家争鸣的学术中心。从公元前375年齐桓公田午起，至齐亡国，学宫与田齐政权共存亡，历时近150年。《史记·田敬仲完世家》称："（齐）宣王喜文学游说之士，自如邹衍、淳于髡、田骈、接予、慎到、环渊之徒七十六人，皆赐列第，为上大夫，不治而议论。是以齐稷下学士复盛，且数百千人。"不治而议论，专门从事学术研究和讲学活动，是稷下学士的特色。战国著名的学者如孟轲、宋钘、荀况等皆曾在学宫从事"不治而议论"的学术活动，尤其荀况曾三为学宫祭酒。有学者提出："据《战国策》《说苑》《韩非子》诸书记载，认为颜斶、唐易子、公孙固、田过、列精子高、匡倩、告子、黔娄子、孔穿、能意、闾丘先生等人可能是稷下先生，《子晚子》《司马法》《孙膑兵法》《管仲》《黄帝四经》《晏子春秋》等书可能是稷下学者的著作。"①

《汉书·艺文志》中"诸子略"共著录儒家、道家、阴阳家、法家、墨家、纵横家、杂家、农家、小说家等10家、189种、4 342篇，大部分为战国时期的著述，后世概称为诸子百家。其中，属春秋战国时期且今存者主要有：

《孟子》11篇，孟轲著。孟轲，孔子孙孔伋（子思）的再传弟子。今传本凡7篇：《梁惠王第一》《公孙丑第二》《滕文公第三》《离娄第四》《万章第五》《告子第六》《尽心第七》。书中记载了孟子的言行，由孟门弟子记集，间杂再传弟子的记录。全书所传纯为儒家思想，天下学者，孔孟并称，为儒家十三经之一。

《孙卿子》33篇，战国时期赵国人孙况著。孙况本名荀，因避汉宣帝刘询讳而改，今本名《荀子》。今传本凡32篇，大部分为荀子自著，《儒效》《议兵》《强国》皆称"孙卿子"，似出门人弟子。刘向《荀子叙录》称："孙卿善为《诗》《礼》《易》《春秋》。"《四库全书总目》称其："卿之学源出孔门，在诸子之中最为近正，是其所长。主持太甚，词义或至于过当，是其所短。韩愈'大醇小疵'之说，要为定论。"

《老子》一名《道德经》，今存2卷，上篇《道经》37章、下篇《德经》44章。

---

① 孙以楷.稷下学官考述.见：文史（第二十三辑）.北京：中华书局，1984：45.

1974年在湖南长沙马王堆汉墓发现帛书本,共两种抄本,其中一种用篆书抄写,称为甲本,另一种用隶书抄写,称为乙本。甲本抄于刘邦称帝之前,乙本则抄于刘邦称帝之后,均系距今两千多年的古本。1993年在湖北荆门郭店出土了《老子》战国竹简本,凡甲、乙、丙三组,其分章与今本不尽相同。

《庄子》52篇。庄子,名周,战国时期宋人,曾为漆园吏,与梁惠王、齐宣王同时。其学无所不窥,然其要本归于老子之言。今传晋郭象注本共33篇,内篇为:《逍遥游》《齐物论》《养生主》《人间世》《德充符》《大宗师》《应帝王》7篇;外篇为:《骈拇》《马蹄》《胠箧》《在宥》《天地》《天道》《天运》《刻意》《缮性》《秋水》《至乐》《达生》《山木》《田子方》《知北游》15篇;杂篇为:《庚桑楚》《徐无鬼》《则阳》《外物》《寓言》《让王》《盗跖》《说剑》《渔父》《列御寇》《天下》11篇。

《韩子》55篇,战国时期韩国人韩非所撰。《史记·老子韩非列传》曰:韩非"喜刑名法术之学,而其归本于黄老"。所著今传本名《韩非子》,凡20卷、55篇,著名者有《孤愤》《五蠹》《说林》《说难》《显学》等。又有《解老》《喻老》2篇,相当于《老子》的选注,前者侧重训解诠释,后者以事类释例。

《墨子》71篇,原注:"名翟,宋大夫,在孔子后。"其书旧题墨翟撰,而书中多称墨子,盖出门人弟子所记,约成书于战国中期。今传本佚8篇,存63篇,著名者有《尚贤》《尚同》《兼爱》《非攻》《节用》《节葬》《天志》《明鬼》《非乐》《非命》等。

《汉志》在兵书、数术、方技三略中也著录了不少春秋战国时期的私人著述,其内容涉及军事、地理、医学等,今存者主要有以下一些:

《吴孙子兵法》82篇。原注:"图九卷。"春秋齐人孙武所撰。《史记·孙子吴起列传》记曰:"孙子武者,齐人也。以兵法见于吴王阖闾。阖闾曰:'子之十三篇,吾尽观之矣,可以小试勒兵乎?'"今传经魏武帝曹操等10家注本,恰合13篇之数,其序为《计篇》《作战》《谋攻》《形篇》《势篇》《虚实》《军争》《九变》《行军》《地形》《九地》《火攻》《用间》。1972年,山东银雀山汉墓出土了《孙子兵法》竹简200余枚,其中有《吴问》《地形二》《黄帝伐赤帝》等不见于现存古籍的重要佚文。

《山海经》13篇。这是中国最古的一部地理书,今传晋郭璞注本凡18卷,包括山经5篇:《南山经》《西山经》《北山经》《东山经》《中山经》各1篇,合称五藏山经;海经8篇:《海外南经》《海外西经》《海外北经》《海外东经》各1篇,《海内南经》《海内西经》《海内北经》《海内东经》各1篇;大荒经4篇,《大荒东经》《大荒南经》《大荒西经》《大荒北经》各1篇;另有《海内经》1篇。其作者向无定论,历来多附和汉代刘秀所主夏禹、伯益说。据现代学者的考证,该书应是战国初到汉代初年的楚国或楚地人所作,其中五藏山经5篇成书最早,大约在战国初年到战国中期;海经8篇大约成书于战国中叶以后;大荒经4篇与《海内经》1篇大约成书于汉初。

《黄帝内经》18卷。内分《灵枢》《素问》各9卷。今传唐王冰注《素问》凡24卷、81篇,宋史嵩《灵枢》编校本12卷、81篇。《黄帝内经》是我国古代一部内容最丰富、影响最深远的中医典籍,全书以黄帝与臣子岐伯、伯高、少俞、雷公等人问答讨论的形式展开,托名黄帝,是受尊古时风的影响。其成书非出一时一人之手,据历代学者考证,大约初成于战国时期,后历经秦汉时人的增补。

诸子百家的学术思想既有区别,又有联系,各家在争鸣之中,不忘辨别各自渊源,批评彼此得失。《庄子·天下篇》批评所知先秦各家学派,对墨翟、禽滑里、宋钘、尹文、田骈、慎到、关尹、老聃、庄周、惠施各家观点一一加以评述。《荀子·非十二子》对它嚣、魏牟、陈仲、史鱼、墨翟、宋钘、慎到、田骈、惠施、邓析、子思、孟轲之学,《韩非子·显学》对儒、墨两家自孔、墨后儒分为八、墨离为三的学术分合现象进行评述。三家之说,成为中国古代学术史撰述的肇端。

第二节 孔子的编辑活动及其历史意义

孔子(前551—前479),名丘,字仲尼,鲁国昌平陬邑(今山东曲阜东南)人。孔子的先世是宋国贵族,后避难迁居鲁国。他年轻时担任过管理仓库和畜养的小官吏,后得升迁,一度出任鲁国的大司寇。在中国历史上,孔子作为儒家学派的创始人,他的思想学说和其一生所从事的文化教育活动,对中华民族传统文化的形成与发展,具有重大而深远的影响(图8)。这一切应该是从当时私学兴起的时代环境和他的编辑活动,具体来说是从编订六经开始的。

一、私学兴起的历史背景

教育是社会发展到一定阶段的产物。文字的产生和使用、生产技术和私有财富的积累、社会分工的扩大,使得奴隶制社会逐渐形成了专门从事文字记载和

图8 先师孔子行教像
唐吴道子画 拓片

文化管理工作的知识阶层,其中主要包括史官及其他兼任教育职责的官员。为了能肩负起治理国家的重任,奴隶主贵族集团极端重视对子弟的教育,将教育视为政事之本、道德之归,认为不可一日而废。

据文献记载,早在五帝时期已经设有学校,校名成均。在殷墟甲骨文中,已经发现有庠、序、学、宗等文字。《孟子·滕文公上》曰:"设为庠序学校以教之。庠者,养也;校者,教也;序者,射也。夏曰校,殷曰序,周曰庠;学则三代共之,皆所以明人伦也。"文中所说校、序、庠都是指地方学校,学是指天子之学,名辟雍。这证明我国最迟在殷商时期已经形成了较为系统的教育制度。

西周的官学,其教育的对象主要是贵族子弟,教学内容则以"诗、书、礼、乐"为主,教育宗旨是使学者"明人伦"。孟子说:"人伦明于上,小民亲于下。"意思是说诸侯、卿、士大夫都明白了各种行为的准则,平民百姓就自然会亲密地聚集起来。由此可知,自教育制度诞生之日起,实施教育和接受教育的权利就为奴隶主贵族集团所垄断,其最终目的是要维持统治、巩固政权。

在"礼崩乐坏"的春秋战国时期,随着奴隶主贵族集团的没落,以垄断为标志的官学无可奈何地走向了衰落。据《左传·昭公十八年》的记载,公元前524年秋,"往者见周原伯鲁焉,与之语,不说学。归以语闵子马。闵子马曰:'周其乱乎?……夫学,殖也,不学将落,原氏其亡乎?'"友人前去见周大夫原伯鲁,原氏在谈话之中不及学,反而声称"可以无学,无学不害"。当东周王室权威不再之际,统治集团成员要么疲于应付政事,要么丧失精神追求。所以,鲁襄公三十一年(前542),郑人有废毁乡校之议①,《诗经·郑风》有讥刺学校荒废之篇②。

春秋乱世,在王室诸侯无暇顾及官学之时,私人讲学之风开始慢慢涌动,以孔子为代表的一大批学者纷纷设学授徒,私学遂由星火渐成燎原之势。

---

① 见:《左传·鲁襄公三十一年》:"子产论毁乡校。"
② 《诗经·郑风》有《子衿》三章,《毛传》以为:"刺学校废。乱世则学校不修焉。"

孔子是中国历史上首倡私学,并终生身体力行的伟大教育家、思想家,《史记·孔子世家》称他"以诗书礼乐教,弟子盖三千焉,身通六艺者七十有二人"。从事教育,传播文化,首先要有一套系统合适的教材。于是,孔子就着手依据当时所能见到的图书资料、文书档案,进行了一番整理工作,最终编辑完成了6种教科书,这就是后世确认为儒家经典的六经。孔子的这一编辑活动,历史上称为"编订六经"。

二、编订六经

身处春秋晚期的孔子,面对东周王室衰落、"礼崩乐坏"的局面,特别推崇西周的政治秩序和典章制度,从而形成了自己的政治理想和施政方略。由于这一整套的理论学说只适合于强有力的政权用来维护、巩固大一统的政治和社会秩序,因而不能为当时各诸侯国君主所采纳。所以,孔子在周游列国、游说诸侯屡遭挫折后,即转而以整理古代文化典籍为职,其整理成果为《易》《诗》《书》《礼》《乐》《春秋》,当时称为"六艺",后世尊为"六经"(图9)。

图9　孔子删述六经　出自明代《孔子圣迹图》

孔子与六经的关系,历史上有两种说法:古文经学家认为六经为前代流传下来的典籍记载,孔子仅是对其做了校释整理的工作;今文经学家则强调六经为孔子本人的著作,书中处处贯穿着孔子的思想观点。司马迁在《史记·孔子世家》中首次对孔子与六经的关系做了全面的表述,其基本观点与古文经学家一致。下面我们将司马迁的表述分别散列于六经之后,以便对照:

《易》,又名《周易》,是上古一部占筮之书。书中通过卦的排列、卦形的变化,以及卦辞、爻辞来喻示哲理。《史记·孔子世家》曰:"孔子晚而喜《易》,序《彖》《系》《象》《说卦》《文言》。读《易》,韦编三绝。曰:'假我数年,若是,我于《易》则彬彬矣。'"孔子自己谈与《易》的关系,在《论语·述而》中可以找到这样的记录:"子曰:'加我数年,五十以学《易》,可以无大过矣。'"

《诗》,上古歌谣总集。春秋时期,诗在各国诸侯、公卿、大夫中相当流行,当政者必须具备一定的诗的知识。《左传》《国语》中经常有诸侯、公卿、大夫在外交活动中用诗来表意言志的记载。《史记·孔子世家》曰:"古者诗三千余篇,及至孔子,去其重,取可施于礼义,上采契后稷,中述殷周之盛,至幽厉之缺,始于衽席……三百五篇孔子皆弦歌之,以求合韶武雅颂之音。礼乐自此可得而述,以备王道,成六艺。"

《书》,又名《尚书》,是中国现存最古的一部史料汇编集。《史记·孔子世家》载曰:孔子"序《书传》,上纪唐虞之际,下至秦缪,编次其事……故《书传》《礼记》自孔氏。"与东汉王充大约同时出现的《尚书纬》亦说:"孔子求《书》,得黄帝玄孙帝魁之《书》,迄于秦穆公,凡三千二百四十篇。断远取近,定可以为世法者百二十篇。以百二篇为《尚书》,十八篇为《中候》。"所以,后人往往将《逸周书》视为孔子编订《尚书》的删落之篇。

《礼》,古代有关礼仪的书。现在流传有"三礼",即《礼记》《仪礼》《周礼》。《史记·孔子世家》曰:孔子"追迹三代之礼……曰:'夏礼吾能言之,杞不足徵也。殷礼吾能言之,宋不足徵也。足,则吾能徵之矣。'观殷夏所损益,曰:'后虽百世可知也……'故《书传》《礼记》自孔氏。"

《乐》,已佚。在古代,乐是与礼表里为用的,正如《礼记·乐记》中所说的:"乐也者,动于内者也;礼也者,动于外者也。"所以,古代文献中往往礼乐并称。对孔子与乐的关系,《史记·孔子世家》做了这样的记载:"孔子语鲁大师:'乐其可知也。始作翕如,纵之纯如,皦如,绎如也,以成。''吾自卫反鲁,然后乐正,《雅》《颂》各得其所。'"这些文字分别见于《论语》之《八佾》《子罕》。

《春秋》,编年体史书,原为鲁国的编年史,孔子深感于世道衰微,因节取鲁史编次而成。《史记·孔子世家》曰:孔子"乃因史记作《春秋》,上至隐公,下讫哀公十四年,十二公。据鲁,亲周,故殷,运之三代。约其文辞而指博。故吴楚之君自称王,而《春秋》贬之曰'子';践土之会实召周天子,而《春秋》讳之曰'天王狩于河阳':推此类以绳当世。贬损之义,后有王者举而开之。《春秋》之义行,则天下乱臣贼子惧焉。孔子在位听讼,文辞有可与人共者,弗独有也。至于为

《春秋》,笔则笔,削则削,子夏之徒不能赞一辞"。最早有关孔子笔削《春秋》的记载,已知在《孟子》的《滕文公下》和《离娄下》两篇之中,其要也在指出孔子对于《春秋》只在整理、修订,而非创作。司马迁的表述与孟子之说是一致的。

孔子编订六经,对中国学术、思想和文化的发展做出了巨大的贡献。对此,司马迁在《史记·孔子世家》的赞语中做了这样的评价:"太史公曰:《诗》有之:'高山仰止,景行行止。'虽不能至,然心向往之。余读孔氏书,想见其为人。适鲁,观仲尼庙堂车服礼器,诸生以时习礼其家,余祇回留之不能去云。天下君王至于贤人众矣,当时则荣,没则已焉。孔子布衣,传十余世,学者宗之。自天子王侯,中国言《六艺》者折中于夫子,可谓至圣矣!"

三、编订六经的思想与原则

自汉魏以来,学者文士在文章中对孔子编订六经做了几乎一致的描述:"删诗书,定礼乐,赞易道,修春秋。"其中尤以删诗之说影响最大。

孔子编订六经是我国历史上有成果保留下来,而且影响特别巨大的最早的编辑活动。深入分析与探讨孔子在这一编辑活动中体现的编辑原则和特点,对中国编辑出版史的研究具有重要意义。

根据历史文献的记载,通过对现存几种经籍的分析,并结合相关的出土实物,我们认为孔子当年在编辑实践中贯彻了去除重复,述而不作,无征不信、多闻阙疑的编辑思想和原则。

(一) 去除重复

经孔子当年编订的六经中,惟《诗经》和《尚书》是汇编性的总集。今传本《诗经》凡305篇,《尚书》为《今文尚书》33篇和伪《古文尚书》25篇的合编本。孔子是否系统整理过《尚书》,因缺乏可资征信的记载,尚在疑然之间。而对于《诗经》,孔子则进行了去除复重的整理工作,即去掉诗中重复的篇章。司马迁也只说孔子做过"去其重"的工作,并未说"删诗"。

在孔子前整理过《诗经》篇章的,以宋国正考父较为著名。《国语·鲁语下》鲁大夫闵马父曰:"昔正考父校商之名颂十二篇于周太师,以《那》为首,其辑之乱曰:'自古在昔,先民有作。温恭朝夕,执事有恪。'"文中的"校"字,即整理的意思,也就是孔子的"去其重"。原始的《诗经》里篇章重叠,前后复见重出的情况很多,去除复重是整理的第一步工作。①

古时,书的版本往往不止一种,而书中的篇章更是杂乱,这种现象直至西汉刘向校书时仍然存在。今存刘向《战国策书录》称:"所校中战国策书、中书余卷……除复重得三十三篇。"《管子书录》称:"所校雠中管子书……凡中外书五百六十四篇,以校除复重四百八十四篇,定著八十六篇。"《孙卿书书录》谓:"所校雠中孙卿书,凡三百二十二篇,以相校除复重二百九十篇,定著三十二篇。"从正考父校《商颂》,到孔子整理《诗经》,在性质上,都与刘向整理古籍、去除重复篇章的情况相同。

1994年春,上海博物馆陆续从香港地区文物市场购回1 200余枚战国竹简,经科学冷冻脱水去色处理后,已清理出记载的书篇80余种,内容涵盖儒家、兵家、道家、杂家等先秦诸子著作,其中包括《孔子论诗》竹简31枚。研究者发现,竹简中《诗》的编次顺序为《讼》(颂)、《大夏》(夏、雅通)、《小夏》和《邦风》(汉儒为避刘邦讳,改邦为国),孔子论诗没有今本《诗经》小序中"美""刺"的内容。论者以为这是原始《诗经》,并据此推断,《诗经》的篇数当超过三百之数,从竹简诗的篇名记载还可以证明孔子当年没有删过诗。②

孔子整理《诗经》时,去除复重以后,还有编次一项。春秋之时,世衰民流,周道始缺,乐官四散。所以,《汉书·礼乐志》说:"王官失业,《雅》《颂》相错,孔子论而定之,故曰:'吾自卫反鲁,然后乐正,《雅》《颂》各得其所。'""相错",就是前后失序。所谓"各得其所",是指经过整理,排列次序,各归其类。文中所引"吾自卫反鲁"句出自《论语·子罕篇》,孔子自称的这种正《雅》《颂》的工作,究竟是正其篇章,还是正其乐章,或者两者兼正,虽然已经难以确考,但是根据上海博物馆所藏7枚记载诗曲音调的战国竹简中发现有40篇诗曲篇名的情况来看,似乎是两者兼正。

(二) 述而不作

孔子整理六经有着十分明确的编辑原则,就是述而不作。《论语·述而》记曰:"子曰:'述而不作,信而好古。'"《礼记·乐记》记曰:"知礼乐之情者能作,识礼乐之文者能述。作者之谓圣,述者之谓明。明圣者,述作之谓也。"对于述作的区别,清代学者焦循在《雕菰集》卷7《述难二》中有一段十分精彩的阐述:

---

① 金德建.司马迁所见书考·论孔子整理《诗经》去其重复.上海:上海人民出版社,1963:31.
② 施宣圆.上海战国竹简解密.文汇报,2000-08-16.

人未知而己先知,人未觉而己先觉,因以所先知先觉者教人,俾人皆知之觉之,而天下之知觉自我始,是为"作"。已有知之觉之者,自我而损益之;或其意久而不明,有明之者,用以教人,而作者之意复明,是之为"述"。①

焦氏之说,不但区分了述、作的不同,更对"述"本身作为一种编辑活动的意义做了深刻的揭示。

现代学者张舜徽循焦说,对述、作之义进行界定:"凡是前无所承,而系一个人的创造,这才叫做'作',也可称'著';凡是前有凭藉,而但加以编次整理的功夫,这自然只能叫做'述'。"②

述而不作的原则,并不妨碍孔子在整理中贯彻自己的编辑思想:选择符合自己社会政治理想和伦理道德观念的内容。所以,在编订《诗经》时,要"取其可施于礼义"者;在因鲁史而作《春秋》时,则取《诗经》中所寓褒贬之义,"以绳当世贬损之义"。《孟子·离娄下》在论孔子作《春秋》的意图时说:"王者之迹熄而《诗》亡,《诗》亡然后《春秋》作。晋之《乘》,楚之《梼杌》,鲁之《春秋》,一也:其事则齐桓、晋文,其文则史。孔子曰:'其义则丘窃取之矣。'"说的就是这个意思。所以,"孔子成《春秋》而乱臣贼子惧"。孔子自己说:"知我者其惟《春秋》乎!罪我者其惟《春秋》乎!"③

孔子编订六经的最初目的应该是作为教科书,以向弟子传授自己的政治理想和文化观念。因此,述而不作的原则,还具有从上古流传下来的优秀文化中撷取自己心目中的精华,经过自己的编选整理,继续传扬于后世的内涵。其目的在于实现他"后虽百世可知也"的理想。《论语》中保留了很多孔子关于《诗》的教育意义的言论,如《为政篇》中说:"《诗》三百,一言以蔽之,曰:'思无邪'。"《阳货篇》中说:"诗,可以兴,可以观,可以群,可以怨。迩之事父,远之事君;多识于鸟兽草木之名。""人而不为《周南》《召南》,其犹正墙面而立也与?"《子路篇》中说:"诵《诗》三百,授之以政,不达;使于四方,不能专对;虽多,亦奚以为?"

(三)无征不信、多闻阙疑

如何使编辑出版物成为"信史",是编辑活动中必须首先加以考虑的重要问题。孔子向来主张并实践"毋意,毋必,毋固,毋我"的思想,即反对悬空揣测和绝对肯定,不拘泥固执,不唯我独是。这反映在古籍整理上,就是强调无征不信

---

① [清]焦循. 雕菰集. 见:清代诗文集汇编(472册). 上海:上海古籍出版社,2010:75.
② 张舜徽. 中国文献学. 郑州:河南人民出版社,1987:31.
③ 杨伯峻. 孟子译注·滕文公章句下. 北京:中华书局,1960:155.

的原则。

无征不信，就是没有经过验证的证据，决不轻率下笔。孔子在整理古礼的实践中就是这样做的。所以，研究者往往用《论语·八佾篇》中所记录的孔子原话作为这一原则的注解："子曰：'夏礼，吾能言之，杞不足徵也；殷礼，吾能言之，宋不足徵也。文献不足故也。足，则吾能徵之矣。'"

殷商以来，朝廷史官与其他的宗教官如卜、占、巫之间，没有十分明确的分工。这种巫史不分的状况，大约一直延续到西周初叶，致使史官们记录的历史大多带有浓重的神话传说色彩。春秋之世，诸侯争霸，周朝史官多携图法奔走四方，原本各成体系的图籍文书又遭人为损毁。所以，孔子当时所见的图籍史料，肯定存在诸如文字错乱、内容缺误、史实不清、前后矛盾、神怪传说故事连篇累牍等问题。无征不信的原则，使孔子在整理过程中，以史料为基础，择善而从，强调"多闻阙疑""多见阙殆"，对历史材料的阙文，对一些有怀疑的事情要加以保留，以待后人去思考解决，而绝不能主观臆改。今传《春秋》中仍有相当阙误，记史事缺书月日亦多有之，推想起来，应是鲁史的原貌，孔子整理时没有经验证的材料可予补正，遂一仍其旧。这正是无征不信原则在孔子的编辑实践中的体现。

孔子为学，崇尚平实，《论语·述而》的记载反映了他这一追求："子不语怪、力、乱、神。"崇尚平实的学风，使孔子在编辑活动中能比较注意考虑内容的真实性问题，对一些离奇、怪异、荒诞的记载，斟酌采取修改或回避的做法。例如，《春秋·庄公七年》有一段关于天象的记录："夏四月辛卯，夜，恒星不见。夜中，星陨如雨。"据《公羊传·庄公七年》所载："不修《春秋》曰：'雨星，不及地尺而复。'君子修之曰：'星陨如雨。'"所谓"不修《春秋》"，是指未经孔子整理的鲁《春秋》，其言陨星下落，离地一尺又复返升空，语涉怪诞。所以，孔子整理时将其改为"星陨如雨"。这一例子可以看作是无征不信原则的一种体现。

孔子编订六经，通过对上古，尤其是对周代文献史料的搜集整理，为中华民族传统文化的保存和传播做出了巨大的贡献。而他在这一编辑实践中所确立的原则与方法，则对后世的编辑活动产生了深远的影响。当然，孔子的编辑思想和原则在实践上并不是完美无瑕的。例如，为了肯定并宣扬自己的政治理想和思想观点，存在不惜曲解古代文献原意的现象；为了追求史事的平实可靠，对神话传说类记载往往采取简单排斥，甚至附会臆断的做法。孔子作为一位伟大的思想家、编辑学家，在中国编辑出版史上享有崇高的地位，我们在充分肯定这一点的同时，指出其不足，也是十分必要的。

第三节　　　　　　　　先秦著述的编辑与传播

公元前213年,秦始皇采纳丞相李斯的建议,焚诗书,禁私学,致使春秋战国古籍几乎毁于一旦,史称"焚书坑儒"。汉武帝时,河间献王刘德修学好古,时从民间征集旧籍。《汉书·河间献王传》称:"献王所得书,皆古文先秦旧书。"这说明尚有秦火劫余古籍幸存民间,终汉一代,时见有关献书的记载。但是,我们今天所见的大部分春秋战国古籍,并非是直接流传下来的,而是由汉代儒生整理后传诸后世的。

《汉书·河间献王传》中首次出现了"先秦"一词,颜师古注曰:"先秦,犹言秦先,谓未焚书前。"后"先秦"一词衍为二义:其一,泛指秦王朝统一中国前的历史;其二,专指春秋战国时期。下文展开时将在专指意义上使用"先秦"一词。

一、先秦古籍概貌及其编辑特点

先秦是我国文化元典的创造期,也是各类典籍的孕育期。从春秋中期楚庄王大夫申叔时论太子教育时提及的九类典籍,中经孔子编订六经,到战国末秦相吕不韦编纂《吕氏春秋》,图书文献的编纂事业取得了辉煌的成就。许多创新的编辑体例首先出现在先秦,如编年体、国别体、纪事本末体、谱录,以及语录体、专题、汇编等。先秦学者杰出的编纂活动,为我国的编辑出版活动开创了广阔的发展空间。

先秦时期编辑活动的主要成果大致可以划分为三大块:儒家六经、诸子著述、历史书籍。诸子著述和六经已在本章第一、第二节加以概述,这里主要按体裁简介历史书籍的编纂情况。

《汉书·艺文志》"春秋类"序曰:"古之王者世有史官,君举必书,所以慎言行,昭法式也。左史记言,右史记事,事为《春秋》,言为《尚书》,帝王靡不同之。"班固在这段话中归纳了先秦时期史书的两种基本形式:记言之书和记事之书。记言、记事,作为史官记录帝王言行的主要任务和形式由来已久。随着社会的发展,以及史学和编纂学的进步,在春秋战国时期,记言与记事已开始互相渗透、互相结合,由此产生了新的可以称之为正式体裁的史书。

(一) 编年体

《春秋》是我国现存最早的一部编年体史书。编年体例早在殷商时代的甲骨文和铜器铭文中就已经出现,但其记时往往有月、日而无年,或先月、日而后年。就是说,当时史官们的时间意识尚不健全。历史是发生在过去的事情,缺乏准确的时间定位,历史将失去自身的光泽。历史是时间的科学,时间意识是历史感的体现。孔子编次《春秋》,首次严格将史事按发生时间的年、月、日排列展开,准确地记录了自鲁隐公元年(前722)至鲁哀公十四年(前481)共12公242年的历史,开创了以注意时间的准确性和连贯性为特色的编年体史书编纂体例。唐刘知几《史通·二体第二》论编年体之长曰:"夫《春秋》者,系日月而为次,列时岁以相续,中国外夷,同年共事,莫不备载其事,形于目前。理尽一言,语无重出,此其所以为长也。"

有人认为,史学体裁中要数编年体最能体现中国作风和中国气派,这是因为在中国史学创始时期的先秦,编年体史书就已经形成了一个多层面的系统。

孔子修《春秋》,在其中寓寄自己的褒贬之意。所以,《春秋》就自然成为儒家经典。读圣人之书,万不可误解圣人之意。由于《春秋》作为史书过于简略,需要进行诠释,于是出现了专门以解经为目的的经传体著述。编年体史书《左传》即被尊奉为《春秋》经义的标准解释。

《左传》,又名《左氏春秋》或《春秋左氏传》。《汉书·艺文志》"春秋类"序曰:孔子修《春秋》,"有所褒讳贬损,不可书见,口授弟子,弟子退而异言。丘明恐弟子各安其意,以失其真,故论本事而作《传》,明夫子不以空言说经也"。其中认为,鲁国太史左丘明是《左传》的作者,著述目的是为了经意不被误解,因而"论本事而作《传》",即依照《春秋》而作《左传》。其实,《左传》是一部在编纂上较《春秋》更为成熟的编年体史书,其编年叙事自隐公元年至哀公二十七年,较《春秋》下延13年。记事以晋国为主,与《春秋》以鲁国为中心相异。尤其在叙事形式上,言行并重,有分析、有评论,直叙、概叙、追叙、附叙视情况相间使用,其记事不仅涉及春秋时期政治、军事、社会、文化各方面重要史实,而且还包括一部分西周和西周以前的史事,成功地凸显出了历史的丰富性和厚重感。

《竹书纪年》,晋太康二年(281)出土于汲郡(今河南卫辉市)战国魏襄王墓中,因亦称《汲冢纪年》。据记载,凡得13篇,以编年形式记录夏、商、周三代事,止于战国魏襄王时,经考证,当为魏国史书。原书已失传,今仅有辑本传世。

《世本》,战国时人依据古代各国史官长期积累的史料整理而成的史书,《汉书·艺文志》"六艺略"著录:《世本》十五篇。古史官记黄帝以来讫春秋时诸侯大夫。"该书内分帝系、王侯谱、卿大夫谱、记、世家、传、氏姓篇、作篇、居篇、谥法等15篇,内容主要为帝王、诸侯、列国卿大夫的世系。全书已佚,有清儒辑本传世。从编纂体例上看,其具有编年的因素,为后世谱录类著作的滥觞。

(二)国别体

《国语》,国别史,与《左传》同为解说《春秋》之作,故亦称《春秋外传》。内分周语、鲁语、齐语、晋语、郑语、楚语、吴语、越语,分记八国人物、事迹、言论。旧题春秋末鲁国人左丘明撰。西晋时,汲郡魏襄王墓中发现的先秦竹简有名为《国语》的古书,其中言及楚、晋事,证明此书在战国时已经流行于世。

《战国策》,以记战国时游士书信说辞为主,相传为当时各国史官或策士辑集。今传本由西汉刘向编定并命名。

《国语》《战国策》,从"语"和"策"字来看,都是以记言为主兼以记事的史书,采用以国别为纲的体例编辑成书,是为其记各国诸侯言行的著述内容所规定的。秦汉以后,中国进入了以大一统中央政权为主的时代,与先秦诸侯时期相适应的国别体史书逐渐退出图书编纂的历史舞台。这一情况说明编辑活动将受到时代、环境和内容的影响和限制。

(三)纪事本末体

先秦时期,已知有两种史书属于纪事本末体裁:其一,《铎氏微》,铎椒编。《史记·十二诸侯年表》序记载:"铎椒为楚威王傅,为王不能尽观《春秋》,采取成败,卒四十章,为《铎氏微》。"其二,《虞氏春秋》。《史记·十二诸侯年表》序称:"虞卿上采《春秋》,下观近势,亦著八篇,为《虞氏春秋》。"《汉书·艺文志》"六艺略"著录赵国相虞卿著《虞氏微传》2篇。

司马迁文中的《春秋》是先秦各诸侯国编年史的通称。因当时史事往往前后绵延数年,牵连多国,读史者一时难以从多国编年史中观览始末,即司马迁所谓"不能尽观",所以,楚大夫铎椒就将分书于《春秋》中的有关史事的记载分类采录出来,使其首尾完整,得见成败,便观始末。这就是运用抄书改编的方法,按新的利用或阅读要求对史料进行重新组合排列。司马迁称这种编纂方法为"采",刘向在《别录》中称之为"抄撮"。这种改编后的史体,就是后世独立于纪传、编年二体之外的纪事本末体。

古代学者往往以编纂体例的创新来适应和满足因史料积累和不同角度阅读利用所产生的便捷要求,从而不断扩大编辑活动的内容和范围。大凡一种新的编纂体例的产生,都有着多种因素;而采取多种视角反映历史,提供多种途径了解社会,以满足社会阅读、利用的需要,就是其中主要的因素。

先秦时期，由于社会的发展和生产技术的进步，长期积累的知识经验需要总结和传播，所以还出现了有关农学、医学、地学、法学、手工技术等方面的专题著作，如《禹贡》《考工记》《法经》《五十二病方》等。

从编辑形式看，先秦古籍经历了由简单到复杂的发展过程。战国诸子的著述最早往往是单篇甫完，未经编辑即由门人、学者传抄，所以在相当长的时间内并无定本。今传诸子著述，多在作者离世后出自弟子门人之手，而形成以《论语》为代表的"语录体"。

语录体，是指一种以问答之语为主要内容，采用摘字名篇的标题方式而无严格的篇章结构的图书编辑体例。正如《汉书·艺文志》所说："《论语》者，孔子应答弟子时人及弟子相与言而接闻于夫子之语也。当时弟子各有所记。夫子既卒，门人相与辑而论纂，故谓之《论语》。"语录体的出现，说明当时个人著述的编辑尚处于较低水平。由于传抄、编辑的随意，先秦古籍大多有内外篇之分，致使很多文字至今难考作者，诸子著述中不少篇目难辨真伪。这种状况直至西汉淮南王刘安、司马迁著书自定篇目，才得到扭转。

相对于个人著作编辑上的不足，先秦时期汇编类著述的编辑则比较出色。比如《诗经》，全书305篇，集贵族与平民的诗作于一集。在编次上，先按作品的性质，分为风、雅、颂三大类；再按地域、时代、对象，分为十五国风，大雅、小雅和周、鲁、商三颂，井然有序。尤其值得注意的是战国已经进入尾声时出现的《吕氏春秋》。

《吕氏春秋》，又名《吕览》，为秦相国吕不韦组织宾客集体编著而成（图10）。《汉书·艺文志》著录称："秦相吕不韦辑，智略士作。"书成于秦始皇八年，即公元前239年，下距秦统一六国不及20年。全书分十二纪、八览、六论，十二纪中每一纪由纪首1篇和论文4篇组成，最后有"序意"1篇，共计61篇；八览中每一览由8篇论文组成，其中《有始览》缺1篇，计63篇；六论中每一论各分6篇，计36篇；总计为160篇。

战国之世，王侯公子养士成风。其时，吕不韦以秦相之尊，招致食客三千。有关《吕氏春秋》的编纂过程，《史记·吕不韦列传》记之甚详："是时诸侯多辩士，如荀卿之徒，著书布天下。吕不韦乃使其客人人著所闻，集论以为八览、六论、十二纪，二十余万言。以为备天地万物古今之事，号曰《吕氏春秋》。布咸阳市门，悬千金其上，延诸侯游士宾客有能增损一字者予千金。"从全书的编例、取裁、宗旨等方面看，吕氏的自信是有道理的。

图10 《吕氏春秋》 宋刻本

《吕氏春秋》一向被视为杂家类的著作,据现代学者刘汝霖的分析,在全书160篇中,宣扬儒家学说的有26篇、道家学说的有17篇、阴阳家学说的有2篇、法家学说的有43篇、名家学说的有5篇、墨家学说的有10篇、纵横家学说的有10篇、农家学说的有4篇、小说家学说的有1篇、兵家学说的有16篇。《吕氏春秋》可以兼收并蓄战国诸子学说思想而未显杂乱,完全得益于编辑体例的严整:编次整齐有序,裁取史料严谨。书中所论,包括治国、哲学、政治、道德、军事、艺术、经济、历史,以及做人、养生等,几乎涵盖了当时朝廷所必须处理的所有事务,并基本上提出了自己的设想,同时还精心为各篇确定了标题。

无疑,《吕氏春秋》达到了战国时期书籍编纂的最高水平,它的出现,标志着我国的书籍编辑事业即将迎来新的发展阶段。

二、先秦古籍的抄录与传播

我国古代有着悠久的劝学传统,据现存文献的记载,其源头可追溯到西周初年。劝学,是指勉励读书学习。劝,在上古汉语中表示积极的鼓励。先秦诸子都重视读书学习,往往在自己的著作中设立"劝学"专章,如《尸子》《荀子》《吕氏春秋》中皆有《劝学篇》。自此以迄六朝,劝学之风代代相传,东汉王符的《潜夫论》有《赞学》,东晋葛洪的《抱朴子》有《勖学》,南朝梁刘勰的《刘子》有《崇学》,北朝颜之推的《颜氏家训》有《勉学》,等等。持久的劝学说教,在相当程度上促使古代形成了诗书教子的优良传统,推动社会逐渐产生了对书籍的规模需求。先秦古籍的抄录和传播与此也有很大的关系。

先秦时期,由于长期处于战争状态,社会发展缓慢,书写材料笨重,加之各国文字存在差异,图书需求的市场一直未能形成,其图书文献的传播是在一定范围内通过抄录的方式进行的。

余嘉锡先生在《古书通例·论编次第三》中曾就先秦古书在编次和传播方面的特点做过系统的分析,很多观点已为20世纪70年代以来的考古发现所证实。

首先,当时的著述文字大多单篇或数篇抄录传世。

先秦古籍原本大多毁于秦火,今传本大部分经汉儒整理编辑,但是从有关的文献记载和出土的简策实物中,我们还是可以了解到先秦古书大多以单篇散章抄录传世的情况。

《汉书·艺文志》"六艺略·论语"类著录《孔子三朝》7篇,清沈钦韩《汉书疏证》引刘向《别录》称:"孔子三见哀公,作《三朝记》七篇。"唐颜师古注曰:"今《大戴礼》有其一篇,盖孔子对鲁哀公语也。三朝见公,故曰三朝。"说今在《大戴礼》者,表明古本原自单行,后被汉儒戴德编入《大戴礼记》。

经汉代学者编辑的先秦古籍,大多存在杂入后人或他人文字的情况。比如《礼记》《管子》《山海经》《黄帝内经》等,经历代尤其是近现代学者的考证,其书皆非出自一时一人,书中相当篇目的内容写成于秦汉以后。这说明上述书籍中的大部分篇章内容写成于先秦,并即以单篇散章的形式被抄录流传。

先秦时期著述文字大多以单篇或数篇抄录传世的情况,还可举20世纪出土的先秦简书予以证实。

1974年,湖南长沙马王堆汉墓出土了一批帛书,其中有27章类似今本《战国策》的资料。经研究整理,其中11篇的内容与今本《战国策》《史记》基本相同,其余16篇不见于其他古籍。为与传本相区别,马王堆汉墓发现的这批帛书被称为帛书《战国策》。今传本《战国策》由西汉刘向编订,其所撰《叙录》称:"所校中战国策书、中书余卷,错乱相糅……中书本号,或曰国策,或曰国事,或曰短长,或曰事语,或曰长书,或曰修书。臣向以为战国时游士辅所用之国,为之策谋,宜为《战国策》。"从刘向所举众多书名来看,这些战国游士的策语原本单篇流传,时人因需要而零星抄录,随意取名,以至同样内容的文字被命以五花八门的书名。

其次,这种抄录具有随意性。

20世纪,我国陆续出土了大量战国、秦、汉简策帛书,研究者先后从中发现了相当数量原先不知的篇目和书名,而其内容则与今传战国、秦、汉古籍相类似。

1973年,河北定县40号汉墓出土了大批竹简,其中有《儒家者言》27章,上述商汤和周文王的仁德,下记乐正子春的言行。经整理,4章为佚文,其余23章分见于先秦和汉初的10多种典籍,尤其在《说苑》和《孔子家语》之内。与这些书相比,竹简本保留了更多较为古老的原始材料。研究者以为这些都是战国晚期的著作。从其汇集成册的情况看,是一部佚书。① 这说明《儒家者言》《说苑》《孔子家语》三本书当时曾从同一书或单篇零章中各自抄录了相同的文字。

今本《老子》,《道经》在前,《德经》在后。而《韩非子》所注正相反,却与湖南长沙马王堆帛书本相同,证明《老子》有两种传本。值得注意的是,1992年湖北郭店出土的竹简本《老子》甲组,其分篇"上篇有如《道经》,是以论述天道贵虚、贵柔、贵弱为主,下篇有如《德经》,是以论述'治道无为',即以'无为'治国用兵取天下为主,似乎是按不同的主题而编录。它们也许就是今本分《道》《德》二经的雏形,或者至少也是类似的编排设想"②。马王堆《老子》帛书本存在衍文脱字、误字误句现象,假借字使用也极不慎重,证明其仅是当时一般的学习读本。上述现象的出现,说明可能同时存在抄录的随意性和篇章次序在书籍形成过程中正常调整的因素。

以上说明,先秦时期,图书文献的抄录和传播存在着随意性,或者说传播存在不确定性。因为当时的抄录可能包含阅读趣味的选择,是一种个人行为,尚未有社会性的传播行为,或者说是社会性的编辑行为。这种现象一直下延至西汉中期,到汉成帝时刘向、刘歆父子大规模整理图书,才有所好转。

---

① 国家文物局古文献研究室,河北省博物馆,河北省文物研究所定县汉墓竹简整理组.定县40号汉墓出土竹简简介.文物,1981(8):11.

② 李零.郭店楚简校读记.北京:北京大学出版社,2002:3.

第四节　　　　　　　　　竹帛与简策制度

历史上竹帛何时成为书写材料，也就是说中国古代的简策制度起源于何时，是一个长期探讨、悬而未决的问题。

《尚书·多士篇》曰："惟殷先人，有册有典，殷革夏命。"《尚书·多士篇》为成周时迁殷遗民至洛地后周公的训言，是可信的，因而成为后世学者推测简策起源于殷商时代的主要文献依据之一。同时，已发现的甲骨文字，其主要内容为卜辞，铜器铭文至西周才多见记事内容。从汉字已形成系统的殷商时期来看，卜辞和铭文仅是这一时期的部分文字记载。汉字的广泛使用，不会仅仅用于占卜，应该还有其他用途，合理的推测就是用于图书的写作。

《诗经·小雅·出车》是一首关于南仲奉命率军北攘狁狁、西伐西戎的战事诗，诗中"岂不怀归？畏此简书！"一句中的"简书"，即指书写在竹简上的文书。据文献记载，周文王、周宣王时都有讨伐狁狁的战事，也都有南仲其人。目前，虽难以判断诗中战事发生在何时，但不晚于周宣王时是可以肯定的。周宣王于公元前827年至公元前782年在位，也就是说至迟在公元前8世纪，竹简已经成为书写材料。

郭沫若在《古代文字之辩证的发展》一文中指出："殷代除甲骨文之外一定还有简书和帛书。甲骨文中也有册字和典字，正是汇集简书的象形文字。但这些竹木简所编纂成的典册，在地下埋藏了三千多年，恐怕不可能再见了。"①

但是，目前已经发现和出土的简策和帛书，最早就是战国时期的实物。或许更早的实物确如郭沫若所说，因时代久远，已经不可能再见到了。所以，我们这里探讨的古代简策制度以战国竹简实物为基点。

一、战国简牍的发现

两汉以来，史书上多有发现先秦古书的记载，其中以西汉武帝时孔宅壁中发现的一批先秦古书影响最大，它直接引发了汉代今文经学与古文经学之争。今

---

① 郭沫若著作编辑出版委员会.郭沫若全集·考古编(第10卷).北京：科学出版社,1992：73.

传汉代学者的著作中,往往可见关于这次孔壁发现古书之事,而关于这批简策的形制则失载。西汉其他有关发现先秦古书的记载,同样缺乏记录简策形制的文字。至晋代汲冢书的发现,这种状况才被打破。

晋武帝太康二年(281),汲郡人不准盗发魏襄王墓,得竹书数十车。据《晋书·束晳传》所载,这批竹书经整理,得16种、75篇。

竹书出土后,即由朝廷付与秘书监校缀次第,并用当时通行文字缮写。佐著作郎束晳任其事,校写完毕,将简书与新写本藏于秘阁。后竹书并今文缮写之本,大半亡佚,今存者仅《穆天子传》一种,及《竹书纪年》的残辑本。

1973年,河北定县40号汉墓出土了大批竹简,从中整理出8种古籍,其中有:

《文子》,已整理出与今本相同的文字6章,部分或系佚文。《汉书·艺文志》"诸子略"著录有《文子九篇》,原注:"老子弟子,与孔子并时,而称周平王问,似依托者也。""简文的情况完全与《汉志》所说相同。从几个与今本相同的章节证明,凡简文中的文子,今本都改成了老子,并从答问的先生变成了提问的学生。平王被取消,新添了一个老子。"简本《文子》的出土,"使《文子》得以部分地恢复其本来面目,证明《文子》本非伪书,今本《文子》实经后人窜乱"。①

1993年,湖北荆门郭店楚墓出土了804枚战国竹简,经整理已基本完成全部简本的校释工作。其中所含古籍篇章,据李零《郭店楚简校读记》的分类排序,有道家和道家阴谋派文献《老子》甲、乙、丙三组,《太一生水》《说之道》;儒家文献《缁衣》《五行》《鲁穆公问子思》《穷达以时》《唐虞之道》《忠信之道》《性》《教》《六位》《尊德义》《父无恶》《物由望生》《名数》。其中,《老子》是目前所见最早的本子,《唐虞之道》对尧舜禅让有许多论述,远较《尚书》《孟子》《墨子》《史记》等古书中的有关记载更为详细。随着楚简古本研究的深入,两千多年来一直困扰学术界的《老子》作者和"尧舜禅让"真伪的问题,有望得到澄清。

1994年春,上海博物馆从由香港地区购回的战国竹简中清理出记载的书篇80余种,内容涵盖儒家、兵家、道家、杂家等先秦诸子著作,其中有《孔子诗论》竹简凡31枚、980余字,篇中所记授诗者为孔子,其中6枚竹简有"孔子曰"等字样,简文是弟子对孔子授诗内容的追记,其中发现了6篇佚诗。另外,

---

① 国家文物局古文献研究室,河北省博物馆,河北省文物研究所定县汉墓竹简整理组.定县40号汉墓出土竹简简介.文物,1981(8):12.

在7枚记载诗曲音调的竹简中,发现了40篇诗曲的篇名,除《硕人》与今本《诗经》同名外,有的与今本《诗经》篇名类似,有的为未见于今本《诗经》的逸诗。例如,《国语·晋语四》"秦伯享重耳以国君之礼"条曰:"秦伯赋《鸠飞》,公子赋《河水》。"《鸠飞》即《小雅·小宛》首章曰:"宛彼鸣鸠,翰飞戾天。我心忧伤,念昔先人。明发不寐,有怀二人。"而《河水》,三国吴韦昭注本以为:河,当作沔,字相似误也。《小雅》有《沔水》,其诗曰:"沔彼流水,朝宗于海。"现战国竹简《孔子诗论》第二十九简正论及《河水》:"角幡妇,河水智。"(图11)角幡、河水皆为《诗经》逸诗的篇名。这些竹简对今天进一步揭开或更接近孔子编订《诗经》的真相,具有重大意义。

20世纪战国竹简的相继出土,为深入研究、探讨先秦时期图书文献的编辑传播活动提供了极其珍贵的实物资料,堪称中国编辑出版研究史上的辉煌发现。

二、简策制度的确立

从历史记载和出土实物看,战国时期的简策,无论是竹简的加工、尺寸,还是字体、书写形式、编连方式,以及用途各方面,都已经形成了比较成熟的书籍形制。所以,将战国简策作为研究古代简策制度确立问题的标准物是合适的。

图11 《孔子诗论》第29简

自汲冢书起,历代出土简策的发现者或整理者都较注意记录其形制状况。先看有关汲冢书的记载,荀勖《穆天子传·序》曰:"所得书也,皆竹简素丝编,以臣勖前所考定古尺度其简,长二尺四寸,以墨书,一简四十字。"《晋书·束皙传》记载:汲冢书为"漆书皆科斗字"。

《南齐书·文惠太子传》记述了发生在南齐建元480—482年间的一次先秦古书出土情况:"时襄阳有盗发古冢者,相传云是楚王冢,大获宝物玉屐、玉屏风、竹简书、青丝编。简广数分,长二尺,皮节如新。盗以把火自照,后人有得十余简,以示抚军王僧虔,僧虔云是科斗书《考工记》、《周官》所阙文也。"朱希祖认为:"以齐尺度之,长二尺,易为战国时尺,当亦长二尺四寸。"

上海博物馆所存楚国竹简最长为57.1厘米,最短为24.6厘米。

郭店战国楚简,竹简长度,以古尺约23.1厘米计算,最长简为一尺四寸简,长简为一尺三寸简,中长简为一尺二寸简,中短简为一尺一寸简,短简为七至八寸简,最短简为六至七寸简。各简大多为两道编,而最短简为三道编。

根据以上各批次战国竹简的尺寸分析,可以推定,战国时期竹简在长度尺寸上并无规律可循,也无迹象表明存在根据文字内容确定简策长度尺寸的规定。例如,郭店楚简中同是儒家文献,其简长自32.5厘米至15.1厘米不等,多达5种尺寸。

关于编连,以两道和三道为常见。至于如何确定使用两道或者三道编绳,似乎也没有定则。郭店楚简基本上都是两道编绳,但恰巧是其中最短的竹简使用了三道编绳。

1954年,湖南长沙杨家湾战国楚墓出土简策72枚;1965年,湖北江陵望山2号楚墓出土简策66枚;1978年,湖北江陵天星观1号楚墓出土简策70余枚。这些战国楚简有的用两道编绳编连,并在编连处刻有三角形小口,称为编绳契口。有论者将此与册叶书的鱼尾联系起来,提出"鱼尾起源于编绳契口",并起到"检索文字提示符"的作用①,这揭示了简策制度与册叶制度之间的关联点,可备一说。

郭店楚简,发现其简文已有编辑符号:篇号,作钩形;章号,作墨钉或粗短线;句读,作短横、短撇或小点;重文、合文,作两短横或一短横。这是迄今首次发现的编辑符号,其作用在于突出简文的结构,意义十分重大。

在古书刻本的鉴定上,版本学十分强调分析雕刻字体的风格。在简策时代,字体和书写风格同样是竹简整理的重要法则,正如李零所强调的:

> 竹简整理,形制、字体的分类是第一步,内容的分类是第二步……我个人认为,竹简类的图录,其形式应仿考古报告,即按形制、字体编排,内容分类只是参考,应该另外编排,附在书后。因为如果不是这样,我们就有可能把本来是属于同一卷的文字,按内容不同分别归属于不同的门类,从而破坏简文的原貌。②

---

① 何远景.鱼尾的起源.文献,1999(4):247.
② 李零.郭店楚简校读记·凡例.北京:北京大学出版社,2002:5.

我们说简策制度的确立,不仅在于考察简策作为一种书籍形态在材料规格、书写规范和编连方式等方面是否成熟,还在于了解简牍是否已经在社会上广泛使用。从上述战国(实际上主要是楚国)竹简的内容看,主要集中在各种书籍、司法文书以及记载随葬物品的遣策三大类,其中以第一类占绝大多数。可以肯定,简牍已经成为先秦时期社会上广泛使用的书写材料,简策作为经过编辑加工的出版物,已是当时社会交流的主要媒介。

第三章

秦汉时期的编辑出版活动

公元前221年，秦统一中国。为了维护和加强新建的统一王朝的中央集权，秦始皇在政治、经济、文化领域果断推行了郡县制、车同轨、书同文等重大革新政策，对于思想学术方面则采取严厉的抑制政策，焚书坑儒，战国时期自由争鸣的学术气氛被一扫而空，在自由氛围中建立起来的文化教育事业和图书编纂传播活动遭到极大打击。至公元前207年秦二世亡国，昙花一现的秦王朝在图书编纂和文化传播方面建树甚微。

公元前206年，汉王刘邦击溃强敌西楚霸王项羽，建立了新的统一政权西汉王朝。至公元220年汉献帝刘协建安二十五年东汉王朝覆灭，两汉刘氏王朝前后君临天下四百多年。这四百多年间，两汉王朝在思想文化建设上取得了重大成就，重建藏书之室，广开献书之路，图书的编纂出版活动相对繁荣，涌现出一批著名的文献编纂学家，开创了一批图书编辑的新体例，出版了一批辉映古今的历史文化巨著。东汉和帝元兴元年（105），蔡伦完成了对造纸术的革新改造，纸开始逐渐进入社会文化生活，从而奠定了图书编辑出版事业得到更大发展的重要物质基础。

秦汉时期，尤其是两汉的图书编纂出版活动，在图书种类和编辑体例方面都有所建树，为后世奠定了发展的基础。

第一节 秦汉时期的文化政策与图书编校机构

一、秦王朝的统一与文化政策

公元前361年，秦孝公任用商鞅变法，历六世而至秦始皇完成统一大业，于咸阳称帝。风云际会的战国时期，诸侯长期割据分治，在政治制度、地域区划、经济措施和思想文化政策各方面都造成了很大的差异。新政权为实行统一的中央集权制度，首先需要采取应对措施，以消除这些差异，真正做到天下一统。在思想文化方面，秦王朝的统一措施是书同文和禁私学。

（一）书同文

秦王朝统一以前，商代文字以甲骨文为代表，西周至春秋时期的文字以金文为代表,战国时期的文字则情况比较复杂,已知的主要有金文、货币、古玺、封泥、陶文、石刻和简帛等多种文字形体(图12),出现了如许慎在《说文解字·叙》中所说的"言语异声,文字异形"的纷乱局面。秦统一后,原六国文字存在极大的区域性差异,文字使用情况较为混乱,直接影响到政令的畅达和经济文化的交流。于是,迅速统一文字就成为新政权迫切需要解决的重大课题。为此,秦相李斯奏请以秦文字为规范,"罢其不与秦文合者",开始了"书同文"的进程。

许慎在《说文解字·叙》中这样叙述书同文的进程:"(李)斯作《仓颉篇》,中车府令赵高作《爰历篇》,太史令胡母敬作《博学篇》,皆取史籀大篆,或颇省改,所谓小篆者也。是时,秦烧灭经书,涤除旧典,大发隶卒,兴役戍,官狱职务繁。初有隶书,以趣约易,而古文由此绝也。"文中所谓"史籀大篆",是指周代文字。周代文字笔画繁复,称为大篆,相传创自太史籀,故又称"籀文"。今存石鼓文即其代表。李斯统一、整理文字,即以大篆为基础,省去繁复,简化笔画,形成一种形体偏长、匀圆齐整的新文字,名为"秦篆";又因其脱胎于春秋战国之大篆,故别有"小篆"之称。此后,"小篆"被作为官方文字,颁行全国。今存《琅琊台石刻》《泰山石刻》残石,即小篆的代表作。

与此同时,有狱吏程邈善书大篆,因罪被羁押在云阳狱,于是着意搜集当时隶人(胥吏)较为简略的书写体,潜心琢磨,创造出了一种形体扁平方折、便于书写的字体,称为"隶书"。秦隶出于秦篆,是因为当

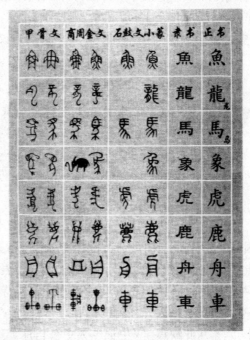

图12 汉字演变图

时狱吏事务繁忙,使用笔画圆转的秦篆在时间上难以应付,于是在书写时简略笔画所致,因此其字形结构仍呈现较多篆书的痕迹。后来,经过汉人的发展完善,秦隶才最终形成了在笔势、结构上与秦篆完全不同的字体。正因如此,许慎说是"初有隶书"。湖北云梦出土的秦简文字就是秦代手书秦隶的代表作。

通过统一文字,秦王朝公布了8种经官方认可的书体:大篆、小篆、刻符、虫

书、摹印、署书、殳书和隶书,其中没有六国古文。六国古文自此归于灭绝。

秦统一文字是我国文字演变史上的一次重大转折,书同文的成果,是使秦王朝在广袤的统治区域内,有效地消除了"文字异形"给统一事业带来的种种影响。必须指出的是,书同文的进程并没有在秦代短暂的十几年中完成,而是经历了汉初几十年不间断的使用、完善,才逐步走向定型的。

(二) 禁私学

秦王朝实行严禁私学的文化政策,其具体表现就是先后爆发了焚书、坑儒事件。

秦始皇三十四年(前213),始皇在咸阳宫置酒宴请群臣,议论国家大事。席间,儒生淳于越主张师承古法,分封诸侯。丞相李斯严词抨击儒生复古分封之非,痛陈以古非今、各尊私学对贯彻执行当朝政令的弊害,遂提出焚书之议。《史记·秦始皇本纪》详细记录了李斯的建议:

> "今皇帝并有天下,别黑白而定一尊。私学而相与非法教,人闻令下,则各以其学议之,入则心非,出则巷议,夸主以为名,异取以为高,率群下以造谤。如此弗禁,则主势降乎上,党与成乎下。禁之便。臣请史官非秦记皆烧之。非博士官所职,天下敢有藏《诗》《书》、百家语者,悉诣守、尉杂烧之。有敢偶语《诗》《书》者弃市。以古非今者族。吏见知不举者与同罪。令下三十日不烧,黥为城旦。所不去者,医药卜筮种树之书。若欲有学法令,以吏为师。"制曰:"可。"①

从上文中我们可以了解到,秦始皇当年焚书所涉及的种类主要有:(1)秦国以外的各国史记;(2)民间所藏儒家《诗》《书》和诸子百家之书。关于这一点,司马迁在《史记》中再三言之,《六国年表》序中曰:"秦既得意,烧天下《诗》《书》,诸侯史记尤甚,为其有所刺讥也。《诗》《书》所以复见者,多藏人家,而史记独藏周室,以故灭。"《儒林列传》再言之:"及至秦之季世,焚《诗》《书》,阬术士,六艺从此缺焉。"《史记·太史公自序》三言之:"周道废,秦拨去古文,焚灭《诗》《书》,故明堂石室金匮玉版图籍散乱。"

根据司马迁的记述,秦始皇焚书的原因在于博士淳于越以古非今,力主分封制,反对郡县制,在有关国家大政上与新政权的方针大唱反调。秦始皇断然采纳李斯的焚书建议,旨在巩固历六世改革奋斗建立起来的大一统新政权。一年后,

---

① [汉]司马迁.史记卷六.北京:中华书局,1959:255.

因咸阳儒生"为妖言以乱黔首",秦始皇再施厉招,将460余名犯禁的儒生"坑之咸阳,使天下知之,以惩后"。新生的秦王朝在思想文化上采取焚书坑儒的严厉措施,禁绝以古非今的反时代思潮,以避免代表历史发展方向的大一统政权出现分封倒退的危险,具有进步的历史意义。

然而,秦始皇、李斯对思想文化上的反对派采取"焚书坑儒"这样的剿灭政策,显得十分简单、残暴,因而大失人心。唐代诗人章碣有一首《焚书坑》诗:"竹帛烟销帝业虚,关河空锁祖龙居。坑灰未冷山东乱,刘项原来不读书。"正因如此,秦始皇焚书后才短短四年时间,陈胜、吴广就举起了反秦大旗,而最终推翻秦王朝的项羽、刘邦却是两位不读书的草莽英雄。竹帛(书籍)化为青烟消失了,秦始皇的帝业也随之归于灭亡,这样的联系虽然过于简单,但是思想文化上的剿灭政策,无疑加速了秦王朝的覆亡。

秦始皇焚书,虽然以民间藏书为主,没有涉及官藏书籍,司马迁和东汉王充都十分明确地指出过这一点,但是,这种大规模人为焚毁图书的文化剿灭活动,在中国古代思想文化史上却开了一个极其恶劣的先例,对秦代和汉初的文化传播及图书编辑活动的发展造成了极大的阻碍和破坏。

二、两汉时期的文化政策

秦末暴政激起了波澜壮阔的农民革命,使意欲"传之无穷"的秦王朝成为历史舞台上昙花一现的匆匆过客。这一惊心动魄的历史事实,引起新统治者的极大警觉。早在汉室初兴之际,以高参身份客从刘邦平天下的儒者陆贾,就受命总结秦所以遽失天下的历史原因。这位在西汉学术史上与董仲舒、司马迁、刘向齐名的学者放笔纵论,上《新语》12篇,其中《无为》篇总结秦政之失在于"举措太众,刑罚太极",推崇虞舜、周公无为而治的施政思想,阐发无为而无不为的妙旨,为汉初实行清静无为、与民休养生息的治国方略提供了历史经验和理论依据。

汉朝政权在性质上与秦朝是一致的,也是中央集权制。但是,在吸取秦朝速亡的教训后,汉朝统治集团在施行"与民休息"的治国大政的同时,实行了较为宽松的文化政策。汉高祖即位不久,即废除秦代对私学的禁令,惠帝四年(前191)更诏告天下取消"挟书律",秦始皇在文化上所实行的简单、野蛮的政策得到了纠正。在相对宽松的政治环境下,汉代的文化建设事业开始步入逐渐复苏进而繁荣的时期,其标志之一就是图书编纂出版活动得到加强,成果累累。正如司马迁在《史记·太史公自序》中所追述的那样："汉兴，萧何次律令，韩信申军法，张苍为章程，叔孙通定礼仪，则文学彬彬稍进，《诗》《书》往往间出矣。自曹参荐盖公言黄老，而贾生、晁错明申、商，公孙弘以儒显，百年之间，天下遗文古事靡不毕集太史公。"

汉代的文化政策是统治者为适应中央集权统治的需要而制定的，从根本上讲也是专制的。所以，尽管其文化政策对各学派较为宽容，而受制于文化政策的图书编辑出版活动仍然表现出了对官方哲学和文化思想的回归。从汉高祖至武帝百年之间，法家、兵家、道家，最后是儒家的思想，先后成为官方哲学。20世纪70年代，山东银雀山和长沙马王堆汉初墓葬中先后出土了数量空前的简册帛书，其内容绝大部分为法家、兵家和道家的著述，证明高祖以来西汉文化在政府的倡导下出现了法、兵、道三家并尊的局面。终汉一代，在思想文化政策方面最为重要的变化，就是武帝时期树起了"独尊儒术"的思想文化旗帜。这一政策的确立，对汉代乃至历代文化政策和图书编辑出版事业都产生了极其深远的影响。

儒学被奉为官方哲学，是汉兴以来文化学术综合工作的产物，是由现实的政治需要所决定的。

汉武帝即位，淮南王刘安上《淮南子》20篇。这部"博极古今，牢笼天地"的论著，对西汉前期的道家思想，即与"文景之治"相适应的统治思想进行了系统而详尽的总结。然而，武帝登基执政后，蓄势已久的汉王朝开始进入大规模靖边扩张的强盛时期，清静无为的黄老之术，已经无法适应发扬踔厉的汉武帝加强大一统中央集权制度的多欲政治的需要。为此，大儒董仲舒进行了新的学术综合工作，他在著名的"天人三策"中提出："诸不在六艺之科孔子之术者，皆绝其道，勿使并进。邪辟之说灭息，然后统纪可一而法度可明，民知所从矣。"汉武帝采纳了这一建议，即"罢黜百家，独尊儒术"。但是，汉武帝所尊儒术，已非孔孟之儒，而是经董仲舒改造后，以儒学为基础，融合道家、法家、名家、阴阳五行家等各派学说的综合体，其核心是尊奉大一统，强调法治。这种外儒内法、王霸合流的新儒学，符合武帝多欲政治的需要。汉武帝独尊儒术，表明他已经完成了政治和学术思想上的统一。这样做，虽然破坏了战国时期所开创的诸子百家学术争鸣的生动局面，但却是国家大一统的历史使命在政治和学术思想上的必然反映。

同时，武帝时期文化事业的发展为完成这一学术综合工作提供了条件。汉惠帝四年（前191），秦始皇为严禁民间私藏图书而制定的挟书律被废除，受到秦时焚毁典籍、禁藏图书政策严重打击的文化事业逐渐得到恢复。学者新著日出，先秦旧典时现，为图书编辑出版事业的繁荣奠定了坚实的基础。

然而,武帝本不好儒学,尊儒徒名而已。所以,武帝之世,儒家经典并没有如意想中的那样得到迅速繁衍。宣帝虽然喜好刑名之学,但是仍能极力宣扬和倡导儒学。神爵元年(前61),曾任太子太傅的著名经学家夏侯胜卒。太后为报师傅之恩,赐家茔葬平陵,并赐钱二百万。夏侯胜受到的这一隆重礼遇,表明了儒学在思想文化上的崇显地位。至西汉后期,好尚儒学的汉成帝精于《诗》《书》,观览古文,所以命刘向、刘歆父子校理秘书。天下图书,以六艺为先,儒学作为官方哲学在思想文化领域中的首要地位,通过国家图书目录的形式再一次得到重申。

东汉政权沿袭西汉崇儒的文化政策。光武帝刘秀除了积极争取儒生、博士的支持外,还广泛组织了对图书文献"采求阙文,补缀漏逸"的搜集编纂活动,从而使西汉王莽时期"怀挟图书,遁逃林薮"的四方学士纷纷出山,云集京师,服务新朝。东汉皇帝有不少崇尚儒学,雅爱典籍。明帝刘庄曾亲自主讲儒经,诸儒或执经端坐于前,或侧耳站立于后,听讲者数以万计。章帝刘炟亲自组织主持今古文学派的学术辩论,最终由班固整理成《白虎通义》一书。灵帝刘宏熹平年间(172—177)诏诸儒正定经书文字,刊于石碑。

文化政策一经确定,官方的哲学思想必须进行大规模的宣扬。东汉一朝,由于帝王的积极倡导,儒学的今古文学派之争逐渐弥合,崇儒的文化政策使儒家经典的编纂和出版传播活动出现了空前繁荣的局面,同时也带动了其他种类图书的编辑与出版。

三、两汉政府的图书编校机构及其编校活动

两汉时期,文化政策相对稳定,政府征求民间图书的活动连年不断,图书的典藏和编校十分活跃,形成了系统的国家图书的典藏和编校制度。

(一) 政府图书编校机构

汉高祖刘邦定都长安后,丞相萧何在未央宫中督建了石渠阁、天禄阁、麒麟阁,作为皇家藏书和图书编校场所。

石渠阁,在未央宫大殿北,《三辅黄图》称:"石渠阁……所藏入关所得秦之图籍;至于成帝,又于此藏秘书焉。"

天禄阁,与石渠阁毗邻,既是宫中藏书之府,亦是整理校勘图书之所。成帝时,刘向即在阁中主持校书。王莽时,扬雄继续在阁中校书。

东汉光武帝刘秀定都洛阳,在宫中建造并确定了兰台、东观、仁寿阁、石室、

宣明殿等藏书及校书之所。

兰台，在洛阳南宫（今洛阳市东洛阳故城内），为东汉政府的主要藏书之所。掌管兰台藏书事务的官员为兰台令史，当时著名学者班固、傅毅等先后担任过兰台令史，并利用其中丰富的藏书，从事校书和著述活动。

东观，在洛阳南宫，始建于汉明帝时期，是东汉政府最主要的藏书处，主要收藏东汉王朝建立后积聚的图书。兰台令史李尤写有《东观赋》《东观铭》，称东观重阁巍峨、绿树成荫。当时，学者都曾在高敞明亮的东观校书、读书和著述。

班固曾在《西都赋》中对西汉图书编校机构的活动做了这样的描述："天禄石渠，典籍之府，命夫惇诲故老，名儒师傅，讲论乎六艺，稽合乎同异。又有承明金马著作之庭，大雅宏达，于兹为群。元元本本，殚见洽闻，启发篇章，校理秘文。"可见，当时天禄阁、石渠阁等编校机构实际上发挥着典藏、讲习和校理等诸多功能。同时，这些编校机构还是朝廷储备人才的地方。

随着文化建设事业的不断发展，公私著述的种类和规模日益扩大，国家典藏和编校图书的任务日渐繁重。东汉中期，旧有的集多种功能于一体的操作模式已经明显不能适应图书典藏管理和编校工作的需要。桓帝延熹二年（159），东汉政府创立了我国历史上第一个主持图书编校工作的政府专门机构——秘书监。虽然初创的秘书监仅设监一人，以掌典图书，考合同异，但是，作为专门机构，它的设置意义十分重大。

（二）重大的编校活动

西汉王朝建立后，朝廷就开始根据需要组织图书的编校工作。两汉时期，由政府编校机构秉承王命承担的图书编校活动，以成帝时刘向、刘歆父子先后蝉联主持的一次最为著名，成就也最高。其他规模较大的多见于东汉，据《后汉书》的不完全记载，这一时期的图书编校活动大约有以下数次：

汉安帝永初四年（110），《后汉书·文苑列传》记载：执政的邓太后诏使谒者刘珍"与校书刘騊駼、马融及《五经》博士，校定东观《五经》、诸子传记、百家艺术，整齐脱误，是正文字"。刘珍（？—126），字秋孙，南阳蔡阳（今湖北枣阳）人，东汉史学家，历任谒者仆射、侍中、越骑校尉等职。任职期间，除多次受诏校理图书外，还参与了官修史书的编纂工作。永宁元年（120），刘珍奉诏续撰《东观汉纪》，分著《建武以来名臣传》以及光武帝至安帝的帝纪、年表等。

汉安帝元初四年（117），《后汉书·蔡伦传》记载：安帝以经传之文多不正定，乃选通儒谒者刘珍及博士良史诣东观，各校雠家法。当时，任长乐太仆的蔡伦受命监典其事。

汉顺帝永和元年(136),侍中屯骑校尉伏无忌奉诏与议郎黄景校定中书五经、诸子百家、艺术。元嘉中,桓帝复诏伏无忌与黄景、崔寔等共撰《东观汉记》。伏无忌,琅邪东武(今山东诸城)人,东汉史学家。其先祖西汉济南伏生、高密太傅伏理,皆为当世名儒。无忌继承家学,博学多识。撰史之余,又博采古今史料,删著事要,上自黄帝,下迄汉质帝,成《伏侯注》8卷。

汉灵帝熹平四年(175),灵帝许蔡邕等人之请,校正六经文字。蔡邕(132—192),字伯喈,陈留圉(今河南杞县)人。曾师事太傅胡广,以博学名世。后召拜郎中,校书东观。《后汉书·蔡邕列传》曰:"邕以经籍去圣久远,文字多谬,俗儒穿凿,疑误后学,熹平四年,乃与五官中郎将堂谿典、光禄大夫杨赐、谏议大夫马日䃅、议郎张驯、韩说、太史令单飏等,奏求正定《六经》文字。灵帝许之,邕乃自书[丹]于碑,使工镌刻立于太学门外。于是后儒晚学,咸取正焉。及碑始立,其观视及摹写者,车乘日千余两,填塞街陌。"①

熹平六经的校订工作结束后,蔡邕以小字八分将校正的经文书于石碑,后世称为"熹平石经"。关于熹平石经经书的数目,《后汉书·孝灵帝纪》《后汉书·儒林列传》《后汉书·宦官列传》等与《后汉书·蔡邕列传》的记载互异,有五经、六经、七经之别。据王国维考证,石经包括《易》《书》《诗》《(仪)礼》《春秋》五经,并《公羊》《论语》二传。熹平石经的镌刻,对后世的影响极大。用刻石的方式向天下读书人公布经文的标准文本的做法,自汉代创例以后,又有魏正始三体石经、唐开成石经、五代蜀石经、北宋石经、南宋石经、清石经先后问世。

(三) 东观修史

东汉明帝时开始由东观史官撰修本朝纪传体国史,撰修时间断续下延至汉末灵帝时期。永平五年(62),兰台令史班固受命与陈宗、尹敏、孟冀等撰修本朝史事,先后完成了《世祖本纪》《功臣列传》《新市、平林、公孙述载记》等28篇。国史初名《汉记》,后为与荀悦所撰编年体《汉纪》相区别,易名《东观汉记》。

安帝时,东观学者受命续撰光武帝建武初年至安帝永初年间史事,刘珍、李尤等领撰纪、表、列传。刘珍等死后,伏无忌、黄景等受命续撰诸王、王子、功臣恩泽侯表,以及南单于、西羌传、地理志等。

---

① [刘宋]范晔,撰;[唐]李贤等,注. 后汉书卷六十下 北京:中华书局,1965:1990.

桓帝元嘉年间(151—152),边韶、崔寔、朱穆、曹寿、延笃续修永初以来史事,完成了献穆、孝崇、顺烈皇后传,儒林、外戚传,顺帝功臣孙程及蔡伦传,以及百官表等,凡140篇。灵帝熹平年间(172—177),马日䃅、蔡邕、杨彪、卢植、韩说、刘洪等人又补撰42篇列传,蔡邕还独撰"十意",即"十志",包括律历、礼、乐、郊祀、天文、车服等。后遭董卓之乱,书竟未终。

《东观汉记》有计划的修撰,开后世朝廷设立史馆修撰国史之先例。《东观汉记》全书分为五部分:本纪、年表、志、列传、载记,汇集东汉一代史事,与《史记》《汉书》并称三史,成为后代史家修撰东汉史的主要素材。原书散佚于元明时期,今传以清乾隆时据《永乐大典》辑录的24卷本为最详之本。

第二节 两汉时期辉煌的编撰成就

一、古今文经学之争与经书注疏之学的兴起

经历秦火以及楚汉战争,先秦的文献典籍损毁极其严重,尤其是公元前206年,项羽进入咸阳后,一把大火整整烧了3个月,使秦国百年基业尽为灰烬。据史料记载,刘邦先于项羽进入咸阳,萧何留意典籍,先行取走了秦国丞相、御史所藏有关政令法律类书籍。而秦始皇焚书留下的其他官藏古书,即司马迁所说秦博士官所藏《诗》《书》及诸子百家之书,则都在这把大火中被焚毁。

传自先秦六国的六艺经传百家之书,原本都为古文,即用战国东方六国文字书写之本。自秦王政二十六年(前221)书同文字,三十四年焚烧古书,直至汉代,世传多为汉隶书写之本,称为今文本。西汉自文帝时开始为学官置博士官,除五经以外,《论语》《孝经》《尔雅》《孟子》等皆置,博士多达70余人。武帝罢黜百家博士,于建元五年(前136)专置五经《易》《尚书》《诗》《礼》《春秋》博士,使博士各掌其经,不复相乱。后复增为十四博士,即《易》分施氏(雠)、孟氏(喜)、梁丘氏(贺)三博士,《尚书》分欧阳生、大夏侯(胜)、小夏侯(建)三博士,《诗》分鲁诗、齐诗、韩诗三博士,《礼》分大戴(戴德)、小戴(戴圣)二博士,《春秋》分公羊严氏(严彭祖)、公羊颜氏(颜安乐)、庆氏(庆普)三博士。终汉之世,

立于学官的都是今文博士。

汉武帝初年,由于经书古写本的陆续发现,思想学术界开始出现古今文经学的学派之争。下面先介绍古文经的几次重要发现:

(1) 孔子旧宅壁中发现古文《尚书》和《礼记》《春秋》《论语》《孝经》。

孔壁发现古文经的记载,汉代学者多有记述,其中以刘歆所记为最早。刘歆在《移书让太常博士》中说:"及鲁恭王坏孔子宅,欲以为宫,而得古文于坏壁中:《逸礼》有三十九篇,《书》十六篇。天汉之后,孔安国献之,遭巫蛊仓卒之难,未及施行。"关于得书之数,《汉书·艺文志》较刘歆所及多《论语》《孝经》两种。许慎《说文解字·叙》则更在四经之外复增《春秋》一种。

(2) 民间发现《周官》《孟子》《左传》等。

《汉书·河间献王传》记曰:河间献王刘德"修学好古,实事求是。从民得善书,必为好写与之,留其真,加金帛赐以招之。繇是四方道术之人不远千里,或有先祖旧书,多奉以奏献王者,故得书多,与汉朝等……献王所得书皆古文先秦旧书,《周官》《尚书》《礼》《礼记》《孟子》《老子》之属,皆经传说记,七十子之徒所论"。

河内女子发老屋,得逸《易》《礼》《尚书》。王充《论衡·正说篇》记曰:"至孝宣皇帝之时,河内女子发老屋,得逸《易》《礼》《尚书》各一篇,奏之。"

上述发现的古文经,与今文经相比,存在书写字体不同、文字语句相异、篇章分合不一的现象。更为重要的是,其对经文的解说与今文经不同,这是今古文作为学派的根本分歧所在。今文经学家认为六经皆孔子所作,其中寓含着他的政治理想和思想精华,可以垂教万世,所以解经多着意阐发其中的"微言大义"。古文经学家则认为"六经皆史",孔子是"述而不作,信而好古"的圣人,六经只不过是他将前代史料加以整理,作为传授弟子后人的教科书而已,所以解经多侧重说解章句训诂、名物典章。

汉哀帝建平元年(前6),刘歆请将《左氏春秋》《毛诗》《逸礼》《古文尚书》列于学官,因今文经学家的反对,奏请未能成功。汉平帝元始五年(5),支持古文经学的王莽当政,刘歆所请四经遂立于学官。

东汉时期,今古文之争仍持续不断。首先,光武帝提倡今文经,崇信谶纬。所谓谶,是指方士将一些自然现象作为天命的征兆编造出来的迷信谎言;纬,是方士以术数占验等手段附会儒家经典,汉代儒家六经都有与之相对应的纬书。谶纬之书以其荒诞不经、穿凿附会的内容,为改朝换代制造根据。从西汉成帝、哀帝时起,到东汉光武帝、明帝、章帝时期,在大约一个世纪的时间内,谶纬迷信如洪水一样泛滥成灾,给政治、学术思想带来了极大的混乱。学者桓谭因上书反对谶纬迷信而受到深信谶纬的光武帝刘秀的不满,被贬官出京,忧病而死。今文经学从西汉董仲舒讲灾异发展到讲谶纬,以迷信去附会经义,终于失去了其发展的生命力。

建初四年(79),汉章帝模仿西汉宣帝的石渠阁会议,在京师白虎观主持召开了讲论五经异同、正经义的大会。当时,经学各派代表纷纷参加白虎观会议,时历数月,盛况空前。参加的学派代表主要有杨终、鲁恭、李育、魏应、丁鸿、楼望、成封、桓郁、贾逵、班固等,讨论发言的情况经班固的编辑整理,最后编成了一部罗列和综合各家观点的今文经学名著《白虎通义》,凡4卷、43篇。但是,白虎观会议仍未能挽回今文经学的颓势。

综观东汉的古今文之争,今文经学始终占据着官学的地位,但是古文经学名家辈出,如卫宏、贾逵、郑兴、郑众、马融、许慎等先后引导经学主流,在学术界占有优势。尤为重要的是,出现了以古文经学为主、兼容今文经学的现象,其中以汉末遍注群经的郑玄为代表。

图13　郑玄像　清绘本

郑玄(127—200),字康成,北海高密(今属山东)人(图13)。早年曾负笈游学10余年,最初师从京兆第五元学今文经,后从东郡张恭祖受古文经,再入关师事经古文家扶风马融。一生无意出仕为官,"但念述先圣元意,思整百家之不齐"。其著作多达数十种,所注经籍《周礼注》《仪礼注》《礼记注》《毛诗笺》4种完整保存至今,其他如《周易》《尚书》《孝经》注早已亡佚,仅有后人的辑本。1967年,新疆吐鲁番县唐墓出土唐写本郑玄的《论语》注。①

郑玄注经,实际上包括整理和注释两大部分。首先,略依刘向整理古籍的义例,次第篇目,校正读音,校勘文字。然后,训诂名物,注释经文。注释则以文字简约易懂为要,他自称"文义自解,故不言之。凡说,不解者耳。众篇皆然"。其解说内容能博通兼综,立足于古文经学,兼取今文经学,做到会通今古。例如,《周礼》为古文

---

① 新疆维吾尔自治区博物馆. 吐鲁番阿斯塔那363号墓发掘简报. 文物,1972(2):7-12.

经,郑玄注释时,除了引用《左传》《毛诗》《尔雅》等古文经传外,尚能兼采《公羊传》《春秋繁露》等今文经传之说。所以,《后汉书·郑玄传》有评价曰:"郑玄括囊大典,网罗众家,删裁繁诬,刊改漏失,自是学者略知所归。"自此,经生都遵从郑玄之说,一时郑学影响遍天下。

二、字书编纂活动的开创与发展

中国古代将解说文字形、音、义的著作,称为字书。字书产生的历史,可以远溯至西周时期。《汉书·艺文志》著录有字书《史籀》15篇,相传为周宣王时太史籀所撰,今已失传。

在我国传统学术领域,素有"读经要自识字始"的观点。字书作为经学的附庸,成为一类十分重要的典籍。按照传统经部小学类的著录,传世字书分为以《尔雅》为代表的训诂、以《说文解字》为代表的字书和以《广韵》为代表的韵书三大类,其中开古代训诂、字书先河的《尔雅》《说文解字》,以及《方言》《通俗文》《释名》等都编成于汉代。

《尔雅》首创按内容、性质分类释辞的体例,开古代词典之先河。关于其成书时间,历史上曾经有西周、战国初期、战国末期、西汉初年和西汉中后期5种说法。一般认为是在相当长的时期内,历经许多学者纂集增补,最终于汉代成书的。全书共3卷、19篇,按内容可分为两大部分:释诂、释言、释训3篇训释普通词语,释亲、释宫、释器、释乐、释天、释地、释丘、释山、释水、释草、释木、释虫、释鱼、释鸟、释兽、释畜16篇训释百科名词。书中较全面地分类汇编了先秦以至西汉出现的大量训诂材料,不仅有益于释读儒家经典及其他先秦古籍,而且有助于体认社会和自然名物。所以古人强调,读《尔雅》可以使人博物不惑,多识鸟兽草木之名。

《说文解字》是我国古代第一部字典,由东汉许慎编撰(图14)。全书将收录的

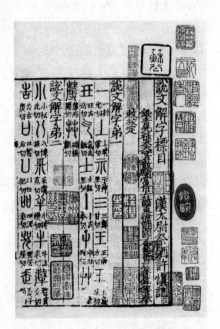

图14 《说文解字》 宋刻本

9 353 个汉字,按部首、形体分为 540 部,使先秦以来纷纭复杂的文字初步有了门类可归。这是许慎在文字编纂学上的一个创造性发明。这种以偏旁分部的方法,成为后世字典编纂的一种主要体例。书中保存了大部分先秦字体以及汉代和汉以前的很多训诂材料。

许慎(约 67—约 147),字叔重,汝南召陵(今河南漯河)人。东汉著名经学家、文字学家,曾从贾逵受古文,博通经籍,时有"五经无双许叔重"之誉。汉安帝永初四年(110),奉诏与马融、刘珍等在东观校勘五经、诸子和史传。许慎在经学上属古文经学派,他撰著《说文解字》的主要目的本在驳斥、纠正今文经学家说字解经的错误。但是在撰著过程中,许慎能广征古书和先秦、两汉学者的有关论说,集古文经学之大成,博综籀、篆、古文众体,发明六书之旨,故后世往往首先从文字学发展的意义上评价《说文解字》的贡献。

《方言》,全称为《輶轩使者绝代语释别国方言》,是我国历史上第一部方言词典。书中收录的语言包括古今的方言和通行的普通话,涉及的区域包括黄河流域和长江流域的绝大部分地区,甚至还杂有少数民族的语言。今本《方言》共13 卷,收字 12 000 多个,略依《尔雅》的体例,分类编次所收方言词汇,如卷 1 释诂,卷 3 释草木,卷 4 释衣物,卷 5 释器具,卷 8 释禽兽,卷 9 释兵器舟楫。

《方言》旧题为西汉扬雄编纂,但《汉书·扬雄传》和《汉书·艺文志》都没有有关扬雄编纂《方言》的记载,汉末应劭在《风俗通义·序》中才首次提出为扬雄所撰。据扬雄《答刘歆书》和应劭《风俗通义·序》,周秦时期,每到秋收之后,统治者就会指派一些使者乘坐輶轩(一种轻便的车子),赶赴各地采集民歌、童谣和方言异语,以察风俗民情。扬雄则在前人的基础上,进一步向来京的各地人士采访并记录此类材料,积 27 年之功,最终完成全书的采录和编纂工作,足见他对编撰事业的执着精神。扬雄(前 53—18),字子云,蜀郡成都人,西汉哲学家、语言文字学家,王莽时期曾校书天禄阁。扬雄精于文字学,多识古文奇字,所撰语言文字学著作除《方言》以外,尚有《训纂篇》,续《仓颉篇》,皆亡佚。另有哲学著作《法言》《太玄》传世。

三、科技著作

中国历史上流传的科技类著作,相对于经学、史学著作而言显得较少,但其起源则在先秦时期,与诸子百家同步。这一时期,除了诸子百家著作中能找到关于古代科技萌芽发展的记录,如《墨子》中关于小孔成像、平面镜、凹面镜、凸面镜成像的光学实验观察研究,《山海经》中关于水文、动植物学方面的知识,《管子》中关于土壤分类和植物生态学方面的知识外,还形成了一批科技专著,这就是在秦始皇焚书禁令中得到保护的医药、占卜和种树之类的著作。

我国古代科技体系大致在汉代基本形成,数学、天文学、地学、医学和农学五大学科各自都有了自己的科学范式。数学以《九章算术》为代表,天文学以《周髀算经》的盖天说等为代表,地学以班固《汉书·地理志》为代表,医学以《黄帝内经》《神农本草经》《伤寒杂病论》为代表,农学则以《氾胜之书》为代表①。

(一)算术类著作

《周髀算经》,原名《周髀》,是现存最古的天文算学著作。髀即股,在周地,立八尺的标竿为股,标竿之影为勾,故名。该书作者不详,今传宋本题汉赵君卿撰。其成书应不晚于公元前1世纪,相当于西汉中期。书中首章为周公与商高问答,其内容即为我国最早的勾股定理。另外,在表列与太阳周年运动有关的计算时,使用了相当于分数乘除和开方等的方法,既是古代数学前驱,也是当时天文学中"盖天说"之内容。

《九章算术》,是今传最早且最完整的数学著作,作者不详。四库馆臣据书中有"长安上林"之名,以为上林苑是武帝时物,故考定成书于西汉中叶以后。全书汇集246个数学问题连同解法,按问题类别分为9章:方田(土地测量)、粟米(百分法和比例)、衰分(比例配分)、少广(开方)、商功(体积)、均输(税率)、盈不足(过剩与不足)、方程(多元一次方程)、勾股(直角三角形)。所列解法,类似于现在的数学定理和公式。1977年,安徽阜阳双古堆1号汉墓出土了40余枚《算术》竹简,书有"均输"等内容,未知是否与《九章算术》有关。该墓主夏侯灶卒于汉文帝十五年(前165)。

1984年,湖北江陵张家山汉墓出土了竹书《算数书》的残卷,其书将算术题分门别类地归纳在数十个小标题下,编辑方法与《九章算术》相似,但成书年代更早,因而,张家山汉墓出土的《算数书》应是我国迄今发现的最早的数学著作。

(二)医学著作

《汉书·艺文志》"方技略·医经类"著录《黄帝内经》18卷,经历代学者考订,证实成书于汉代。而其他存世医书中,旧题周秦越人扁鹊所撰《难经》、托名神农的《神农本草经》和东汉张仲景撰《伤寒杂病论》等也都是两汉时期的产物。

---

① 乐爱国.儒家文化与中国古代科技.北京:中华书局,2002;8.

1972年甘肃武威旱滩坡汉墓、1973年长沙马王堆3号汉墓中出土了数量较多的竹帛医书。武威医简计92枚,经考释,是西汉时期一部完整的医方集。马王堆出土的医书共14种,分别抄录在竹帛之上,其中属于医经类的《足臂十一脉灸经》《阴阳十一脉灸经》《脉法》、属于经方类的《五十二病方》最为重要,是迄今发现的成书年代最早的中国医书。

此外,《汉书·艺文志》"诸子略·农家类"著录《神农》等9家、114篇,其中《氾胜之》18篇、《蔡癸》1篇、《董安国》16篇,其著录者均为汉时人。

根据汉代图书六分法的原则,科技类书籍除农学著录在诸子略之外,其余大多被分入数术和方技两略之中。从现存最古的书目《汉书·艺文志》来考察,其著录的科技类著作很少,原因有的是来不及著录,如东汉崔寔的《四民月令》,有的则是因不重视而失载。由于两汉时期朝廷崇儒,经学如日中天,科技书籍被冷落,书目缺载,导致后世散佚情况严重。

第三节　《史记》与《汉书》

自公元前191年汉惠帝废除秦挟书律之后,中央政府广开献书之路,先秦旧典日现于世。至武帝时期,更建藏书之策,置写书之官,久而书积如山,经史诸子百家之书充溢秘府,遗文古事毕集太史公。司马迁继任太史令,得以出入皇家秘阁,博览群书,活跃的历史思维带着他往返穿梭于代表先秦史学传统而在内容结构上各呈精彩的经典之中。

春秋时期,我国的文字记载已由简单的片段逐步形成正式的史书。孔子据鲁史作《春秋》,战国年间,学者踵事增华,《左传》《国语》《世本》等编年、国别、谱牒类史书渐行于世,为司马迁构建纪传新史体提供了宝贵的历史借鉴。传统史籍记事方法的多样和体式的丰富,给早怀修史壮志的司马迁以极大的启示。然而,历史学家总是他自己时代的产儿。旧有史体虽备,但历史视野终囿于一国一地,难以容纳反映汉武帝大一统时代地越千里、民合百族的宏大气势。于是,司马迁心怀"究天人之际,通古今之变,成一家之言"的伟大理想,开始在继承传统的基础上进行卓绝的探索和创新。

一、《史记》与纪传体体裁的开创

司马迁,字子长,汉景帝中元五年(前145)出生于夏阳(今陕西韩城市南)。其先祖世典周史,父亲司马谈武帝初为太史令。司马迁10岁即诵读古文,师从大儒董仲舒学习《公羊春秋》。元封初,司马迁在父亲去世后继任太史令。太初元年,正式着手撰写《史记》,这一年司马迁42岁,正当精力充沛的盛壮之年。

《史记》是中国史事第一次系统整理的伟大成果,司马迁在确定了表现大一统的民族历史和时代精神的修史宗旨后,首要的任务就是寻找一种可以承载如此深广厚重之历史内容的撰述体例。司马迁悉心考察各种体例在表述上的长短胜拙,不拘一格,取裁熔炼,成功地开创了构架雄伟、气势宏大的新史体。这一新史体由本纪、表、书、世家、列传五体环连而成,体现了以人物为中心的特点,后世遂称其为纪传体。

以人物为中心,视历史为整体,是司马迁历史编纂学思想中光彩夺目的精华。本纪、世家、列传三体构成以帝王为中心,公侯列旁侧,将相名臣、通儒学者、游侠义士、农工商贾等环列拱卫的庞大的历史风云人物群体,并由此划出了封建社会的等级序列。

历史人物的活动都是有目的的,其起因、动力、过程、结果,都会表现为彼此相连的历史环节。这表明历史是一个时刻处于变化发展中的整体,历史上发生的任何事情都不能从中被孤立地割裂出来。司马迁通过十二本纪的编年记事,直接描画出了中华民族自黄帝迄武帝间3 000年发展的整体历史轮廓。但是,由于事繁变众,世积人多,历史纵向变化发展的断限和社会制度沿革更替的眉目,难免会湮没在漫长的大事记载和众多的人物传记之中。表、书的设立,就是为了弥补这一缺陷。本纪与世家、列传互为纲目,而表、书与本纪又成经纬,从而使得历史变化发展的整体性表现得更加突出和清晰。

司马迁的修史理想是"成一家之言",《史记》的纪传五体在结构和形式上提供了实现这一理想的基础条件。而理论上的表述,也即《史记》中对历史人物的褒贬,对历史变化发展的规律、条件、动力等问题的探究与思考,则大多集中在序、赞、论中。清史学家章学诚在《文史通义·史注篇》中对司马迁作序、赞、论的意义有一段切中要旨的精彩评述:

> 太史《自叙》之作,其自注之权舆乎?明述作之本旨,见去取之从来,已似恐后人不知其所云,而特笔以标之。所谓"不离古文",乃"考信六艺"云

云者,皆百三十篇之宗旨,或殿卷末,或冠篇端,未尝不反复自明也。

章学诚所谓的"明述作之本旨",是指阐发《史记》的著述义例,提示立篇的旨意。例如,《史记·太史公自序》作为全书的总论,对书中 130 篇文字逐一总括旨意。其中云:"始皇既立,并兼六国,销锋铸镰,维偃干革,尊号称帝,矜武任力;二世受运,子婴降虏。作《始皇本纪》第六。"这表明《秦始皇本纪》中将着重于对秦始皇在位施政大事的评述,立篇的旨意清晰可见。

先秦诸子著述,皆无自己命篇的意识。至西汉刘安编纂《淮南子》,司马迁撰著《史记》,始在书末各撰叙例,叙录书中各篇的述作之意。这样就等于将著作完整的篇章结构明示于世,有效解决了先秦古书编次不明的问题,从而使古代书籍的编纂体例更趋完善,这在古代书籍编辑史上具有深远的影响。

二、《汉书》的继承与创新

《史记》传世后,有机会在皇家秘室目睹这部旷世巨著的史学家,既惊叹司马迁牢笼三千多年历史于一编的雄奇笔力,又深惜其叙事于武帝太初后阙而不录。于是,先后有扬雄、刘歆、卫衡等人续写西汉中晚期史事。东汉初,史学家班彪以为扬雄诸人之作不足以踵继《史记》,因而自为后传数十篇。班彪卒后,其子班固继承父业,最终写成堪与《史记》比肩的纪传体断代史《汉书》。

班固(32—92),字孟坚,扶风安陵(今陕西宝鸡)人。16 岁入洛阳太学读书。汉明帝时为兰台令史,受王命在兰台撰述《汉书》,至汉章帝建初七年(82)完成,前后历时 25 载。

《汉书》是我国古代第一部纪传体断代史。班固继承司马迁开创的纪传史体,但有所变化,如改书为志,撤世家入传,但最重要的是变通史为断代史。

改书为志,是《汉书》对《史记》编纂体制的重要修改。在名目上,如果以比较简单的类比法来衡量,《汉书》中律历、礼乐、食货、郊祀、天文、沟洫六志,分别源出《史记》的礼、乐、律、历、平准、封禅、天官、河渠八书,但内容上却往往不同,反映的思想亦有差异。司马迁写《平准书》记述西汉断代尤其是武帝时期的财政经济史,而班固在《食货志》中叙述的时空范围则要大得多。食货,是指粮食与货币,旧时用来总称国家的经济财政。所以,班固在志中分食、货两部分,各叙远古至西汉末王莽时期的农政和财政,兼及手工业、商业等内容。《食货志》在《平准书》的基础上补充了西汉以前的财政经济史,其意义是重大的。

刑法、五行、地理和艺文四志是班固的新创。《刑法志》记录周代以来至东汉初年军制和刑法的变化。《地理志》以疆域区划为主体,记录汉代郡县封国建置的由来与变化,以及辖地内的山川形势和风土人情等。《艺文志》采自刘歆的《七略》,详记当代藏书,并条析古代学术思想源流,是我国现存最早的一部古代书目(图15)。以上三志开辟了司马迁没有涉足的史学研究领域。《五行志》宣扬天人感应的神秘学说,篇中充满灾异迷信的记载,有论者称之为班固唯心史观的大暴露,但也由此保存了一批关于自然灾害和日、月食等古代灾变和天文方面的史料。

《汉书》十志在广阔的历史背景中成功地展示了西汉一代的政治史、经济史、文化史,最足以代表班固的创新能力,对后世纪传体史书书志部分的编纂产生了重大影响。

至唐颜师古注《汉书》,其卷首列出所知历代注家,自东汉荀悦、服虔、应劭以下凡22家,足见其影响之大。

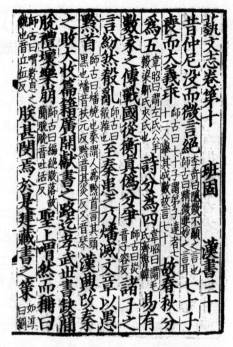

图15 《汉书》 北宋递修本

第四节 刘向、刘歆的编校活动及其历史贡献

我国历史上由朝廷组织的大规模图书整理编纂活动往往与征书联袂启动。

汉王朝建立以后,迅速对秦代以焚禁为特征的文化政策进行反拨,其措施之一就是征书。对此,班固在《汉书·艺文志》总叙中说:"汉兴,改秦之败,大收篇籍,广开献书之路。"由于不断以政府的名义向天下广征书籍,百年之间,政府藏书积如丘山,外有太常、太史、博士之藏,内有延阁、广内、秘室之府。成帝河平三年(前26),以书颇散亡,使谒者陈农求遗书于天下,同时诏刘向整理古今图籍。

中国文化史上第一次对文化典籍大规模的整理、编校活动就此拉开了序幕。

一、刘向、刘歆编校整理活动的规模和程序

图16　刘向画像
台北"故宫博物院"藏

刘向(前77—前6),字子政,本名更生,沛郡丰邑(今江苏徐州)人,汉成帝时官至中垒校尉,故后世多称其刘中垒(图16)。刘向为汉宗室,他的高曾祖父楚元王刘交是汉高祖刘邦的同父异母兄弟。刘向很早即以知识渊博著称,年方二十就被汉宣帝作为名儒俊材选拔在左右,以备顾问。班固将他与孟子、荀况、董仲舒、司马迁、扬雄并列为孔子以来博物洽闻、通达古今的命世贤才。刘向在学术上属今文经学派,但也不排斥古文,一生著述丰富,传世之作主要有《列女传》《说苑》《新序》等。刘向在中国文化和学术史上最值得称颂的功绩,就是受命在天禄阁主持校理皇家图书。

汉成帝河平三年(前26),成帝一方面使陈农求天下遗书,一方面"召光禄大夫刘向校经传诸子诗赋,步兵校尉任宏校兵书,太史令尹咸校数术,侍医李国柱校方技",而以刘向总领其事。刘向去世之后,哀帝命其少子刘歆继承父业完成图书的校理工作。刘歆(？—23),字子骏。哀帝建平元年(前6)曾改名秀,字颖叔。刘歆治学倾向古文,与刘向异学。河平三年,刘歆受诏与父同理校书,后继任中垒校尉,领校群书,主持完成了《七略》的编纂工作。

从河平三年刘向受诏始,到哀帝建平二年(前5)刘歆完成《七略》终,这次前后长达20年的校理活动,对当时传世的先秦和汉初官私著述进行了前无古人的大规模整理。刘向作为一位学识渊博的学者,为整理工作制定了详尽的流程和方法。现代学者孙德谦在所著《刘向校雠学纂微》一书中归纳列举出刘向校雠工作的流程多达23项:备众本、订脱误、删重复、条篇目、定书名、谨编次、析内外、待刊改、分部类、辨异同、通学术、叙源流、究得失、撮指意、撰序录、述疑似、准经义、征史传、辟旧说、增佚文、考师承、纪图卷、存别义。刘向的整理工作绝大部分属于图书编辑范畴,从孙氏所列出的23项工作流程中,我们大致能够勾勒出刘向当年编辑整理工作的义例和程序,现分述如下。

（一）取本参校

这里包括两项工作，即搜求一书的不同抄本和校勘文字。

刘向当时的整理工作是以广搜异本为基础的，所搜求的不同抄本既有皇家藏书、政府藏书，又有私人藏书。清章学诚《校雠通义·校雠条理》称："校书宜广储副本。刘向校雠中秘，有所谓中书，有所谓外书，有所谓太常书，有所谓太史书，有所谓臣向书，臣某书。夫中书与太常、太史，则官守之书不一本也。外书与臣向臣某，则家藏之书不一本也。夫博求诸本，乃得雠正一书，则副本固将广储，以待质也。"①所谓"中书"，就是皇家藏书；所谓"外书"，就是政府藏书，包括太常、太史之书；"臣书"则为私人藏书。只有博求诸本，才能最大限度地保证整理、校勘的质量。

西汉的图书载体以竹简为主，在辗转传抄的过程中，脱字、错字、不规范的俗字，以及误写、漏书等情况十分普遍。同时，由于简策的编绳经多次舒卷，容易折断，因而造成简脱，或在重新编连时出现错简。刘向等人在取得多种不同抄本后，进行校勘，主要是校正文字、订正是非、补出脱简。《汉书·艺文志》在书类序中指出："刘向以中古文校欧阳、大小夏侯三家经文，《酒诰》脱简一，《召诰》脱简二。率简二十五字者，脱亦二十五字，简二十二字者，脱亦二十二字，文字异者七百有余，脱字数十。"刘向以孔壁古文《尚书》校欧阳、大小夏侯今文《尚书章句》，发现《酒诰》脱 1 简，计 25 字；《召诰》脱 2 简，计 44 字，另有异文、脱文若干。这些问题，都通过校勘得到了解决。

（二）编次定名

编次定名，是刘向整理活动中的编辑程序，包括删除重复篇目、编定篇目先后次序、确定书名三项内容。

先秦古书多非一时之作，其篇目先后并无筹划次第，散篇杂著，本多以单篇抄录流传于世。其分合并无一定，或门人学者各据自己所得之篇传录为一种，或抄集者按照自己的需要抄集数篇即为一种。所以，内容相同之书，篇目重复的现象十分普遍。刘向编次新本，首先就是删除重复的篇目。

古人著书，多单篇别行，编次成书，往往出于门人弟子或后学之手，因推本其学所自出，以人名命其书。考《史记》述先秦诸子及汉初学者著述，如庄子、商鞅、韩非、董仲舒、东方朔等，都往往只举篇名。《史记·司马相如列传》记曰：

---

① ［清］章学诚，著；叶瑛，校注. 文史通义校注. 校雠通义. 北京：中华书局, 1985: 984.

"相如已死,家无书。问其妻,对曰:'长卿固未尝有书也。时时著书,人又取去,即空居。长卿未死时,为一卷书,曰有使者来求书,奏之。无他书。'"这就是古人著书不自编次的明证。

(三) 撰写叙录

刘向受命校理图书,校理成果必须直接向皇帝奏报。所以,每完成一书,"辄撰为一录,论其指归,辨其讹谬,叙而奏之"。各书叙录目的是向皇帝报告校理结果,为使报告简明易懂,形成了一定样式,其内容一般包括校定本篇目、校勘编次情况、作者生平及书籍的基本内容、学术思想渊源及其评价等。

刘向所撰叙录曾结集成《别录》一书,今《别录》早佚。现存完整的只有《战国策叙录》《晏子叙录》《荀卿子叙录》《管子叙录》《列子叙录》《邓析子叙录》《说苑叙录》,以及刘秀所上《山海经书录》等数篇。现择《列子叙录》为例,以见刘向叙录之例:

列子八卷①

天瑞第一。

黄帝第二。

周穆王第三。

仲尼第四(一曰极知)。

汤问第五。

力命第六。

杨朱第七(一曰达生)。

说符第八。

右新书定著八篇。

护左都水使者,光禄大夫臣向言:所校中书列子五篇,臣向谨与长社尉臣参校雠太常书三篇,太史书四篇,臣向书六篇,臣参书二篇,内外书凡二十篇。以校除复重十二篇,定著八篇。中书多,外书少。章乱布在诸篇中。或字误以尽为进,以贤为形,如此者众。及在新书有栈,校雠从中书,已定皆以杀青,书可缮写。

列子者,郑人也。与郑缪公同时,盖有道者也。其学本于黄帝、老子,号

---

① 张舜徽.文献学论著辑要.西安:陕西人民出版社,1985:8.

曰道家。道家者，秉要执本，清虚无为。及其治身接物，务崇不竞。合于六经；而穆王、汤问二篇，迂诞恢诡，非君子之言也。至于力命篇一推分命，杨子之篇唯贵放逸，二义乖背，不似一家之书；然各有所明，亦有可观者。孝景皇帝时，贵黄老术，此书颇行于世。及后遗落，散在民间，未有传者。且多寓言与庄周相类。故太史公马迁不为列传。谨第录。臣向昧死上。护左都水使者、光禄大夫臣向所校列子书录。永始三年八月壬寅上。

以上叙录，文字虽然不多，书目信息和学术含量却十分丰富。后世学者推崇古代目录学"辨章学术，考镜源流"的治学门径，就是缘于刘向当年撰写叙录所形成的这一传统。

（四）杀青缮写

刘向所撰书录，清姚振宗《师石山房丛书》本《别录佚文》辑录8篇，其中6篇有关于杀青缮写的文字。《战国策书录》载："二百四十五年间之事皆定以杀青，书可缮写。"《管子书录》载："定著八十六篇，杀青而书可缮写也。"《晏子书录》载："皆已定以杀青，书可缮写。"《邓析子书录》载："皆定杀，而书可缮写也。"《孙卿书书录》载："定著三十二篇，皆已定，以杀青简，书可缮写。"这里的"杀青"，是指定稿并书于竹简。

缮写，是指经皇帝审定后书于缣帛。汉应劭《风俗通》称："新竹有汁，善析蠹，凡作简者，皆于火上炙干之，陈、楚间谓之汗，汗者，去其汁也。吴、越曰杀，杀亦治也。刘向为孝成皇帝典校书籍，二十余年，皆先书竹，为易刊定，可缮写者，以上素也。"[1]就是说，刘向校定新书后，都用简和帛抄写两部清本贮存秘阁。应劭为汉末学者，博学谙事，所撰《风俗通》专以辨物类名号，上距刘向校书方百余年，书中所记应当是可信的。

（五）分类编目

刘向去世后，其子刘歆继承父业，主持最后的整理工作，完成了系统目录《七略》的编纂工作。《七略》，据《汉书·艺文志》总叙称："歆于是总群书而奏其《七略》，故有《辑略》，有《六艺略》，有《诸子略》，有《诗赋略》，有《兵书略》，有《术数略》，有《方技略》。今删其要，以备篇籍。"今《七略》早已散佚，但仍能从根据《七略》删要编录的《汉书·艺文志》中窥其概貌。

辑略：班志每略叙录之辞，即歆之辑略也；

---

[1] ［汉］应劭，撰；王利器，校注. 风俗通义·佚文. 北京：中华书局，2010：494.

六艺略：分为易、书、诗、礼、乐、春秋、论语、孝经、小学9类，著录图书117家，3 082篇；

诸子略：分为儒家、道家、阴阳家、法家、名家、墨家、纵横家、杂家、农家、小说家10类，著录图书189家，4 359篇；

诗赋略：分为屈原赋之属、陆贾赋之属、孙卿赋之属、杂赋、歌诗5类，著录图书106家，1 321篇；

兵书略：分为兵权谋、兵形势、兵阴阳、兵技巧4类，著录图书56家，806篇，图50卷；

数术略：分为天文、历谱、五行、蓍龟、杂占、形法6类，著录图书110家，2 558卷；

方技略：分为医经、经方、房中、神仙4家，著录图书36家，864卷。

以上共计著录图书6略、38类、614家、2 990篇（卷），以及图50卷。

二、刘氏父子编纂整理活动的意义和影响

刘向、刘歆父子领导的图书整理工作，是我国文化史上首次对先秦以来流传的文化典籍所进行的大规模整理、编校活动。其成果，从目录学上讲，造就了我国历史上第一部系统目录《七略》，创立了古代图书六分法分类体系和叙录体图书解题形式；从编纂学上讲，从此先秦以来流传无序的古书以新貌面世，并在编纂体例上给后世的编辑出版活动以极大的启示。《七略》的编纂，其意义和影响都是十分巨大的，现代史学家范文澜将其与《史记》并称为我国史学史上的辉煌成就是十分恰当的，因为二者都是西汉大一统时代的产物。

（一）奠定古代目录学的基本框架和方法

古代目录学的基本内容就是：一个合适的图书分类体系，一种能够揭示图书内容要素并予以评判的叙录方法。这两个"一"，都是最先由刘向父子在校理图书的活动中创立的，其标志就是《别录》和《七略》。

图书整理编目工作，不仅仅在于排列先后，部次甲乙，更重要的是要通过分类叙录，对由图书这一形式所表现出来的学术和思想体系进行梳理和综合评价。中央集权的统一王朝，对于这种梳理和综合评价的需求表现得尤为强烈，秦统一前夕吕不韦编纂《吕氏春秋》，西汉文、景之世刘安编纂《淮南子》，武帝时期司马迁撰写《史记》，都是这种时代需求的产物。所以，至刘向领导图书整理工作时，先秦以来的重要典籍已经形成若干评价体系：（1）从儒家学派校定六经，到司

马迁撰写《史记·儒林列传》，儒家经典已逐渐形成自己的系统；(2) 从《庄子·天下》《荀子·非十二子》，到司马迁《史记·太史公自序》中所引司马谈《论六家要指》，先秦以来诸子百家之书已形成自己的系统；(3) 从汉初张良、韩信序次兵法，到武帝时军政杨仆"纪奏《兵录》"，兵书的专门目录可能已经产生。

刘向充分利用这些可资借鉴的成果，进行更为宏阔的构思，终于成功地将西汉王朝二百多年积累起来的全部国家和民间藏书，分门别类地统一于同一体系之中，使九流百家之学绳贯珠联，从而为后世学者即类求书、因书究学提供了工具。同时，以"六艺略"居部类之首，又显示出学术思想上以经学为中心的时代色彩。在整理编目中贯彻体现官方哲学的这一做法为后世编目所恪守不废。

刘氏父子在著录上还创立了互著、别裁之法。所谓别裁，就是将原先单行后来被编入他书中的篇目裁出，另行著录于能反映其学术内容的类目中。例如《管子》，刘歆裁其《弟子职篇》入小学类，裁《七十子所记》中《孔子三朝记篇》入论语类。这样处理，既反映了图书早期单篇流传之原貌，又辨明著述源流，从而凸显了早期编辑活动发展变化的情况。

（二）开创古代书籍整理定著"新书"之例

刘向校理古书，有两种情况：一是本为先秦原本，或保持原书面貌，其篇章没有缺失；一是书有复重残缺。前者一般只需校正脱误，整理相对比较简单。后者的整理则比较复杂，一般都要进行精心校补，并重新编次。经过这样的工序编成的定本，大多题名"新书"，如《荀子书录》所称"《荀卿新书》"，《列子书录》中的"《新书》有栈"之类。经刘向重新编次的"新书"，数量不在少数，余嘉锡先生推测，见于《隋志》《唐志》著录的《晁氏新书》，以及流传至今的《贾子新书》，都是曾经由刘向编次而题名的，甚至如《管子》《晏子》之类也是经重新编次的书籍。其叙录中之所以没有"新书"字样，是因为后人不知其义而妄加删削造成的。

先秦古书，本多单篇别行，诸子学说，往往散见于多种传本。后遭秦焚书，古书更为散乱，民间所藏，多无全本。汉兴，秦代书禁被废除，许多原先主要以师授口耳相传的先秦古书，被先后记录于竹帛。限于记忆，这类新写之本往往不全，如今文诸经。所以，刘向校书之前，传世诸子传记等要么是残缺之本，要么就是重复之篇。这一点，从现存刘向所撰几篇《叙录》中可以了解得很清楚。面对先秦古书这样复杂的流传状况，刘向充分利用天下图书集中在皇家书库这一得天独厚的条件，尽取各本精心校对，去重补缺，更新编次，终于使长期分合无常、纷然不一的古书,以焕然一新之貌续传于世。

刘向这一整理工作的意义十分重大,正如余嘉锡所说:"今日所传之本,大抵为刘向之所编次,使后人得见周、秦诸子学说之全者,向之力也。"①

当后世辨伪之学兴起,学者对刘向这种改变古书原貌的整理方法提出了批评,甚至指责刘歆做伪,随意篡改古书,以达到推动古文经学立于官学的目的。各种详情,由于缺乏足够的史料证据,难以明判究竟。但是,20世纪70年代以来陆续出土的大量秦汉竹帛古籍,证明原经历代学者指为刘歆伪造之书,确系先秦古书,做伪之说不能成立。

第五节　　纸的发明与图书市场的萌芽

一、纸的发明与蔡伦的贡献

纸是书籍这一精神文化产品得以发展的基本的、关键的条件。值得我们自豪的是,这项极大地推进了人类文明进程的重大技术,是由中国人最早发明的。纸的起源、发展及其应用的历史,一直是中国,甚至是世界文化史研究的重大课题。英国的中国科技史研究专家李约瑟博士曾经说过:在所有人类文化史上,没有比纸与印刷术的发明更重要的题目了。

简单地说,纸是一种片状的纤维制品,其基本的生产工艺流程是:首先把植物纤维原料打成浆状,即纸浆,再使纸浆中的纤维分离而悬浮在水中,然后在滤网(竹帘)上均匀脱水,这时,纤维在网上交错组合形成平面,最后经压榨烘干,制成一张张薄片。纸就这样诞生了。

关于纸的发明权,旧时根据公元5世纪南朝宋史学家范晔所著《后汉书·蔡伦传》的记载,归之于东汉的蔡伦,其文曰:"自古书契多编以竹简,其用缣帛者谓之为纸。缣贵而简重,并不便于人。伦乃造意,用树肤、麻头及敝布、鱼网以为纸。元兴元年奏上之,帝善其能,自是莫不从用焉,故天下咸称'蔡侯纸'。"汉和帝元兴元年为公元105年,蔡伦把造纸的发明报告和实物上献给和帝刘肇,刘肇

---

① 余嘉锡.古书通例.上海:上海古籍出版社,1985:104.

大加赞赏,从此纸就风行天下,蔡伦大约也因此被晋封为龙亭侯。古代有不少学者对蔡伦发明造纸术的论断提出异议,但是都缺乏确凿的实物证明。1957 年西汉灞桥纸的出土,将古代造纸术的发明时间从蔡伦所处的东汉向前推进了数百年。

1957 年 5 月 8 日,陕西西安市郊灞桥砖瓦厂工地的西汉古墓中出土了一叠古纸残片,色泽泛黄,质地细薄匀称,经多次取样切片检验,证明是一种麻类植物纤维纸,被命名为"灞桥纸"。该古墓经考古鉴定,下葬时间不晚于西汉武帝时期(前 140—前 87)。① 在灞桥纸发现前后,又陆续有新疆罗布淖尔纸、甘肃居延金关纸、陕西扶风中颜纸、甘肃天水放马滩纸等多种西汉古纸出土,这些经现代科学检测手段确认的古纸实物,确凿无误地证明我国古代造纸术的诞生不晚于西汉。

古代造纸术的诞生,应是广大技术工人在长期缫丝、沤麻和漂絮的劳动实践中发明创造的。这一历史结论,并不否认蔡伦在我国造纸发明史上所起的重要作用。

蔡伦,东汉桂阳(今湖南耒阳)人,太监。东汉宫中设有御用手工作坊,名曰"尚方"。蔡伦时任尚方令,负责监制皇宫日用的各类器物。尚方这一宫廷工场里集中了来自全国各地的能工巧匠,其中不乏造纸的技术能手。蔡伦担任尚方令后,经常去工场观察操作实践,与工匠们交流切磋,于是成功地完成了对造纸技术的重大改进。潘吉星《从出土古纸的模拟实验看汉代造麻纸技术》一文,附有肖友绘《汉代造纸工艺流程图》,形象地展示出蔡伦造纸工艺的流程(图 17)。②

蔡伦对造纸术的贡献,归纳起来大致有三点:一是扩大了造纸原料范围。现已出土的西汉古纸,都是以麻头、破布为原料的麻质纤维纸。蔡伦则增加利用旧渔网和树皮,首先采用广泛生长于大江南北的楮树皮作为制浆造纸的原料,为古代造纸业开探了一座取之不竭的原料宝库。二是改进了造纸的工艺。利用旧渔网,尤其是楮树皮造纸,其工艺处理远较麻料造纸复杂。历史上没有留下蔡伦造纸生产的工艺记录,但是他对造纸工艺进行了改进是可以肯定的。三是提高了纸的质量。以楮树皮精工制成的楮皮纸,质地坚固,富有韧性,耐折耐磨。后世高级纸一般都用韧皮纤维制造,如著名的安徽宣纸用青檀皮、五代时名闻天下

---

① 田野. 陕西省灞桥发现西汉纸. 文物参考资料,1957(7): 78.
② 潘文见:文物,1977(1): 51 – 57.

的澄心堂纸用楮树皮。这种发展的开创之功,应该归属于蔡伦。南宋学者史绳祖在所著《学斋佔毕》中对此有一个恰如其分的评价:"纸不始于蔡伦,但蔡伦所造,精工于前世。"

图17　汉代造纸工艺流程图

　　蔡伦在献纸后不久就去世了,经他改进的造纸术在实践中却不断提高。东汉末年,又出了一位名叫左伯的造纸大师,据记载,他造的纸匀洁细密,色泽鲜艳,达到了更高的技术水平,被称为"左伯纸"。当时,文人、书画家把左伯纸、韦诞墨和张芝笔视为文房上品,刻意追求。

　　我国制造出植物纤维纸的时候,世界其他各国都还没有纸。公元4世纪末,我国的造纸术开始外传,最先传入了与我国文化交流频繁的毗邻国家朝鲜、日本、越南、印度,稍后传入了中亚、西亚、欧洲、非洲、美洲,最终传遍全世界。世界各国著名科学史家对中国造纸术的外传都给予了积极、充分的肯定,赞扬这是中国人民对人类文明进步事业做出的伟大贡献。

二、纸的使用与书籍传播方式

(一) 纸的使用

从历史记载分析,蔡伦所造具有较高质量的纸已经具备了良好的书写性能,但是见于史书记载的用纸情况却很少。现据范晔《后汉书》的零星记载,大致梳理其时纸在社会活动中的使用情况。

《后汉书·百官志》载曰:少府属官中有"守宫令一人,六百石。本注曰:主御纸笔墨,及尚书财用诸物及封泥。丞一人"。又尚书"左右丞各一人,四百石。本注曰:掌录文书期会。左丞主吏民章报及骑伯史。右丞假署印绶,及纸笔墨诸财用库藏"。又"侍郎三十六人,四百石。本注曰:一曹有六人,主作文书起草"。

汉和帝永元十四年(102)夏,阴后以巫蛊事废;至冬,邓贵人立为皇后,是为和熹邓皇后。据《后汉书·和熹邓皇后传》记载:邓皇后即位后,"手书表谢,深陈德薄,不足以充小君之选。是时,方国贡献,竞求珍丽之物,自后即位,悉令禁绝,岁时但供纸墨而已"。

以上是朝廷和后宫用纸情况。古代用纸,在很多场合是作为包裹材料,上述记载都是纸墨连用,应该是作为书写材料。

汉章帝建初元年(76),古文经学大师贾逵应诏在北宫白虎观、南宫云台讲《古文尚书》和《左氏传》,并具奏《左氏传》长于《公羊》《谷梁》二传之义。《后汉书·贾逵传》记述此事,称章帝十分满意贾逵之说,不但赐布五百匹、衣一袭,且"令逵自选《公羊》严、颜诸生高才者二十人,教以《左氏》,与简纸经传各一通"。

汉献帝建安年间,离乱中嫁入匈奴12年的蔡邕之女文姬归汉,重嫁于陈留董祀。后董祀犯法当斩,文姬请曹操赦之。《后汉书·列女传》记载了曹操与文姬的一段对话:"操因问曰:'闻夫人家先多坟籍,犹能忆识之不?'文姬曰:'昔亡父赐书四千许卷,流离涂炭,罔有存者。今所诵忆,裁四百余篇耳。'操曰:'今当使十吏就夫人写之。'文姬曰:'妾闻男女之别,礼不亲授。乞给纸笔,真草唯命。'于是缮书送之,文无遗误。"

以上为东汉朝廷官府用纸抄写文字书籍的明例。

上述各例,除蔡文姬事外,其余各例发生的时间都早于蔡伦献"蔡侯纸"的和帝元兴元年(105)。这说明东汉初期,朝廷官府已经较多地在日常公务和书籍抄写传录中使用纸,蔡伦献纸后,这样的使用范围和频率应该都有所放大。据《后汉书·儒林列传》记载:汉末董卓挟献帝移都之际,放纵部下丧心病狂地破坏宫中藏书,割裂缣帛,大者用作车篷、帏帐,小块的制成提包、口袋。"自辟雍、东观、兰台、石室、宣明、鸿都诸藏典策文章,竞共剖散,其缣帛图书,大则连为帷盖,小乃制为滕囊。"这一事实也证明东汉之世,书写材料仍以简帛为主,纸虽然已经进入社会生活,但尚未取代简帛而成为书写材料的主体。

(二)书籍的传播方式

秦汉时期,书籍的载体以简帛为主,传播方式以传抄为主。

由于简重帛贵,传抄需要花费相当的财物,抄录书籍供阅读收藏,对普通人而言,仍然只是一种奢望而已。《后汉书·卢植传》曰:"臣前以《周礼》诸经,发起粃缪,敢率愚浅,为之解诂,而家乏,无力供缮写上。愿得将能书生二人,共诣东观,就官财粮,专心研精,合《尚书》章句,考《礼记》失得,庶裁定圣典,刊正碑文。"卢植是东汉经学家,灵帝时征为博士,后任议郎,入东观校书著述。以这样的身份地位,尚且不能承担抄写经籍之费,他人更可想而知。

两汉时期,书籍的传播流通不仅受到资费的影响,而且受到政治因素的限制。汉成帝时,东平王刘宇以叔父的身份上疏求诸子及《太史公书》,而汉廷不许。《汉书·宣元六王传》记载了此事的经过原委:东平王来朝,上疏求诸子及《太史公书》,成帝问大将军王凤可否。王凤以为:"诸子书或反经术,非圣人,或明鬼神,信物怪;《太史公书》有战国纵横权谲之谋,汉兴之初谋臣奇策,天官灾异,地形阨塞;皆不宜在诸侯王。不可予。"可见,拒绝的理由完全出于政治上的考虑,因为这些书的内容具有引发诸侯王萌生政治野心的可能。另外,东平王求书之际,正是成帝遣陈农求天下遗书、诏刘向校理皇家图书之时,说明刘向校书之前,社会图书的保存、收藏和流通状况是相当差的。

由于书籍既不易得到,抄写又多费财资,于是就出现了仅从全书中抄出自己喜欢或有用的一部分,以便诵读、收藏的抄录方式。这样的抄录方式,民间采用,朝廷王室亦往往用之。例如,《史记》130篇、《汉书》100卷,本无单篇别行,而《后汉书·窦融传》有记载曰:"赐融以外属图及太史公《五宗》《外戚世家》《魏其侯列传》。"又《循吏列传·王景传》云:"以尝修浚仪,功业有成,乃赐景《山海经》《河渠书》《禹贡图》,及钱帛衣物。"《河渠书》本是司马迁《史记》中的一篇,而朝廷裁出单赐,这正好说明了上述抄录方式的存在。

(三)秦汉时期简帛书籍的出土概况

20世纪70年代至90年代是我国古代简帛书籍发现出土的黄金时期,其中尤以西汉时期的简帛书籍最多。这些千年一现的珍贵实物,使我们看到了古代书籍的本来面目,对于进一步探究古籍形成、抄录和传播的全过程,具有不可估量的意义,已经引起国际学术界的高度关注。下面是几次秦汉简帛书籍出土的简况:

1975 年,湖北云梦睡虎地 11 号墓出土秦简 1 150 余枚,简文墨书秦隶,字迹基本清晰可辨。经整理研究,这批竹简以秦代刑法律令为主,包括《编年记》《秦律十八种》等 10 种,对研究秦代的政治、经济,尤其是法律制度具有重大价值。

1972 年,山东临沂银雀山 1 号汉墓出土了近 5 000 枚竹简,简文隶体墨书,内容为《孙子兵法》《孙膑兵法》《尉缭子》《六韬》等先秦古籍和古佚书。过去,学者一直就孙子、孙膑是否为一人,《孙子》《六韬》《尉缭子》是否系伪书等问题争论不休。银雀山汉简的出土,使这些学术疑难问题涣然冰释。

1983 年,湖北江陵张家山 247 号西汉墓中出土了 1 000 多枚竹简,其中有一部由 200 多枚简组成的汉律文献《奏谳书》;另有一部《算数书》,是我国考古发现中第一部完整的数学专著。

1973 年,甘肃居延考古队在居延发现了 2 万枚汉简。居延是汉代张掖郡的属地,故址在今内蒙古额济纳旗和甘肃金塔县一带。1930 年,中国西北科学考察团就曾在那里发现过近万枚汉简。两批汉简绝大部分为木简,其内容大多与西北边塞军事防御有关,时间跨度约自汉武帝末年(前 1 世纪初)至东汉中叶(2 世纪初)。

1973 年,湖南长沙马王堆 3 号汉墓出土了《周易》《战国策》《老子》《黄帝书》《五十二病方》《五星占》等 20 余种帛书,多达 12 万字,墨书有小篆和隶书两体。该墓葬有明确下葬时间:汉文帝前元十二年(前 168),故出土帛书的抄写年代均为西汉初年。

1957 年,甘肃武威磨嘴子 6 号汉墓出土了 469 枚《仪礼》简,1959 年和 1981 年磨嘴子汉墓出土了 36 枚《王杖诏令书》简,1972 年旱滩坡东汉墓又出土了 92 枚医简。《仪礼》简长绝大部分合汉尺二尺四寸,现经考古方法复原,已基本恢复了汉代编册书写的格式。

三、图书市场的萌芽

图书市场的形成,需要具备先决条件,就是社会形成对图书的大规模需求,以及图书作为商品进入社会流通渠道。考察两汉时期,朝廷在征书或鼓励民间献书的过程中,往往有赐以财物的措施,以确保征献活动的成效。西汉景帝、武帝时期,河间献王刘德以"加金帛赐以招之"的办法,从民间得到善本书就是一例。以财物奖励献书之人,尚不具备商品交换的性质,但是其事说明当时人们对书籍具备交换的价值已经有了初步的认识。

综合考察两汉时期文化事业建设与发展的概况,我们发现,由于统治者对书籍的重视,社会书籍生产量大增,这刺激了对书籍的社会需求,最终导致了提供书籍社会流通的中介场所——书肆的出现。由此观之,判定两汉时期图书市场已经萌芽的依据是成立的。

(一) 社会形成普遍重视书籍的风气

汉初,博士叔孙通领导一批儒生为新朝制定朝仪,施行之日,自马上得天下的高祖刘邦不禁惊叹:"吾乃今日知为皇帝之贵也。"稍后,刘邦又受儒者陆贾的影响,开始懂得《诗》《书》之类经典对自己统治天下的重要作用。此后,两汉王朝历次征书和整理图书的举措,都是基于这一认识而付诸实施的。

武帝时期确定了"独尊儒术"的国策(图18),急需培养大批能够推广儒学的人才,其措施就是兴学,举荐贤良文学,增加博士弟子员名额。武帝即位,董仲舒就在对策中建议兴办太学。《汉书·董仲舒传》记述了董仲舒的对策:"夫不素养士而欲求贤,譬犹不琢玉而求文采也。故养士之大者,莫大虖太学;太学者,贤士之所关也,教化之本原也。今以一郡一国之众,对亡应书者,是王道往往而绝也。臣愿陛下兴太学,置明师,以养天下之士,数考问以尽其材,则英俊宜可得矣。"

**图18 汉武帝表章六经图
清宫廷版画**

终西汉一代,武帝后的几个帝王都十分重视办学荐士。昭帝时,举贤良文学,增博士弟子员满百人,宣帝末增倍之。元帝好儒,能通一经者都免除徭役赋税。数年,以用度不足,更为设员千人,郡国置五经乡学教官。成帝末,增弟子员3 000人。东汉光武初兴之际就兴建太学博士舍和内外讲堂,一时诸生横巷,为海内所集。

这种兴学盛况在东汉得到了很好的延续。

一方面，朝廷官学的兴盛，促使大量欲求进学的年轻人和已经在学的众多博士弟子员需要教科书；另一方面，从官学方面讲，也需要及时提供标准的经学文本，以宣扬官方思想。可以说，这种双向的需求，在某种程度上促进了政府组织学者经常进行图书整理和书籍编纂的活动。

官方以学识选拔人才和个人对自己立身处世的欲望，在社会有志人群中培养了大量对书籍产生依赖关系的学者书生。东汉汝南安成人周磐，少游京师，学《古文尚书》《洪范五行》《左氏传》，一生读书讲学。据《后汉书·周磐传》记载：其死之前交代后事，要求"编二尺四寸简，写《尧典》一篇，并刀笔各一，以置棺前，示不忘圣道"。20世纪以来，在秦汉墓葬中出土了大量竹帛书籍，其墓主身份各异，但雅爱书籍之意则一。

（二）社会图书生产量不断增长

自汉初解除秦代对私学的禁令之日起，私人著述就如春笋破土，渐成风气。早在先秦，文士中已经形成了一种追求不朽的传世观念。《左传·襄公二十四年》记曰：范宣子问叔孙豹，何为死而不朽？叔孙豹答曰："太上有立德，其次有立功，其次有立言，虽久不废，此之谓不朽。"唐孔颖达疏曰："立言，谓言得其要，理可足传，其身既没，其言尚存。"立言，传世，以臻于不朽，中国古代文人学者的这种观念，使他们特别重视作品的内容，争相将自己的学说，以及一些真、善、美的东西传留给后人。

司马迁在《报任安书》中，向天下剖示自己横遭腐刑而忍辱偷生的心迹时说：《史记》"草创未就，会遭此祸。惜其不成，是以就极刑而无愠色。仆诚以著此书，藏之名山，传之其人，通邑大都，则仆偿前辱之责，虽万被戮，岂有悔哉！"可见，"藏之名山，传之其人，通邑大都"是支持司马迁坚持撰著的根本信念。

扬雄也是西汉时期的一位博学者，所著《太玄》《法言》，刘歆读后，对他说："空自苦！今学者有禄利，然向不能明《易》，又如《玄》何？吾恐后人用覆酱瓿也。"扬雄笑而不应。其实，扬雄欲求文章成名于后世，以为经莫大于《易》，故作《太玄》；以为传莫大于《论语》，故作《法言》。

至东汉，经学大师们的著述之丰更是惊人。《后汉书·贾逵传》记曰："逵所著经传义诂及论难百余万言，又作诗、颂、诔、书、连珠、酒令凡九篇，学者宗之，后世称为通儒。"《后汉书·郑玄传》记曰："门人相与撰玄答诸弟子问《五经》，依《论语》作《郑志》八篇。凡玄所注《周易》《尚书》《毛诗》《仪礼》《礼记》《论语》

《孝经》《尚书大传》《中候》《乾象历》,又著《天文七政论》《鲁礼禘祫义》《六艺论》《毛诗谱》《驳许慎五经异义》《答临孝存周礼难》,凡百余万言。"

大量官私著述的问世,使社会积聚了满足多方面需要的书籍,为图书的社会流通提供了基本的来源。

(三)图书交换的社会中介机构的出现

据史料记载,早在西汉已经形成了自发的图书交换场所,至迟在西汉末年已出现了以图书买卖为主要经营业务的书肆。

槐市,汉长安市场名。在城东南,常满仓北,因其地多种槐树得名。《三辅黄图》称:"仓之北为槐市,列槐树数百行为隧,无墙屋。诸生朔望会且市,各持其郡所出货物,及经传书记、笙磬乐器,相与买卖,雍容揖让,论议槐下。"①在后世文人的文章中,常见"槐市三千,杏坛七十"之辞,说明"槐市"一语,最初为官学学生进行经传书记等书籍交换的综合市场,后来被借用为官学的代名词。

"书肆"一词,最早见于扬雄《法言·吾子》,其文曰:"好书而不要诸仲尼,市肆也。"意思是说,如果博览群书而不能按照圣人的学说去理解文义,那就犹如开设杂陈群书的书铺,多读无益。扬雄生活在西汉末年(前53—18),其卒后不及30年,东汉学者王充游洛阳书肆,自学成才。《后汉书·王充传》称:"充少孤,乡里称孝。后到京师,受业太学,师事扶风班彪。好博览而不守章句。家贫无书,常游洛阳市肆,阅所卖书,一见辄能诵忆,遂博通众流百家之言。后归乡里,屏居教授。"

王充(27—约97),字仲任,会稽上虞(今属浙江)人,东汉杰出的思想家(图19)。他生活的年代正当经学昌盛、谶纬迷信流行之时,所著《论衡》85篇,20余万言,其批判矛头直指古文经中的伪书和

图19 王充画像
出自清任熊绘《於越先贤像传赞》

---

① 何清谷,撰.三辅黄图校释.北京:中华书局,2005:406.

谶纬之书，申述了对先秦以来古书所记内容的怀疑，其中《书虚篇》谈伪造的虚妄，《儒增篇》谈言过其实的虚妄，《异虚》《寒温》《谴告》《变动》4 篇谈感应的虚妄，《讲瑞》《指瑞》《是应》3 篇谈祥瑞的虚妄，《难岁》《诘术》《纪妖》《订鬼》《四讳》《讥日》6 篇谈世俗的迷信，《问孔》《刺孟》《道虚》《非韩》4 篇谈学术界的专制。① 这部富有战斗精神的哲学巨著，为王充在中国古代思想史上赢得了重要的地位。考史书记载，这位家贫无书的学者，是靠在书肆阅读所卖的书，才得以"博通众流百家之言"的，足见书肆的出现对推动、促进书籍流通与传播的作用是十分明显的。

由于缺乏充足的文献记载，目前尚难以详述汉代书肆的性质、规模、经营方式等方面的情况。但是，我们仍可以根据相关记载进行合理的描述。汉代官私之学十分兴盛，东汉质帝本初元年(146)，全国赴京师游学太学的学子多达 3 万余人。其时，民间授徒课学的书馆遍地开花，而民间经师收录生徒，少者几百，多者上千。这么大的一个书籍需求群体，自然成为书肆的催生力量。生徒不仅是购书的主要人群，有的还加入卖书之列，自资不足。据《后汉书·文苑列传》记载：山东宁阳人刘梁为"宗室子弟，而少孤贫，卖书于市以自资"。

社会对书籍需求量的不断增加，书肆的出现，自然催生了专职的抄书职业，古代称为"佣书"。在雕版印刷术发明之前，所有文字全都依靠人工抄写，有关抄书职业产生情况的记载出现在东汉。《后汉书·班超传》称：班超"有口辩，而涉猎书传。永平五年，兄固被召诣校书郎，超与母随至洛阳。家贫，常为官佣书以供养"。

在封建社会，能够进入史书占有一席之地的，不是官宦贵族，就是社会名流，他们早年因贫困而靠佣书谋生的记载，仅是后来成就事业的一种点缀。所以，见于记载的佣书者极少，并不能说明从事者极少。事实上，从事佣书职业者是古代的专业出版人员，人数具有相当规模。我们从出土的秦汉简帛书籍中可以发现这样的现象：同时出土一书的不同抄本，如马王堆汉墓出土的《老子》帛书有甲、乙两种抄本，分别代表汉初两种不同的古本。又有不同地点出土相同或基本相同的书籍，如马王堆汉代帛书有《脉书》，张家山汉墓竹简也有《脉书》；马王堆帛书中有《导引图》，张家山竹简有《引书》。这种现象，说明当时社会上存在着较多的复本书籍，不同的抄本或许出自不同的书肆，或不同的佣书者。马王堆帛书《战国纵横家书》27 章，是汉初的一部写本，从第十五至第十九章，每章的结尾都

---

① 刘汝霖.汉晋学术编年(卷上).上海：华东师范大学出版社,2010：300.

有字数的统计,有学者指出,"在马王堆三号汉墓出土的帛书中,就有些书如《经法》《十大经》《称》《道原》等,每篇之末和全书之末都有字数统计;山东银雀山汉墓出土的《孙膑兵法》竹简,每篇之末也有字数统计,该是当时流行的一种体例"①。这或许就是佣书者为计量而留下的标记。

越来越多的抄书人进入佣书之业,奠定了两汉图书编辑出版事业逐步发展的基础。

---

① 杨宽.马王堆帛书《战国纵横家书》的史料价值.见:马王堆汉墓帛书整理小组编.马王堆汉墓帛书·战国纵横家书.北京:文物出版社,1976:172.

第四章

魏晋南北朝时期的编辑出版活动

中国编辑出版史(第3版)

公元220年,曹魏代汉,形成魏、蜀、吴三国鼎立的割据局面,至公元589年隋文帝杨坚渡江灭陈,西晋以来近300年的南北分裂复归于统一,其间共计369年。这就是中国历史上的魏晋南北朝时期。

魏晋南北朝时期,除了西晋半个世纪的短暂统一外,先有三国的军阀割据,后历南北朝的分裂,其间战火蜂起、社会动荡,文化建设和图书编辑出版事业遭受重大损失,其中尤以"永嘉之乱"和梁元帝焚书最为惨烈。晋怀帝永嘉五年(311),北方匈奴首领刘聪攻占洛阳,曹魏、西晋两朝在洛阳苦心经营近百年的文化积累,包括藏书,毁于一旦。公元555年,南朝梁元帝萧绎面对兵临城下的北方西魏大军,竟以读书万卷仍不免亡国的理由,下令焚烧宫中14万卷图书。

虽历经战乱,图书编辑出版事业在三个半世纪中还是创造出了可喜业绩。首先,纸的普及使用带来了书籍装帧形式的革新和图书抄写发行的兴盛。其次,文学进入自觉时代,文学总集、文艺理论著作,以及代表新兴编纂体制的类书等先后出现。再次,图书编辑出版情况的变化,使图书分类法由六分法过渡到四分法。

第一节　魏晋南北朝时期的思想文化状况

魏晋南北朝时期,国家大部分时间处于分裂割据的状态,政权林立,国号迭变,社会环境和思想文化形态都呈现出比较复杂的情况。但其中也曾有过相对的稳定和局部的繁荣。以长江为界,江南依次建立了以建康(今江苏南京)为政治文化中心的东晋和南朝宋、齐、梁、陈四国,前后延续近三百年。在这一历史时期,除了东晋末和梁末两次较大的战祸外,南朝境内没有发生过大的战争,社会基本处于稳定状态,经济和文化事业都得到了较大的发展。

一、玄学与清谈之风

玄学是魏晋时期出现的一种哲学思潮,其学术内涵是以老、庄思想为基础,糅合儒家经义,集中讨论世界万物本末有无的问题,亦即本体论的问题。其表现形式就是所谓的"清谈"。

玄学专门讨论"超言绝象"的本体论问题,玄学家往往就一些哲学问题相互问难,反复辩论。而魏晋谈玄者大都是当时的名士,相互以出身门第、容貌仪止和"虚无玄远"的问题为标榜,一时清谈成为风气。

东汉末世的"党锢之祸"以及接踵而来的三国乱世,使旷达之士目击衰乱,又不甘隐避,于是崇尚老、庄,托为放逸,以任天率真为贵。魏正始年间(240—248),玄学家何晏、王弼等首开清谈之风。西晋司马氏掌权之初,社会还没有完全稳定,玄风继续蔓延,名士达官不治世务,祖尚浮虚。纵观魏晋南北朝时期,玄学始终是门阀世族的精神支柱,其影响一直延续到下一个大一统的中央集权政权——隋朝的诞生。

在魏晋玄学清谈的思潮中,《老子》《庄子》《周易》是玄学家最喜欢谈论的三部书,习称"三玄"。当时,著名的玄学家往往通过对这三部经典的注释来反映自己的玄学思想,这也可以视为当时书籍编纂活动的一个特点。

魏晋玄学的发展大致可以分为四个阶段,其代表人物和代表性著述如下:

其一,正始玄学。正始是魏齐王曹芳的年号,其起讫为公元240年至248年,其间属于以王弼、何晏为代表的玄学创始阶段。当时,门阀氏族尚无权势,王弼、何晏等人以老子思想来解释儒家经典《周易》《论语》,所谓援道入儒,形成了"贵无"的思想体系。其目的就是要求统治者无为而治,使自己的行为不致受到过多的干涉,也寓含对自己无权状况的自慰。王弼注《周易》《老子》,著《论语释疑》,何晏作《道德论》《论语集解》,是这一阶段玄学思想的代表作。

其二,竹林玄学。以嵇康、阮籍、向秀为代表,主张"越名教而任自然"。这是玄学发展的第二阶段,取名于竹林七贤。以嵇康、阮籍为骨干,包括山涛、阮咸、向秀、王戎、刘伶5人的"竹林七贤",生活在曹魏集团与司马氏集团激烈斗争的时期,为逃避这种严酷的政治斗争和社会现实,他们以酣饮为常,纵酒谈玄,放浪形骸,同为竹林之游,故名。七贤都有一些谈玄论道的著述,后人辑为《阮步兵集》《嵇康集》等传世。其中,向秀曾作《庄子隐解》,史称其书"妙析奇致,大畅玄风"。书早佚,今存郭象《庄子注》即是在向秀注的基础上增广而成的。

其三,西晋玄学。以裴頠、郭象为代表。西晋时期,门阀地主取得了社会的统治地位,为适应已经掌权的世族大家的政治需要,玄学家又主张"崇有",在理论上完成了从贵无到崇有的过渡。所谓"崇有",就是承认和维护现存的门阀制度和统治秩序。西晋玄学的代表作是郭象的《庄子注》。

其四,东晋玄学。以张湛为代表。司马氏政权南迁,超生死、得解脱的问题成为当时玄学的中心内容。张湛注《列子》,综合贵无、崇有的学说,提出了"肆情任性"的纵欲主义人生观,把玄学引入了绝境。

东晋时出现了玄佛合流的趋向,佛学各宗采用玄学语言解释佛经,在哲学上,讨论非有非无的佛学逐渐取代了讨论本末有无的玄学。

二、南北文化的交流和融合

三国时期,以长江为依托,南方东吴与北方曹魏形成对抗之势,南北之分在地域上形成概念。至晋室南迁,划江而治,继而南朝四代与北魏南北对峙。在这一前后长达三个半世纪的历史时期中,江南相对安定的政治社会环境,不断吸引北方文人学士南来,其中尤以北方"五胡十六国之乱"导致晋室南迁的事件最为突出。

晋室南迁,北方豪族名士纷纷渡江避乱。北方游牧民族政权虽然采取汉化措施,先后建立了以重要都市为基地的文化中心,但是从生产力发展水平和社会文明程度的高低来看,东晋以来,全国的文化中心已经从北方迁移至江南。据《晋书·食货志》记载,东晋末,江南已是"天下无事,时和年丰,百姓乐业,谷帛殷阜,几乎家给人足矣"。而与此大致同时的北魏鲜卑拓跋部则尚处于奴隶制还极不成熟的阶段。南北在经济和文化方面存在着较大的差距。

《北史·儒林传》谈南北经学的不同时指出:"大抵南北所为章句,好尚互有不同。江左,《周易》则王辅嗣,《尚书》则孔安国,《左传》则杜元凯;河洛,《左传》则服子慎,《尚书》《周易》则郑康成。《诗》则并主于毛公,《礼》则同遵于郑氏。南人约简,得其英华;北学深芜,穷其枝叶。"在经学上,南方《周易》推崇王弼注。王弼为魏晋玄学的创始人之一,其注《周易》,会通儒道,疏于训诂,与北方所主郑玄的《易》学异趣。

《世说新语·文学》记南北治学方法的差异时指出:"褚季野(裒)语孙安国(盛)云:'北人学问,渊综广博。'孙答曰:'南人学问,清通简要。'支道林闻之曰:'圣贤固所忘言。自中人以还,北人看书,如显处视月;南人学问,如牖中窥日。'"支道林的话是针对一般学者而讲的,以为北人博而不精,南人精而不博。余嘉锡先生则认为支道林的话是针对玄学清谈名理而发的,就其他治学领域,现存北朝学者的著述如《水经注》《齐民要术》等,渊综广博,在著述之林独树一帜,南朝学者尚没有可以相抗衡的同类著述。①

南北文化上的差异早见之于记载。春秋战国时期,以继承周王朝礼乐制度为特征的北方齐鲁文化,吸引了向往周朝礼乐盛况的南方吴国公子季札前往观礼。南朝梁武帝萧衍喜好文学,命太子詹事徐勉等学士编纂类书《华林遍略》。书成后,很快由书贾传入北方。当时,祖珽事东魏权臣高澄,正逢扬州书客请卖《华林遍略》。高澄召集众多抄手,一日一夜写毕。祖珽因盗官本《华林遍略》而遭禁闭。后祖珽出仕北齐朝,在左仆射任上,向后主高纬建议编纂北朝唯一的一部官修类书《修文殿御览》。从中,我们可以看出南方书籍编纂文化对北地的影响。

差异的结果,必将在交流和发展中导致融合。王国维在《屈子文学之精神》中阐述了这一点:"北方人之感情,诗歌的也,以不得想象之助,故其所作遂止于小篇。南方人之想象,亦诗歌的也,以无深邃之感情之后援,故其想象也散漫而无所丽,是以无纯粹之诗歌。而大诗歌之出,必须俟北方人之感情与南方人之想象合而为一,即必通南北之驿骑而后可,斯即屈子其人也。"②以屈原为代表的楚辞,正是南北文化融合后产生的一代新文学。

西晋东吴陆机、陆云北上洛阳,以南方文士居高自傲的心态小视北方文士,讥讽左思,《晋书·左思传》引陆机与弟云书曰:"此间有伧父,欲作《三都赋》,须其成,当以覆酒瓮耳。"二陆入洛,带去南方文学的审美品格,融入北方文学的特点,在创作上形成了新的高峰。

文学创作,在风格上南北亦有较大差异。《北史·文苑传》称:"自汉魏以来,迄乎晋宋,其体屡变,前哲论之详矣。暨永明、天监之际,太和、天保之间,洛阳、江左,文雅尤盛,彼此好尚,互有异同。江左宫商发越,贵于清绮;河朔词义贞刚,重乎气质。气质则理胜其词,清绮则文过其意。理深者便于时用,文华者宜于咏歌。此其南北词人得失之大较也。"公元549年,西魏大军南下攻陷梁朝重镇江陵,大批南方著名的文化人士被掳至长安,其中包括文学家颜之仪、鲍宏、宗懔、王褒、庾信,医学家许爽、姚僧垣,天文学家庾季才等。对此,宇文泰喜不自胜地说:"昔平吴之利,二陆而已。今定楚之功,群贤毕至,可谓过矣。"其中,庾信入周,更给刚健质朴的北朝文学带去了清新气质,产生的影响最为瞩目,为隋朝统一后南北文学的大融汇奏响了先声。

---

① 余嘉锡.世说新语笺疏.上海:上海古籍出版社,1993:216.
② 谢维扬,房鑫亮.王国维全集(第14卷).杭州:浙江教育出版社,2009:100.

三、北方游牧诸族与汉文化的融合

北方游牧诸族主要是指匈奴、羯、鲜卑、氐、羌,史称五胡。

早在两汉时期,尤其是经东汉末年的战乱,黄河流域人口严重削减。当时,汉族统治者对西北游牧族人入境居住采取宽容的政策,胡人开始在政府的计划安排下大量流入内地,与汉族民众杂居。晋初,匈奴族主要在山西雁门以外、河东之间,羯族主要散居在上党郡,鲜卑族则居住在塞外辽东、辽西,氐、羌是一向居住在西部的旧族,魏晋时主要散居于关中诸郡。西晋"八王之乱"后,五胡南下,北方陷入长期的纷乱状态之中。晋室南迁后,北方游牧诸族割据混战,从公元304年刘渊建立前赵(初国号汉),至公元439年北魏太武帝统一北方,136年间先后建立了十六国政权。据旧题魏崔鸿撰《十六国春秋》(《四库全书》本)所叙,其为:前赵、后赵、前燕、前秦、后燕、后秦、南燕、夏、前凉、蜀、后凉、西秦、南凉、西凉、北凉、北燕,史称"五胡十六国"。

五胡族人杂居内地之初,就开始接受汉文化的教育熏陶,年深日久,先后与汉文化融合,或称汉化,具体表现为改用汉姓,使用汉语。其中,匈奴人汉化得最早,如刘渊、刘曜父子兄弟一门皆习汉学,刘渊师事上党儒生崔游,熟读经史及诸子百家之书,儿子刘聪、侄子刘曜皆好读经史诸子之书。当时"贵族出身的匈奴人文化已达到晋士族的水平,但社会地位却比晋中下级士族还低些,仕进的希望是没有的"①。鲜卑族汉化最深,魏晋时,宇文部首领曾娶魏文帝之女为妻,后慕容部随司马懿攻击辽东公孙氏,因功受封建国,晋初得武帝所赐鲜卑都督名号,因而吸引了大批北方士大夫来仕,经济和文化的发展都达到了汉族的水平。氐人在魏晋时散居于扶风、始平、京兆等地,各取汉姓,通用汉语。部族酋长重视汉文化,时酋长之孙苻坚8岁从师求学。

晋室南渡,沦陷北方的士大夫不得不隐忍与诸胡政权合作,而他们绝无南渡名流清谈玄理的习气,基本上保留了东汉以来的经学传统。后赵石勒在郡置博士祭酒2人,弟子150人,定试经之制。石虎继位,令郡学增设五经博士,并令经学博士前去洛阳抄写石经。秦苻坚为儒家诸经各置博士,汉族士人王猛博学好兵书,不信谶,事苻坚为丞相,恢复魏晋士人名籍,使前秦日益强大。王猛死,苻坚下诏增崇儒教,禁老、庄、图谶之学。诏曰:"权可偃武修文,以称武侯雅旨。"

---

① 范文澜.中国通史简编(修订本)(第二编).北京:人民出版社,1965:304.

王猛生前封清河郡侯,卒后谥武。所以,苻坚崇儒禁谶的旨意,应是受到王猛的影响。

鲜卑政权北魏道武帝拓跋珪建国之初,社会尚处于奴隶制极不成熟的阶段,但已先行立太学,置五经博士,就学生员先为千余人,后增至三千。当时,享有"博综经传""学通诸经"之盛名的梁越、张伟、高允、崔浩等名儒云集代都,出仕北魏。太和十八年(494),孝文帝排除鲜卑旧贵族和保守势力的阻拦,把都城从平城(今山西大同东北)迁至洛阳,并进一步改革鲜卑旧俗:禁止穿着胡服,改穿汉人服装;朝廷上禁用鲜卑语,改说汉语;鲜卑贵族在洛阳死后,不得归葬平城,并将籍贯改为河南洛阳;提倡鲜卑贵族与汉族高门通婚。孝文帝深受汉文化的熏染,深知以鲜卑游牧故习实不足以统治天下,因此寄希望于整体推进汉化的改革,一时如《魏书·儒林传》序中所说的那样:"刘芳、李彪诸人以经书进,崔光、邢峦之徒以文史达,其余涉猎典章,关历词翰……斯文郁然,比隆周汉也。"虽然南迁洛阳的鲜卑新贵族在锦衣玉食、奢靡华侈之风中迷失了孝文帝汉化的初衷,但是继起的北齐、北周却没有停止汉化的步伐。尤其是西魏大丞相宇文泰接受名儒苏绰、卢辩的建议,令其为朝廷依《周礼》定六官制度。次年北周代魏,继续沿用。苏绰并为北周君主提出六条官吏理政典则:(1)先治心;(2)敦教化;(3)尽地利;(4)擢贤良;(5)恤狱讼;(6)均徭役。这些治国方略的实施,说明儒学对北朝各政权的影响,已经由学术发展到政治。

在长达270年的十六国和北朝时期,儒学即使在统治者崇信佛教的环境中经常受到压制,也始终在政治上保有崇高的名声。因为在与汉人杂居的历史中,他们十分清楚,要在汉族聚居区维护自己的封建统治,就必须依靠儒学。北魏孝文帝在新都洛阳大力推行汉化革新,十分典型地反映出少数民族政权君主的这种心态。所以,东汉以来的儒家学统,在十六国和北朝的各个时期始终保持着生命力的传递。在编纂出版活动方面,北魏留下了足以夸耀后世的三大名著:我国最早的一部完整的、有科学价值的农书——贾思勰的《齐民要术》,具有很高文学价值的地理著作——郦道元的《水经注》,记北魏洛阳佛寺兴废历史的史志类著作——杨衒之的《洛阳伽蓝记》。

四、禁书活动

魏晋南北朝时期,连续出现了多次规模较大的禁书活动。这些活动呈现两大特点:其一,禁绝的对象主要为宣扬迷信、妖言惑众的谶纬之书和与儒家思想相对立的佛、道经典；其二，禁书的发生地大多在北方的政治文化中心。

历史上的禁书活动都是由政治原因引发的。盛行于东汉的谶纬之书，在魏晋南北朝时期，为不少开国君主登上帝王宝座发挥了不可替代的重要作用。初握权柄的帝王们深知谶纬流行对政权的威胁，因此，在适当的时候对其采取禁绝的措施就是十分自然的事了。

西晋泰始三年(267)，武帝司马炎为了保障新政权的稳固，于十二月颁布了一道文化禁令：禁星气、谶纬之学。一个月后，晋代法律《泰始律》颁行天下，这一禁令正式成为其中的法律条款，严禁私自收藏天文、图谶类书籍，违者将被判处两年监禁。所谓星气，是古代一种与天文学相关联的学术，其内涵就是通过观察星象云气的变化来预告人间的灾祥，它的历史较谶纬要久远得多。记载这种内容的星气之书，在现实生活中可能同样起到散布所谓神灵预言，造谣惑众，最终颠覆现实政权的作用。

但是，西晋禁绝星气、谶纬之学的效果并不理想。所以，70年后，北方羯族政权后赵又一次下令禁星气、谶纬之学。

公元336年，后赵石虎继位的第二年，亦下令禁星气、谶纬之学，并规定违禁者一律处死，较之晋武帝的禁令更严厉百倍。

公元375年，即前秦建元十一年，继后赵崛起的氐族政权前秦王朝的第三代君主苻坚下达了"禁老、庄、图谶之学，犯者弃市"的诏令。时有尚书郎王佩无视禁令，照常读谶，结果被铁面执法的苻坚处以极刑。

公元386年，鲜卑族拓跋部首领拓跋珪建立魏国，史称北魏。公元439年，魏太武帝拓跋焘统一黄河流域，结束了北方十六国一百多年来分裂割据的局面，最终形成南北朝对峙的局面。

北魏统一北方后，先后进行过两次文化禁绝活动。孝文帝元宏于太和九年(485)曾下诏禁图谶，更早的一次文化禁绝活动是禁毁佛经的活动，发生在太武帝统一北方不久的太平真君七年(446)。太平真君六年(445)，魏地关中爆发了由盖吴领导的各族民众起义，太武帝率军亲征，在长安佛寺发现武器，因怀疑僧徒与盖吴通谋，加上反佛丞相崔浩的怂恿，遂决定灭佛。太平真君七年三月，太武帝颁布了灭佛法诏："自今以后，敢有事胡神及造形像泥人、铜人者，门诛……有司宣告征镇诸军、刺史，诸有佛图形像及胡经，尽皆击破焚烧，沙门无少长悉坑之。"① 灭佛令下，事发地长安首当其冲，遭到了佛教东传以来

---

① ［北齐］魏收.魏书·释老志.北京：中华书局，1974：3034.

首次来自官方的重创。长安自东汉佛教传入时起,就一直是北方翻译佛经的重镇,竺法护(竺昙摩罗刹)、鸠摩罗什等高僧在这里孜孜不倦地将一批批梵文、巴利文和西域文字的佛教经典翻译成汉文文本。焚烧令下,这批汉文佛经毁于一旦。北魏的灭佛政策实施了 7 年,直至文成帝拓跋濬兴安年间(452—453)才宣布取消。

禁毁书籍,从战国秦孝公时代商鞅"燔《诗》《书》"开始,一直是统治者实行文化禁锢、进行思想控制的手段之一,也是朝廷对图书的传播流通进行管理和控制的措施之一。西晋、后赵、前秦以及南朝宋武帝、梁武帝时期对谶纬的禁绝,对当时的图书编辑出版活动并未造成很大影响。北朝后期,佛、道相争,而且为争夺思想统治权,又与中国儒家文化发生激烈冲突。北魏和北周禁毁佛、道二教经书的举措,正是朝廷处置这些问题的决心在文化政策上的体现。

第二节 历朝政府的图书编纂机构及其编纂活动

一、图书编纂机构

魏晋南北朝时期,政府的图书编纂机构主要为秘书监。

秘书监,始设于汉桓帝延熹二年(159),是我国古代最早的掌管国家图书收藏和校理的专门机构,隶属太常寺,不久废止。东汉末,曹操受封为魏王,设置秘书令和秘书丞,执掌文武百官上书奏事事宜。魏文帝曹丕称帝后,恢复延熹旧制,改秘书令为秘书监,专门执掌艺文图书事务;同时,设中书令,典掌秘书令之职。西晋初,武帝将秘书监并入中书省,但仍保留秘书著作之局不废。晋惠帝永平元年(291),复置秘书监,其属官有丞、郎,并统辖著作省。

秘书监作为政府管理图书收藏、校理工作的专门机构,在魏晋南北朝时期,其职责、属官先后有所变化。其概况如下:

著作郎。东汉国家藏书基本集中在东观,所以朝廷命名儒著作东观,有其名,尚未有官。魏明帝太和中(227—232),诏令置著作郎,隶中书省,自此始有其官。西晋初,武帝以缪徵为中书著作郎。晋惠帝元康二年(292)诏曰:"著作旧属中书,而秘书既典文籍,今改中书著作为秘书著作。"于是,著作郎改隶秘书省。当时,秘书监置著作郎1人,谓之大著作郎,专掌史任;又置佐著作郎8人,掌国史。

秘书郎。东汉时,秘书郎任校书之职。晋秘书郎掌中外三阁经书,并校勘脱误。西晋初,朝廷将国家藏书分为甲、乙、丙、丁4部,置秘书郎4人各掌其一。以后各朝大多沿用其制。

南朝刘宋设秘书监,有监1人、秘书丞1人、秘书郎4人。

南齐设秘书监1人,秘书丞1人,秘书郎4人。

梁武帝天监年间(502—519)设秘书省,置秘书监、秘书丞各1人,秘书郎4人,执掌国家的典籍图书;设著作郎1人、佐著作郎8人,执掌国史,集注起居。陈因梁制。

北朝北魏、北周皆置秘书监,兼领著作局,监掌国史。

魏晋南北朝时期,秘书监的长官基本上都受命整理国家藏书,并编制国家书目。古代四部分类法之所以在这一时期形成,与秘书监制度的确立和图书校理工作的有效开展有着密切关系。

二、编纂活动

曹魏代汉之初,文帝曹丕就恢复了秘书监的建制,后设著作郎专任朝廷编纂事务。吴、蜀则设史官,据记载,吴国曾多次由太史令承担编撰本朝国史的任务。晋以后,朝廷编修史书的职责转由秘书监著作局承担。秘书监作为朝廷的专任机构,其编纂活动主要包括整理国家藏书并编目,以及承担朝廷的编修任务。例如,曹魏高贵乡公曹髦正元元年(254),秘书监王沈等受命编撰《魏书》;魏明帝时,秘书郎郑默等整理政府藏书,编成官修目录《中经》。这里着重介绍编修史书和类书的情况,整理国家藏书以及编目的问题,留待本章第三节中叙述。

(一) 编修史书

本时期的史书编纂具有两大特点:一是私家修史成风,二是史书数量剧增。据见于史籍记载的不完全统计,修纂后汉史的有10家,三国史有10多家。修成晋史有20余种、南北朝史10多种,北方十六国史更有30多种,另有通史、古史若干种。这些史书从编纂性质上讲,大部分是由具有史职的官员编纂的,虽然以撰者署名,但仍具有浓重的官方色彩。其中只有少数传世,大部分已经亡佚。

晋初,著作郎陈寿撰《三国志》。陈寿(233—297),字承祚,巴西安汉(今四川南充)人。少时师事史学家谯周,蜀汉时曾为观阁令史。入晋为著作郎,撰《三国志》。陈寿去世后,因朝臣上书称所著《三国志》"辞多劝诫,明乎得失,有益风化",晋惠帝遂下诏派人去陈寿家抄录了一部,《三国志》因而成为经统治者肯定的史书。全书凡《魏书》30卷、《蜀书》15卷、《吴书》20卷。从编纂上看,除《魏书》有《帝纪》4卷外,其余全是列传,无表、志。

此后,东晋及南朝由秘书监主持编撰的纪传体史书主要有:东晋秘书郎王隐的《晋书》93卷,刘宋秘书监谢灵运的《晋书》36卷,刘宋著作郎何承天、徐爰的《宋书》,齐著作郎沈约的《宋书》100卷,陈国大著作郎许亨的《梁史》53卷,等等。

北魏开国之初,道武帝就命史官撰修国史。至节闵帝元恭时,朝廷设置修史局,隶属秘书省著作局,专任修撰国史之职。北齐改修史局为史馆,仍然隶属于著作局。文宣帝高洋诏命高隆之为总监、魏收为主修,编撰《魏书》。魏收(506—572),字伯起,小字佛助,巨鹿下曲阳(今河北晋州)人。26岁即以中书侍郎参与修撰北魏的国史。东魏、北齐间,为高欢父子所重,出任秘书监著作郎,撰成《魏书》130卷,凡12纪、14卷,92列传、96卷,10志、20卷(天象4卷,地形3卷,律历2卷,礼乐4卷,食货1卷,刑罚1卷,灵徵2卷,官氏2卷,释老1卷)。书中保存的北朝史料十分丰富。

魏晋以来,朝廷常以著作郎兼修起居注,北魏则置起居令史,记录当代帝王的日常起居、言论和行事,以备修撰国史使用。南朝梁周兴嗣撰《梁皇帝实录》3卷,记武帝萧衍事,开创实录之体。实录是一种编年体大事记,记录各朝皇帝在位时的史事,作为编修国史的基本史料。自梁周兴嗣创例后,自唐至清末,由朝廷组织史官编修实录成为定制。

(二) 编纂类书

类书是一种根据一定的意图,辑录群书中有参考价值的文献资料,按类别或韵目编排,主要供寻检查考的图书品种。在体例上,区分门类,事类相从;在内容上,凡在六合之内,巨细毕举,靡所不载。萧规曹随,类书这种编纂上的传统特征,为后世编辑者遵行不易。类书的编纂以汇集前人著述、保存传统文化为主要目的,求全是它的编辑宗旨。可以说,它是我国古代文献资料的渊薮,客观上成为一定历史时期、一定文献范围的知识的总汇,与起自西方18世纪资产阶级启蒙运动中的百科全书在性质上有相似之处。所以,类书又有中国"古代百科全书"之称。

据文献记载，类书起源于三国曹魏时期，已知最早的类书是《皇览》。

魏黄初元年（220），魏文帝曹丕召集群儒，要求编纂一部在当时书籍体制上完全新型的书籍——《皇览》。《三国志·魏书·文帝纪》中说："初，帝好文学，以著述为务，使诸儒撰集经传，随类相从，凡千余篇，号曰《皇览》。"编纂工作由刘劭、桓范、韦诞、王象和缪袭负责，秘书监王象领撰。当时编纂的目的是为了方便帝王及皇族熟悉封建文化的全部知识，编成后最主要的作用是考事征引、方便取索。

《皇览》全书凡40余部、1 000余卷，编成后"藏于秘府"。由于卷帙浩繁，靠传抄难得全帙，故当时使用者往往采取节录或合并的抄写方法。据《隋书·经籍志》记载，梁有何承天合《皇览》123卷、徐爰合《皇览》50卷、萧琛抄《皇览钞》。上述所谓合、抄，就是指这种"抄合本"。

稍后见于记载的类书，有梁武帝时尚书左臣刘杳领撰的《寿光书苑》200卷，刘孝标为萧秀编纂的《类苑》120卷，梁武帝命诸学士编纂的《华林遍略》700卷，北齐后主高纬时代祖珽、魏收、阳休之等编纂的《修文殿御览》360卷。

魏晋南北朝时期编纂的类书，现在已经全部散佚。《皇览》有清代孙冯翼、黄奭二家辑本，仅存数篇文章和片段记事而已。20世纪初发现的敦煌文献唐写本中，发现了一种古类书的残纸，存259行。经学者考证，可能是《华林遍略》或《修文殿御览》的遗存。

第三节 图书品种的变化与四部分类法的确立

我国古代图书分类体系是根据图书产生的实际情况确定的。三国以后，图书编纂出版情况发生了较大变化，新品迭出，刘向父子开创的六分法体系已无法完成分类的任务。因此，在西晋太康年间（280—289），适应图书现状的四部分类法在国家图书整理编目活动中逐步形成。

（一）图书品种的变化

魏晋南北朝时期图书品种的最大变化，就是史书的大量出现。

《隋书·经籍志》是唐初根据梁、陈、齐、周、隋五代官私书目所载的当时尚存的图书编录的，共著录图书14 466种、89 666卷。由于隋朝立国不及40年，其编辑出版图书的数量有限,所以,这些图书的绝大部分为魏晋南北朝时期文人学士的著述,从中可以分析、了解当时文化典籍品种增减消长的概况。

魏晋南北朝时期,受《史记》《汉书》的影响,政府修纂纪传体史书被定为常例继续实施,历代共完成 5 部官书正史:西晋陈寿的《三国志》、南朝宋范晔的《后汉书》、南朝梁沈约的《宋书》、南朝梁萧子显的《南齐书》、北齐魏收的《魏书》。此外,还涌现出了不少历代史官编撰的史书,仅《后汉书》,自三国吴谢承至南朝梁王韶,就连续出现了 10 部之多。南朝陈编有《承香殿五经史记目录》,从一个侧面反映出史部书大量出现的状况。具体来说,以下几类史书的增量尤为突出。

其一是杂传类。杂传类图书主要是一些没能进入正史列传,而其人行事确有可传的人物的传记集,在编纂体例上一般为类传,如刘向所撰《列女传》《列士传》《列仙传》等。这类书籍始自西汉,但当时成书传世者很少。魏晋之世,先贤、耆旧等地方名人的传记和家传大量出现,基本上是门阀氏族的,如魏明帝的《海内先贤传》,魏周斐的《汝南先贤传》、苏林的《陈留耆旧传》、吴陆凯的《吴先贤传》,晋张方的《楚国先贤传赞》、王褒的《王氏江左世家传》、裴松之的《裴氏家传》、佚名的《太原王氏家传》、庾斐的《庾氏家传》等。又有曹丕作《列异》,叙鬼物奇怪之事;魏嵇康撰《高士传》,扬圣贤之风。于是,"因其事类相继,而作者甚众,名目转广"。《隋书·经籍志》史部共著录杂传类图书 207 种,除了汉赵岐所撰《三辅决录》等数种外,其余绝大部分为魏晋南北朝时期的著述。

其二是谱系类。《隋书·经籍志》史部著录了 41 部谱系类著述,其中绝大部分为魏晋南北朝时期的氏姓之书。据史书记载,东晋南朝曾有两次规模较大的官修谱书的编纂活动:东晋孝武帝司马曜命贾弼之编纂《姓氏簿状》712 篇,集 18 州、116 郡氏姓。梁武帝命王僧孺编纂《梁武帝总集境内十八州谱》710 卷。

人物传记、家族谱系类书籍的兴盛,是魏晋南北朝时期门阀制度在史学编纂上的突出反映。

其他如史部地理类,班固在《汉书》中增设《地理志》,晋挚虞撰《畿服经》170 卷,详叙其时州郡及县的分野、山陵、水泉、道里、土田、民物、风俗、先贤、旧好等。其后作者继起,地记之作源源不断。齐陆澄曾搜集《山海经》以来 160 家地理著述,合其内容编纂为《地理书》,后任昉在陆澄《地理书》的基础上复增 84 家,成《地记》252 卷。

可想而知,如此庞大的史部书籍,以原来六分法将其附入《春秋》的做法已经不能也无法再继续下去了。

医书的激增也是魏晋南北朝时期图书编辑出版事业的一个特点。《汉书·艺文志》"方技略"著录医经7家、216卷，经方11家、274卷，而《隋书·经籍志》"子部"则著录医方256部、4 510卷，增幅惊人。

集部是《隋志》著录的重要部类，其中别集类收书凡437部、4 381卷，其中除《荀况集》《司马迁集》《刘向集》等40余种的作者为战国和两汉时人外，其余都是魏晋南北朝时期的作品，总集类著录107部、2 213卷，以晋挚虞的创例之作《文章流别集》冠首，梁释宝唱的《法集》收尾，全部由晋、南北朝人编纂。

图书编辑出版的这种现状，使整理编目者切实感到改造分类法的迫切性。

（二）四部分类法的确立

据《隋书·经籍志》记载，魏明帝时，秘书郎郑默等整理政府藏书，编成官修目录《中经》。由于记载十分简单，没有涉及体制，故至今无法确定其采用的是何种分类法。有学者据梁阮孝绪《七录序》中"荀勖因《魏中经》更著《新簿》"之语，以为《新簿》是按四部分类的，因此《中经》或许已经采用四分法。①

西晋初年，秘书监荀勖、中书令张华受命主持朝廷藏书的校理编目工作，在《中经》的基础上编成《中经新簿》，著录官藏图书29 945卷。根据当时文化典籍品种增减变化的具体情况，荀勖革新了六分法，首次采用甲、乙、丙、丁四部分类。据《隋书·经籍志》记载，荀勖《中经新簿》四部中，"一曰甲部，纪六艺及小学等书；二曰乙部，有古诸子家、近世子家、兵书、兵家、术数；三曰丙部，有史记、旧事、皇览簿、杂事；四曰丁部，有诗赋、图赞、《汲冢书》"。

东晋元帝偏安江南，著作郎李充受命据《中经新簿》新编《元帝四部书目》，著录历经晋末惠、怀之乱幸存之本3 014卷。李充在编目中沿用四分法，并对四部中乙、丙的内容做了对调，经、史、子、集四部的顺序自此固定，且为南朝宋、齐、梁、陈官修书目分类所遵循，这就是史书所谓"秘阁以为永制"，如刘宋谢灵运的《元嘉八年秘阁四部书目》、王俭的《元徽四年四部目录》、殷淳的《秘阁四部书目》、齐王亮等的《永明元年四部书目》、梁刘孝标的《文德殿四部目录》、殷均的《天监六年四部书目录》，陈代的《天嘉六年寿安殿四部目录》《德教殿四部目录》等。

南朝宋、梁间曾出现过七分法。宋秘书丞王俭以私人的身份编纂书目《七志》。据《隋书·经籍志》序中所记，其所分七志为：经典志、诸子志、文翰志、

---

① 汪辟疆.目录学研究·唐以前之目录.上海：商务印书馆，1956：22.

军书志、阴阳志、术艺志、图谱志。王俭此目仿效《七略》，未能依据图书品种变化的实际情况安排设置和调整类目。据清姚振宗的《后汉艺文志》《三国艺文志》，丁国均、文廷式、秦荣光、吴士鉴等的《补晋书艺文志》，聂崇岐的《补宋书艺文志》的著录，后汉编辑出版的史籍有200余种，三国史籍有180余种，两晋史著多达800种左右，刘宋史籍也有100多种。史籍在当世著述总量中的比例逐渐增加，王俭却违背图书分类依据实际的原则，致使史籍的归类严重失当。

梁代学者阮孝绪自编书目《七录》，其体制主要参照刘歆《七略》、王俭《七志》而成。《七录》分为内篇和外篇，内篇包括经典录、纪传录、子兵录、文集录、技术录，外篇分为佛法录、仙道录。很明显，《七录》内篇的前四录，正与四分法的经、史、子、集在内容和顺序上吻合，实际上已经体现了四分法的精神。

第四节　　纸的广泛使用与纸本书的制作

晋安帝元兴二年(403)，权臣桓玄代晋自立，随即下令："古无纸，故用简，非主于恭。今诸用简者，皆以黄纸代之。"①简策自此废除，简帛时代结束，书写材料迎来了纸一统天下的局面。随着纸的广泛使用，社会流通中开始出现大量纸写本书籍，由此导致了图书形制的变化。

一、纸的广泛应用

三国时期，书写材料是竹简、缣帛和纸三者并行。

贵素贱纸的观念，东汉时期已经形成，三国时仍在宫廷和上层贵族文人中产生影响，其典型事例就是魏文帝将自己的著作《典论》用帛和纸各抄一份，帛本赠予吴主孙权，纸本则赠予东吴娄侯张昭，以别尊卑。此时，纸已开始用于日常公务，宋代苏易简的《文房四谱·纸谱》中记载道："魏武令曰：'自今诸掾属侍中别驾，常于月朔各进得失，给纸函各一。'"

晋代，纸张得到了普遍使用，史书或其他文献记载中开始较多出现"纸翰"

---

① [宋]苏易简,撰;朱学博,整理校点.文房四谱·纸谱.上海:上海书店出版社,2015:53.

"纸墨""纸笔"等专名,以及"临纸悲塞""伏纸饮泪"等词语。西晋文学家左思创作的名篇《三都赋》,构思十年,家中几乎所有可能的地方都放好笔纸,每思得一句,随即书录在纸上。完稿后,名流广为传扬,一时"豪贵之家竞相传写,洛阳为之纸贵"。

1907年,英国人斯坦因在敦煌附近长城古烽燧遗址中发现了9封纸写的粟特文书信,经学者考释,确认书于西晋永嘉年间。

1924年,新疆鄯善县出土了晋人手抄的《三国志·吴志》"虞翻陆绩张温传"的残卷,凡80行、1 090字。1965年,新疆吐鲁番又发现了晋人抄《三国志》残卷,为《魏志·臧洪传》和《吴志·吴主传》的部分内容,计40行、570余字(图20)。在敦煌早期的写本中,已经发现三国吴末帝孙皓建衡二年(270)敦煌郡索纟由书《道德经》卷尾。建衡二年,即西晋武帝泰始六年,晋人纸写书的发现,证明纸确实已经成为晋代流行的书写材料。

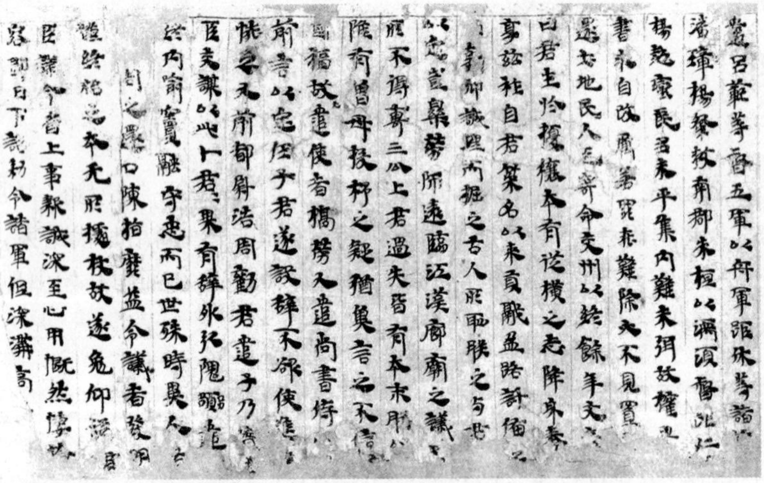

图20 《三国志·吴志·吴主传》残卷 晋人写本①

东晋初年,著作郎虞预上《请秘府纸表》云:"秘府中有布纸三万余枚,不任写御书而无所给,愚欲请四百枚,付著作吏,书写起居注。"②《太平御览》卷605引《语林》的记载:"王右军(羲之)为会稽,谢公乞笺纸,库中惟有九万枚,悉与之。"这说明当时官府中贮备有大量纸张,以供朝廷多方之用。

---

① 郭沫若.新疆新出土的晋人写本《三国志》残卷.文物,1972(8):2.
② [唐]徐坚.初学记卷二十一.北京:中华书局,1962:518.

纸作为书写材料的优点很快在使用中被发现,于是社会需求量大增,而纸的社会生产量却跟不上,所以产生了供给不足、纸价上升的现象。下面的例子可以说明这一点:

《晋书·王隐传》记曰:东晋王隐奉诏修史,"贫无资用,书遂不就,乃依征西将军庾亮于武昌。亮供其纸笔,书乃得成,诣阙上之"。

《山堂肆考》卷 177 记载:"《晋干宝表》曰:臣前聊欲撰记古今怪异非常之事,乏纸笔,或书故纸。于是诏赐纸二百枚。"

晋、南北朝时期,除了抄写用纸之外,书信、公文亦无不用纸。但是,由于纸的产量有限而售价很高,一般人用纸十分困难。南齐高帝萧道成在刘宋任一方诸侯时,仍"家处甚贫,诸子学书无纸笔"。一般文士往往用纸背抄书,如上文晋干宝所谓"书故纸"。

纸的社会供应量相对不足,促使部分有条件的人设法自制纸张,以满足自己的需要。《宋书·张茂度传》记载:建康令张永,涉猎书史,能为文章,又有巧思。纸及墨皆自营造,宋太祖刘裕每得张永的表启,就反复欣赏,把玩不已,自叹宫中御制的纸墨不及张永自制的精美。

二、纸本书的制作

纸写本在晋代已经相当流行,其制作从染纸、抄写到装帧逐渐形成一定的制度,为隋唐时期卷轴装的成熟奠定了基础。

首先,当时的纸大量采用染潢技术。所谓"染潢",是指一种染色防蠹的纸处理技术,就是把纸浸泡在一种叫作黄檗的汁液中,染成黄色。汉末刘熙的《释名》中已将"潢"释为"染纸",说明染潢技术至迟在东汉已经产生。贾思勰在《齐民要术》卷 3 杂说"染潢"条中详细记述了这一黄檗染纸技术的处理程序:

> 凡潢纸灭白便是,不宜太深,深则年久色暗也……(黄)檗熟后,漉滓捣而煮之,布囊压讫,复捣煮之,三捣三煮,添和纯汁者,其省四倍,又弥明净。写书,经夏然后入潢,缝不绽解。其新写者,须以熨斗缝缝熨而潢之,不尔,入则零落矣。①

这是讲先写后潢,但一般情况下是先潢后写。在魏晋时期,多有帝王用黄纸写诏书的记载,如《三国志·魏书·刘放传》曰:"帝纳其言,即以黄纸作诏。"

纸原是缣帛的替代品,它作为书写材料,在大小规格上与帛书相似。根据对

---

① [后魏]贾思勰,著;缪启愉,校释.齐民要术校释.北京:农业出版社,1982:163.

敦煌纸卷本的实测，晋和六朝时期的纸一般宽23～24厘米，与马王堆帛书幅宽24厘米相当；长则40～51厘米不等，相当于古制的二尺。晋荀勖在《穆天子传序》中写道：《穆天子传》"虽其言不典，皆是古书，颇可观览，谨以二尺黄纸写上"。宋代苏易简在《文房四谱·纸谱》中也记载道："晋令诸作纸：大纸一尺三分，长一尺八分。"可见，实物与文献记载的情况基本上是吻合的。

　　一部书在抄写时需要相当数量的纸张。一般情况下，是将多张纸按抄写顺序粘接成一张长纸，或称为卷。长纸可先写后接，也可以先接后写。纸卷的长度视书籍内容的多少而定，一般在10米左右。纸与纸的接合处通常有押缝或印章。根据敦煌写卷的实物，每张纸的纸面都用石墨画有行格，行格的宽度与马王堆帛书的行格宽度相仿。

　　纸卷的装帧也与帛书及书画作品的装帧相似，一般是将卷的末端粘在用竹、木制作的轴上。轴的长度超过纸的宽度，两端露出轴头。轴的种类较多，有的顶端有雕刻或镶嵌之物。唐张彦远在《法书要录》卷2中录梁武帝时中书侍郎虞时和的《论书表》时谈到，宫中藏书家的法帖，王羲之、王献之的作品，均以珊瑚配缣素书，黄金、玳瑁或紫檀配纸书，而羊欣的缣素及纸书作品则只配以漆轴而已。

　　为了方便收藏和携带，古人还用布或丝织品制作书囊，用来盛放书籍。萧统在《文选序》中说："词人才子，则名溢于缥囊；飞文染翰，则卷盈乎缃帙。"大意是说，历代文学家以各自的创作，蜚声扬名；他们捷思奋笔，写出了很多出色的作品。句中"缥囊"所指就是用淡青色丝帛缝制的书囊；"缃帙"的"缃"是指浅黄色的帛，帙就是书衣。据此，后人常用"缥囊""缃帙"等作为书籍的雅称。

第五节　　图书编纂和社会传播活动的扩大

一、新型编著形式的涌现

　　纸的广泛使用，大大优化了出版传播的工序和形式，简策时代因体积笨重而难以完成的巨帙书籍，在纸的时代变得轻而易举了。这为总集等新的编纂体式的出现提供了有利的条件。同时，魏晋时期，文学进入自觉时代，面对先秦以来流传的众多著述,需要确定一个艺术性的标准以进行文学或非文学作品的甄别,以及优秀文学作品的选择。《文选》等总集的出现,顺应了时代对文学性出版物的需求。编辑出版工作具有社会引导的作用,编辑者通过编选文学读本,传达出某种艺术审美的倾向,以此引导社会阅读的风尚和影响作家创作的选择。所以,自这一时期《文选》开创文学选集性总集的编纂先例以后,文学选本的编纂之风一直劲吹至现代,长盛而不衰,成为历代编辑出版活动的重要组成部分。

（一）总集

总集,是指汇集二人以上作品编纂而成的出版物,可分为全集与选集两种。全集在编纂上力求完备,旨在保存文献。选集则以选取精华为务,旨在推荐佳作。总集的编纂,一般以晋代杜预的《善文》、挚虞的《文章流别论》为先。杜预、挚虞二人所编之本都已亡佚,而《文章流别论》在清人严可均所辑之《全晋文》中有其佚文,大都为论诗、赋、箴、铭之类文体的,《晋书·挚虞传》说他"又撰古文章,类聚区分为三十卷,名曰《流别集》,各为之论"。《隋书·经籍志》总集类小序称:《流别集》"自诗赋下,各为条贯,合而编之"。从中,我们可以看出早期总集的编纂体例为:分体编选诗文,以论或序说明编选的旨趣。

《文选》是现存最早的古代诗文选集性总集,南朝梁萧统所编（图21）。萧统(501—531),字德施,南兰陵(今江苏常州)人,梁武帝萧衍长子,早亡,卒后谥昭明,世称昭明太子。《文选》的编纂,约在梁普通三年至大通元年(522—527)之间。

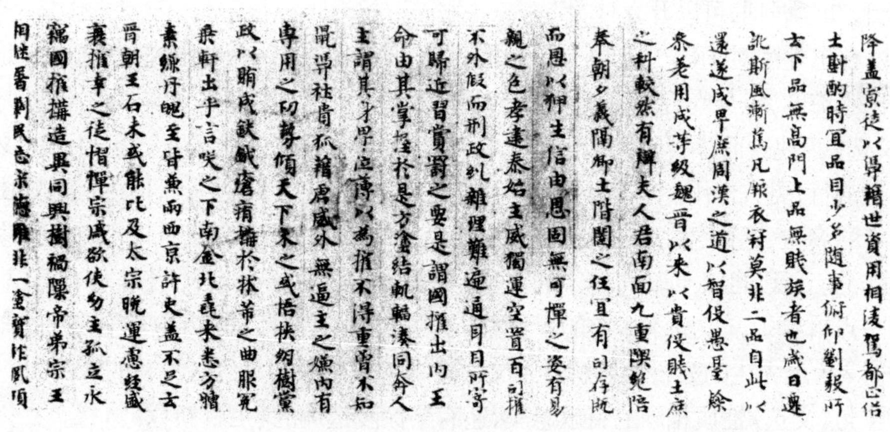

图21 《文选》第廿五（敦煌写本 伯2525）

《文选》共30卷（后唐李善注本扩充为60卷），选录了先秦至梁130个作家的各体作品，分为38类：赋、诗、骚、七、诏、册、令、教、文、表、上书、启、弹事、笺、奏记、书、移、檄、对问、设论、辞、序、颂、赞、符命、史论、史述赞、论、连珠、箴、铭、诔、哀、碑文、墓志、行状、吊文、祭文，可大致概括为诗文、辞体赋和杂文三大类。

萧统在《文选序》中为全书的编纂提出了选文的标准："事出于沉思，义归乎翰藻。"强调文质并重，内容形式都好。对于文学作品与非文学作品，先秦、两汉时人们尚无清晰的界限，六朝以后才逐步有所认识。《文选》以总集的形式反映了当时比较进步的文学观念，并精选大量代表作品，为后人提供了诵习和研究的方便。被称为艺苑秘宝的《文心雕龙》凡10卷、50篇：原道、征圣、宗经、正纬、辨骚、明诗、乐府、诠赋、颂赞、祝盟、铭箴、诔碑、哀吊、杂文、谐隐、史传、诸子、论说、诏策、檄移、封禅、章表、奏启、议对、书记、神思、体性、风骨、通变、定势、情采、熔裁、声律、章句、丽辞、比兴、夸饰、事类、练字、隐秀、指瑕、养气、附会、总术、时序、物色、才略、知音、程器、序志，所论几乎涉及《文选》中的全部文体。据文献记载，《文心雕龙》的作者刘勰可能参加过《文选》的遍选工作。既然如此，文学选集和文学批评专著在选录和评论的品种上出现这样的一致，就不能看作是巧合，而应视为是向社会宣告文学自觉时代到来的一种联合行动。

《文选》对后世的影响是巨大的，以至有"《文选》烂，秀才半"的谚语，并且形成了专学——文选学。清张之洞的《书目答问》中附录有"群书读本"，开列了《秦汉文钞》《文选》《六朝文絜》《唐宋诗醇》等9种总集，以为"此类各书，简洁豁目，初学讽诵，可以开发性灵"。

鲁迅先生对于《文选》也有精到的见解，他在《选本》一文中说："选者总是层出不穷的，至今尚存，影响也最广大者，我以为一部是《世说新语》，一部就是《文选》。"他进而分析道："凡选本，往往能比所选各家的全集或选家自己的文集更流行，更有作用。册数不多，而包罗诸作，固然也是一种原因，但还在近则由选者的名位，远则凭古人的威灵，读者想从一个有名的选家，窥见许多有名作家的作品。所以自汉至梁的作家的文集，并残本也仅存十余家，《昭明太子集》只剩一点辑本了，《文选》却在的。读《古文辞类纂》者多，读《惜抱轩全集》的却少。"①鲁迅先生的分析恰好解开了文学选本编纂出版活动经久不衰的缘由。

与《文选》性质相同的诗歌总集，还有梁徐陵选编的《玉台新咏》。

---

① 鲁迅全集修订编辑委员会. 鲁迅全集（第7卷）·集外集. 北京：人民文学出版社，2005：137.

（二）韵书编纂的创例

韵书是一种按照声、韵、调三者关系来编次汉字的字书,在编纂上以分韵编排为特点,以审音辨韵为目的。

汉字的声、韵、调早就存在,汉代文字训诂学家虽然已经注意到古今语在音韵上的差异,但是真正对其进行科学研究则是在三国时期。据史料记载,古代最早出的韵书是曹魏时期李登所编的《声类》和西晋吕静所编的《韵集》。

《声类》一书早已失传,编者李登曾在曹魏时期任职左校令,唐封演在《封氏闻见记》卷2"文字"中提及:"魏时有李登者,撰《声类》十卷,凡一万一千五百二十字,以五声命字,不立诸部。"据此及前人的零星记载,我们可以推知李登编辑体例的大致情况:(1)按宫、商、角、徵、羽五音分类编排;(2)不分韵部;(3)各字用反切标音,有注释;(4)收字较《说文解字》多出2 167字。

西晋吕静的《韵集》是仿效《声类》之法编辑而成的,但体例上有所改进。全书共5卷,宫、商、角、徵、羽各1篇,分韵编排,奠定了后世韵书的基本体例,是古代字书编辑体例上的重要创新。

古代作家在文学创作中注意音调和谐的传统,可以追溯到《诗经》《楚辞》的时代。当文学创作进入自觉时代之际,西晋陆机在《文赋》中正式提出了文章的音乐性问题。这成为音韵和四声问题在魏晋南北朝时期得到重视的客观条件之一。六朝时期,文风崇尚绮丽。南朝齐永明年间(483—493),沈约等人大力倡导作诗要严格讲究四声和韵律。按照这种要求创作的诗,史称"永明体"。永明体的出现拉动了对韵书的社会需求,一时韵书编纂成为热点。据王国维考证,当时出现的韵书有17种之多,可惜都已亡佚。

从古代韵书发展史的角度分析,隋朝陆法言的《切韵》具有规范化的意义。魏晋南北朝属于韵书的草创时期,但是在编纂方法和体例上已经完成了奠基的任务。

（三）其他专业论著

魏晋南北朝时期,出现了一大批有影响的开创性专业论著,其领域涉及文艺批评、农学、医学等各个方面。

我国的文学批评专著,以写成于南朝齐末年的《文心雕龙》和写成于梁天监513—518年间的《诗品》为最早。

《文心雕龙》,是我国现存最早的文学评论专著,为南朝齐、梁间刘勰(约465—约539)所撰。全书50篇,分别叙述各种文体的特征与渊源流变,并系统探讨文学创作与批评的原则、方法，文学与时代的关系，文学鉴赏等问题，对中国文学理论的建设具有深远的影响。《诗品》为南朝齐、梁间钟嵘（约468—约518）所撰，是一部专论五言诗创作的诗论专著。全书论及汉魏至梁代诗人122名，按作品艺术性的高下将其分为上、中、下三品，各加创作渊源的考订和艺术评价。南朝齐谢赫的《古画品录》和齐梁间庾肩吾的《书品》是书画艺术的批评专著，前者首创绘画六法，即气韵生动、骨法用笔、应物象形、随类赋彩、经营位置、传移模写，并以此六法，将三国吴至南朝萧梁300年间的27位名画家分为六品，进行艺术品评，后者将汉魏至梁代的128位书法家分为九品，详加艺术品评。从编纂体例和手法上看，两书与《诗品》相仿，这一点可以视为早期文艺评论著作在编纂上体现的时代特色。

《齐民要术》是我国现存最早的一部综合性农书，为东魏高阳太守贾思勰所撰。全书10卷、92篇，论述内容涉及农、林、牧、副、渔五业，对6世纪以前黄河中下游地区的农业生产经验做了系统总结。在编纂上，该书以大量辑录前代农学文献为特征。据现代研究者统计，书中引用了汉代《氾胜之书》《四民月令》等古代相关书籍百余种，引文占整书篇幅的百分之六十。

晋代是我国历史上医学著作编辑出版十分活跃的时期，许多在中国医学史上具有开创意义的著作都出现在这一时期。例如，西晋王叔和的《脉经》是我国第一部脉学专著；皇甫谧（215—282）于256年前后编成的《针灸甲乙经》12卷、128篇，是现存最早的针灸专著；刘涓子的《刘涓子鬼遗方》是现存最早的一部外科学专著；东晋葛洪（约283—363）的《肘后备急方》是古代较早的以治疗急症为主的综合性医书；南朝宋雷敩所撰《雷公炮炙论》对300多种药物的炮炙加工方法进行了具体介绍，并总结提出了中药炮炙加工十七法。

上述医著在编辑上都具有相同的特点，即它们是在广泛搜集、吸取前人成果的基础上整理编纂而成的。例如，皇甫谧的《针灸甲乙经》即是将《素问》《针经》《明堂孔穴针经治要》三书中有关内容去重存精后重加编次而成的，所以其全称为《黄帝三部针灸甲乙经》。

二、旧有编著形式的发展

两汉时期，学者注重注经，间有少数注史者，如东汉高诱曾注《战国策》。魏晋南北朝时期，随着史学发展成为一门独立的学科，以及玄学的兴起，学者注书的重点开始由经书转移到史学名著。其间，名家名注本迭出，成为这一时期编辑出版活动的一大特色。

南北朝时期出现了三大名注,即裴松之的《三国志注》、郦道元的《水经注》和刘孝标的《世说新语注》。

裴松之(372—451),字世期,河东闻喜(今属山西)人。受宋文帝刘义隆之命为《三国志》作注,元嘉六年(429)书成奏进。据清沈家本《三国志注所引书目》的统计,裴注博采群书210种,保存了大量史料。其体例以辨是非、核讹异、详史事之委曲、补史事之缺佚、详人物生平、补人物缺佚为宗旨,近于补编,因而开创了史书作注的新例。

郦道元(？—527),字善长,北魏涿州郦亭(今属河北)人,孝文帝时曾任治书侍御史。《水经》是我国第一部记述河道水系的专著,约成书于东汉、三国时期。全书以水道为纲,记述其源流及流经地方,并兼带叙述流经地域的山川风物和遗文逸事,开创了水志的编述体例。该书的不足之处在于所述简单,误记较多。郦道元作《水经注》,广征博引,将原书所记水道由137条增加到1 252条,文字扩大近20倍,因而成为我国6世纪前最全面系统的综合性地理名著。

刘孝标(463—522),名峻,字孝标,以字行,南朝梁平原(今属山东)人,曾为梁武帝之弟萧秀编纂类书《类苑》120卷。《世说新语》是古代第一部志人笔记小说集,主要记述汉魏以来,尤其是两晋人物的轶事及言语,为刘宋临川王刘义庆所撰。书分德行、言语、政事、文学等36门,涉及各类重要人物达500余人。刘孝标注《世说新语》,博采经史杂著400余种,诗赋杂文70多种,随文施注,以引据赅博、注释详密、剪裁得当而著称于世。

魏晋南北朝时期,荟萃众家之说的集解性注书体式盛行,如三国吴韦昭的《国语》注本,就搜集了东汉郑众、贾逵、三国虞翻、唐固等注本的内容,另有晋杜预的《春秋左传集解》,南朝齐、梁间陶弘景的《本草经集注》等,都在学术界产生过重要的影响。集解性注释以采集详备为主要特征,包括两种体式:一是采撷众说,择善而从,以成一家之言。魏正始间,何晏撰《论语集解》,汇集包咸、周氏、马融、郑玄、陈群、王肃、周生烈等7家之说,何晏在序文中这样解释自己的集解体例:"集诸家之善,记其姓名,有不安者,颇为改易。"一是荟萃各家之说,不做选择,但记姓名作"某曰",以示广闻。东晋范宁撰《春秋谷梁传集解》,其自序称:"与二三学士及诸弟子各记所识,并言其意……今撰诸子之言,各记其姓名,名曰《春秋谷梁传集解》"。

魏晋时期,学者多从事四部经典的注释工作,名家辈出,其中以王肃、郭璞最为著名。

王肃(195—256),字子雍,东海郯(今山东郯城)人。魏明帝时以常侍领秘书监,兼崇文观祭酒。论学宗经古文学,所注《尚书》《诗》《论语》《三礼》《左氏传》等,晋初皆立于学官,称为"王学",在魏晋时期具有重要地位。

郭璞(276—324),字景纯,河东闻喜(今属山西)人。东晋时以所撰《江赋》《南郊赋》出色而授著作佐郎,曾奉诏与王隐同撰《晋史》。其一生在学术上的建树就是注书,曾注释《尔雅》《三苍》《方言》《穆天子传》《山海经》《楚辞》《子虚》《上林赋》等数十万言。

魏晋南北朝时期,学者注书之风大盛。名家作注的程式义例,在编辑学上具有重要意义。郭璞注《尔雅》(图22),先搜集已有的10多家注本,"缀集异闻,荟粹旧说",对旧注不明欠详之处,通过"考方国之语,采谣俗之志",征引近50种书籍,重加新注。"其所易了,阙而不论",书中已经明了的地方,不再加注。郭璞甚至还把《尔雅》中难以识别的字音、物像辑成《尔雅音》《尔雅图》等专书,集中注明,加以图绘,以便于学者掌握习记。经过这样精心编纂的注本一出,其他各家所注,自然很快在流通中被淘汰了。

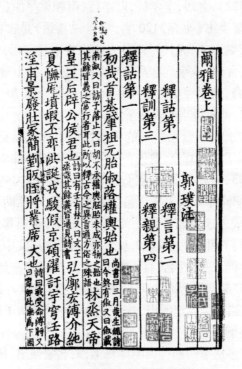

图22 《尔雅》书影 宋刻本

在编辑出版史上,书籍因编辑体例上后出转精而得以流传久远的事例,比比皆是。这种现象的存在,促使编辑校注工作者更加重视编辑体例的创新,编辑出版活动也因此获得了持久、旺盛的活力。

三、社会传播的扩大

纸的广泛运用,有效地推动了书籍的社会传播,具体表现为佣书业的发达、社会书籍收藏量的扩大、佛经翻译和传播活动的加强。

(一) 佣书与书铺的图书贸易活动

魏晋南北朝时期史书关于佣书的记载较两汉时大增,这一现象的出现无疑与纸的广泛使用有关。

佣书不仅能谋生,也能借机饱览群籍,最后出仕为官,或垂名学林,终成大业,即所谓"佣书成学"者。东晋释僧肇早年"以佣书为业,遂因缮写,及历观经史,备尽文籍",后参与名僧鸠摩罗什的译经事业,名留青史。

不仅民间佣书业兴旺,佣书者众多,政府同样设有专职抄书之员,如北朝的秘书省就设有名为"正字"和"弟子"的专职抄书官员,以保证国家抄书传录任务的完成,与民间抄书活动共同推动书籍的出版传播事业。

佣书者一般有两类服务对象:一是个体雇佣者。某大家豪门需要抄录书籍或佛教经文,大多临时招募佣书者为自己服务。一是书铺,专门雇佣抄手为自己的图书贸易活动抄写需要的书籍。南朝刘宋诗人谢灵运以清新优美、自然天成的山水诗闻名于世,致使"每有一首诗至都下,贵贱莫不竞写,宿昔之间,士庶皆遍"。我们有理由相信,"宿昔之间,士庶皆遍"的情况绝非仅仅是相互传抄的结果,还应该包括书铺的参与。

魏晋南北朝时期书铺业的发展,不仅表现为数量上的增加,如江南六朝都城建康的市里街巷开着许多卖书铺,即使贵为王侯,也经常派员前往购书。《南史》中的这段记载可以证实这一点:齐高帝萧道成的第十二子萧峰,"至十岁,便能属文。武帝时,藩邸严急,王不得读异书,《五经》之外,唯得看《孝子图》而已。锋乃密遣人于市里街巷买图籍,朞月之间,殆将备矣"[①]。朞月,就是一整月。"武帝时",即齐武帝萧赜永明年间,正是南齐经济文化发展最好的时期。从文字看,萧峰需要的书籍品种和数量应该较多,而供他进出淘书的书铺也应该不

---

① [唐]李延寿.南史卷四十三.北京:中华书局,1975:1088.

少。更为重要的是,书贾已经开始走南闯北,主动走出去推销图书。据《北史·祖珽传》的记载,扬州书贾到北方向东魏中书监高澄售卖《华林遍略》。这件事所蕴涵的意义十分重大:其一,《华林遍略》是一部卷帙浩繁的类书,其抄录绝非少数人在短期内可以完成,说明当时书铺已经具有相当的规模。其二,《华林遍略》是南方文士编纂的书籍,书贾将其贩至北方,其行为对于社会传播的扩大和南北文化的交流,起到了积极的促进作用。

(二) 私人藏书的繁荣

我国古代私人藏书的记载始自先秦,至晋、南北朝时期,私人藏书在数量、品种和规模上都已创造了新纪录,并出现了万卷以上的藏书之家。《晋书·张华传》称:张华"雅爱书籍,身死之日,家无余财,惟有文史溢于机箧。尝徙居,载书三十乘。秘书监挚虞撰定官书,皆资华之本以取正焉。天下奇秘,世所希有者,悉在华所。由是博物洽闻,世无与比"。南朝齐、梁间,藏书逾万卷的大家特别多。《南史·任昉传》称:任昉"博学,于书无所不见,家虽贫,聚书至万余卷,率多异本。及卒后,武帝使学士贺纵共沈约勘其书目,官无者就其家取之"。另外,如沈约"聚书至二万卷",王僧孺"好坟籍,聚书至万余卷",崔慰祖"聚书至万卷",梁宗室萧劢"聚书至三万卷"。私人藏书是衡量社会图书出版、传播状况优劣的一个重要指标,上述藏书大家群体的出现,说明当时社会书籍的抄录条件和传播环境相对比较优越。

(三) 佛经的翻译与传播

佛经翻译是我国古代书籍编辑出版事业中的重要组成部分,又是古代文化传播活动的重要内容。

西汉武帝时期,张骞出使西域,首次听说佛教。哀帝元寿元年(前2),大月氏使臣伊存把浮屠经传入中国,博士弟子员秦景从使者处听到对佛经的讲解。这是佛经在中国传布的开始。东汉明帝曾夜梦金人飞行殿庭,次日朝上询问诸臣,傅毅认为是佛。于是,明帝派遣使者往西土天竺求经,得佛经42章及释迦立像,并请得西僧摄摩腾、竺法兰一起东归。归途以白马负经(见图23),明帝因于洛阳建白马寺。法兰开始译经,明帝永平中译出《十住经》。然而东汉之世,由于佛教初入,国人崇佛尚未成风,佛经翻译始终没有形成气候。

魏晋之时,西域僧人赍经东来,中国人则西去求经,双向的宣教求经活动逐渐频繁,中国开始有信徒剃发为僧,皈依佛教,佛经翻译事业初露繁荣趋势。佛教东传,至此为盛。

后秦姚兴弘始二年(400),天竺僧人鸠摩罗什至长安,大译佛经。后秦弘始年间,先后到达长安译经的西域僧人多达数十百之众,以鸠摩罗什才德最优。

三国吴黄武元年(222),僧支谦开始译经,30年间译出《菩萨本缘》等数十种,皆流行于世,开江南佛经翻译之风。

南朝梁释僧祐编撰的《出三藏记集》15卷,是现存最早、最完整的佛典目录,全书著录中国翻译佛教经律论三藏各书凡2 162部、4 328卷,基本上反映了魏晋南北朝时期佛经翻译的总体概貌。僧祐(445—518),南朝名僧。俗姓俞,建邺(今江苏南京)人。幼年出家,一生精研律学,曾与《文心雕龙》的作者刘勰同处十余年。《出三藏记集》分缘起、名录、经序和列传四部分,其中缘起一卷叙述佛经结藏情况,并追述译经起源。经序共7卷,辑录各经原有的序跋识记,使读者可以据此了解经书的内容和译经的过程,在编纂上创立了辑录性的目录体制。

图23　白马驮经图
明丁云鹏绘

佛经翻译事业的繁荣,带动了传抄业的发展,写经生成为当时专门替人传抄佛经的专职人员。随着民间写经的盛行以及写经的商品化,至北朝,民间已经出现了相当数量的写经生,甚至有因此而富足者。《魏书·刘芳传》记载,刘芳聪明过人,笃志坟典,虽然家境贫窘,但志向不易,坚持白天佣书,以自资给,夜里读诵,终夕不寝。不汲汲于荣利,不戚戚于贱贫。刘芳还"常为诸僧佣写经论,笔迹称善,卷直以一缣,岁中能入百余匹,如此数十年,赖以颇振。由是与德学大僧,多有还往"。

佛经翻译活动的繁荣,在一定程度上促进了佛教的传播。北魏秘书监杨衒之在《洛阳伽蓝记》中记载说,洛阳兴建佛寺,自东汉明帝永平十一年(68)建白马寺,至晋怀帝永嘉年间(307—312),才有42所。然而,北魏迁都洛阳后,佛寺陡然大增,最盛时多达1 367所。与此同时的南朝,仅据唐杜牧《江南春》中"南朝四百八十寺，多少楼台烟雨中"之句的描述，佛寺也不在少数。

魏晋南北朝时期纸的广泛使用，为佛经翻译事业的发展提供了有利的条件。反过来，从敦煌莫高窟发现的大量六朝写本和早期雕版印刷品中大部分为佛经的事实来看，佛经和佛教宣传品已成为当时社会的大宗需求品。佛经翻译事业在很大程度上推动了当时佣书、书铺等图书传播交流中介环节的发展，甚至对雕版印刷术的发明也起到了较大的促进作用。

第五章

隋唐五代时期的编辑出版活动

隋唐五代时期,自公元581年杨坚建立隋朝,至公元960年后周亡于赵宋,前后历时380年。其间,除了唐末出现过为期54年的"五代十国之乱"外,中间保持了隋唐近330年的统一。

隋唐的统一,结束了西晋末年以来近300年的南北分裂动乱局面,使国家的政治、经济和文化建设进入了新的发展时期。隋唐的政权嬗替与秦汉相似,隋王朝的国运虽然二传而尽,但是开国君主杨坚在位时期为加强封建中央集权而采取的一系列政策与措施,却基本上为唐朝所沿袭。所以,始自隋朝的开拓,经过唐初百年的建设,历史上形成了堪与秦皇汉武时代媲美的盛唐文化。

在图书编辑出版方面,这一时期发生了许多重要的事件。首先是印刷术于唐初发明,至五代,开始大规模地应用于刊行儒家经典,使我国的编辑出版事业进入了崭新的历史发展阶段。其次,科举制度的确立、唐诗的繁荣,极大地促进了图书的社会传播和贸易活动。再次,史馆修史和大臣监修制度的建立,强化了统治者对书籍编纂出版活动的控制。

第一节　隋唐五代时期的图书文化事业概貌

一、图书文化政策

大一统是隋唐五代时期主要的时代特征,为了适应中央集权政治的需要,隋唐统治者十分重视有关图书的搜集整理和编辑出版问题,有意识地强化对图书编辑出版和传播的管理与控制。

(一) 禁书

隋开皇十三年(593)早春,文帝杨坚下诏,严令"私家不得隐藏纬候、图谶"。由于谶纬之书大多藏于民间,仅一纸禁令,一时难以禁绝,所以,炀帝杨广继位后,采取了具体的查禁办法,就是派使者四处搜访,规定凡内容涉及谶纬的书籍,都要交出,违者一经查实,窝藏者将被处死。在这样严厉的查禁政策下,确实没有人敢于为谶纬之书而冒生命危险。谶纬类图书很快濒临灭绝,唐初魏徵等编纂的《隋书·经籍志》只著录了13部谶纬图书,足以说明隋朝禁绝谶纬之书的力度。

隋文帝在诏禁谶纬之书后仅3个月，又下诏禁止私撰国史。《隋书·高祖本纪》记载：隋文帝十三年五月，"诏人间有撰集国史、臧否人物者，皆令禁绝"。所谓国史，就是当代史。所谓"臧否人物"，就是评论当代统治集团中的帝王大臣。然而，历史上并没有留下关于这次禁止私撰史书施行情况的记载，仅有一则关于著作佐郎王劭私撰《齐书》获免的记录。《隋书·王劭传》记载："高祖受禅，授著作佐郎。以母忧去职，在家著《齐书》。时制禁私撰史，为内史侍郎李元操所奏。上怒，遣使收其书，览而悦之。于是起为员外散骑侍郎，修起居注。"揆其原因，或许《齐书》并非国史。但是，这种情况的出现，至少说明禁绝私撰国史的举措并不严厉。尽管这样，文帝的这一禁令，对后世仍然产生了很大影响。自此以后，修史皆由朝廷官方主持。唐初，官修正史的制度正式确立，并以宰相、大臣监修。史书，尤其是国史的编修，完全处于封建统治者的严格控制之下。这一制度能够确保统治者的思想在史书编纂中得到体现，所以成为后世历代政府修史的定制和传统。

唐代发生在文化领域的禁书活动不多，唯太宗贞观年间禁毁过一部仅有14页的图谶类小册子《三皇经》。但是，在当时制定的《唐律》中却有关于禁书的条款，如职制类"私有玄象器物"条："诸玄象器物、天文、图书、谶书、兵书、七曜历、太一、雷公式，私家不得有，违者徒二年。其纬、候及《论语谶》，不在禁限。"根据高宗永徽四年（653）颁行的《唐律疏议》的注解，其中图书是指《河图》《洛书》一类，其实也属于谶纬的书籍，太一、雷公式属于占卜之书，七曜历是一种受西方七曜占候术影响而产生的不同于官历的历书。① 又如贼盗类"造妖书妖言"条："诸造妖书及妖言者，绞。传用以惑众者，亦如之。"根据《唐律疏议》的解释，所谓"造妖书妖言"是指炮制鼓吹怪力的图书，制造谎称鬼神的话语。所谓"传用以惑众"，是指传播妖言、使用妖书，并以此鼓动了3人以上者。②

不难看出，《唐律》关于禁书的条款，重在严惩当代造妖书、妖言和传播以惑众者，对于古代早已明文禁止过的天文、图书、谶书、兵书之类，只是对违法私藏者处以2年的轻罚。唐朝政府对于维护思想文化领域秩序的态度是坚决的，控制图书编辑和传播活动的措施也是严厉的。

雕版印刷术发明后，民间大量刻印了社会需求量较多的历书。由于要赶在国家新历颁行前出版，民间出版的历书难免存在印制粗糙、错漏百出、与官历相

---

① ［唐］长孙无忌等，撰；刘俊友，点校.唐律疏议卷第九.北京：中华书局，1983：196.
② ［唐］长孙无忌等，撰；刘俊友，点校.唐律疏议卷第十八.北京：中华书局，1983：345.

违等问题,因此,民间私印历书的举动,在唐文宗太和九年(835)遭到禁止。到五代后周广顺三年(953),这道禁令被改为"候朝廷颁行后,方许私雕印传写"。

由于雕版印刷品在复制和传播方面具有抄写无法比拟的优势,因而引起了统治者更高的警惕,对其管理更加细密,控制措施的力度大为增强。这一点,到了雕版印刷活动空前繁荣的两宋时期,就十分明显地表现出来了。

(二)重视藏书建设

藏书建设,是指在数量、质量上对国家藏书进行全面提升的活动,包括整理旧书、访求抄补缺书、缮写副本、编纂新书充实秘藏等。这里的编纂新书,是指朝廷组织史官编写前代和本朝国史,其目的是为当代帝王提供史鉴。修撰完毕,一般录副后即入藏秘阁,所以把它作为藏书建设的一部分。

隋唐时期,国家藏书建设受到朝廷的高度重视,建设活动开展得有声有色,成为形成隋唐,尤其是盛唐文化繁荣局面的重要支柱。唐玄宗时期有一次关于藏书建设问题的争论,很能说明帝王重视藏书建设的根本原因。当时,中书舍人徐坚自负文才甚高,经常讥讽在集贤院校理图书的学士没有真才实学,而政府给他们的待遇太高,因此常对同朝官员说:"此辈于国家何益,如此虚费。"他并且建议唐玄宗罢免这些学士。大臣张说闻说,予以反驳。《旧唐书·张说传》记载了张说的这段话:"自古帝王功成,则有奢纵之失,或兴池台,或玩声色。今圣上崇儒重道,亲自讲论,刊正图书,详延学者。今丽正书院,天子礼乐之司,永代规模,不易之道也。所费者细,所益者大。徐子之言,何其隘哉!"唐玄宗知道事情的经过,十分赞赏张说的观点,而徐坚则自此被疏远。

二、国家图书的整理与聚散

隋唐政府都十分重视对图书的搜集和整理,进行过多次大规模的征书和抄录活动,图书事业蓬勃繁荣、光彩夺目。

隋开皇三年(583),秘书监牛弘上《请开献书之路表》,强调国家藏书必须齐备,而"天下图书尚有遗逸",要求文帝下发明诏,分遣使人,搜访异本。凡献书者,每献1卷,赏绢1匹,校写完毕,原本立即归还原主。一时民间异书,纷纷献出。开皇九年(589),隋朝平陈,获得了陈朝的藏书,国家藏书逐渐富足起来,达到3万余卷。于是,朝廷召集天下工书之士,在秘书省内补续残缺,抄录成正副2本,藏于宫中,其余藏于朝廷秘阁。

隋朝政府的藏书之所主要在西京长安的嘉则殿和东都洛阳的观文殿。炀帝即位,于大业元年(605)命秘书监柳顾言在长安嘉则殿对多达 37 万卷的国家藏书进行整理,经删去重复琐杂的部分,最后选定抄录了一套有 3 万余卷的标准藏本,称为"正御本",庋藏在洛阳观文殿两侧的书室中,东屋藏甲、乙,西屋藏丙、丁。《隋书·经籍志》著录有《隋大业正御书目录》9 卷,应是这次整理抄录活动的成果,《隋书·经籍志》就是以这一书目为底本经增删编成的。另据正御本抄录 50 套副本,分为三品:上品以红色琉璃为书轴,中品用天青色琉璃做书轴,下品用黑漆圆木做书轴,分别由西京东都的政府文化藏书机构收藏,供朝廷官员使用。

唐初,隋嘉则殿的 37 万卷藏书已经所剩无几,武德时有 8 万卷重复相糅的藏书。高祖采纳令狐德棻"购募遗书,重加钱帛,增置楷书,令缮写"的建议,数年间,使经籍图书略备。至贞观年间,唐太宗精选名儒主持秘书监,拉开了唐朝大规模整理图书的序幕。

唐太宗时期,国家藏书的校理活动自贞观二年(628)魏徵出任秘书监开始,至贞观十九年(645)秘书监颜师古去世为止,先后由 3 位唐初名臣与著名学者魏徵、虞世南、颜师古领导主持,其前期重点在整理、抄录,后期则转为校正文字。由于贞观时弘文馆所藏四部书多达 20 余万卷,加上陆续购得的民间图书规模宏大,所以尽管配有"雠校二十人,书手一百人",图书校理工作还是没能在三位秘书监近二十年的任期内完成。校书活动在高宗和武周时期继续进行,只是规模稍有缩小,内容则仍然为校勘、缮写。中宗复位后,曾于景龙二年(708)因"经籍多缺"而下诏征集天下图书。

盛唐玄宗开元天宝年间(713—755),集贤院成立,国家藏书的校理活动再次出现高潮。

开元三年(715),左、右散骑常侍褚无量、马怀素侍宴,谈及经籍。玄宗感慨道:"内库皆是太宗、高宗先代旧书,常令宫人主掌,所有残缺,未遑补缉,篇卷错乱,难于检阅。卿试为朕整比之。"于是,玄宗命左散骑常侍、昭文馆学士马怀素为修图书使,与右散骑常侍、崇文馆学士褚无量一起进行图书的校勘与整理工作;同时,诏令公卿士庶各将家藏异书借与官府缮写,陆续入藏乾元殿。据《新唐书·艺文志》记载,"既而太府月给蜀郡麻纸五千番,季给上谷墨三百三十六丸,岁给河间、景城、清河、博平四郡兔千五百皮为笔材。两都各聚书四部,以甲、乙、丙、丁为次,列经、史、子、集四库。其本有正有副,轴带帙签皆异色以别之"。由此可见,当时整理工作的规模是很大的。

褚无量、马怀素去世后,右散骑常侍元行冲总领校书和编目的工作。开元九年(721)十一月,殷践猷、王惬、韦述、毋煚、刘彦真等重新修成《群书四部录》200卷,后毋煚又略为40卷,名为《古今书录》,凡著录图书3 060部、51 852卷。开元十九年(731),玄宗至东都集贤院观书,院内藏书已达8万余卷,其中包括贞观及高宗时期奉诏缮写的书籍。从隋朝正御书3.7万卷,到开元十九年的8万余卷,百余年间增长2倍多,史称"唐之藏书,开元最盛",实非虚语。

天宝十四载(755),盛世祸起。节度使安禄山从范阳起兵反唐,虎狼之军以破竹之势攻陷洛阳,接着西叩潼关,占领长安,唐王朝两都覆没,"乾元旧籍,亡散殆尽"。自贞观以来图书建设的成果,毁于一旦。

"安史之乱"给唐王朝带来的破坏是无法估量的,其间,图书事业也遭到毁灭性打击。叛乱平定后,肃宗、代宗、德宗三朝努力重建国家的图书事业,屡诏购募,采取多种办法校写书籍。唐文宗时,"诏令搜访遗文,日令添写"的活动继续进行,终于在开成年间(836—840)使官藏四部书又达到56 476卷。据《旧唐书·经籍志》记载,唐末之乱,使国家藏书一再遭劫。黄巢起义军攻占两京,使秘书省12库藏书降至2万余卷;而迁都洛阳,劫余书籍又丧其半,使后世之人不得不面对"平时载籍,世莫得闻"的现实。

五代时期,北方先后出现建都开封和洛阳的后梁、后唐、后晋、后汉、后周五代,共计历时54年。与此同时,南方十国分治,为吴、南唐、前蜀、后蜀、吴越、楚国、闽国、南汉、南平、北汉。"五代十国"小朝廷的气数短,在图书事业方面虽然也有所动作,沿袭唐代的馆阁制度,史馆修史,由秘书监继续访求遗书,组织政府藏书,但是,由于社会环境动荡,立国时间短促,其藏书规模最多也就是数万卷而已,图书和编辑出版事业的复兴,有待于新的统一政权——北宋王朝的建立。

第二节
政府编纂机构的活动与修史制度的确立

一、政府的编纂机构

隋唐五代时期,政府系统设立了负责图书管理和编纂工作的专职机构。唐代设秘书省、弘文馆隶门下省、集贤院、史馆属中书省,这些建制完备、职责分明的文化机构,汇集一代文化精英,为唐代,尤其是初唐、盛唐时期图书整理、编纂事业的繁荣与发展,创造了良好的条件。

(一) 秘书省

隋朝沿袭南北朝的制度,仍设秘书省作为图书管理与编纂的职能机构。隋文帝时,秘书省设监、丞各1人,秘书郎4人,校书郎12人,正字4人,录事2人。下辖著作、太史二曹。

唐沿隋制,设秘书省,下辖著作局、太史局。设秘书监1人,为从三品;秘书少监2人,为从四品上;秘书丞1人,为从五品上;监掌经籍图书之事,领著作局。高宗龙朔二年(662),改秘书省为兰台,监为太史,少监为侍郎,丞为大夫,秘书郎为兰台郎。武后垂拱元年(685),秘书省改称麟台;睿宗太极元年(712)复名秘书省。

秘书省由秘书丞主持日常工作。丞下设秘书郎4人,掌甲、乙、丙、丁四部图籍,每部皆有3本:正本、副本、贮本;设校书郎8人,掌校雠典籍,刊正文章,8人是常数,另可视校书规模随时增员;设典书4人,掌四库书的典藏,并出纳图书;另设各类技术人员如楷书10人、令史4人、书令史9人、熟纸匠10人、装潢匠10人、笔匠6人等。

李唐朝廷十分重视秘书监的人选,在唐初朝廷编纂书籍的高潮时期,只有学识渊博、名重一时的杰出人才,如魏徵、虞世南、颜师古、令狐德棻这样德高望重者才能荣膺此职。

(二) 弘文馆

文馆,是封建帝王网罗文士以备顾问的处所,始设于魏晋南北朝时期,如曹魏的崇文馆,南朝宋、齐的总明馆,萧梁的士林馆,北齐的文林馆,其任务不外乎校理书籍,撰著史书,兼训生徒。唐代弘文馆始设于高祖武德四年(621),初名修文馆,位置在门下省旁边。唐太宗即位,在宫中弘文殿聚集四部书20余万卷,于是将修文馆移至殿之左侧,改称弘学馆,精选享有盛名的在朝学者虞世南、褚亮、姚思廉、欧阳询等,各以本官兼署学士。学士们轮流在馆宿直,太宗上朝听政之暇,经常召见他们,讲论经义,商略政事。贞观中,由褚亮检校馆务,众学士称其为"馆主",以后遂成为定制。

唐代弘文馆的主要职责是详正图籍,教授生徒,并备顾问,参议国家大事。馆职设有大学士、学士、直学士、校书郎、令史、楷书手、典书、拓书手、笔匠、熟纸装潢匠等。馆中学生的教授考试,由学士负责,体制与国子学相仿。

贞观年间（627—649），唐太宗置太子学馆——崇文馆，其体制类弘文馆，设学士、直学士，员数不定。有学生20人，校书、令史、典书、拓书手、书手、熟纸匠、装潢匠、笔匠各若干人。学士掌东宫经籍图书，以教授诸生。凡课试举送，如弘文馆。校书掌校理四库书籍。

（三）集贤院

集贤院之设始于唐玄宗开元五年（717）。当时，褚无量和秘书监马怀素奉命在东都洛阳乾元殿整理内廷藏书，置乾元院使，辖刊正官、知书官各若干名，形成乾元殿书院。第二年易名丽正书院，扩大建制，增加人员，设修书使，由弘文馆学士元行冲出任修书使，负责图书校理事务。开元十三年（725），玄宗在集仙殿赐宴群臣，诏改丽正书院为集贤殿书院，简称集贤院。院内五品以上为学士，六品以下为直学士。中书令张说为大学士，知院事；徐坚为副，贺知章等为学士。另有直学士、侍讲学士、修撰官各若干名。

集贤院分设在西京长安光顺门外和东都洛阳明福门外，此外尚有诸多分院，是唐代从事图书典藏、校理、搜访并编刊的最大机构，因此建制齐备。院中设学士4人，执掌刊辑古今典籍，并奉旨负责访求天下遗书和被忽视的贤才能吏。凡有贤士良策有利于治世，文士著述有益于风教者，都要负责"较其才艺，考其学术"，一一调查清楚，以上奏朝廷天子。而承旨撰集文章、校理经籍则为常务。学士4人与直学士10人、侍讲学士4人合称"十八学士"，玄宗曾仿太宗凌烟阁十八学士图故事，画《开元十八学士图》，悬置东都上阳宫含象亭。

集贤院初以宰相1人为学士知院事，常侍1人为副知院事，并置判院1人、押院中使1人。后来，唐玄宗要选名儒硕学进讲侍读，解说应答史籍疑义，于是在集贤院置侍讲学士、侍读直学士。其后，又增修撰官、校理官、待制官、留院官、知检讨官等职官；招募擅长书写者为书直及写御书人，其中专知御书检讨8人、知书官8人、书直、写御书手90人、画直6人、装书直14人、造笔直4人、拓书6人、典书4人。

二、编纂活动

隋唐时期，政府编纂机构的编纂活动十分活跃，类书和儒家经典的编辑校理工作卓有成效。尤其值得一提的是，唐玄宗开元年间出现了政书类典籍。在经历唐初近百年的建设发展后，唐王朝迎来了"开元盛世"，其时社会富足的程度，可以从杜甫《忆昔》诗"稻米流脂粟米白，公私仓廪俱丰实"之句中略窥一二。在这样社会安定、文化繁荣的时代，统治者对维系封建统治秩序至关重要的制度建设特别重视，《大唐开元礼》《大唐六典》《政典》以及稍后的《通典》等政书的出现，就是这种思想在编纂活动中的体现。

（一）编纂类书

隋唐时期是古代类书编纂的重要时期，在编纂史上产生过重大的影响。这一时期所编类书仅见于记载的就可以开列一串书单：隋炀帝时的《长洲玉镜》《北堂书钞》，隋炀帝时仕为著作郎的诸葛颖所辑《玄门宝海》，隋著作佐郎杜公瞻奉敕编纂的《编珠》；唐初的《艺文类聚》《文思博要》《瑶山玉彩》《三教珠英》，唐玄宗时的《事类》《初学记》等。其中大部分已经亡佚，今存者，仅欧阳询的《艺文类聚》、徐坚的《初学记》、白居易的《白氏六帖事类集》，三者合称唐代三大类书；又有将上述三书与虞世南隋世所编的《北堂书钞》并称为唐代四大类书的。这里择要简介其中的三种。

《北堂书钞》，虞世南撰。虞世南（558—638），字伯施，越州余姚（今属浙江）人。唐太宗时任著作郎兼弘文馆学士、秘书监。北堂，隋秘书省的后堂。虞世南在隋炀帝大业时任秘书郎，当时隋秘书省后堂云集国家藏书，虞世南就堂中群书广为辑录，汇编成册，取名《北堂书钞》。据《隋唐志》著录，《北堂书钞》原稿173卷，今本160卷，与南宋《中兴馆阁书目》所载卷数相符。全书主要摘录经史百家的故事典语，其分类，南宋晁公武的《郡斋读书志》称"分八十部，八百一类"，今本仅19部：帝王、后妃、政术、刑法、封爵、设官、礼仪、艺文、乐、武功、衣冠、仪饰、服饰、舟、车、酒食、天、岁时、地，各部复设类，凡851类。书中杂有不少唐太宗贞观以后至五代时期的内容，可能是宋初改纂造成的。

在编纂体例上，虞世南按事类汇集材料，于每一事中摘出句子，作为标目，以大字书写，然后用小字把该文句的出处、上下文及有关的解释注在下面。小字注文中间有虞世南自己的按语。《北堂书钞》成书于隋朝，书中抄引的古书都是隋以前的旧本，据清代严可均的统计：所抄先秦、汉、魏迄于南朝宋、齐及北魏之书，至清代已经十亡八九。可惜《北堂书钞》中部分类事材料没有注出来源书名。

虞世南在隋世曾奉诏参与编纂类书《长洲玉镜》，《北堂书钞》本非奉命官修之书，因为是辑者在秘书郎任内利用官藏图书编辑的，而且是现存最早的类书，对后世的类书编纂和古籍辑佚整理工作具有重要影响，故于此拈出特加介绍。

《艺文类聚》（图24），唐高祖武德五年（622），给事中欧阳询、秘书丞令狐德棻等奉诏编修，武德七年（624）成书。全书100卷，分为46部：天部、岁时部、地

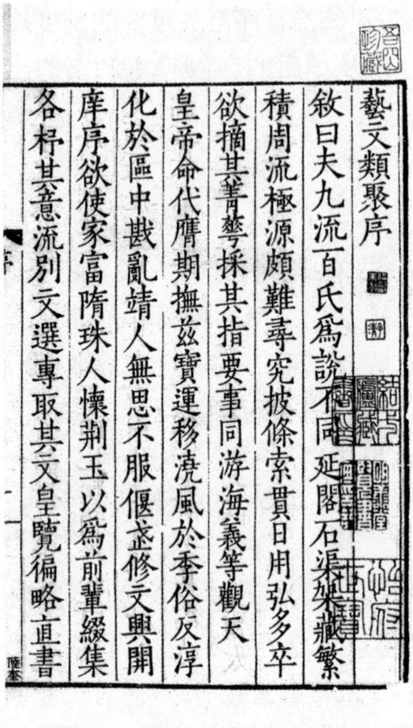
藝文類聚序
敘曰夫九流百氏爲說不同延閣石渠架藏繁
積周流極源頗難尋究披條索貫日用弘多卒
欲摘其菁華採其指要事同游海義等觀天
皇帝命代膺期撫兹寶運移澆風於季俗反淳
化於區中戡亂靖人無思不服偃武修文興開
庠序欲使家富隋珠人懷荆玉以爲前輩綴集
各杼其意流別文選專取其文皇覽徧略直書

图24 《艺文类聚》 宋刻本

部、州部、郡部、山部、水部、符命部、帝王部、后妃部、储宫部、人部、礼部、乐部、职官部、封爵部、治政部、刑法部、杂文部、武部、军器部、居处部、产业部、衣冠部、仪饰部、服饰部、舟车部、食物部、杂器物部、巧艺部、方术部、内典部、灵异部、火部、药香草部、宝玉部、百谷部、布帛部、果部、木部、鸟部、兽部、鳞介部、虫豸部、祥瑞部、灾异部,各部复设类,凡727类。其部类基本包含了《北堂书钞》的19部,其中11部的名目完全相同,另合舟、车为一部,设官改为职官,政术易名治政,艺文改为杂文,武功简作武,礼仪简作礼,酒食扩大为食物。可以想见,若能取《北堂书钞》原本的80部来比较,则两书在编纂分类上的沿袭和革新之迹将会更清楚。

在编纂体例上,欧阳询大胆革新了类书的常规体制。自曹魏《皇览》创例以来,类书以取事类故实为主,而与类书基本同时出现的总集则专录诗文。实际上,在很多情况下,诗文常常为时事而作,故实往往因诗文而起。本来有联系的事文,因为体例互异,被拆分辑入两类书籍中,造成了寻检的困难。《艺文类聚》新创体制,首次采用兼取事文的编纂方式,用欧阳询自己的话说,就是“其有事出于文者,便不破之为事。故事居其前,文列于后”。故实排列在前,与之相关的诗文踵接于后,《艺文类聚》的这一新体例,通过嫁接总集的长处,优化了类书的功能。明清时期的超大型类书在编辑体例方面大多采用了这种形式。

《艺文类聚》是迄今保存基本完好的唐初类书,编纂时所采用的1 400多种古书,现存不及百分之十,此书在古籍校勘、辑佚方面,具有其他书籍不可替代的重要作用。今传本以上海古籍出版社1965年出版的汪绍楹校本较佳。

《初学记》由唐玄宗时集贤院学士徐坚等奉命编纂。唐玄宗编辑该书的目的是帮助皇子们读书检事和揣摩范文,因而要求“撰集要事并要文,以类相从。务取省便,令儿子等易见成就”。正因如此,该书以“初学”命名。全书共30卷,分23部、312类。与其他类书相比,《初学记》在分部取类上并没有十分突出的地方,但是在编辑上却颇有长处。一般类书,在处理汇集的材料时,大多只把事类逐条抄列出来,至于条与条之间有否关联,或者是否应该去追求这种关联,并不做编辑上的考虑,于是,其用途就仅在于供人查检。徐坚等在编纂《初学记》的过程中却精心追求这种关联,创出了自己的特色。《初学记》的每一个类目中,都分叙事、事对、诗文三个项目,其中叙事部分对收录的类事进行改组,使各条类事连贯起来,成为一篇对类目标题具有说明、阐述意义的文章,也就是说具有知识性。胡道静先生将这种编辑方式称为"更为近似现代百科全书的作法"①。

(二) 刊定五经

隋唐五代时期,由朝廷组织的对儒家经典的校勘、注疏活动一直持续开展,其中唐太宗在位时诏令进行的勘正五经文字、撰定五经义疏的编纂活动规模最大,成就最高。

唐高祖武德三年(620),秦王李世民平定王世充后开始锐意经籍,着意于文化建设,在秦王府开文学馆,广引文学之士,以杜如晦、房玄龄、于志宁、苏世长、薛收、褚亮、姚思廉、陆德明、孔颖达、李玄道、李守素、虞世南、蔡允恭、颜相时、许敬宗、薛元敬、盖文达和苏勖等18人为学士,分班轮值讲述经义,议论朝政。一时鸿儒硕学,翔集其间。

唐太宗继位后,迅即采取措施,推行尊孔崇儒的思想文化政策。贞观二年(628),在国学创立孔子庙堂,以孔子为先圣,颜渊为先师。同时,在国学增筑学舍1 200间,太学、四门博士都增置生员,人数多达3 260名。接着,大征天下儒士,招为学官。当时,四方儒师、学士,相约抱负典籍,云会京师。不久,"高丽及百济、新罗、高昌、吐蕃等诸国酋长,亦遣子弟请入于国学之内"②。长安国学子弟多达8 000余人。贞观年间,儒学呈现出一派繁盛景象。

尊孔崇儒,除了国学扩建学舍、增加生员、强化儒学教学外,更重要的是统一南北朝时分成南北的经学。唐太宗认为经籍去圣久远,文字多讹谬,应该加以重新考订。《旧唐书·儒学传》记载曰:太宗"诏前中书侍郎颜师古考定《五经》,颁于天下,命学者习焉"。

奉诏主持儒家经典校勘整理活动的颜师古和孔颖达都是唐代著名的学者、文献编撰学家,他们考定编撰的《五经定本》和五经义疏,在古代经学编纂史上

---

① 胡道静. 中国古代的类书. 北京:中华书局,1982:96.
② [后晋]刘昫等. 旧唐书·儒学上. 北京:中华书局,1975:4941.

具有重要影响。

图25 颜师古像

颜师古(581—645),名籀,以字行(图25)。琅琊临沂(今属山东)人。北朝学者颜之推之孙。唐高祖时任中书舍人,专掌机密。太宗即位,升任中书侍郎,奉诏在秘书省考定五经。颜师古精通小学,考定五经时对文字多所厘正。经考定的《五经定本》进奏后,太宗要求诸儒重加详议。当时,诸儒对通行五经文本传习已久,所以对颜师古的定本提出异议。面对诸儒的非难,颜师古旁征博引,据晋、宋以来的古今传本,从容应答,诸儒莫不叹服认从。于是,《五经定本》由朝廷颁行天下,成为从学者的通行读本。

《五经定本》是南北统一以后由官方颁行的第一种有关五经的标准文本。颜师古在考定中,不但校正了正文和注文,而且为传抄经书的字体规定了正样。由于颜师古成书在前,所以这些成果大多为孔颖达编纂《五经正义》时吸收。贞观七年(633),颜师古出任秘书少监,专管刊正文籍。后又奉诏与博士等撰定《五礼》,贞观十一年(637)完成后,进爵为子。同年,受太子承乾之命注释班固的《汉书》,4年后完成。贞观十九年(645)从太宗东巡,病卒于途中。颜师古的著述,别集60卷已佚,今传有《汉书注》《急就章注》《匡谬正俗》。

孔颖达(547—648),字冲远,冀州衡水(今属河北)人。隋炀帝大业初为河内郡博士。入唐,被秦王招为秦府文学馆学士。高祖武德九年(626),擢授国子博士。贞观十二年(638),拜国子祭酒,侍讲东宫。

颜师古《五经定本》颁行后,自汉代以来经学发展中形成的师出多门、章句繁杂的问题仍未得到解决。这种经义异说纷纭的状况,既影响到思想学术方面的发展,也不利于朝廷的科举取士。于是,太宗诏命国子祭酒孔颖达与颜师古、司马才章、王恭、马嘉运等撰定《五经》义训,以统一经义。书成后,赐名曰《五经正义》。据《新唐书·艺文志》著录,《五经正义》凡182卷。其中,《周易正义》16卷、《尚书正义》20卷、《毛诗正义》40卷、《礼记正义》70卷、《春秋正义》36卷。

所谓"正义",从经学编纂意义上讲,就是依据传注而加以疏通解释。由于语言和典章制度的变化,前代学者为经文所作的注解,后世读者已经难以读通。唐代上距汉代已经好几百年,秦汉甚至魏晋时的经注,确实需要重加解释。从政治上说,唐王朝实行政治思想上的大一统,也急需编出统一的经书注释本,以为标准。但是,正义这种经注体例信守"疏不破注"的宗旨,难免存在曲从注文,致使前后矛盾的现象。所以,《五经正义》奏进后,太学博士马嘉运提出异议。贞观十六年(642),太宗复命孔颖达与马嘉运、赵乾叶等人共同修订。次年,孔颖达因年老,致仕还乡。唐高宗永徽元年(650),于志宁等奉诏再加考正,方颁行天下。钦定《五经正义》对汉代以来发展起来的经学做了总结,并为唐代的科举考试确定了试题范围和向天下应明经科的士子提供了标准的经义。

(三) 首创政书体制

政书是一种典志体史书,专记历代典章制度的沿革。所谓典章制度,是指古代在社会政治、经济、文化等各方面制定的法规章程,其在维系封建秩序方面有着重要作用。典章制度名目繁多,诸如礼乐兵刑、官爵秩禄、食货漕运、田赋贡税、科举学校、天文律令等。历朝统治者为巩固自己的政权,对典章制度总是大体承袭,局部更改,长期以来形成了一个庞大的体系。两汉纪传体史书《史记》《汉书》中的"书""志",就是记载典章制度因袭沿革情况的专志。但是,汉魏以来,纪传体史书有书、志内容的很少,而且自《汉书》以后多为断代史,书、志内容相互不能衔接,因此有关典章制度和社会经济变化发展中的历史轨迹不清晰,其间继承和创新的关系难以凸显。

开元十年(722),唐玄宗诏令中书舍人陆坚纂修"六典",并亲自确定名目为理典、教典、礼典、政典、刑典、事典,编纂体例上要求以类相从。纂修工作历经几任宰相兼知集贤院事张说、萧嵩、张九龄、李林甫领衔主修,集贤院学士毋煚、余钦、韦述、陆善经、苑咸等人与修,至开元二十七年(739)撰成,取名《唐六典》,凡30卷。唐玄宗原意是按照《周礼》六官之制,编纂一部反映唐代六官的典志之书。由于唐代官制与《周礼》六官之制迥异,所以编纂过程中修改体例,以开元间职官制度为纲,以注文形式追述历代沿革源流,说明设官分职的意义和内涵,最后写成了一部全面记述唐代官制的典志类职官专书。

与纂修《唐六典》几乎同时,集贤院学士萧嵩监修的《大唐开元礼》亦开始编纂。全书编纂历时6年,至开元二十年(732)修成,凡150卷,首为序例,正文分为吉礼、宾礼、军礼、嘉礼、凶礼5门,全面、详细地记载了唐代的礼仪制度。

开元末,又有著名史学家刘知几之子刘秩,博采经史百家之言,依仿《周礼》六官的职掌,分门别类,撰成《政典》35卷,通述古今典章制度,受到时人的赞赏。

开元年间在典章制度方面的编纂成果,尤其是刘秩所编《政典》的问世,为稍后我国历史上第一部有关典章制度的通史《通典》的诞生奠定了编纂学方面

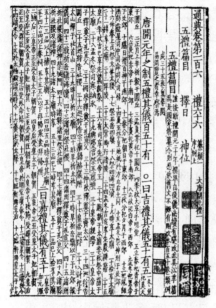

图 26 《通典》 宋刻本

的坚实基础。

《通典》(图 26),唐杜佑编撰,凡 200 卷,记载自上古至唐天宝年间典章制度的沿革,肃宗、代宗时代的有关史事,在注内亦间有附载。

杜佑(734—812),字君卿,京兆万年(今陕西西安)人,唐代中期重要的政治家、史学家、经济学家。出身高门望族,青年时以门荫入仕,从县丞逐级升迁至宰相,历仕德宗、顺宗、宪宗三朝,常年掌管朝廷财政,宪宗元和元年(806)封岐国公。杜佑生性敦厚,尤精吏职,且勤奋好学,读古今书"以富国安民之术为己任",唐宪宗称他"博闻强学,知历代沿革之要"。刘秩《政典》问世,引起杜佑的关注。杜佑经精心研究,认为《政典》附会《周礼》六官,所设条目不足以反映后世典章制度的发展概貌,因而决定扩充改写。代宗大历年间(766—779),杜佑在淮南节度使从事任上开始着手编纂《通典》,至德宗贞元十七年(801)升任淮南节度使时完成,前后历时 30 余年。书成后,自淮南派人赴京诣阙上献,自称具有"往昔是非,可为来今龟鉴,布在方策,亦粗研寻"的功用。德宗见书,优诏嘉之,命藏书府。

作为一部具有开创意义的典志体通史,《通典》在编辑方法,如体裁、取材、编次各方面都体现了自己的特色。尤其重要的是,杜佑通过编辑手段,宣示了自己的编辑意图,表明了体例创新背后的指导思想,从而起到了正确引导世人使用的作用。

杜佑萌生编纂《通典》的创新欲念,首先是因为不满刘秩《政典》在编辑上一味拘泥《周礼》六官体制的做法。《周礼》是一部谈论政治制度的先秦旧典,相传是周公为西周王朝制礼的大典,传本主要分六官,详载官制,故汉初名《周官》。杜佑以为,典章制度不仅在于官制,新著必须扩大范围。其次,历朝以来,随着社会的发展,在逐渐建立的众多典章制度中,并非官制始终处于轴心,因而需要通过新著的编次来表明自己对这一问题的思想观点。杜佑在《通典》的序中阐明了自己的编纂宗旨,详细解释了篇次安排的考虑。他说:

所纂《通典》，实采群言，征诸人事，将施有政。夫理道之先在乎行教化，教化之本在乎足衣食。《易》称聚人曰财。《洪范》八政，一曰食，二曰货。《管子》曰："仓廪实知礼节，衣食足知荣辱。"夫子曰："既富而教。"斯之谓矣。夫行教化在乎设职官，设职官在乎审官才，审官才在乎精选举，制礼以端其俗，立乐以和其心，此先哲王致治之大方也。故职官设然后兴礼乐焉，教化隳然后用刑罚焉，列州郡俾分领焉，置边防遏戎敌焉。是以食货为之首，选举次之，职官又次之，礼又次之，乐又次之，刑又次之，州郡又次之，边防末之。或览之者庶知篇第之旨也。①

所谓"实采群言，征诸人事，将施有政"，就是说书中的记载，是从真实可靠的历史和当代文献中采录而来的，采录编纂的目的是为当代制定、修改、实施各项制度提供历史经验和自己的观点，也就是为当代的封建统治服务。在杜佑看来，国家的经济政策、选官制度、机构设置对于国家政权的巩固具有举足轻重的作用，故编次上食货、选举和职官3门应在先。礼乐和兵刑是维护封建统治的文武二途，软硬两法，都不可或缺，故先后居中。州郡记全国行政区划，边防记周边邻国概况，二者都有关国家的稳定与安全，故取而殿后。论者强调，将食货、选举2门放在首要位置，体现了杜佑的以解决财政经济问题为本的政治卓识，这也与他长期掌管政府经济财政，怀佩朝廷相印的政治阅历有关。

南宋郑樵的《通志》和元初马端临的《文献通考》，与杜佑的《通典》合称"三通"，前二者虽然在内容方面有所开拓，增加了不少新的门类，但是在编次上，却都没有继承《通典》从治国施政的角度安排门类前后次序的做法。

从《通典》的内容看，只有选举、边防2门是杜佑根据当时国家政治的实际情况增设的，其他基本上都能在正史书志中见到其名目。但是，史志存在局限当代、原委不明的缺陷，杜佑采取通史体制，对史志内容进行综括熔裁，并通过编辑手段区分各门类制度在现实政治中的重要程度，因而全书呈现崭新的面貌，成为一部总结性的开创之作。

（四）地志的发展

自班固创立《汉书·地理志》以来，古代地理记志类著述层出不穷。隋唐时期，这类著述的编纂出现了两个特点：一是地图与地志合刊并行，二是形成了地理总志的新体式。

---

① ［唐］杜佑，撰；王文锦等，点校.通典卷第一.北京：中华书局，1988：1.

地图在我国古代出现较早,荆轲刺秦王以献燕国督亢地图为掩饰,说明战国时期地图已经十分流行。汉以来,地图的制作受到重视。西晋司空裴秀编绘《禹贡地域图》18篇,并形成"制图六体"的理论,使古代地图编绘技术进入基本成熟的阶段,此后即开始出现图经、图记一类的地理著述。隋大业年间(605—616),炀帝诏令天下各郡县整理好当地风俗、物产、地图,集中于尚书省,由朝廷组织综合编纂成《诸郡物产土俗记》131卷、《区宇图志》129卷、《诸州图经集》100卷,图志开始合一而行。其基本编纂形式是各门类卷首冠图,图的形式、内容随文字记载内容的不同而相应变化,如《区宇图志》,据《太平御览》卷602引《隋大业拾遗》曰:"卷头有图,别造新样,纸卷长二尺,叙山川则卷首有山水图,叙郡国则卷首有郭邑图,叙城隍则卷首有公馆图。其图上山水城邑,题书字极细。"

地理总志是出现在唐代的一种属于地记的著述体式,它遵循正史地理志以一朝疆域为范围、以州郡府县为纲目的体例,详建置沿革,述山川形势,记风俗物产,在内容上通常比正史地理志更为丰富详尽。唐太宗第四子魏王李泰所撰《括地志》50卷是唐修的第一部地理总志,有志无图,今传辑本仅8卷。现存最早的地理总志为中唐李吉甫编撰的《元和郡县图志》。

李吉甫(758—814),字宏宪,赵州赞皇(今属河北)人。宪宗时曾二度为相,为晚唐统治集团中较有政治远见的人物。他认为:"成当今之务,树将来之势,则莫若版图地理之为切",所以,决心编纂一部可供帝王"审户口之丰耗","辨州域之疆理"的切用的地志。《元和郡县图志》就是这一决心的成果,全书40卷,目录2卷,以记唐元和年间疆域政区为主,兼及自然地理、经济地理和人口地理的内容,有47镇图,分别冠于各镇叙事之前。在体例上,图志于府州下附载"府境""州境"两项内容,分别记述该府州东、南、西、北四向各若干里的界线,和至京师长安、东都洛阳以及邻近各州的里距,前者称为"四至",后者称为"八到"。又在府州下创立"贡赋"一项,专记各地进贡物产的品种和数量。这些做法均为后世沿用,成为地志编纂上的常例。

三、修史制度的确立

隋唐时期,中央集权政治在图书编纂方面的反映,就是严禁私人修史,设置史馆,确立官修史书、由宰相大臣监修的制度,以确保朝廷对修史活动的控制。

(一)史馆制度

唐高祖武德四年(621),起居舍人令狐德棻向李渊建议说:"近代已来,多无正史,梁、陈及齐,犹有文籍。至周、隋遭大业离乱,多有遗阙。当今耳目犹接,尚有可凭,如更十数年后,恐事迹湮没……如文史不存,何以贻鉴今古?如臣愚见,并请修之。"次年,唐高祖下诏修南北历朝史:中书令萧瑀、著作郎殷闻礼等修魏史,秘书丞令狐德棻等修周史,中书令封德彝等修隋史,大理卿崔善为等修梁史,前秘书丞魏徵等修齐史,秘书监窦琎等修陈史。历时数年,未见成书。

太宗贞观三年(629),于中书省置秘书内省,专职撰修五代史。另设史馆于门下省,开我国设馆修史之例。据《新唐书·百官志》记载,史馆初以他官兼领,设修撰4人,掌修国史,由宰相或其他大臣监修国史。另外,由品位较高的官员兼修撰,而地位较低但确有才华者可以"直史馆"。开元二十年(732),李林甫以宰相监修国史,提出史官记事隶属门下省有诸多不便的意见。于是,经谏议大夫、史馆修撰尹愔奏请,史馆由门下省迁隶中书省。天宝以后,以其他官职到史馆兼史职者称为史馆修撰,初入为直馆。宪宗元和六年(811),宰相裴垍建议:登朝官领史职者为修撰,未登朝官皆为直馆。宣宗大中八年(854),废史馆直馆2员,增修撰4人,分掌四季。

史馆的主要职责是受命编修前代史书和本朝国史、典志等。"史官掌修国史,不虚美,不隐恶,直书其事。凡天地日月之祥,山川封域之分,昭穆继代之序,礼乐师旅之事,诛赏废兴之政,皆本于起居注以为实录,然后立编年之体,为褒贬焉。既终藏之于府。"《唐六典》卷9中的这段记载,十分完整地叙述了史馆的职责。为了保证史馆圆满完成国史的编修任务,朝廷还制定了"诸司应送史馆事例",规定了各政府职能部门向史馆录送材料的内容和方式。

史馆另设有令史2人、楷书12人、写国史楷书18人、楷书手25人、典书2人、亭长2人、掌固4人、熟纸匠6人,以一揽子承担撰写以外的辅助工作。

(二) 编修史书

隋朝开皇初年,文帝杨坚就命著作郎魏澹与颜之推、辛德元等重修《魏书》,开始了隋唐时期官修史书的进程。唐初由于监督不力,修史不见成效。贞观三年(629),朝廷设立秘书内省,组织撰修前朝史书,诏令狐德棻、岑文本撰《周书》,孔颖达、许敬宗撰《隋书》,姚思廉撰《梁书》《陈书》,李百药撰《齐书》。至贞观十年(636),上述五代史的帝纪、列传部分同时完成。秘书监魏徵受诏对五代史统加撰定,《隋书》的序论,《梁书》《陈书》《齐书》各史的总论皆出魏徵之手,时有良史之称。

《梁书》凡本纪6卷,列传50卷,记载南朝萧梁政权56年(502—557)的历史；《陈书》凡本纪6卷，列传30卷，记载南朝陈氏政权33年(557—589)的历史。二史是姚思廉在父亲姚察旧稿的基础上，博采谢炅等诸家梁史，参阅顾野王所修旧史，增补续撰而成。姚察在陈朝任礼部尚书，曾奉诏修撰梁史，入隋后又受命修撰梁、陈二史，未毕功而去世。姚思廉在唐初位居秦王文学馆十八学士之列，后出任著作郎、弘文馆学士，以史学修纂名世。

《北齐书》凡本纪8卷，列传42卷，记载东魏、北齐政权44年(534—577)的历史。李百药，隋安平公李德林之子。李德林在北齐撰修国史，完成纪传27卷，后在北周和隋任内史令，续撰至38卷。李百药在父亲旧稿的基础上，参考齐史官崔子发所撰《齐纪》、隋秘书监王劭所撰《齐志》等修撰完成。

《周书》凡本纪8卷，列传42卷，记载西魏、北周政权47年(535—581)的历史。此书是唐初成书于史馆众史官之手的第一部史书，主修人为令狐德棻。唐初去北周未远，宫廷藏书保存较好，北周史官的旧作和隋秘书监牛弘的《周纪》等重要史料都成为撰修的重要参考。

《隋书》凡本纪5卷，志30卷，列传50卷，记载隋朝38年(581—618)的历史。此书为唐初成书于史馆众史官之手的第二部史书，由魏徵主修，颜师古、孔颖达与修。唐初距隋世最近，隋朝史官所编史籍大都保存完好，为《隋书》的编撰提供了十分丰富的原始史料。

《隋书》与先期完成的其他四部史书一样，都是只有纪传，而没有表志。贞观十五年(641)，太宗复命左仆射于志宁、太史令李淳风等修撰志书。高宗显庆元年(656)，由监修人长孙无忌领衔奏进，凡10志，30卷：《礼仪》7卷，《音乐》3卷，《律历》3卷，《天文》3卷，《五行》2卷，《食货》1卷，《刑法》1卷，《百官》3卷，《地理》3卷，《经籍》4卷。10志叙述的范围包括梁、陈、北齐、北周和隋5个朝代，而《经籍》更是广泛收集了东汉以来书籍流传情况的大量资料，是《汉书·艺文志》以来完整保存至今的最古的史志书目，广受史家好评。由于10志完成之时五代史流传已久，所以曾以《五代史志》为名单行。后在与五部史书合编时，附在时代最后的《隋书》之后，因此习惯上就将其称为《隋书志》，而《隋书》也自然扩大为85卷。

与编修五代史志基本同时，唐太宗又下诏撰修《晋书》，由司空房玄龄、中书令褚遂良等主修，同修18人中，令狐德棻负责制定编纂体例，所起的作用最为重要，所以《晋书》完成后，他晋升为秘书少监。

《晋书》凡帝纪10卷、志20卷、列传70卷、载记30卷，记两晋历史，兼述北方十六国割据政权的兴亡，相传其中宣帝司马懿、武帝司马炎二篇本纪，陆机、王羲之二篇列传的"论"，都出自唐太宗御笔，所以《晋书》旧题太宗御撰。唐修《晋书》以流传已久的齐臧荣绪的《晋书》为底本,参考了当时尚存的 18 家《晋书》和其他史料。书中载记 30 卷,记述十六国历史,主要取资北魏崔鸿的《十六国春秋》,共 78 列传。全书以集中、系统地保存了两晋史实而深受后世史家的重视。

《南史》《北史》是唐初史学家李延寿以纪传体编撰的两部通史。《南史》共 80 卷,其中本纪 10 卷、列传 70 卷,主要记述南朝宋、齐、梁、陈四代的历史;《北史》共 100 卷,其中本纪 12 卷、列传 88 卷,主要记述北朝魏、齐、周、隋四代的历史。这两部通史本为李延寿私撰之作,由于成书是以他进入史馆得以广泛参考官方史料为基础的,而且请监修国史的令狐德棻校阅,并上表奏进,经过统治者审查,准予公开流传,因此与官修并没有实质性的区别。

在隋唐五代时期完成的 9 部正史中,8 部编修于太宗贞观年间,唯《旧唐书》的编纂是在五代后晋天福六年(941)。

《旧唐书》凡本纪 20 卷、志 30 卷、列传 150 卷,主要记述李唐政权 290 年(618—907)的历史。编修者有史官张昭远、贾纬、赵熙等,宰相赵莹监修。书成之时,刘昫出任宰相,因而领衔奏进,未落一笔而轻得署名之誉。全书的撰修主要依据唐代的国史,很多地方直录国史原文,在保存唐代史料方面多有可取之处。

唐代史馆,除了奉诏编修前代正史外,还有一个重要的任务,就是修纂国史。不仅史官同时承担编修前代史和国史的任务,如贞观中,李延寿以崇贤馆学士受诏与著作佐郎敬播同修《五代史志》,又兼修国史,撰《太宗政典》30 卷;大臣通常也同时监修前代史和国史,如令狐德棻在高宗永徽年间,官拜礼部侍郎,兼弘文馆学士,同时监修国史及《五代史志》,曾撰《高宗实录》30 卷,并因此进爵为公,史称其"国家凡有修撰,无不参预"。

在古代史书编纂史上,唐代确立史馆制度,并依靠这一体制编修了大量重要的史籍,对后世的史书编撰活动产生了重要的影响。

第三节　雕版印刷术的发明与图书形制的发展

印刷术是中国古代继造纸术后的又一项伟大发明,它的问世,对广泛传播人类科学文化知识,促进社会文明发展,具有极其重大的意义。

中国古代印刷术主要包括两种:雕版印刷术和活字印刷术。活字印刷术是雕版印刷术的进一步发展,据文献记载,发明于北宋。本节主要叙述雕版印刷术的发明和早期应用于出版的基本情况。

雕版印刷术是我国古代书籍印刷出版的主要形式。所谓印刷,是指用油墨把反体或翻转的文字或图形翻印到纸张或其他材料表面上去的技术。雕版印刷的技术大致可以根据基本的操作工序来分解:首先取一块加工平整的梨木板或枣木板,称为"印板"(图27),一般为长方形,通常宽40厘米,高26厘米,厚2厘米左右。然后,在印板上雕刻出凸起的阳文反字,再将墨均匀地涂在凸起的文字表面,接着铺上纸,用棕刷在纸上刷印。这样,印版上的文字就被印到纸上,并由反字翻转为正字。

雕版印刷技术现在看来十分简单,但其发明却是一个十分复杂的过程,首先需要具备一定的文化和技术条件。

图27　清嘉业堂书版

一、雕版印刷术发明的文化与技术条件

在人类历史上,任何一项重大的发明创造,都需要具备一定的条件。就雕版印刷术的发明而言,纸作为书写材料得到广泛使用是一个最基本的物质条件,而要详细解析其具体过程,包括其中的文化技术因素,就必须追溯到战国时期的石刻和印章。

(一)石刻与摹拓技术

战国时期,我国已经形成了在石头上刻字的传统。古人认为,石头不容易损坏,在上面刻字颂功记事,可以传远存久。秦汉间,刻石的风气尤盛。现存最古的石刻,是唐初在天兴(今陕西宝鸡)三畤原发现的秦代石鼓,因其地处岐山之阳,故被称为"岐阳石鼓"。石鼓凡10具,每鼓都刻有一首四言诗,记述秦代国君游猎之事。字体为秦代大篆,世称"石鼓文"。该石鼓现陈列于北京故宫博物院的铭刻馆。

真正把整部书刻在石头上始自东汉的石经。

东汉熹平四年(175),灵帝刘宏命中郎蔡邕组织学者精心考订校正7种儒家经典的文字,然后用通行的隶体,把校正过的经文镌刻在石碑上,最后将刻成的46块石碑树立在洛阳太学的讲堂门外,史称《熹平石经》(图28)。三国魏明帝正始年间(240—248),中散大夫嵇康等用古文、篆文和隶书三种字体重刻了两部半石经,凡35石,列于洛阳国子堂,史称《三体石经》或《正始石经》。唐文宗开成二年(837),朝廷命国子祭酒郑覃以当时风行的楷书刻写了12部儒家经典,列在唐都长安的太学内,史称《开成石经》。此后,历代都有石刻经典的文化举措。

朝廷耗费巨资雕刻石经,其目的在于向天下读书人公布并提供标准的儒家经典文本,然而分处天南海北的读书人事实上无法全部亲往京师一字一句地抄录,这一矛盾促成了摹拓方法的发明。

图28 《熹平石经》

所谓摹拓,就是把石碑或器物表面上刻写的文字或图形复印到纸张上的一种方法。复制石经文字大概是这一方法的最早运用,其具体操作如下:用一张洇湿的纸平铺在石刻表面,轻匀地捶打,使纸紧贴于石面。然后,取用细布包裹棉花做成的拓包,蘸上墨汁,在纸面轻匀地捶击上墨。石刻文字是镂空凹入石内的阴文,所以不受墨。揭下来的纸就是黑底白字的石经复印本,习惯上称为拓本,或者拓片。这种摹拓方法大约发明于南北朝时期,其原理与雕版印刷术是基本一致的,只是石刻文字是正写字,而雕版刻字是反写字。从石刻的正字翻转为雕版印刷的反写字,又经过了几百年的实践摸索,其间得到了印章用法的启示。

(二) 印章

图29　印章

印章(图29)大约在春秋战国时期开始使用。《周礼·地官司徒》"司市"有"凡通货(金玉)贿(布帛)以玺节出入之"的记载,文中的"玺节"就是印章,古时由管理市场贸易的官员用来监督控制货物的流通。秦始皇统一中国后,"玺"被作为皇帝用印的专名,普通官、私使用者方称为"印"。汉时用印封检奏章,故称为"印章"。后来,印章作为封发公文信件的信验标志使用,又逐渐用于书画、藏书的题识,成为具有丰富中华民族文化内涵的文房艺术用品之一。

印章上的文字是反刻的,印在纸或其他物体的表面就成为正字。人们用印的方法通常是盖,即纸在下,印章在上。如果印面较大的印章盖在纸上,会出现用力不均匀的现象,导致纸上印文字迹模糊。东晋葛洪在《抱朴子内篇》卷17中这样记载入深山修道者躲避虎狼的方法:"古之人入山者,皆佩黄神越章之印。其广四寸,其字一百二十,以封泥著所在之四方各百步,则虎狼不敢近其内也。"从黄神越章之印的尺寸规格来看,已经近于印版的一半。这样大面积的印章,盖在具有厚度和弹性的泥上还可以,用来印纸,效果肯定是差的。如果反过来,大面积的印章翻转到下面,纸在上面,即采取石刻摹拓的形式,那就是雕版印刷了。很清楚,摹拓的方法和印章反刻文字的形式,构成了雕版印刷术的基本内容。的确,雕版印刷术就是拓石方法和印章形式完美结合的产物。换言之,拓石方法和印章形式作为一种文化和技术的积淀,是雕版印刷术发明的基本条件。脱离这些条件,印刷术的发明是无从谈起的,这就是印刷术诞生在中国的深厚的历史文化原因。

二、雕版印刷术的发明

雕版印刷术的发明年代问题,长期以来众说纷纭。归纳起来,大约有七说:汉代发明说、东晋发明说、北齐发明说、隋朝发明说、唐朝发明说、五代发明说和北宋发明说。

雕版印刷术的发明是物质基础和技术条件综合作用的结果,除去纸的应用和社会书籍需求量的大幅度增加等因素的推动之外,摹拓技术的提高也应是雕版印刷术发明的关键环节。《隋书·经籍志》经部小学类著录有《秦始皇东巡会稽石刻文》1 卷,《熹平石经》中《周易》《尚书》《春秋》等各经 34 卷。《正始石经》中《尚书》《春秋》凡 17 卷,其小序中说明,《熹平石经》《正始石经》历经时乱,至唐贞观初已经"十不存一",而"其相承传拓之本,犹在秘府,并秦帝刻石,附于此篇"。这些石刻拓本的存在,说明摹拓方法大约出现在南北朝之际,据此,雕版印刷术的发明早于南北朝之说可以排除。又根据文献记载,五代时期,官府私家刻印了卷帙繁富的文学总集、类书和儒家经典,说明雕版印刷技术在这一时期已经相当成熟,其发明时间晚于五代之说过于保守。

目前,有关雕版印刷术的发明时间,学术界比较倾向于唐代贞观年间,即公元 627 年至 649 年之间。唐代贞观说的提出,是以历史文献记载和近现代发现的印刷品实物为依据的。

（一）印刷品实物

1899 年,甘肃敦煌莫高窟第十七窟的石室中发现了大量六朝和唐代的珍贵文献,其大部分为抄本,少量是印本。印本中有一卷《金刚经》(图30),长 16 尺,高 1 尺,由 7 张印页粘连而成。经文前有一幅镌刻精美的扉画《祇树给孤独园》,画面是释迦牟尼佛在祇园精舍的莲花座上对长老须菩提说法。卷末题有"咸通

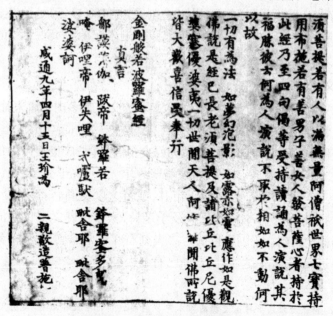

图 30　唐咸通本《金刚经》

九年四月十五日王玠为二亲敬造普施"18个字。咸通是晚唐懿宗李漼的年号,咸通九年即公元868年。这就是举世闻名的咸通本《金刚经》,也是世界上现存题有日期的最早的印刷品。原件当年已为英国人斯坦因劫走,现藏英国不列颠博物馆。

1966年,韩国南部庆州佛国寺释迦塔内发现了雕版印刷品《无垢净光大陀罗尼经》,经卷长20尺,无雕版印刷的日期,卷中发现4个武周时期的"制"字。据记载,《无垢净光大陀罗尼经》是由中亚细亚吐火罗僧侣弥陀山首次译成汉文的,而公元680年至704年,弥陀山寄居在长安。这一时期正是武则天在位执政之时,武则天为显示至高无上的皇权,特意制造了18个怪诞的所谓"制"字,强行推广使用。长安五年(705),大臣张柬之、恒彦范等发动政变,武则天被迫退位,中宗李显复位,并改元神龙。"制"字随着武周时代的结束而被废止。据此,韩国发现的《无垢净光大陀罗尼经》应是公元701年至704年唐代武周时期的长安印本,可能是由当时入唐求学的新罗僧人携带回国的。① 日本著名的中国学者长泽规矩也曾证明,日本藏有中国吐鲁番出土的《妙法莲华经》1卷,内容为《分别功德品》第十七,其经文中也曾发现武周时期的"制"字,可见是武则天时期的印刷品。

《无垢净光大陀罗尼经》的雕印比《金刚经》早160多年,是世界上现存印刷时间最早的雕版印刷品。它的发现,为雕版印刷术起源于贞观年间的观点提供了时间上更为接近,因而也是更为有力的实物证据。

(二) 历史文献记载

在古代文献记载中,有关雕版印刷术起源的文字大多出于唐宋时期,其中比较重要的主要有以下几则:

(1) 唐穆宗长庆四年(824),元稹为好友白居易《长庆集》作序,序中称白居易的作品"二十年间,禁省、观寺、邮候墙壁之上无不书,王公、妾妇、牛童、马走之口无不道。至于缮写模勒,炫卖于市井,或持之以交酒茗者,处处皆是"。他并自注曰:"扬、越间多作书模勒乐天及予杂诗,卖于市肆之中也。"清代学者赵翼认为模勒就是刊刻。王国维也认为:"夫刻石亦可云摹勒,而作书鬻卖自非镂板不可",并进而断定"唐之中叶,吾浙已有刊板矣"②。

---

① 潘吉星.论一九六六年韩国发现的印本陀罗尼经的刊行年代和地点.传统文化与现代化,1996(6): 3-15.
② 王国维.两浙古刊本考序.见:王国维遗书(第12册).上海:上海古籍书店,1983: 1.

（2）唐文宗太和九年(835)，东川节度使冯宿奏请禁止民间私刻日历，其文载于《册府元龟·帝王部》"革弊第二"，其中写道："剑南、两川及淮南道皆以版印历日鬻于市。每岁司天台未奏颁下新历，其印历已满天下，有乖敬授之道。"由此可知，当时四川民间已经形成了雕印时宪书的传统，并已具有一定的规模。

（3）唐司空图《司空表圣集》卷9有《为东都敬爱寺讲律僧惠确化募雕刻律疏》一文，题下有注曰："印本共八百纸。"文中叙述募刻的缘起："自洛城罔遇时交，乃焚印本。渐虞散失，欲更雕锓。"所谓"罔遇时交，乃焚印本"，是指唐武宗禁佛事。向达曾指出此文作于咸通末叶，上距武宗禁佛25年左右。

（4）唐柳玭曾在所撰《家训》的序中谈及蜀中见闻，说："中和三年癸卯夏，銮舆在蜀之三年也，余为中书舍人，旬休阅书于重城之东南。其书多阴阳杂说、占梦、相宅、九宫五纬之流，又有字书、小学，率雕版印纸，浸染不可尽晓。"《家训》今已散佚，此语见宋佚名撰《爱日斋丛钞》卷1所引。

在上述引文中，关于元稹《长庆集·序》中"模勒"一词，经曹之考证，确非刊刻之意①，但是，这并不能否定中晚唐时期的雕版印刷已经广泛涉及佛经、历书、字书，以及阴阳、占梦、相宅之类社会有需求的迷信书籍。1928年，向达先生依据这些集中在唐懿宗咸通前后的历史记载和印刷品实物，撰写《唐代刊书考》，文中提出了著名的"咸通时代"的概念②。

《无垢净光大陀罗尼经》的发现，说明武周时期已经出现了具有较高水平的雕版印刷品，因而可以肯定雕版技术的发明年代还在其前。一项重大的技术从发明到实际开发应用，尤其是生产出比较成熟的产品，中间通常需要经历较长的实验提高阶段。目前，依据已经掌握的文字记载和印刷品实物，推断雕版印刷术至迟发明于初唐，即经济文化迅速发展的年代，是符合事实的。至于更为确切的发明时间和发源地的认定，则有待于更多印刷品实物的发现。

三、印刷术发明的意义及对书籍装帧的影响

（一）印刷术发明的意义

印刷术的发明，宣告人类的文化知识传播活动进入了印刷新时代。

---

① 曹之.中国印刷术的起源.武汉:武汉大学出版社,1994:321.
② 向达.唐代长安与西域文明.北京:三联书店,1957:117.

人类的传播活动,从形式上讲,迄今共经历了口头传播、手写传播、印刷传播和电子传播四个历史阶段。印刷传播时代的标志就是印刷术的发明和广泛应用。

在手写传播时代,书籍的生产只有人工抄写一种方式,费时耗力、差错率高是其基本特征。在这种状态下,书籍的复制量非常有限,"家有书疏者,百无一二"的现象十分普遍。图书复本稀少,首先难以形成大规模的社会传播潮流,不利于社会文化水平的整体提高;其次造成图书流传保存的困难。图书的传与不传、有幸与不幸,存在复杂的因素。但是,很重要的一条是复本的多少。在手写传播时代,即使是国家藏书,一般也只有三份复本,这么少的流通数,很容易流失。历代正史艺文志的著录,大致反映了历代图书的亡佚情况。汉代及以前,《汉书·艺文志》著录图书凡600家、13 283卷,根据现代学者顾实《汉书艺文志讲疏》的统计,其中佚书515家、8 237卷,分别占总数的85.8%和62%。据清姚振宗《隋书·经籍志考证》的统计,南北朝至隋朝,佚书总数为1 579部、17 233卷,分别占《隋书·经籍志》著录总数的32.5%和31.6%。清代辑佚大家马国翰所辑《玉函山房辑佚书》中有可考作者时代的历代佚书539种,其中仅1种为宋人著述,其余都是先秦至唐代的著述。曹之曾在分析图书亡佚的原因时指出,"由于图书制作方式的限制而造成图书亡佚"是最主要的,认为"图书亡佚的关键问题是复本太少"。①

进入印本时代,相对多的复本使宋代以来的书籍亡佚情况大大改善。虽然今天宋代原刻本传世的已经很少,但是宋刻原本的重刻本、翻刻本、影写本却大量存世,这正是得益于复制容易的雕版印刷技术。

印刷术的推广应用,使图书生产进一步社会化、产业化,出版业逐渐形成,图书贸易的规模不断扩大,由此带动了书籍编辑业务的进步、装帧样式的革新和图书广告的发展。

可以说,唐五代以来古代书籍生产的发展,社会文化传播规模的扩大,都是以印刷术的应用为基础的。因此,印刷术的发明,无论对于书籍生产,还是对于文化传播,其意义都是十分巨大和深远的。

(二) 卷轴装向册叶装的过渡与发展

隋唐时期是书籍卷轴装帧艺术发展的高峰。

---

① 曹之.中国印刷术的起源.武汉:武汉大学出版社,1994:458.

隋文帝开皇九年(589),隋朝名将贺若弼、韩擒虎率兵渡江平陈,得到陈朝藏书捆载而归。后发现这批图书乃陈宣帝太建年间的抄本,"纸墨不精,书亦拙恶",于是总集编次,存为古本,另召天下工书之士于秘书省内补续残缺,抄为正副2本,藏于宫中。隋炀帝时,更将秘阁之书抄写50套副本,分为上、中、下三品,分别装帧贮藏。

隋朝的图书都以广陵麻纸抄写,抄手普遍采用南朝梁代著名书法家萧子云的字体,装帧则用赤轴绮带,体现出古代卷轴装图书已发展到高峰。

唐开元时,朝廷所藏四部库书,西京长安、东都洛阳各1套,共125 960卷,都以益州麻纸抄写。尤其集贤院所藏御书,"经库皆钿白牙轴,黄缥带,红牙签;史书库钿青牙轴,缥带,绿牙签;子库皆雕紫檀轴,紫带,碧牙签;集库皆绿牙轴,朱带,白牙签,以分别之"①,装帧精美,灿然流光。

隋、唐两代出现了卷帙浩繁的大型图书,如类书,经、史和文学总集的集注本,以及主要供人查检使用的韵书、训诂书等,内容的繁富造成卷面过长,导致舒卷不便。于是,图书装帧形式得到革新,在卷轴装存在的同时,出现了旋风装。

在宋人笔记中,曾多次提及旋风装(图31)。欧阳修《归田录》卷2记曰:"唐人藏书,皆作卷子,其后有叶子,其制似今策子。凡文字有备检用者,卷轴难数卷舒,故以叶子写之,如吴彩鸾《唐韵》、李郃《彩选》之类是也。"

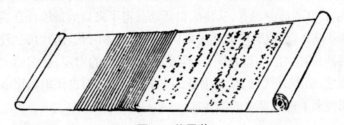

图31 旋风装

南宋初,张邦基的《墨庄漫录》卷3中也有类似的记载:"成都古仙人吴彩鸾善书小字,尝书《唐韵》鬻之……今世间所传《唐韵》犹有,皆旋风叶,字画清劲,人家往往有之。""人家往往有之",是说当时旋风装已经很普遍。经考证,吴彩鸾大致生活在唐文宗太和(827—835)前后,说明旋风装在唐中期已经出现,并已十分普及。法藏敦煌文献中也发现有旋风装的书籍:古类书《语对》(Pel. Chin 2524)。

---

① [后晋]刘昫等.旧唐书·经籍下.北京:中华书局,1975:2082.

如今，北京故宫博物院保存有吴彩鸾手书《唐韵》的旋风装本，从实物看，全卷共25叶，除了首叶单面书写，且全部粘裱于底纸外，自第二叶起都双面书写，然后按序逐次向后相错约1厘米粘在底纸上，各叶都可以自由翻转。旋风装虽然仍未摆脱卷轴装的旧制，但却解决了原来卷轴装不能翻转的缺点，又在同样长度的卷面上大大增加了文字的书写量。

旋风装虽然仍是抄本书的装帧形式，却反映了书籍装帧由卷轴装向册叶制度的过渡。旋风装出现的意义在于完成了装帧单位由纸卷向单叶形式的转变，所以当雕版印刷术应用于书籍印刷时，单张的印叶在形式上与旋风装的单叶是一样的，于是就自然过渡到册叶制度的蝴蝶装。

第四节　唐五代时期的编辑出版事业

唐五代时期，雕版印刷术的发明和刻书业的初步形成，使我国历史上的出版业从写本时代编辑、传录不分的状况中正式分离出来，成为相对独立的书籍生产行业；而科举制度的最终确立，又使编辑活动获得了来自大规模社会需求的强大动力。虽然从基本面分析，唐五代时期仍然处于写本时代，唐代历朝政府组织的大规模图书抄录补缺活动就是明证；但是，上述情况的出现，使编辑出版事业充满机会和诱惑，随着五代官、私刻书业的先后诞生，我国古代编辑出版事业终于在两宋时期迎来了兴旺繁荣的局面。

一、唐代的刻书业

唐初，雕版印刷术发明之后，并没有被立即用来进行大规模的书籍雕印出版活动。从目前已经掌握的历史记载和留存实物考察，雕版印刷技术最初仅被民间书坊用于佛经、日历、童蒙读物等的印售活动，此后朝廷官府和豪门大家才先后介入刻书活动。

唐代刻书业起源于民间书坊。已知的民间书坊，根据20世纪陆续发现的雕版印刷品实物考察，大多集中在川蜀。

1944年，成都东门外四川大学校园内一座唐墓中出土了木刻印本《陀罗尼经咒》,现藏四川省博物馆。据《中国版刻图录》描述,其"四周双边,框外镌'成都府成都县龙池坊卞家印卖咒本'一行"。成都在唐初为剑南道益州治,唐肃宗至德二年(757)改称府,卞家雕印经咒当在此后。

20世纪初,在敦煌莫高窟藏经洞发现了唐僖宗中和二年(882)剑南西川成都樊赏家雕印的历书(图32),原件现藏英国不列颠博物馆。北京国家图书馆所藏唐人写"有"字号《金刚经》残本,末有"西川过家真印本"及"丁卯年三月十二日八十四老人手写流传"字样。丁卯是唐末哀帝天祐四年的干支,为公元907年。老人写毕此经后方16天,哀帝即禅位于梁。法国巴黎图书馆所藏敦煌唐写本《金刚经》卷末有"天福八年西州过家真印本"字样。落款中"州"应为"川"字,是手书笔误。天福八年是五代后晋出帝石重贵的年号,为公元949年。由上可知,西川过家刻经铺自唐末入五代,称得上是成都的书铺老字号了。

唐代,日本僧宗睿于咸通三年(862)与贤真忠、全安展、禅念、惠池、善寂、原懿、猷继等,随真如法亲王入唐,留学于长安右街西明寺,咸通六年(865)携带100多部经卷归国,其中包括西川印子《唐韵》1部、5卷,同印子《玉篇》1部、30卷。西川印子即是当时剑南西川地区雕刻的印本书。20年后,唐僖宗中和三年(883),柳玭随僖宗避居蜀地,于成都见到书肆售卖阴阳杂记、占梦、相宅、九宫五纬等在民间具有广泛影响的迷信类书籍,以及字书、小学等印本书。

图32 成都府樊赏家雕印的历书

以上种种实物和历史记载证明,唐代中后期,蜀地以成都为中心已拥有相当数量以印卖各类印刷品、印本书为业的民间书坊。

唐肃宗至德二年(757)将剑南道分为东西两川,拥有四川平原数千平方公里肥沃土地的西川,凭借蜀道天堑,远避安史之乱、黄巢起义等兵燹之扰,经济文化得到了长足的发展。成都作为西川的政治、文化中心,培育和发展了民间书坊业,逐渐成为当时全国最繁荣的刻书中心,并刊行了目前所知我国古代最早的一批民间坊刻印刷品和印本书。

北京国家图书馆藏敦煌唐写本《新集备急灸经》(胶片),下题"京中李家于东市印"字样。该写本纸背是咸通二年(874)所抄的阴阳书和咸通三年(875)所抄的神灵药方。由此可知,写本是依据咸通以前京中李家的印本抄写的。又有上都东市大刁家印《历书》。

1967年,西安沣西的一座古墓出土了一件唐印本梵文《陀罗尼经咒》,该经咒印画在长约32厘米、宽约28厘米的长方形单叶纸上,经文为雕版印刷,由4块长22.6厘米、宽22.9厘米的长方形版面组成。专家根据经咒画面的风格和印文的来源,推定为唐玄宗时期的印本。而此前,西安曾先后两次发现唐印本梵文或汉文的《大随求陀罗尼经咒》①。

唐代,长安东市是京师繁华的商业区,上述京中李家、上都大刁家都在东市从事印卖活动,完全符合民间书坊作为经营商铺出现在商业中心的市场规律。

从经济、文化发展水平考察,李唐一代,民间雕版印刷业分布的范围绝不会仅仅局限于成都一地。根据历史文献记载,不少研究者指出,在西京洛阳,江南的扬州、越州(今浙江绍兴)、金陵(今江苏南京)、苏州、洪州(今江西南昌)、福州等地都存在民间书坊刻书的可能。例如,唐文宗太和九年(835)冯宿在请禁版印时宪书的奏章中提到以版印日历鬻卖于市的"剑南、两川及淮南道",就包括今四川、云南一部,以及地处淮河以南、长江以北、汉水以东的湖北、安徽、江苏的部分地区,只是迄今尚未发现更多有力的证据和实物。

二、初现光彩的五代刻书业

晚唐时期民间书坊业相对繁荣,直接导致了五代官刻和家刻的诞生。

朝廷官府与豪门大家各自挟雄厚的经济实力,强劲进入版印领域,从而推动了雕版印刷事业的迅速发展。他们较大规模地雕印儒家经典、历史与文学典籍,大大拓展了此前民间坊刻基本局限于佛教经书、启蒙读物、日用生活杂书等相对狭窄的空间。

(一)政府刻书的兴起

后唐长兴三年(932),明宗敕令国子监校正开雕的"九经三传",史称"五代监本",向被视为官刻之始。然而,这项历后唐、后晋、后汉、后周四朝五帝,耗时22年的浩大工程,其发端正在于吴蜀坊间印版文字。据宋初《册府元龟》卷608"学校部"所载,后唐宰相冯道重经学,而有感于当朝不能循汉唐崇儒之例刊立石经,因建言"尝见吴蜀之人鬻印板文字,色类绝多,终不及经典。如经典校定,雕摹流行,深益于文教矣"。

---

① 安家瑶,冯孝堂.西安沣西出土的唐印本梵文陀罗尼经咒.考古,1998(5):86.

据现存文献的记载,五代国子监从后唐长兴三年(932)开刻,至后周太祖广顺三年(953)判国子监事田敏奏献印本为止,22 年间刊成的经籍,有九经、五经之说。对此,王国维在《五代北宋监本考》中指出实际刻印的儒家经典有十二经,即《周易》《尚书》《诗经》《周礼》《仪礼》《礼记》《左传》《春秋公羊传》《春秋谷梁传》《孝经》《论语》《尔雅》,并附以《五经文字》《九经字样》,稍后世宗显德间又诏刻《经典释文》,凡 10 多种典籍。

五代国子监版印儒家经典,作为官刻之始,其编辑出版的运作程序在后世官府刻书活动中具有重要的典范作用。首先,派国子监各经博士,将唐《开成石经》经文抄录下来,经仔细校读后,选用能书者用端楷手书上板,能雕字匠人以部帙为单位雕刻印板。出版发行后,规定以后天下凡抄写经书,必须依照印刻本,不允许再出现杂抄本。同时,五代国子监刻本形成每半叶 8 行,每行大字16、小字 21(注文)的版面行款,其与唐写本的大小、行款相近。

(二) 私人刻书的出现

五代监本十二经开雕不久,后蜀孟昶明德二年(935),蒲津(今山西永济)人毋昭裔仕至宰相,为酬布衣未显时所立夙愿,出资雕印《文选》《初学记》《白氏六帖》等文籍;又因唐末以来战乱不断,学校废绝,毋昭裔出私财百万营修学馆,且请版刻《九经》,开古代家刻之先风。据宋人记载,毋昭裔早年曾因从人借《文选》《初学记》诸书而遭冷遇,遂立下"他日稍达,愿刻板印之,庶及天下习学之者"的志愿。由布衣而仕至宰相,当非一年半载,可知毋昭裔立愿之日,尚无冯道建言之事。他刻板印行的想法,也是源于蜀地坊间印版书广行天下的事实。

五代之世,官刻儒家经典流布天下,家刻也有《文选》《初学记》《白氏六帖》《禅月集》等,洋洋巨帙,独领风骚,对后世产生深远的影响。而此时坊间的印刷活动相对沉寂,其印本情况迄今尚未发现翔实记载。南唐刘崇远曾笔记唐末青州王师范秉正执法、大义灭亲的事迹,赢得民心,因而"至今青州犹印卖《王公判事》"。[①] 印卖《王公判事》者,当是青州书坊,可以视为五代坊刻之例。

三、科举制度的确立对编辑出版业的影响

自汉武帝采纳大儒董仲舒的建议"罢黜百家,独尊儒术"之后,儒家经典就成

---

① [南唐]刘崇远.金华子杂编卷下.陶敏主编.全唐五代笔记(第四册).西安:三秦出版社,2012:3144.

了封建王朝国学的教科书和考试命题的依据。由于当时的书籍都靠手工传抄,文字经常发生分歧,这给各地官学的施教和朝廷的命题带来了一定的困难。所以,东汉熹平年间(172—177),灵帝刘宏命儒臣校刻石经,立于洛阳太学。据记载,天下读书士子闻风而动,结伴联袂前往洛阳太学抄录,一时车水马龙,盛况空前。

隋文帝杨坚创立隋朝,结束了西晋末年以来近三百年的南北分裂局面。其享国虽然只历两代,但是隋政权为加强封建中央集权所制定的政治、经济、文化等方面的制度和措施,却大多为唐朝统治者所承袭。其中设立秀才、明经、进士三科,以广泛吸纳有才华的士人参政的科举制度,不但为唐王朝所沿袭,而且为后世历代封建政权所沿袭。

唐朝以九经取士,这九经为《易经》《书经》《诗经》《周礼》《仪礼》《礼记》《春秋左氏传》《春秋公羊传》《春秋谷梁传》。九经以经文字数的多少分大、中、小三等:《礼记》《春秋左氏传》为大经,《诗》《周礼》《仪礼》为中经,《易》《尚书》《春秋公羊传》《春秋谷梁传》为小经。

唐代科举,仅明经试就有五经、三经、二经、学究一经等科目,《新唐书·选举志》云,"通二经者,大经、小经各一,若中经二。通三经者,大经、中经、小经各一。通五经者,大经皆通,余经各一"。在大经中,《春秋左氏传》的字数多于《礼记》,所以参加科举考试的士子都学《礼记》而不习《春秋左氏传》;在中经、小经中,《周礼》《仪礼》《春秋公羊传》《春秋谷梁传》难于《毛诗》《周易》《尚书》,故学者多选易避难。对此,唐玄宗开元年间(713—741),国子祭酒杨玚奏言:"今明经习《左传》者十无二三……又《周礼》《仪礼》《公羊》《谷梁》殆将绝废……请量加优奖。"

唐代科举考试的生源主要为学馆和州县选送的生徒,即乡贡。《新唐书·选举志》称:"唐取人之路盖多矣,方其盛时,著于令者,纳课品子万人,诸馆及州县学六万三千七十人,太史历生三十六人,天文生百五十人……"这应该还不是当时社会逐级参加科举考试人群的总数。

繁复的考试科目、众多的应试考生,对社会出版业提出了共同的要求,即必须提供足够的符合科考要求的标准文本和相关参考材料。唐高宗永徽四年(653)孔颖达奉诏编定的《五经正义》颁行天下,"每年明经令依此考试"。五代时,北方四朝国子监雕印儒家十二经,广颁天下,"如诸色人要写经书,并须依所印刻本,不得更使杂本交错"。这些都是唐、五代政府向天下读书人提供的符合科考要求的标准文本和经义。

科举考试制度对编辑出版活动的影响,很重要的一个方面就在于参考书的编辑出版。唐代科考,要求考生能熟练使用多种文体,最主要的是策,其他包括诗、赋、箴、铭、论、表等,这些都需要从小进行训练。所以,从民间村塾教授开始,学童就要学习有关的经史知识和作文技法。唐五代时期出现的诸如《兔园策府》这样的类书,应与科考的这种需要有关。南宋王应麟《困学纪闻》卷14《考史》中说:"《兔园策府》三十卷,唐蒋王恽令僚佐杜嗣先仿应科目策,自设问对,引经史为训注。"所谓"仿应科目策",就是按照科考科目策文的要求和模式,设计模拟题。蒋王李恽,是唐太宗的儿子,所以用汉枚乘为文帝子梁孝王刘武作《兔园赋》的典故作书名。敦煌石室曾发现杜嗣先《兔园策府》残卷数帙(图33),以及疑似的古类书残卷数卷。

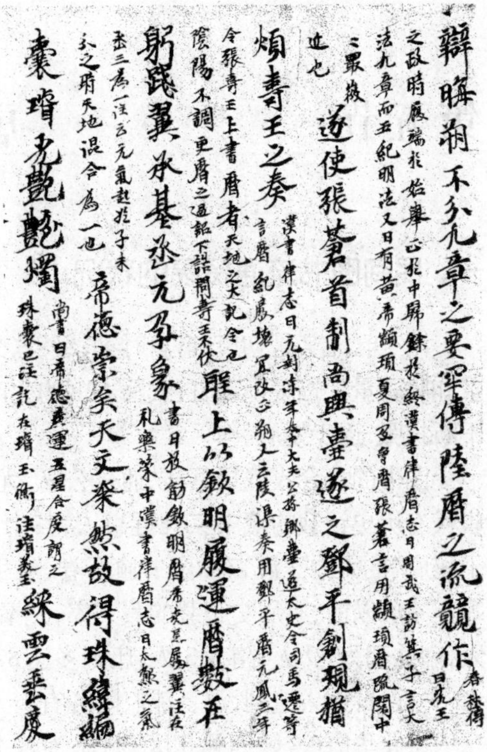

图33 兔园策府 敦煌写本(斯1086)

　　五代时,北方民间村塾普遍使用"兔园策"教授蒙童,甚至普及到家藏一本的程度。南宋晁公武在《郡斋读书志》卷14"类书类"中著录:"《兔园策》十卷,右唐虞世南撰。奉王命,纂古今事为四十八门,皆偶俪之语。至五代时,行于民间,村野以授学童,故有'遗下兔园策'之诮。"由此可知,"兔园策"在唐、五代时已流行于民间。"兔园策"之类的民间流传之本可能出自坊肆,也可能是手抄的,这种巨大的社会拥有量,对编辑出版业产生了极大的刺激和促进作用。所以,到了宋代,刊刻印售科举类书籍已经成为民间出版业的主要业务。

　　隋唐以来,科举制度作为朝廷取士的国家大典,对社会产生了深远的影响。社会围绕科举做出了广泛的反映,形成了波及全社会的文化现象,我们姑且称之为科举文化。这一时期出现大量为士子应试而编纂的书籍,正是编辑出版业服务社会职能的正常反映。

第五节　　　　唐五代时期的图书贸易

一、民间图书流通贸易的状况

隋、唐,尤其是初唐、盛唐时期,经济、文化事业高速发展,社会上图书的需求量和收藏量大幅度上升,古代写本书的生产进入鼎盛时期,图书流通和贸易活动不断扩张,逐步发展。

图书的社会收藏量,可以通过公私,尤其是私人藏书家的藏书情况来判断。唐代有历史记载的藏书家几近百人,其中藏书万卷以上者,有"家书数万卷,侔于秘府"的太原王涯,有"聚书逾万卷,多手自刊校"的秘书省校书郎韦处厚,等等。隋唐以前,有历史记载的藏书家,先秦为3人,汉为7人,三国为8人,晋为7人,南北朝为59人,隋为3人,唐则多达87人,居历代之冠。其中藏书万卷以上者,先秦、晋无人达到,汉、三国、隋各有1人,南北朝有12人,唐则多达22人①。

京兆华原(今陕西耀州区)柳氏为藏书世家,第一代柳公绰,于唐宝历年间(825—826)官至刑部尚书。史称,他"家甚贫,有书千卷,不读非圣之书"。第二代柳仲郢,公绰子,元和进士,宣宗大中年间(847—858)官至刑部尚书。《新唐书·柳仲郢传》中称他"家有书万卷,所藏必三本:上者贮库,其副常所阅,下者幼学焉"。第三代柳玭,仲郢子,官至御史大夫,中和三年(883)随唐僖宗避居蜀地,曾在成都见到书肆售卖印刷物的情景。宋叶廷珪《海录碎事》卷18"收书门"引柳玭《柳氏家训·序》云:"余家昇平里西堂藏书,经史子集皆有三本:一本纸墨签束元华丽者,镇库;一本次者,长将随行披览;又一本次者,后生子孙为业。"像柳氏这样三世为官的藏书世家,其藏书是怎么得来的呢?据《旧唐书·柳公绰传》记载,柳仲郢曾手抄儒家《九经》《史记》《汉书》《后汉书》一遍,《三国志》《晋书》及《南史》《北史》等10部南北朝史各两遍,并将手抄各书精义分门别类,汇编成《柳氏自备》30卷。又抄佛典如《瑜伽》《智度大论》等各两本。凡持笔抄写,皆"小楷精谨,无一字肆笔"。可见,柳家藏书大多来自家人的抄录。晚唐诗

---

① 曹之.中国印刷术的起源.武汉:武汉大学出版社,1994:131.

人、藏书家陆龟蒙癖好藏书,家中藏书都手抄正副二本。

有的豪富之家也专门雇人佣书。唐初,河内人王琚因行刺武三思事败露,"变姓名诣于江都,佣书于富商家"。一般人则大多以佣书为谋生自给的职业。白居易《效陶潜体诗十六首》中的第十五首曰:"西舍有贫者,匹夫配匹妇。布裙行赁舂,短褐坐佣书。以此求口食,一饱欣有余。"权德舆在《与黜陟使柳谏议书》中说:"若以赀用所迫,苟进一官,则佣书贩舂,亦足自给,必不敢以区区之身上累名器。"

书肆是古代图书交易的主要场所。有关唐代书肆,我们能从诗人文士的作品中得到一点信息。诗人吕温的《上官昭容书楼歌》诗中有句云:"君不见洛阳南市卖书肆,有人买得《研神记》。"自注称:"贞元十四年(798),友人崔仁亮于东都买得《研神记》一卷,有昭容列名书缝处,因用感叹而作是歌。"如果从东汉王充早年常游洛阳书肆阅览所卖书的记述算起,可知洛阳书肆已经存在700多年了。与崔仁亮洛阳买书几乎同时,白行简的传奇名篇《李娃传》中也有李娃带书生在长安书肆购书的细节:"娃命车出游,生骑而从,至旗亭南偏门鬻坟典之肆,令生拣而市之,计费百金,尽载以归。"晚唐诗人杜牧家有藏书万卷,他在《冬至日寄小侄阿宜诗》中谈到自己藏书的由来时说:"旧第开朱门,长安城中央。第中无一物,万卷书满堂。家集二百编,上下驰皇王。多是抚州写,今来五纪强。"古代12年为一纪,五纪即60年。抚州,今属江西,杜牧祖父杜佑曾任抚州刺史。诗中所谓"抚州写",应该是指出自抚州的抄本。其中有的是自著,有的可能是从书肆购买的。

综上所述,唐代社会图书生产和交流贸易的情况,大致以人工手抄为主,交流和贸易活动可能是互相或雇人传抄和书肆买卖两种形式平分秋色。前者涉及的图书品种以四部书为主,后者则以日用生活类杂书和通俗文学读物较多。

本时期,在图书交流和贸易方面,中外文化交流中图书贸易的问题是很值得注意的。

唐代是我国古代中外文化交流的鼎盛时期。这一时期,唐王朝与周边邻国日本、印度、朝鲜的交流尤其密切。下面以中日文化交流为例,说明唐代中国典籍向外流传的大致情况。

从太宗贞观四年(630)到昭宗乾宁元年(894)的250余年间,日本共19次派遣遣唐使。每次遣唐使归国,随行总要携带一些中国图书。《旧唐书·东夷传》中记道:"开元初,又遣使来朝,因请儒士授经……所得锡赉,尽市文籍,泛海而还。"晚唐诗人陆龟蒙有七言绝句《闻圆载上人挟儒书泊释典归日本国,更作一绝以送》，诗曰："九流三藏一时倾，万轴光凌渤澥声。从此遗编东去后，却应荒外有诸生。"对圆载上人携带大量汉籍东归，并在日本传播汉文化的行动表示了赞赏。

唐代诗人白居易的诗很早就以旧抄卷子本形式传入日本。白居易于唐武宗会昌五年（845）在《白氏集后记》中提及："集有五本……其日本、新罗诸国及两京人传写者不在此记。"日本丸山清子在《源氏物语与白氏文集》一书中，注引日本《文德实录》卷3"仁寿元年九月二十六日"项时记道："散位从四位下藤原朝臣丘守卒。丘守者，从四位下三成之长子也……五年……出为太宰少贰。因检校大唐人货物，适得元白诗笔，奏上。帝甚耽悦，授五位上。"丸山氏认为所记藤原丘守向天皇进献《元白诗笔》一事发生在仁明天皇承和五年，是《白氏文集》传入日本见于官修史书的最早记载。仁明天皇承和五年为公元838年，相当于我国唐文宗开成三年。这说明白居易的诗至迟于唐文宗开成三年已传入日本。

唐代，中国书籍流入日本的究竟有多少、交流贸易的规模到底有多大，恐怕已经难以得出准确的数字。尽管如此，我们仍然可以提出一个参照数字。日本阳成天皇贞观末年至元庆元年（876—884）之间，学者藤原佐世奉敕编纂《日本国见在书目录》（图34），记录了9世纪后半期日本公藏汉籍的情况。《日本国见在书目录》仿《隋书·经籍志》分类，共著录图书1 568部、17 209卷，相当于我国隋唐图书总数的二分之一，足见唐代流入日本的汉籍之多，同时也证明唐代中晚期编辑出版事业和社会图书传播活动的兴盛。

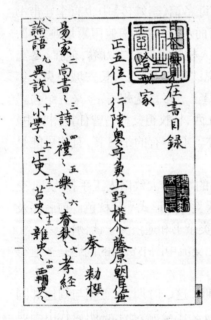

图34　日本国见在书目录
　　　　狩谷望之　稿本

五代时期，官私印本书的面市，尤其是国子监刻本的印卖，给当时的图书交易带来了新变化。五代时，国子监刻书印卖的活动，标志着儒家经典已正式进入印本书的社会交流贸易领域，且已由政府教育机构参与印本书的销售发行活动，这为社会图书出版发行业的建立提高了信誉度，吸引了中上层知识分子和官吏把购书的目光从自己抄录转移到官私交易场所。这一点，在古代图书出版发行的历史上起到了重大作用。由于当时管理既没有经验,也没有形成严格的制度,致使周太祖时尚书左丞田敏擅用国子监卖书钱达到千万之数,国子司业樊伦因此上书,请求处理。北宋时期,这种监卖肥私的问题很快得到了解决。

二、图书贸易的方式与价格

图书贸易的方式与价格是图书市场构成的要件,而销售价格与图书的制作方式和成本有关。由于缺乏起码的文献记载,现在很难详细、具体地了解隋唐五代时期图书的制作成本和交易价格,因而只能做一个大概的勾勒。

隋唐五代时期,图书贸易的方式大致有两种,即实物交换和直接售卖。元稹在《白氏长庆集·序》中描述了民间白居易诗作的交易情况:"至于缮写模勒,炫卖于市井,或持之以交酒茗者,处处皆是。"这里两种交易方式俱全,售卖者或者直接售出,或者将书与酒、茶叶交换。实物交换是一种传统的商品交换流通方式,明代文人胡震亨在《唐音癸签·谈丛一》中谈到自己一开始不相信元稹的话,后来读到《丰年录》的记载——"开成中,物价至贱。村路卖鱼肉者,俗人买以胡绡半尺,士大夫买以乐天诗",然后才相信元稹关于"交酒茗"的描述。开成是唐文宗的年号,上文所述《元白诗笔》传入日本的时间也在文宗开成年间。这应该不是巧合,至少说明两点事实:其一,当时民间的图书交易十分活跃;其二,以语言通俗、内容合事为特色的白居易诗在社会大众中十分受欢迎。

在一般情况下,直接售卖是商品贸易活动的主要方式,图书也不例外。隋唐五代时期写本和印本同时流通,因为生产成本不同,价格也相应出现了差别。

从已知历史记载来看,唐代写本书的价格大致为每卷 1 000 文。据北宋《宣和书谱·正书》"小字三教经"条的记载,唐末女子吴彩鸾"以小楷书《唐韵》,一部市五千钱,为糊口计"。《唐韵》凡 5 卷,则平均每卷 1 000 钱。在敦煌石室发现的写本经卷中,有的附注出当时的写书价。例如:《药师经》1 卷,酬资 1 吊(合 1 000 文);《大涅槃经》40 卷,酬资 30 吊;《法华经》7 卷,酬资 10 吊。[①] 由于每卷文字有所差别,反映在书价上略有高低也是正常现象。从总体上讲,敦煌写本经卷的酬资相当于每卷 1 000 文左右,这就从现存实物证据的层面,肯定了北宋《宣和书谱》记载的中晚唐时期写本的售价。

印本书的价格与生产成本直接相关。古代见于记载的首次较大规模销售的

---

① 许国霖. 敦煌石窟写经题记. 见:黄永武,主编. 敦煌丛刊初集(第 10 集). 中国台北:新文丰出版股份有限公司,1985: 25.

印本书,是五代时期国子监主持雕印的儒家经典。据宋初《册府元龟·学校部》的记载,儒官田敏等的工作程序为"考订刊正,援引证据,联为篇卷。先经奏定,而后雕刻。乃分政事堂厨钱,及诸司公用钱,又纳及第举人礼钱,以给工人"。这说明当时国子监刻印儒家经典,政府并没有专门拨款,工钱是通过多种渠道筹集的,从这之中无法了解到生产成本。从下面一例可以间接了解晚唐印本书的价格:

日本天台宗三祖圆仁公元 838 年至 847 年入唐求法 9 年,写下了日记《入唐求法巡礼行记》,其中有他于唐文宗开成三年(838)在扬州买书的记载:"买维摩《关中疏》四卷,价四百五十文。"平均每卷约 110 文,相当于上述写本的十分之一。由于圆仁买书与吴彩鸾卖书都在唐文宗时期,书价不应该如此悬殊,因而有学者推断圆仁所买乃印本书,应该是可信的。

雕版印刷术的发明与应用使图书的生产实现了批量化,当印刷数达到一定批量时,其生产成本会大幅度下降,书价就随之下降。从上述情况来看,晚唐、五代时期,印本书在价格上的优势已经得到了十分明显的体现。所以,当北宋王朝建立,社会再次进入和平发展的良好环境时,雕版印刷业很快在大江南北遍地开花,编辑出版事业于是进入了崭新的高速发展时期。

第六章

宋辽金元时期的编辑出版活动

公元960年,赵匡胤推翻后周政权,结束了唐末农民大起义后五代十国的封建割据,重建了统一的中央集权国家。赵匡胤原为北周宋州归德军节度使,因此将其新建的政权命名为"宋",建都汴梁(今河南开封),史称北宋。"靖康之乱"后,宋王室南迁,定都临安(今浙江杭州),史称南宋。赵宋政权前后延续320年,其中北宋168年、南宋152年。

北宋开国初的几位君王——太祖赵匡胤、太宗赵匡义、真宗赵恒都十分重视图书编辑出版事业。自太宗起,北宋政权倡导"文治",健全政府图书编纂机构,组织大规模的图书整理、抄写和编纂活动,并推动印刷术介入图书的出版,使众多图书新品和巨帙大书相继问世。社会出版业形成了官刻、家刻和坊刻三大系统,民间书坊出现了专职编辑,图书出版发行和文化传播事业空前繁荣。

辽和金是两个先后与北宋、南宋对峙的少数民族政权,元是在消灭金和南宋政权后建立起来的统一的蒙古贵族政权。由于受汉文化的影响,加之大量汉族文人出仕为官,辽、金、元政权在政治制度和文化政策上大多沿袭宋代定制。所以,在辽、金政权统治地区和元朝立国的近百年中,儒家经典、子史和文集类典籍继续得到出版发行,通俗文学作品的出版则是异军突起。雕版印刷技术在实践中得到发展,木活字印刷技术逐渐走向成熟。

第一节 宋代的图书编纂机构及其编纂活动

宋代,图书编辑出版活动异常活跃,成果累累。其原因除了由印刷术普及带来的有利因素之外,宋初帝王重视文治,制定并推行一整套有利于学术研究和图书出版的文化政策显得更为重要。

一、宋代的图书编纂机构

(一)崇文院与三馆

宋初沿袭唐代旧制,以史馆、昭文馆、集贤院为三馆,位居长庆门之北,称为西馆。太平兴国二年(977),宋太宗在升龙门东北创立三馆书院。次年,赐名崇文院,将原西馆藏书迁入院中贮藏。院内东廊为昭文书库,南廊是集贤书库,西廊作史馆书库。三馆藏书各分经、史、子、集四库,总量达8万卷。书架都用雕木做成,青绫帕为帘幂,富丽堂皇。

宋太宗端拱元年(988)建秘阁于崇文院中堂,收藏三馆书籍真本并内府古画墨迹等。

宋太宗淳化元年(990),诏三馆设置直阁、校理之职,以统领阁事,掌缮写秘阁所藏。同时,配备供御人、装裱匠12人。宋真宗天禧年间(1017—1021),诏令三馆置检讨、校勘等员,又以内侍2人为勾当官,统掌三馆图籍,孔目官、表奏官、掌舍各1人。哲宗元祐五年(1090),置集贤院学士并校对黄本书籍官员。

崇文院、三馆常受命校勘典籍,曾巩、黄伯思、苏颂、宋敏求等著名学者都曾先后在崇文院馆阁中从事图书的校勘整理工作,一时名流云集。此外,崇文院还负有奉诏雕印图书的职能。例如,景德四年(1007)诏令崇文院雕印《律文》12卷、《唐律疏议》30卷。大中祥符四年(1011),选三馆秘阁直官校理校勘《文苑英华》、李善注《文选》,并摹印颁行。大中祥符五年(1012),崇文院上《列子》印本,诏赐亲王辅臣各1本。天圣七年(1029)敕送《广韵》5卷至崇文院雕造。又据南宋王应麟《玉海》记载,天禧中诏馆阁校勘《齐民要术》,而"天圣中崇文院校本,非朝廷要人不可得"。天章阁侍讲贾昌朝撰《群经音辨》7卷,仁宗宝元二年(1039)诏令崇文院雕印颁行。

三馆、秘阁、崇文院通称馆阁,其所置贴职官,与集贤殿修撰、直龙图阁、校勘,通称馆职。馆阁是朝廷培育隽材之所,因此,馆职就成为文臣清贵之选。然而,宋代对馆阁官员的选拔十分严格,规定所有被推荐入馆阁者,都必须参加考试,称为"试馆职",神宗即位初就特别诏令:"自今试馆职专用策论。"南宋洪迈《容斋随笔》卷16"馆职名存"条中说:"国朝馆阁之选,皆天下英俊,然必试而后命。一经此职,遂为名流。"

(二) 秘书省

北宋初,秘书省与崇文院互不统属。秘书省的主要职责是掌管祭祀祝版的撰书,其长官秘书监、秘书丞则参与国史的修纂。元丰五年(1082),宋神宗改革官制,一度废馆职,恢复秘书省职能,统领三馆、秘阁,设秘书监、秘书少监、秘书丞各1人,监掌古今经籍图书、国史实录、天文历数之事,秘书少监为副职,秘书丞参领之。另外,还设置了职司不同的5级属官:著作郎1人、著作佐郎2人,掌修纂日历;秘书郎2人,掌管集贤院、史馆、昭文馆、秘阁收藏的四部图书;校书郎4人、正字2人,负责校雠典籍,判正讹谬。据宋程俱《麟台故事·职掌》记载,元丰改制后,"秘书省分四案:曰国史案,掌编修《日历》事;曰太史案,掌太史、天文浑仪等事;曰经籍案,掌典籍之事;曰知杂案,掌本省杂事……政和中,增置道教案"。

南宋于绍兴元年(1131)恢复秘书省的建制,仍然沿袭元丰旧制,但职事官的员额有所减少,设秘书监或秘书少监1人,秘书丞、著作佐郎各1人,校书、正字各2人。校书郎、正字的选用,须经学士院考试,通过后再任命。稍后,在秘书省建立史馆,设修撰、检讨、校勘等职事官,负责编修《神宗实录》《哲宗实录》。绍兴五年(1135),高宗仿效唐代十八学士之制,在秘书监、秘书少监、秘书丞之外,置著作佐郎、秘书郎各2人,校书郎、正字通12人。后又置编定书籍官2人,由校书郎、正字充当。并且将史馆移出省院,别为一所。绍兴九年(1139),诏令秘书省所属著作局唯修日历,遇修国史则开国史院,遇修实录则开实录院,以正名实。

日历所,隶秘书省,由著作郎、著作佐郎掌管,主要负责将《时政记》《起居注》中记录的内容汇集修撰为一代国史。

会要所,南宋朝廷编纂历朝会要的专门机构,隶属秘书省。会要是以事类为中心,记载一代典章制度的史籍,属于断代性的政书。这种史体始创于唐德宗时苏冕所著的《会要》,宋初王溥亦先后编成《唐会要》100卷、《五代会要》30卷。

国史实录院,南宋诏修历朝国史、实录的编纂机构。绍兴三年(1133)因重修《神宗实录》《哲宗实录》,诏令设置。

南宋时,秘书省的下属机构中还有印历所,掌管雕印历书,由秘书监、秘书少监、秘书丞、秘书郎四季轮流分管。

二、两宋时期的校书编目活动

(一)整理编目

北宋建立之初,三馆仅有万余卷藏书,其后在统一全国的过程中,注意将南方各国的图书文籍收归汴梁。乾德元年(963),平荆南尽收高氏藏书。乾德四年(966)派遣孙逢吉至成都收后蜀图书,得13 000卷。开宝八年(975)平南唐,太子洗马吕龟祥至金陵收得图书2万余卷。这些从各地征得的图书运抵京师,充实了三馆藏书。同时,朝廷及时遣使购求民间藏书,三馆之书得到较大的增加。太祖开宝间(968—975),政府藏书已经达到8万册。

太平兴国九年(984),倡导文治的宋太宗极为重视藏书,以为"教化之本,治乱之源",如无书籍则无以取法。因此,下诏求天下遗书,要求馆臣依照唐代《开元四库目录》,将三馆中缺藏之书列目征求。其中规定:不论士庶臣僚,凡家藏三馆所缺之书,都可以持书进纳。进书 300 卷以上者,可以经过一定的考试程序,量才委任一职;不及 300 卷的,可根据卷帙的多少优给金帛;如不愿进书,则可以出借由政府佣人缮写,抄毕归还。真宗咸平四年(1001)、仁宗嘉祐五年(1060),再次下诏复求遗书,重申太宗太平兴国九年之诏的规定,鼓励天下士庶官宦之家踊跃献书。一时民间献书画、献印版之举十分踊跃,真宗时有 19 人献书达 1 万余卷。

除三馆、秘阁外,北宋宫廷内府另有太清楼、龙图阁、天章阁等藏书处所。随着藏书的逐渐丰富,朝廷开始不断指令馆阁组织抄写分藏,整理编目。国家藏书被多次大规模抄写分藏,真宗咸平二年(999),命三馆写四部书 2 本,分别贮置禁中的龙图阁及后苑的太清楼,而玉宸殿、四门殿亦各有书万余卷。大中祥符八年(1015),汴梁荣王宫失火,延及崇文院、秘阁,书多煨烬。于是,真宗诏命重新抄写,与经整理的劫余书籍一并归藏太清楼。

嘉祐四年(1059),仁宗诏令编定四馆书,设馆阁编定书籍官,命秘阁校理蔡抗、陈襄,集贤校理苏颂,馆阁校勘陈绎分别主持史馆、昭文馆、集贤院、秘阁编定抄录活动,并选用黄纸写印正本,以防蠹败。嘉祐六年(1061)十二月,三馆、秘阁完成编定抄录工作,共写录黄本书 6 496 卷,补白本书 2 954 卷。所谓补白本书,是因为崇文馆所藏白本书岁久多蠹,又多散失,所以在整理中一并安排官员校正补写,亦用具有防蠹功能的黄纸写录。

宣和四年(1122)夏四月,徽宗诏令设置补完校正文籍局,将三馆藏书校正补缺后,抄写 3 份,分别放置在宣和楼、太清楼和秘阁。

在馆阁主持的政府图书事业中,编目与整理、征集、校勘、缮写一样,是一个不可或缺的重要环节。两宋时期,馆阁编制了多种阙书目录。所谓阙书目录,就是著录前代书目中有而当代馆阁缺藏的图书,以便为访求募献图书提供依据。另外就是国家的藏书目录,以北宋的《崇文总目》和南宋的《中兴馆阁书目》《中兴馆阁续书目》最为重要。

景祐元年(1034),新建崇文院使用不久,仁宗命翰林学士张观等勘查三馆及秘阁藏书,同时诏令翰林学士王尧臣、馆阁校勘欧阳修等仿《开元四部录》的体例,编制新的国家藏书目录。编目工作历时 7 年,至庆历元年(1041)完成,赐名《崇文总目》。《崇文总目》共 66 卷,分 4 部、45 类,著录三馆和秘阁藏书 3 445 部、30 669 卷。各类有小序,每书有题录。徽宗时,曾增补数万卷图书而更名为

《秘书总目》。

靖康之难,致使宣和、馆阁藏书散失殆尽。宋室南渡后,重建秘书省,搜访遗阙,整理旧藏,政府馆阁藏书日益富足。孝宗淳熙五年(1178),秘书少监陈骙编成《中兴馆阁书目》70卷,分52类,著录国家藏书44 486卷。宁宗嘉定十三年(1220),秘书丞张攀编《中兴馆阁续书目》30卷,著录淳熙以来入藏新书14 943卷。两目相加,说明孝宗时藏书达到59 429卷,经过百年努力,南宋的国家藏书终于基本恢复了北宋徽宗时的盛况。

两宋自太祖至宁宗,先后编制了四部国家藏书目录,前后著录,各有增损,互存异同。元代修《宋史·艺文志》,合并四目,删去重复,共著录图书9 819部、119 972卷。这一数字反映了两宋国家藏书的概貌。

(二) 校书

两宋馆阁曾多次校勘四部书,北宋九朝校书总数近60次,南宋为18次,其中以经部、史部书居多。经部典籍的校勘,规模较大的有太宗端拱元年(988)孔维等校正《五经正义》180卷,着国子监刊行;真宗咸平四年(1001年)邢昺、李维重校《周礼》《仪礼》等七经及《七经疏义》163卷,并募印颁行。

据《麟台故事》《玉海》《宋会要辑稿》等宋人著述记载的统计,北宋馆阁校勘史书12次,其中9次校勘正史,遍校成书于北宋前的全部十六史:《史记》《汉书》《后汉书》《三国志》《晋书》《南史》《北史》《隋书》《宋书》《南齐书》《梁书》《陈书》《魏书》《北齐书》《周书》《唐书》,另外还有《国语》《荀子》《文中子》《资治通鉴》《天和殿御览》等。值得注意的是,大多数情况下,校勘完毕即送雕印。如太宗时校前三史,真宗咸平时校《三国志》、乾兴元年校刘昭《补后汉志》,仁宗天圣时校《天和殿御览》(共40卷,为《册府元龟》的精华),神宗元丰八年校《资治通鉴》,校毕,都送国子监或秘阁镂版印行。仁宗嘉祐时校南北朝七史时,为了校勘的精审,在长达一年多的时间里,远及州县搜求书籍。

南宋馆阁校史9次,主要涉及当代所修的会要、实录、日历三类史书。由于这类官修史书属于官方档案,编成后即入藏宫内天章阁、敷文阁或秘阁,一般人不能翻阅,多不刊印。所以,校勘结束只是加以缮写或抄录而已。但是,南宋馆阁校书已经制定了严格的条例。《南宋馆阁录》卷3"储藏"录有绍兴六年(1136)史馆修撰范冲、秘书少监吴表臣参定的《校雠式》,即校勘条例。具体条款如下:

诸字有误者,以雌黄涂讫,别书。或多字,以雌黄圈之;少者,于字侧添入。或字侧不容注者,即用朱圈,仍于本行上下空纸上标写。倒置,于两字间书乙字。

诸点语断处,以侧为正。其有人名、地名、物名等合细分者,即于中间细点。

诸点发字,本处注释有音者,即以朱抹出,仍点发。其无音而别经传子史音同有可参照者,亦行点发。或字有分明,如"传记"之"传"柱恋切为"邮传"之"传"林恋切,又为"传习"之"传"重缘切;"断续"之"断"徒玩切为"断绝"之"断"都管切,又为"决断"之"断"都玩切;"轻重"之"重"直陇切为"再重"之"重"储用切,又为"重叠"之"重"传容切;"春夏"之"夏"亥驾切为"华夏"之"夏"亥雅切;"远近"之"近"巨谨切为"附近"之"近"巨靳切之类,虽本处无音,亦便行点发。

点有差误,却行改正,即以雌黄盖朱点,应黄点处并不为点。

点校讫,每册末各书"臣某校正"。

所校书,每校一部了毕,即旋申尚书省。①

三、图书编纂的重要成果

(一) 宋初的四部大书

公元 976 年,宋太宗赵匡义继位,改元太平兴国,变对外伐辽作战为集中精力加强国内的统治,提倡"文治"。于是,朝廷开始组织大规模的编辑活动,太宗先后诏命儒臣编纂了百科类图书《太平御览》1 000 卷、小说类图书《太平广记》500 卷、文章总集《文苑英华》1 000 卷(图 35)。接着,真宗赵恒又诏令编成反映政事历史的专门性类书《册府元龟》1 000 卷。由于宋代雕版印刷业发达,这四种卷帙浩繁的御修大书完整地流传于世,形象地反映出宋初文治的盛况,史称

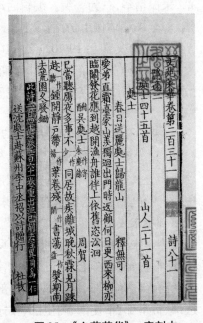

图 35 《文苑英华》 宋刻本

---

① [宋]陈揆,撰;张富祥,点校.南宋馆阁录(卷三).北京:中华书局,1998:23.

"宋代四大书"。

《太平御览》,为太平兴国二年(977)太宗命翰林学士李昉、扈蒙等人汇聚北齐《修文殿御览》、唐欧阳询的《艺文类聚》和房玄龄的《文思博要》等古代类书和宫中藏书,"参详条次,分定门目",编纂而成的一部新类书。初名《太平总类》,经过近七年之劳,清本即将完成之际,太宗要求日进三卷,以供御览,因此易名《太平御览》。全书分为55部、5 363类,据马念祖《水经注等八种古籍引用书目汇编》的统计,该书引录古书多达2 579种,成为现存古类书中保存五代以前文献、古籍最多的一部。其中所引古籍,至今十之七八已经失传,足见其重要价值。

太平兴国二年(977),太宗复命李昉、扈蒙、徐铉等人取《道藏》《佛藏》及汉以来的野史、笔记、小说等,分类汇编其中的文言小说故事,赐名《太平广记》。全书分为神仙、女仙、道术、方士、童仆、奴婢、幻术、妖妄、神、鬼、草木等92类、150多个小类,保存了大量有关古代小说和社会经济、典章制度方面的宝贵资料。书中共引用古书475种,其中半数以上已经散佚。

太平兴国七年(982),李昉、扈蒙、徐弦、宋白等17位儒臣奉敕总览前代文章,采撷精华,总为一编。编辑活动持续到雍熙三年(986),书成后取名《文苑英华》。全书在体例上仿照《文选》,以文体分类;时间上承接《文选》,收录了梁末至唐代的诗文作品19 102首,其中南北朝作品不到十分之一,绝大部分为唐人之作。《文苑英华》的成书,上距唐亡仅80年,许多唐代的重要文集当时还没有散佚,所以书中保存了大量不见于他书的唐人作品,是一部值得珍视的诗文总集。

《册府元龟》是一部以历代君臣事迹为核心内容的类书,真宗景德二年(1005),大臣王钦若、杨亿等奉敕编纂,大中祥符六年(1013)编成。初名《历代君臣事迹》,进呈后,真宗赐名《册府元龟》。所谓"册府",是指书籍的府库,"元龟"即大龟。古人以为龟有预鉴未来的神力,殷商时期,统治者用龟甲来占卜,祈求预示未来。后世遂有"龟鉴"之称。这里即取其借鉴的意思。真宗希望此书能为赵宋王朝治理国家提供正反两方面的借鉴。全书共分31部:帝王部、闰位部、僭伪部、列国君部、储宫部、宗室部、外戚部、宰辅部、将帅部、台省部、邦计部、宪官部、谏诤部、词臣部、国史部、掌礼部、学校部、刑法部、卿监部、环卫部、诠选部、贡举部、奉使部、内臣部、牧守部、令长部、宫臣部、幕府部、陪臣部、总录部、外臣部,各部复分若干门,总为1 116门。与《太平御览》等类书相比,《册府元龟》在编辑上具有两个特点:其一,引用文献都不注明出处;其二,仿照《汉书·艺文志》《隋书·经籍志》例,为每一部、类作序,计总序31篇,小序1 116篇。

(二) 司马光与《资治通鉴》

以战国时代《左传》为代表的编年体史书,是中国形成最早的史书体裁,其优点在于按史事发生的先后次序展开叙述,时间线索较清晰。但是,由于同时发生而且都需要叙述的史事不止一件,分头叙述又将造成重要史事相互割裂,缺乏连贯性,所以,当司马迁创立同时具有以时间、事件和人物为纲的纪传史体后,这种编撰体例便迅速成为历代官私修史采用的主要体裁,获得了"正史"的名位。编年体随之退居辅助地位。北宋中叶,著名史学家司马光编纂完成了我国历史上第一部编年体通史《资治通鉴》,不但恢复了编年史体固有的历史地位,而且促进了其他史书体裁的发展,在我国史书编辑出版史上具有重大意义。

司马光(1019—1086)(图36),字君实,陕州夏县(今属山西)人。仁宗宝元元年(1038)进士,历仕仁宗、英宗、神宗三朝。至哲宗即位,做了几个月的宰相,即于元祐元年(1086)去世。卒后赠太师温国公,被后世称为司马温公。

图36 司马光像

《资治通鉴》始修于英宗治平三年(1066)。司马光早有编纂一部编年体通史的宏愿,并先编成战国至秦的编年史8卷,名曰《通史》。进呈后,得到英宗的赞赏,命他继续编撰,改名《历代君臣事迹》,特许自选刘恕、范祖禹、刘攽三位史学家作为助手,在崇文院专门设立史局,并允许借阅龙图阁、天章阁、三馆、秘阁书籍。神宗即位,听司马光进读,认为"鉴于往事,有资于治道",于是定名《资治通鉴》,并赐序文。时王安石主持变法,政治上持保守态度的司马光带头反对,遭排斥后,退居洛阳独乐园,潜心纂修《资治通鉴》,直至元丰七年(1084)成书。

《资治通鉴》凡354卷,其中目录30卷、考异30卷、正文294卷,记载始于周威烈王二十三年(前403),止于后周显德六年(959),共1 362年,分为16纪:《周纪》5卷、《秦纪》3卷、《汉纪》60卷、《魏纪》10卷、《晋纪》40卷、《宋纪》16卷、《齐纪》10卷、《梁纪》22卷、《陈纪》10卷、《隋纪》8卷、《唐纪》81卷、《后梁纪》6卷、《后唐纪》8卷、《后晋纪》6卷、《后汉纪》4卷、《后周纪》5卷。

全书所记史实以政治、军事为主,同时涉及社会、经济、文化、制度等,兼顾社会历史的各个方面。编纂中,先后采录了220余种古今典籍,包括正史、编年史、别史、杂史、霸史、传记、奏议、地理、小说、诸子等类别。《四库全书总目》评论全书谓:"网罗宏富,体大思精,为前古之所未有。而名物训诂,浩博奥衍,亦非浅学所能通。"

《资治通鉴》之所以能够取得如此巨大的成功,与司马光制定了周密的编纂体例和创新了编辑方法有着密切关系,具体有以下几点:

(1) 编纂体例。司马光在编纂之初,已经制定出严密周详的体例,就记时、叙人、书事三大类内容的处理一一做出原则性规定。其曾孙司马汲在南宋乾道年间曾根据家藏遗稿掇拾分类,整理出 36 例,辑成《通鉴释例》一书,今传本虽然已非全本,但是仍可以从中窥见一斑。

(2) 编纂方法。《资治通鉴》这样一部"兼收并蓄,不遗巨细"的编年之书,编纂中要收集、排比、甄别大量史料,因而必须分步进行。司马光确定的工作步骤如下:首先,编制丛目,即将全书涵盖时空范围内的主要历史事件和人物活动按年代顺序列出详细的标题。其次,组织长编,即按照"宁失于繁,毋失于略"的原则,把所有比较重要的史料一一按丛目排比起来。司马光在《与范内翰祖禹论修书帖》中强调:"且将新旧唐书纪志传及统纪补录并诸家传记小说,以及诸人文集稍干时事者,皆须依年月日添附,无日者附于其月之下,称'是月',无月者附于其年之下,称'是岁',无年者附于其事之首尾。有无事可附者,则约其时之早晚,附于一年之下。"①将纪传体的材料做编年排比,时间不明确往往是最常见,也是很棘手的问题。信中,司马光提出了编辑长编中处理年、月、日这一重要问题的具体办法。最后统摄全稿,以长编为基础,删繁去重,考异甄别,润色熔裁,最终由司马光笔削成编。

(3) 编纂枝属辅助之作。司马光在编纂《资治通鉴》的同时,还完成了《通鉴目录》和《通鉴考异》两本枝属辅助之作。《通鉴目录》采取年表的形式,分为三格:上列纪年,下记《资治通鉴》全书卷数,中间摘录事目和要语,以便览者查检。《通鉴考异》对历史上存在争议的问题,斟酌诸家异同,提出自己取舍抉择的理由,解答了《资治通鉴》中持论根据的问题。此外,还有节要本《通鉴举要历》80 卷、仅就重要史事加以论断的简要编年史《稽古录》30 卷、专记宋代史事与官制的《涑水记闻》16 卷和《百官公卿表》10 卷等。这些都体现了司马光严谨的治史态度和缜密的编辑思想。

司马光的《资治通鉴》对史书编纂产生了重大影响,仅在宋代,就出现了数

---

① 张煦侯.通鉴学·再版自序.合肥:安徽教育出版社,1984:7.

部继承或改革《资治通鉴》义例而成的史学名著。

应用《资治通鉴》义例,赓续成书的编年体史书有南宋眉山李焘的《续资治通鉴长编》980卷,记录了北宋九朝168年间的史事。李焘在上书表中自称:"臣窃闻司马光之作《资治通鉴》也,先使其僚采撮异闻,以年、月、日为丛目,丛目既成,乃修长编……臣今所纂集,义例悉用光所创立,错综铨次,皆有依凭。"李心传的《建炎以来系年要录》200卷,记南宋高宗一朝自建炎元年至绍兴三十二年(1127—1162)间史事,上与李焘《续资治通鉴长编》相衔接。徐梦莘的《三朝北盟会编》250卷,专记宋徽宗政和七年(1117)宋与女真从登州泛海结盟开始,至绍兴三十二年(1162)金主完颜亮南侵败盟为止,其间宋金会盟的种种史事。

由《资治通鉴》而起,但是自定义例,在编辑学上独树一帜者,有袁枢的《通鉴纪事本末》42卷和朱熹的《资治通鉴纲目》59卷。

《通鉴纪事本末》的史实材料完全取自《资治通鉴》,就是文字也是一字未改,辑者袁枢只是将原书分年叙述的史事,按照每事一篇、首尾完整的体例,区别为239篇,重新抄录一遍。纪事本末体以事件为中心,标立题目,每事叙述仍按时间顺序展开,内容简明扼要,具有"经纬明晰,节目详具"的优点。采用新体例的《通鉴纪事本末》,有效地解决了司马光原书中完整史事被割裂而造成阅读困难的缺陷。书成后,宋孝宗即下令小字摹印10部,赐太子和大臣熟读。袁书的成功,引出了后世的改纂之风,如杨仲良改纂李焘《续资治通鉴长编》而成《皇宋通鉴长编纪事本末》,以及明陈邦瞻的《宋史纪事本末》《元史纪事本末》,清谷应泰的《明史纪事本末》等。

朱熹的《资治通鉴纲目》依司马光原书义例,以编年的形式叙事,在编辑上,每事都分为纲要和细节两项,先用大字叙出概括的提纲,其下则以小字详述史事的细节,所谓"大书以提要,而分注以备言"。在内容上,取材范围不出《资治通鉴》,但是评论则旁采近世学者的见解。朱熹此书创立了史书新体裁,史称"纲目体"。

(三) 史书与地志

正史和地志也是宋代馆阁编纂活动的重要内容,比较重要的成果有欧阳修的《新唐书》、乐史的《太平寰宇记》、王存的《元丰九域志》等。

欧阳修(1007—1072),字永叔,号醉翁,晚年更号六一居士,吉水(今属江西)人。仁宗天圣八年(1030)举进士,先后担任秘书省校书郎、馆阁校勘、集贤校理、史馆修撰等,曾多次参与和主持馆阁藏书的整理、缮录和编目工作。五代后晋时,张昭远等曾编修《唐书》200卷,由于成书于众多史官之手,内容错杂,前后详略不一。仁宗庆历五年(1045)设局重修,十年中,仅宋祁完成列传稿150卷。至和元年(1054),欧阳修出任刊修官,撰写本纪、志、表部分,并负责修改宋祁的列传稿。嘉祐五年(1060)全书告成,题名《新唐书》。虽然其间参与修纂的人还有数位,但主要成于欧阳修、宋祁二人之手。与《旧唐书》相比,《新唐书》在体裁上显得更加完备。纪传体史书的完整结构,应该包括《史记》《汉书》创立的纪、表、志、传四个部分,但是魏晋以来,正史多缺表、志,有志的也大多失之简略。《新唐书》纪、表、志、传齐备,在编纂学上,恢复了纪传体体裁的完整性,对后世修史产生了重要影响。由于《旧唐书》无表、志,因此《新唐书》中欧阳修所撰表、志,尤其是《地理》《选举》《兵》《食货》《艺文》诸志,保存了许多重要史料,一向为史家所重视。

宋代,地理学十分发达,地志,尤其是地理总志的编纂是一个具体的标志。现存宋代总志有北宋乐史的《太平寰宇记》和王存的《元丰九域志》、欧阳忞的《舆地广记》,南宋王象之的《舆地纪胜》、祝穆的《方舆胜览》等,其中以《太平寰宇记》编纂最早,影响最大。

乐史(930—1008),字子正,抚州宜黄(今属江西)人。南唐时为秘书郎。入宋,先后在馆阁任著作佐郎、著作郎、直史馆等职。一生著述颇丰,其中《太平寰宇记》最为著名。《太平寰宇记》始修于太平兴国年间(976—983),书中反映的行政区划以雍熙四年(987)为断限,分十三道详叙全国的府州,后晋时已经割让与契丹的幽、燕十六州仍在叙名之列。编纂中,乐史征引古籍多达200种,搜集范围除了正史外,还包括历朝地志、杂记、碑刻、文集等,为后世保存了大量珍贵史料。

在编纂上,乐史虽然上承《元和郡县图志》的体例,但是仍有所创新。《元和郡县图志》记载"四至八到"范围内山川、古迹、人口、贡赋等内容,《太平寰宇记》更增加了风俗、姓氏、人物、四夷等项,并将"贡赋"改为"土产"。贡赋只是指地方向中央政府上缴物品的种类和数量,而土产除了包括贡赋以外,还涉及非贡品,即各地农、林、牧、渔以及药材等全部特产,其内容全面反映了宋代各地的经济特点和物产分布情况。乐史的这一革新,意义重大,正如清代《四库全书总目》所评价的那样:"盖地理之书,记载至是书而始详,体例亦自是而大变。"

第二节　宋代的图书出版事业

五代国子监刻印发售经史典籍的举动，表明朝廷在利用先进的雕版印刷技术，强势介入图书的出版发行业，对印刷术的普及和出版业的发展产生了重大影响。宋代的图书出版事业，乘着五代的发展势头，逐渐形成官刻、家刻和坊刻三足鼎立的社会生产格局，呈现出热闹繁荣的大好景象。

一、官刻

官刻，政府刻书的统称，指由中央政府机关及地方各级行政文化机构出资或主办的印刷出版活动。政府刻书业具体分为中央和地方两大系统，所刻图书统称为官刻本，又可冠以具体刻书机构的名称，如中央的国子监刻本、地方的茶盐司刻本等。

（一）中央官刻

宋代的中央官刻涉及很多文化管理机构，如国子监、崇文院、秘阁、秘书监等，其中主要为国子监、崇文院。

国子监是宋代中央政府主要的刻书发行机构，内设印书钱物所，主管刻印书籍和发行出售事务。后因名称近俗，改为书库监官。其所刻之书，史称"监本"（图37）。

国子监刻书，始于五代后唐长兴三年（932）国子监受命校勘并雕印、发售《九经》的活动。北宋国子监刻书，今见于记载的以刊行《五经正义》为最早。太宗端拱元年（988），国子司业孔维等奉敕校勘孔颖达的《五经正义》180 卷，诏国子监镂版行之。淳化初（990—992），太宗又因为五代监本十二经有

图37　《春秋谷梁注疏》宋监本

被田敏臆删的文字,因此诏令李觉、孔维等重加校定,刻版印行。从北宋初年至真宗景德二年(1005),国子监经书版片由不及四千猛增至十余万片,不到半个世纪就增加了25倍,足见宋初国子监刻书的盛况。此后,馆阁校勘的历代正史也陆续由国子监刊印。北宋国子监刻书,以仁宗朝(1023—1063)为盛,其中又以医书为最。嘉祐二年(1057),仁宗在编修院设置校正医书局,命直集贤院掌禹锡、林亿,校理张洞,校勘苏颂等为校正。每一书校毕,即奏上,然后下国子监雕刻颁行。大量汉唐以来的重要医籍,如《黄帝内经》《素问》《黄帝三部针灸甲乙经》《金匮要略》《伤寒论》《本草图经》《备急千金要方》《千金翼方》等,从此大行于世。

南宋国子监刻书,始于高宗绍兴年间(1131—1162)。高宗绍兴九年(1139),诏令州郡取北宋国子监原颁善本,校对镂版印行。绍兴二十一年(1151),复诏令国子监访寻北宋五经监本镂版颁行。于是,国子监开始了大规模的雕印出版活动,九经三传、群经义疏、前四史、南北朝七史等经史典籍,于绍兴年间先后刊成印行。南宋初,监本并非都出自国子监所刻,而是大多由国子监取江南地方旧版,或令地方府州雕刻的。例如,南监本群经义疏就是绍兴十五年(1145)令绍兴府雕造的,而《史记》《汉书》《后汉书》由两淮江东转运司所刻,《三国志》则是衢州所刻。

两宋监本,据王国维《五代两宋监本考》的梳理、考证,多达数百种。宋代监本以校勘雕造精审而素为世重,虽然现在存世极少,却是现存很多版本的祖本。监本所以在古代出版史上具有重要影响,是有其历史原因和特殊条件的。概括来说,表现在以下几个方面:第一,国子监所刻,大多是经史类重要典籍,与宣扬统治者的治国思想和政治文化政策直接相关,所以备受帝王的重视。几乎所有监本,都是由皇帝直接下诏雕印的,而且经常成为皇帝赠书的来源。例如,咸平四年(1001)真宗赐岳麓书院《九经义疏》《史记》《玉篇》《唐韵》等,淳熙八年(1181)孝宗诏国子监印经、史、子、集各一帙,赐吴益王府。第二,监本从校勘开始,就由馆阁学有专精的一流学者在文字上层层把关,先由负责校理的官员初校,再由覆勘官复校,然后送馆阁主官最后把关,三校官员的名衔最终一起刻印在全书卷末。在这种三校负责制下,参与者谁也不敢对皇命和自己的学术声誉掉以轻心。第三,书法名家手写上版。雕版印刷首先要将文字书写在纸上,然后倒印上版,由工匠雕刻。监本自五代起,就由馆阁遴选书法名家担当此任,五代监本以李鹗所书最多,宋初监本以赵安仁最多。赵安仁善楷、隶,书体在欧、柳之间。书法名家亲为监本写版,使览者有赏心悦目的美感。

馆阁是宋代除国子监外刻书较多的中央文化行政机构,太平兴国六年(981)史馆奉旨雕印《太平广记》,大中祥符四年(1011)三馆秘阁募印颁行李善注《文选》《文苑英华》，天圣二年（1024）秘阁镂版《天和殿御览》《隋书》等。

（二）地方官刻

宋代实行路、州、县三级行政建制，路级机构为转运使司，俗称"漕司"，行政长官为转运使，掌管全路的军、政、财、刑大权。后增设提点刑狱司，负责本路刑狱；提举常平司，掌管义仓、市易、坊场、水利等；提举茶盐司，掌管茶盐的产销；安抚使司，掌一地军事、民政事务。

以上衙门，及州、府、军、监等州级官府，都从事出版活动，迄今皆有刻本存世。其所刻书籍，在流通中习惯上都冠以官署名，如转运使本、提刑司本、茶盐司本、安抚司本等。其中，两浙东路的茶盐司刻书较多，现北京国家图书馆就藏有其所刻《周易注疏》《尚书正义》《周礼疏》等。

在众多地方机构中，公使库的刻书活动最有特色。公使库是各地方官府负责接待公务往来人员的专设机构，其经费由政府拨款，但数额有限，不敷使用，所以朝廷允许其自开财源以作贴补。公使库各寻财路，多种经营，介入出版业，刻书卖书就成为一条极其有效的开源之路。据记载，仁宗嘉祐四年（1059），苏州知州王琪借公使库钱修葺官署，无力偿还，于是拿出家藏杜甫诗集的善本，"俾公使库镂板，印万本，每部直千钱，士人争买之"，不但还清了公使库钱，而且还有盈余，所谓"大神帑费，不但文雅也"。

公使库刻书，作为一种维持其正常行使公务职能的重要经济来源，逐渐形成产业化的趋向，于是积极网罗民间雕版高手，雕印了大量高质量的经史典籍，在宋代出版事业中占有重要地位。目前已知苏州、台州、明州、吉州、舒州、抚州、泉州、婺州等公使库都参与刻书，有记载可征者就有20余种，其中以抚州公使库刻"十二经"最为著名。国家图书馆现藏其中淳熙四年（1177）所刻《礼记注》20卷（图38），是为原山东海源阁旧藏。

图38　《礼记注》　南宋抚州公使库刻本

二、家刻

家刻,是指由私人出资校刻书籍的出版活动,所刻书籍称为“家刻本”或“家塾本”。家刻源于五代毋昭裔雕造《文选》《初学记》《九经》的出版活动,至宋成为时尚,以至形成与官刻、坊刻三家鼎足之势。参与家刻活动的大多数为官宦豪门、名流大族,他们刻书,除了附庸风雅外,更多的是为了弘扬学术、传承文化,所以往往选刻名家名著,精加校勘,所刻书以精善扬名于世。

宋代家刻本可考者,北宋有仁宗宝元元年(1038)临安进士孟琪刻《唐文粹》、庆历六年(1046)京台岳氏刻《诗品》、嘉祐二年(1057)建邑王氏世翰堂刻《史记索隐》、英宗治平三年(1066)建安蔡子文东塾刻邵雍《击壤集》、徽宗宣和元年(1119)寇约刻寇宗奭《本草衍义》等,但传本极少。

南宋家刻活动随着整个社会出版风气的旺盛而进入发展的佳期,其标志就是名家名刻不断涌现,且后世传本也相对较多。其中,比较著名的有陆游幼子子遹刻《渭南文集》、廖莹中世綵堂刻《昌黎先生集》和《河东先生集》、周必大刻《欧阳文忠公集》、黄善夫家塾刻《史记》三家注、蔡琪家塾刻《汉书集注》、朱熹刻《南轩集》等。

昌黎先生集卷第一
賦 宋莒公…
卷首具列卷中篇目凴悉以朱
墨滅殺之惟存其都凡集外
有目録一卷今按李漢所作序
云揔七百首幷目録合
四十一卷則正與目凴合
感二鳥賦 幷序○公貞元十一年正
月至三月以前進
士三上宰相書不報時宰相趙
憬賈耽盧邁宜其不遇也五月
東歸遇所獻二鳥感而作公之
賦見於集者四大抵多有取於
離騷之意此篇蘇子美亦謂其
悲激頫挫有騷人之思疑其年
壯氣銳欲發其藻章以耀于世
蘇語雖少貶然進學解所云不

图39 《昌黎先生集》 南宋廖氏世綵堂刻本

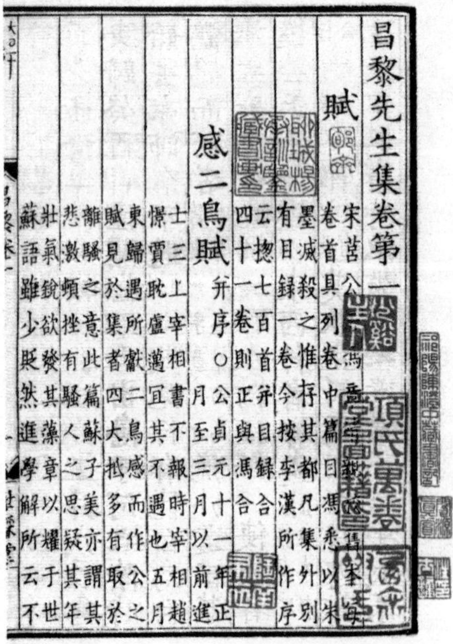

廖莹中(?—1275),字群玉,号药洲,福建邵武人。举进士后,谄事权相贾似道。德祐元年(1275),贾似道革职待罪,廖氏惧祸,于家中服冰脑自尽。廖莹中曾在西湖旁建世綵堂,藏书刻书,成为南宋家刻中的名家。世綵堂刻书,以精美取胜。相传其刻印书籍,取数十种版本,经数百人校勘,用墨皆杂以泥金、麝香。其刻于宋末咸淳间(1265—1274)的《昌黎先生集》(图39),半叶9行,每行17字,书法在褚、柳间,秀雅绝伦。今北京国家图书馆藏有原刻本,纸润墨香,有宋版书中“无上神品”之誉。

三、坊刻

坊刻,是指古代书坊的刻书活动,所刻图书称为"坊刻本"。古代书坊是指由个人经营、以生产兼及销售印本书为主的手工业作坊,它是从两汉时期的书肆发展而来的。古代书肆是文献抄录时代的传播中介,而书坊则是雕版印刷技术广泛应用于实践,文献生产方式发生巨大变革时代的产物,其生产经营具有一定的规模。据文献记载,书坊刻印文化典籍的活动始自北宋,盛于南宋,所刻书中经常出现官府未收藏之本。北宋崇宁初,徽宗就曾诏令两浙成都府路,求取民间镂版的奇书上缴秘书省。

两宋坊刻活动主要集中在京师、福建建阳、四川成都及眉山地区。其中最为著名的是临安陈氏的陈宅书籍铺和建安余氏的勤有堂。

陈宅书籍铺是南宋临安最负盛名的书坊,设肆于棚北大街睦亲坊。坊主陈起,字宗之,号芸居,南宋临安人,好学多艺,颇有诗名。刊书以唐人小集和时人诗集为主,版式划一,半叶10行,每行18字,白口,左右双边,字画方板,迹近欧体,精丽工整,传世者甚众,素为明清藏家宝爱,史称"书棚本"(图40)。

陈起以刻书在宝庆初受到"江湖诗案"的牵连,获罪流配。绍定五年(1232)因权相史弥远死,被提前赦还,继续从事刻书活动,直至去世。陈起死后,其子续芸主持陈宅书籍铺,最后书铺倒闭于宋末的社会动荡之中。

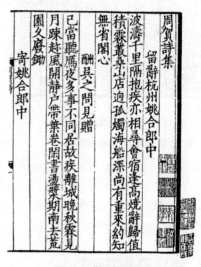

图40 《周贺诗集》
南宋陈宅书籍铺刻本

陈宅书籍铺所刻书见于记载和流传至今者,大致可分为三类:唐人小集、子部杂著、南宋江湖诗集。

福建建阳余氏是我国古代经营时间最长、名声最著的民间书坊世家,从事书业活动自南宋至清初,绵延近六百年,其中尤以南宋余仁仲万卷堂最为著名。

余氏世家原居扬州府盱眙县泗州下邳郡,南朝梁武帝中大通二年(530),余焕随父余青入闽,为书林余氏始祖。传14世,余同祖于广西安抚使任上退归,遂迁建阳书林定居,时在北宋初年。已知余氏刻书的最早记载为南宋中叶余仁仲万卷堂,以及稍后余唐卿明经堂等。

元代岳浚《九经三传沿革例》开宗明义:"世所传《九经》,自监、蜀、京、杭而下,有建余氏、兴国于氏二本,皆分句读,称为善本。"岳浚所说"建余氏",即指余仁仲万卷堂。余氏万卷堂刻《九经》,历经七百多年的流传,历代藏家递相传授,至清末,仅《周礼》《春秋公羊传》《春秋谷梁传》尚存世间,而《周礼》已是残帙,惟《公》《谷》二传,居然足本,藏家无不视为稀世之珍。

《春秋公羊经传解诂》(图41)12卷,宋绍熙二年(1191)余仁仲万卷堂刻本。半叶11行,每行19字,小字双行27字,细黑口,左右双边。序后有余仁仲识语6行:"《公羊》《谷梁》二书,书肆苦无善本,谨以家藏监本,及江、浙诸处官本参校,颇加厘正……"每卷末,俱标出经传、注、音字数。卷1末有"余氏刊于万卷堂"1行,卷2末为"余仁仲刊于家塾",卷4以下,或曰"仁仲比校讫",或曰"余仁仲刊于家塾"。其书字画端谨,楮墨精妙,堪称宋刻精品。

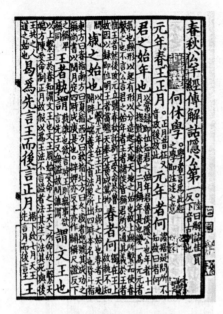

图41 《春秋公羊经传解诂》
南宋余氏万卷堂刻本

四、寺观和书院刻书

(一)寺观刻书

寺观刻书,是指佛寺道观刊印本教典籍的出版活动,所刻称为"佛藏"和"道藏"。佛、道二教,一自西来,一滋本土,为宣扬教义,广征信徒,先后译经造藏,声势并起。

佛藏的雕版印刷,始于宋初开宝年间(968—975)。开宝四年(971),宋太祖敕令高品、张从信前往成都雕大藏经,太平兴国八年(983)雕印毕,凡1 076部、5 048卷,装为480函,经版13万片,世称《开宝藏》或《蜀藏》。《开宝藏》

（图42）书法端丽严谨，雕刻精良，且以黄麻纸印刷，开我国官刻佛教总集之先例，极大地刺激了后来寺院的刻经活动。终两宋之世，先后又刊印了5部佛藏：北宋神宗元丰三年（1080）福州东禅院开雕，徽宗崇宁三年（1104）刻竣的《崇宁藏》；北宋政和二年（1112）福州开元寺开雕的《毗卢藏》；南宋绍兴二年（1132）基本刻竣的湖州思溪圆觉禅院的《圆觉藏》；南宋淳熙二年（1175）刻竣的安吉州思溪法宝资福禅寺的《资福藏》；南宋宝庆至绍定间（1225—1233）开雕的平江府碛砂延圣院的《碛砂藏》。

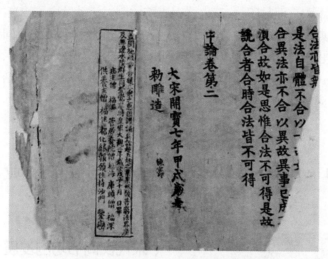

图42 《开宝藏》 北宋成都官刻本

　　道藏的雕版印刷，始于北宋政和年间（1111—1117）。崇宁年间（1102—1106），自称"教主道君皇帝"的宋徽宗诏令搜访道书，得5 481卷，于政和年间雕印，名曰《政和万寿道藏》。这是历史上道藏首次全藏刊版印行，成为各地道观藏书的主要内容。

　　佛藏、道藏卷帙浩繁，通常都在5 000卷以上，刻版则超过10万片，其书写、雕版、校对、印刷需要耗费大量人力和财力。但是，这种大规模的持久的雕印实践活动，必定会对雕版印刷术本身的发展产生影响。

（二）书院刻书

　　书院是中国古代一种私学性质的教育组织，其名起于唐代，兴起于北宋，鼎盛于南宋，绵延至清末。书院远昭先秦以来私人讲学的遗风，近承唐代丽正书院藏书的传统，以讲学、藏书为基本规制。书院主持院务者称为山长，一般由知名学者担任,在大儒辈出的南宋,著名理学家朱熹、张栻、吕祖谦、陆九渊、魏了翁等曾先后出掌白鹿洞书院、岳麓书院、丽泽书院、象山书院和鹤山书院。

书院刻书是其藏书的来源之一,清叶德辉在《书林清话》"宋司库州军郡府县书院刻书"条中记录了宋代丽泽、象山、泳泽、龙溪、竹溪、环溪、建安、鹭洲等书院的刻书情况。清初学者顾炎武在《日知录》卷18"监本二十一史"条中也指出:"闻之宋、元刻书皆在书院,山长主之,通儒订之,学者则互相易而传布之。"他进而总结书院刻书的三大优势为:"山长无事而勤于校雠,一也;不惜费而工精,二也;版不贮官而易印行,三也。"对书院的刻书活动做出了较高的评价。

两宋时期频繁的雕版印刷活动和大量的书籍流通交易,使全国形成了著名的三大图书出版中心:以成都为中心的川蜀、以杭州为中心的两浙、以建阳为中心的福建。这些出版中心的形成,无一例外都是三大刻书系统包括寺观和书院刻书在如何满足社会需求方面彼此竞争、相互促进的结果。

第三节 民间书坊与社会文化传播事业的发达

一、宋代民间书坊的发展

"书坊"之名已知最早见于北宋,这与雕版印刷技术广泛运用于社会书籍生产的时间基本一致。宋徽宗时供职翰林国画院的画家张择端曾以汴河为中心,创作了传世名作《清明上河图》,对北宋晚期京师开封的城市风貌做了全面细腻的描绘,在画中鳞次栉比的街面店铺中,就有一家正在经营的书坊(图43)。至南宋,"书坊"一名作为行业的概称,在官方文书中已频繁出现。现在尚能见到的古代坊刻本,最早的绝大部分出自南宋书坊,说明南宋时期书坊已经发展到相当规模。

图43 北宋开封书坊图

有关北宋书坊活动情况的记载很少,可能多数书坊仅以接受委托雕印为主要业务。苏轼《李氏山房藏书记》中有这样一段记述:"近岁,市人转相摹刻诸子百家之书,日传万纸。学者之于书,多且易致如此。"所谓"近岁,市人转相摹刻"云云,是当时哲宗元祐时期京师开封民间雕刻印卖书籍的真实记述。北宋民营手工业普遍采用"和雇",即以雇主与工匠自愿达成协议的方式雇佣工匠,开封、临安成为各类工匠包括刻工的集散地,形成了较大的劳动力市场。雇主很容易通过市场招募到雕版良工来摹刻书籍。北宋散文家穆修"晚年得《柳宗元集》,募工镂板,印数百帙,携入京相国寺,设肆鬻之"①,这说明京师以外的地方也是如此。穆修为宋初人,其晚年正当官刻十分活跃的仁宗天圣年间(1023—1031),说明宋初以来,民间坊肆的刻书活动还比较活跃,以至徽宗崇宁中(1102—1106)尚有"诏两浙、成都府路有民间镂板奇书,令漕司取索,上秘书省"②之举。

宋代以绅书楼藏书知名于世的学者叶梦得曾于《石林燕语》卷8中论及宋代的版刻情况:"今天下印书,以杭州为上,蜀本次之,福建最下。京师比岁印板,殆不减杭州,但纸不佳;蜀与福建多以柔木刻之,取其易成而速售,故不能工;福建本几遍天下,正以其易成故也。"《石林燕语》成书于宣和五年(1123)叶氏归隐浙江湖州读书宴游之余,在这段论述中,他评价了杭州、川蜀、福建和京师开封四地版刻的优劣,其中自然包括坊刻本。遗憾的是,北宋这四大刻书中心刊印的坊刻本,迄今未发现文献实物。

南宋是我国古代雕版印刷事业发展的兴盛时期,迄今见存的宋版善本绝大部分是这一时期的产物。在这个刻书机构百家争鸣、各类刻本百花齐放的时代,民间书坊及其刻本呈现出两个显著的特点:其一,出现了声动全国、影响后世的著名坊肆,如淳熙、绍熙间刊行九经的建阳余仁仲万卷堂,宁宗、理宗时期遍刊唐人、宋人小集的临安陈起陈宅书籍铺,以刊行笔记小说为主的临安府太庙前尹家书籍铺等。其二,自行刊印百卷以上大部书籍。南宋坊肆除了翻刻各类官刻本以外,开始自行刊印适应社会生活,尤其是士子应试需要的大型文选和日用百科全书型类书。孝宗淳熙初,临安书坊印行江钿新编《圣宋文海》120卷,朝廷本欲取校重刊,后经周必大奏请,孝宗命吕祖谦重编,赐名《皇朝文鉴》。这是书坊自刊大型文选影响官刻的典型事例,从一个侧面反映了此类坊刻本的盛行和

---

① [宋]魏泰.东轩笔录卷三.北京:中华书局,1983:30.
② [元]马端临.文献通考·经籍考总叙.上海:华东师范大学出版社,1985:30.

影响。

当南宋初年各地官府大张旗鼓开雕经史典籍之际,民间书坊尚处于蓄势待发之中。宋孝宗淳熙年间(1174—1189)及以后,坊刻本蜂起,始成燎原之势,其内容又多触及朝廷之禁,致使绍熙元年(1190)朝廷命"建宁府将书坊日前违禁雕卖策试文字,日下尽行毁板"。嘉泰二年(1202),新差权知随州赵彦卫又上言:"史馆成书有《三朝国史》《两朝国史》《五朝国史》,莫不命大臣以总提,选鸿儒以撰辑,秘诸金匮,传写有禁。近来忽见有本朝《通鉴长编》《东都事略》《九朝通略》《丁未录》、与夫语录、家传,品目类多,镂板盛行于世。"奏请查禁。① 赵氏所列均系坊本,且未经官府审查,故有此禁。

仅就现存和见于历代学者藏家著录者而言,南宋的坊刻本品种遍及经、史、子、集,尤以科举、医书和文集为盛。琳琅满目的坊刻本,充分显示了南宋民间书坊刻书事业的兴盛。

书坊林立,坊本盛行,遂与官本、家刻本风水互激,造成巨大声浪,有力地推动了古代雕版印刷事业的发展和文化传播活动的深入。

二、两宋坊刻本的特色

(一) 北宋坊刻本

北宋书坊的刻书出版活动,见于历史记载的主要集中在四大刻书中心:开封、杭州、建阳和蜀地。

开封是北宋王朝的政治、文化中心,图书出版事业的发展环境较其他地区相对优越。当时,在城中最繁华的区域矗立着雄伟宏丽的相国寺。这座倍受宋代历朝君王崇奉的佛寺,每月开放5次,殿后资圣门前有书籍交易中心。在相国寺书市交易的图书,除了各地贩鬻进京者外,本地刻本也占有很大比例。这其中,除官刻本外,坊刻本为数不少。宋邵博在《邵氏闻见后录》卷17中记载:"真宗尝问杨大年:'见《比红儿诗》否?'大年失对。每语子孙为恨,后诸孙有得于相国寺庭杂卖故书中者。"《比红儿诗》当系坊间所刻之本。南宋杭州荣六郎经史书籍铺于绍兴二十二年(1152)刊行的《抱朴子内篇》卷末刻有5行告白,其中声称本铺旧日设肆于东京大相国寺东,今将京师旧本《抱朴子内篇》校正刊行。目前,尚无其他翔实史料可供清晰描述北宋开封书坊业和坊刻本的风貌,荣六郎经

---

① [清]徐松,辑;刘琳,等,校点. 宋会要辑稿·刑法二. 上海:上海古籍出版社,2014:8360.

史书籍铺虽然仅是孤证，但管窥蠡测，尚能以此了解北宋相国寺书籍铺刻书经营的概况。

杭州被叶梦得誉为印本天下第一，应与北宋监本多下杭州开板摹印有关。

宋徽宗政和八年（1118），大隐坊书坊镂版印行朱肱重校的《南阳活人书》，是目前唯一确知的北宋杭州书坊的刻书，且属委托摹印。1968年，山东莘县宋塔内出土的卷轴装、梵夹装雕版经卷，其中有仁宗庆历二年（1042）和嘉祐五年（1060）杭州晏家、钱家经坊先后刊印的《妙法莲华经》，后者序后有牌记"大宋嘉祐五年庚子正月杭州钱家重请讲僧校勘兼于逐卷内重分为平声为去声字章并及添经音在后雕印施行"。经卷"字体方正圆润，刀法遒劲古朴"，确与杭本称誉天下的盛名相符。美国纽约市立图书馆斯宾莎特藏组藏有一件北宋时期图文兼刻的佛经雕版实物，于20世纪20年代在河北巨鹿古城某经坊遗址出土。据史载，宋徽宗大观二年（1108），咆哮的黄河洪水挟带巨量泥沙，于顷刻之间将巨鹿吞没掩埋。出土于该城被淹遗址的佛经雕版，雕刻时间显然早于大观二年，且其图像雕刻与杭州晏、钱两家经坊所刊《妙法莲华经》在图像处理技艺上极为相似，据此推测，该佛经雕版同为北宋中叶的产物。从中，我们可以获知这样的信息：社会需求量巨大的佛经，仍是北宋书坊刊印的主要品种。

蜀地在唐五代时期就是全国的雕版刻印中心。宋初，朝廷在成都开雕卷帙浩繁的大藏经，进一步提升了蜀本的名声。当时，坊刻本继续在社会上广泛流传，只是因其所刻多为宗教和生活日用之类，使用者保存时间大都不长，更不易见于记载。北宋时，成都广都（今四川双流）的民间刻书活动比较繁荣，已知两家书坊有刻本流行：其一，费氏进修堂。该堂于宋徽宗时曾刻大字本《资治通鉴》，世称龙爪本。其二，广都裴宅。该堂于宋徽宗政和元年（1111）曾刊行六臣注《文选》。

福建刻书以建阳为盛，著名的余氏勤有堂就创建于北宋。宋仁宗嘉祐八年（1063），该堂所刊《列女传》采用上图下文的形式，开绣像书籍之先河，元明以来，屡经传摹影印。《天禄琳琅书目后编》著录了明代文徵明的旧藏《史记索隐》，为北宋嘉祐二年（1057）建邑王氏世翰堂刻本。清杨绍和《楹书隅录初编》著录海源阁旧藏宋本邵雍《击壤集》，系宋英宗治平三年（1066）建安蔡子文东塾刻本。这些见于著录、历经传刻的北宋坊刻本，虽然数量极少，却显示了建阳书坊发展之初的较高起点。

（二）南宋坊刻本

南宋都城临安在北宋时期就是全国的刻书中心，宋室南渡后，中原地区，尤其是京师开封的雕版良工，纷纷随书坊迁移至临安，中原的官宦大族、文人士子亦结伴南下云集新都。工匠队伍的壮大和书籍需求者的增加，为雕版印刷业的进一步发展创造了良好的条件。临安的书坊业在这样的条件下得到迅速的发展，著名书坊接踵登台亮相，书籍铺集中的区域开始形成。吴自牧《梦粱录》卷13"铺席"条中记载了理宗淳祐年间(1241—1252)临安许多有名的市肆，其中书籍铺就有"保佑坊前张官人经史子文籍铺，太庙前尹家文字铺，住大树下橘园亭文籍书房"等。又御街西首一带棚桥附近书铺也较集中，著名的陈起陈宅书籍铺、经坊王念三郎家等都在其间。

婺州(今浙江金华)是南宋浙中重要的雕版印刷地区，书坊刻书盛极一时。淳熙十四年(1187)，洪迈在禁中，忽听孝宗问及所著《容斋随笔》，后经询问，方知是婺州刻本，宫中之人自书坊买入，可见其地坊本流传之广。而光宗绍熙四年(1193)，朝廷下达禁书之令，"诏四川制司行下所属州军，并仰临安府、婺州、建宁府照见年条法指挥，严行禁止(书坊刊行的奏议、章疏、封事、程文)。其书坊见刊板及已印者，并日下追取，当官焚毁"①。将婺州与三大刻书中心并列，足以推知婺州当时书坊刻书之盛。

南宋浙、闽坊刻最为风行，我国古代两大书林世家临安陈氏、建阳余氏即分出其地。在南宋至元末的二百多年中，无论从历代书目著录与传世的数量，还是从内容品种的丰富与否来考察，闽中坊刻本都要稍胜一筹。历史上对闽本，尤其是闽中坊刻本的流通多有评价，清末叶德辉在《书林清话》中"宋刻书之盛，首推闽中，而闽中尤以建安为最，建安尤以余氏为最"的归纳最为简明精当。建安是建阳的古代郡名，叶氏所说的建安，就是建阳。

建阳地处武夷山南麓，位于闽北中心，历史上隶属三国吴始置的建安郡，唐初改建安郡为建州，南宋初升建州为建宁府。南宋以来，书坊名号前冠以建安或建宁者，多系建阳书坊。建阳书坊主要集中在麻沙坊和书坊街两地。麻沙坊在县西70里，隶建阳永忠里；书坊街在县西南70里，隶崇化里。两坊相距10多里。南宋学者祝穆"麻沙、崇化两坊产书，号为图书之府"②的记载，反映了南宋时期深处武夷山区的两个小书坊形成图书大市场的实况。

宋元建阳知名书坊多出余氏、刘氏两大姓，余氏出自崇化，刘氏世居麻沙。南宋余姓书坊见知者有余仁仲万卷堂、余唐卿明经堂、余彦国励贤堂，刘姓书坊

---

① [清]徐松,辑;刘琳,等,校点.宋会要辑稿·刑法二.上海：上海古籍出版社,2014：8353.
② [宋]祝穆.宋本方舆胜览(卷11).上海：上海古籍出版社.1991：127.

见知者有宁宗开禧元年（1205）刻宋王宗传《童溪王先生易传》30卷的刘日新三桂堂、高宗绍兴三十年（1160）刻《新唐书》等的麻沙镇水南刘仲吉宅、庆元六年（1200）刻《新刊五百家注音辨昌黎先生文集》《五百家注音辨唐柳先生文集》的建安魏仲举家塾、宋宁宗嘉定元年（1208）刻《汉书》120卷的建宁蔡琪一经堂等。

宋代，四川刻书主要集中在成都和眉山地区。唐末黄巢起义，数年内攻城略地，渡淮河，入东都，破潼关，下华州，唐僖宗仓皇避走成都。自此，蜀地的雕版印刷事业以成都为中心，得到了迅速发展。历经五代、北宋，蜀本以其行格疏朗、刻印精美的特色而名扬天下。南宋时期，蜀刻中心逐渐由成都转向眉山地区，眉山书坊所刻《册府元龟》（图44），以及南北朝七史、《太平御览》《三苏先生文集》《唐人文集》皆赫赫有名。仅从传世的刻本就可推测南宋眉山地区的书坊刻书活动十分频繁。但是，其书坊不立名号的习惯，却给我们确认坊刻本并正确评

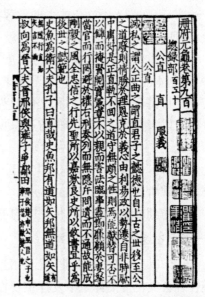

图44 《册府元龟》 南宋眉山书坊刻本

估其地民间书坊刻书活动的规模和影响带来了困难。现知有名号可考的眉山书坊为：

（1）眉山程舍人宅。陆心源皕宋楼旧藏宋刊配明复本《东都事略》，其目录后有"眉山程舍人宅刊行已申上司不许复版"两行木记。

（2）眉山咸阳书隐斋。宋宁宗庆元三年（1197）刊行《新刊国朝二百家名贤文粹》300卷，卷末有"庆元丁巳咸阳书隐斋跋"。

南宋眉山书坊虽不及临安建阳，但也算繁荣。上述书隐斋前冠"咸阳"二字，说明坊主系咸阳人，或书坊从咸阳而来。眉山万卷堂刻大字本《十便良方》卷首录宁宗庆元元年（1195）汾阳博济堂序文。咸阳、汾阳都是北方金国文化较发达的地区，眉山与其两地书坊及刻本的迁移和翻刻，说明当宋金南北对峙之际，自古以来川、晋、陕一直保持的文化交流仍在延续。宋理宗宝祐六年（1258），蒙古蒙哥汗亲率重兵大举入侵四川，成都陷落。成都、眉山地区惨遭蒙古铁骑践踏，书籍、版片被焚掠一空，今存17种南宋蜀刻本唐人集均有"翰林国

史院官书"长方大印,或即其时所得。蜀刻遭此大劫,从此一蹶不振,正如明胡应麟《少室山房笔丛》卷4中所说,"蜀本,宋最称善,近世甚希"。

三、宋代坊刻本的文化影响

书籍,作为人类文化的主要承载物,具有再现已在历史时空中消逝的人类社会活动的功能。就整体而言,书籍就是一部记录人类文化积累的宏伟史诗。

中国古代书籍,仅保存至今者就有近10万种。在这现存的近10万种古籍中,坊刻本的确切数字虽然尚无统计,但是肯定不在少数。由于坊刻本主要以适应中下层民众的日常生活和文化消费为目的,多数在传播使用过程中已流失,所以南宋以来在社会图书传播流通总规模中,坊刻本所占份额应该远大于现存古籍之比例。有学者已经看到了这一点,郑鹤声、郑鹤春在《中国文献学概要》第七章"刻印"中指出:"版本之类有五……而以书肆坊为其中坚……坊肆本者,诸书坊书肆所刻本也。书籍之流播,全赖坊肆之雕刻。"其中所云虽然语似有过,但强调坊刻本在古代文化传播中的重要作用无疑是正确的。

(一) 与社会文化潮流互动

南宋以来,书坊刻书业应社会潮流而起,两相互动,规模不断扩大,坊刻本开始在社会文化传播体系中发挥重要作用。宋之建阳,就是坊刻本全面介入文化传播,与社会潮流互动的典型。

建阳麻沙、崇化两坊兴起于南宋文风炽盛之时。宋代闽中建阳一带学者辈出,朱、游、蔡、刘、熊氏世居其地。逮及南宋,刘子翚、朱熹、蔡沈等学者倡明道学,先后在建阳构精舍讲学。尤其是"琴书四十年,几作山中客"的大儒朱熹先后兴建考亭书院、云谷书院、同文书院等,广招弟子,吸引全国众多学子联袂远投前来求学,同时不少著名学者入闽中建舍为师友讲学之所,在建阳营造起了浓郁的读书、讲学氛围,时有"小邹鲁"之称。读书、讲学都离不开书籍,巨大的读者群形成了旺盛的市场需求,有力地促进了当地出版业的崛起和发展。现存南宋坊刻本基本上都是孝宗淳熙以后所刻,其与以建阳为中心的闽中书院办学高潮在时间上是一致的,清楚地体现了两者之间的互动关系。

读书、讲学,需要的是儒家经典之作和科举讲习之书。南宋以刊行此类书籍得名的书坊不少,刻有九经的余仁仲万卷堂即是其中最著名者。这样的刻书风气一直影响到元代,叶德辉遗著《元私本考》就《四库全书》经部所录百余部元版书进行版本考录,其中四分之一强属于坊刻,真所谓"五经四书泽满天下"。

建阳书坊业的崛起,很快在当地形成了一个影响全国的书市。嘉靖《建阳县志》记载了崇化书市的盛况:"比屋皆鬻书籍,天下客商贩者如织,每月以一、六日集。"直至清初,朱彝尊《建阳》诗中尚云:"得观云谷山头水,恣读麻沙坊里书。"稍后,查慎行《建溪棹歌词十二章》之四中又曰:"西江估客建阳来,不载兰花与药材。点缀溪山真不俗,麻沙村里贩书回。"由此可见,南宋以来建阳坊刻本在社会文化传播中所发挥的作用和影响是不可低估的。

(二) 应社会民众需求而动

综观现存和见于著录的历代坊刻本,其中最多的是科举应试、日常生活和通俗文艺三大类。

唐宋以来,科举制度作为朝廷取士的主要手段,对社会具有深远的影响。社会围绕科举做出广泛反应,形成波及全社会的文化现象,称为"科举文化"。编纂大量书籍,以备士子应试之需正是其重要的组成部分。

坊刻科举类书籍从内容和功用上大约可以分为三种:一为朝廷指定经史典籍的有关注疏和解说之著,一为适应士子科场应试采掇之用的类书,一为时文。三类书中,时文最滥最下,可以毋论。

现存宋代坊刻本大都属于第一类,且为后人所重。这类书在体例上都能从便利士子诵习理解出发进行创新,如建安刘叔刚桂轩一经堂刻《附音释礼记注疏》《附音释毛诗注疏》,其合经、注、疏、释文于一体,据清孙星衍《平津馆鉴藏记》所载,南宋闽中尚有春秋三传的附音释注疏本刊行。显然,这是书坊在编例上适应士子,或者说是适应市场需求的结果。

纂图互注重言重意类书籍(图45),也是一种在图书内容编例上出新的科举考试用书。这种版本类型,主要流行于南宋,大多为坊刻本,内容则集中在经、子二部。元、明间时见翻刻。其编例的形成有一个发展的过程。南宋建安坊本《纂图互注扬子法言》卷末有木记:"本宅今将监本四子纂图互

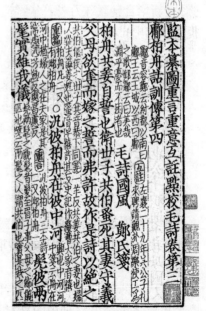

图45 《监本纂图重言重意互注点校毛诗》 宋刻本

注附入重言重意，精加校正，殆无谬误，誊作大字刊行。务令学者得以参考，互相发动，诚为益之大也。"后又将大字本改为小字巾箱本。

所谓互注，就是在一书中某句子下，将其他经书注中出现的同一文句标引出来，类似引文索引。所谓重言，是指在一书某句文下，将本书其他篇章中文字相同的词句一一注出；重意，是指在某一句文下，注出本书其他篇章中与之意思相近的句子；而纂图，就是绘图，是指书中有插图。

纂图、互注、重言、重意各项义例的确立，对于读书学子来说，确实有助于进行对比、联想，可以帮助其举一反三，深刻理解文意，这对于现代图书的编纂，仍有其借鉴意义。

供士子科考采掇和诗文猎祭之用的类书，最为学者不屑，目为"兔园策"。南宋建阳书坊就曾刊行过为数不少的"兔园策"，仅从《四库全书》子部的著录中就能得到这样的名单：宋崇安叶廷珪《海录碎事》、宋崇安祝穆《事文类聚》、宋金华潘自牧《记纂渊海》、宋金华章如愚《山堂考索》、宋建安谢维新《古今合璧事类备要》、宋宁德林駉《新笺决科古今源流至论》、宋建安刘达可《璧水群英待问会元选要》、宋《锦绣万花谷》，其他还有宋建安叶薿《宋名贤四六丛珠》、宋连江李弥孙《新增合璧联珠万卷菁华》等。四库馆臣对此现象有所评说，在《源流至论》提要中指出：

> 宋自神宗罢诗赋，用策论取士，以博综古今，参考典制相尚，而又苦其浩瀚，不可猝穷。于是类事之家，往往排比联贯，荟萃成书，以供场屋采掇之用。其时麻沙书坊，刊本最多。大抵出自乡塾陋儒，剿袭陈因，多无足取。惟章俊卿《山堂群书考索》最为精博。是编于经史百家之异同，历代制度之沿革，条列件系，亦尚有体要。虽其书亦专为科举而设，然宋一代之朝章国典，分门别类，序述详明，多有诸书不载者，实考证家所取资，未可以体例近俗废也。①

检馆臣所撰其他类书提要，亦多肯定之辞。考上述所及各书的编撰者，多为进士学者，所编各书搜采经史，博取子集，不仅可供场屋取用，且多存国家典制、朝野故实，足备后世治学者取资。

古代坊刻类书，还有一种属于民间生活日用百科全书型的，如《居家必用事类全集》《多能鄙事》《便民图纂》《万用正宗不求人》《万宝全书》《文林聚宝万卷

---

① ［清］永瑢等.四库全书总目卷一三五.北京：中华书局,1987：1151.

星罗》《事林广记》等。这类书籍切合家庭日常生活,流传广泛,翻刻频繁,与书坊大量刊行的医经医方类书籍一起,充分体现了古代坊刻本适应社会需要的基本特色。

四、民间藏书的发展

宋代是我国古代私人藏书的勃兴时期。自五代雕版印刷术推广以来,至北宋仁宗年间(1023—1063),四部典籍大多已有雕版印本。印本书籍盛行,使求书变得越来越容易,一时间士大夫藏书成风。

宋代士大夫藏书者甚众,著名的学者、文学家如北宋的宋绶、欧阳修、曾巩、司马光、苏颂、沈括、赵明诚,南宋的叶梦得、陆游、尤袤、岳珂等人,个个家富藏书,其中欧阳修的六一堂、司马光洛阳独乐园中的读书堂、沈括的梦溪园、赵明诚的归来堂、叶梦得的绀书阁、陆游的书巢、尤袤的遂初堂等,在古代藏书史上都具有很大的影响。

据有关史料记载的不完全统计,宋代藏书家多达300余位,创造了先秦以来历朝历代的最高纪录。这其中,拥有万卷以上的藏家占有很高比例,尤其是出现了收藏品种可与政府媲美、收藏数量堪与政府比肩的大藏家。北宋末,徽宗宣和七年(1125),秘书省发现了藏书家王阐、张宿等的藏书,共计658部,其中2 417卷是朝廷三馆秘阁所缺藏的,而且经秘书省官员校勘,悉为善本。

这里特别值得介绍的是南宋三位杰出的藏书家晁公武、陈振孙和郑樵。

晁公武(约1105—1180),字子止,澶州清丰(今属河南)人。他在四川转运司供职时,转运副使井度是一位藏书家,临终前把藏书悉数相赠。晁公武合井度赠书和家中旧藏,除去重复,得24 500多卷。于是,晁氏对这些藏书一一亲加校雠,撰写提要,类分四部,并加部论类序,编成解题书目《郡斋读书志》4卷。

陈振孙(约1183—约1262),字伯玉,号直斋,浙江安吉人。曾官国子监司业。通判兴化军时得故家藏书数万卷,晚年花费将近20年时间,仿《郡斋读书志》的体例,编成《直斋书录解题》56卷,著录图书3 096种、51 180余卷,比南宋国家书目《中兴馆阁书目》及《续书目》著录的总和59 000余卷仅少约8 000卷。

郑樵(1104—1162)(图46),字渔仲,兴化军莆田(今属福建)人。宋室南渡,曾上书当政,要求抗金报国。横遭冷遇后,隐居家乡夹漈山,藏书数千卷,励志治学。一生著述宏富,最为著名的传世之作是《通志》200卷。《通志》是一部包括纪、谱、略、世家、列传、载记6个部分的通史,最为学术界推重的是其中的二

图46 郑樵像

十略。二十略中的《艺文》《校雠》《图谱》《金石》四略与图书编辑出版事业有关,《校雠略》甚至涉及整个图书编辑出版事业。郑樵在《校雠略》中系统提出了图书搜集整理编目的理论,如强调亡书出于后世、民间,总结求书八法,即类以求、旁类以求、因地以求、因家以求、求之公、求之私、因人以求、因代以求,其目的在于使"千章万卷,日见流通"。

三位藏书家的学术贡献是与当时图书编辑出版事业的发展息息相关的,可以说前者是后者的产物。发达的图书出版业使民间的图书拥有量不断增加,藏书成为一种在社会上具有吸引力的文化活动,甚至成了一部分人的终身事业。而持续旺盛的社会藏书风气,尤其是藏书家的编目研究活动,又对图书编辑出版事业的发展产生了巨大的促进作用。

第四节 宋代图书形制的发展和印刷技术的进步

一、册叶制度及其早期装帧形式

雕版印刷术在出版业的广泛应用与印本书的普及,引发了书籍在版式、行款、字体和装帧等各方面的变革,新的书籍制度——册叶制度应运而生。

雕版印刷,一块书版印一叶纸,单面印刷;印叶中间有书口,将叶面分为左右两页。册叶制度的主要内容就是合理地将单面散叶装订成册。所谓合理,就是符合装帧牢固、翻阅方便的原则。册叶装帧的基本原理,就是将单面书叶沿版心中线对折,积叶粘装成册。在宋代,由于书叶折叠和粘装方法的改进,先后形成了蝴蝶装和包背装两种形式。

(一)蝴蝶装

蝴蝶装(图47)起源于五代。五代国子监大规模开雕儒家经典,《册府元龟》记载了其时的雕刻流程:"召能书人谨楷写出,旋付匠人镂刻。每五百纸,与减一选。"所谓"五百纸",是指500张印叶。《五代会要》记载后周广顺三年(953)

国子监进印版九经书——《五经文字》《九经字样》时,描述其卷帙单位是"各二部,一百三十册",证明这批印本九经已经采用了积叶成册的装订方法,而且是蝴蝶装。蝴蝶装积叶成册,册叶制度真正开始实行。

图47　蝴蝶装

清代学者叶德辉在《书林清话·书之称本》条中说:"蝴蝶装者,不用线订,但以糊粘书背,夹以坚硬护面,以版心向内,单口向外,揭之若蝴蝶翼然。"版心向内、单口向外,是蝴蝶装的折叶方式:每叶印纸沿版心向内对折,即印有文字的两页向内相对。然后,将折叶依次排齐,在版心背面即折口上粘胶,统一粘贴在一张裹背纸上。首尾书衣用硬纸衬装,考究的再用绫、锦等高档织品裱褙。书一打开,书叶向两边展开,好像蝴蝶的双翅,故以蝴蝶命名。当时的黏合材料,是用楮树汁、飞面、白芨末三物调和而成的。据记载,此物用以粘纸,永不脱落,坚如胶漆。

蝴蝶装盛行于宋代。《明史·艺文志》序云:"秘阁书籍,皆宋、元所遗,无不精美。装用倒折,四周外向,虫鼠不能损。"装用倒折,四周外向,就是蝴蝶装的特征。宋代蝴蝶装,其书衣皆硬壳,书版之左上角,往往于栏外刻书之篇题一小行。北京国家图书馆现藏《春秋左传》《欧阳文忠公集》《册府元龟》《文苑英华》等都是宋时原装,尤其《文苑英华》的书衣有"景定元年十月装背臣王润照管讫"字样。考敦煌石室藏五代和北宋时期的写本、印本书,基本上还都是卷子本,即卷轴装。完成于北宋太平兴国八年(983)的《开宝藏》、完成于崇宁三年(1104)的《崇宁藏》也是卷子本,即使是完成于金大定十三年(1173)的《赵城藏》也仍是卷子本。由此可以认定,宋代书籍装帧的革新,其普通书籍与宗教经典并不是同步的。

蝴蝶装全书书叶的固定完全靠粘连,并不凿孔穿线,长期翻阅会导致书叶脱落。同时，书叶都为单层，一面空白一面印字，纸薄则容易使印刷面粘连，致使翻检时多见纸背空白面。针对蝴蝶装的这一不足，南宋中叶出现了改进型，即包背装。

（二）包背装

包背装（图48）的基本装帧思路与蝴蝶装一样，但是在方法和工艺上做了两项改进：第一，将折叶方式由沿版心中线向内折改为向外折，使书口向外，书叶的余幅为背；第二，在书叶的余幅，俗称书脑的地方穿孔，用绵性的纸捻贯穿锁定，使其不会脱落。包背装虽然出现在南宋，但其盛行则是在元明时期。

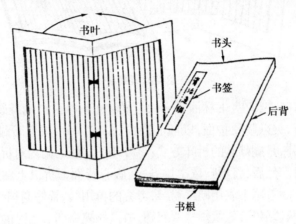

图48　包背装

二、宋版书的特征及其价值

（一）宋版书的版刻特征

宋代是我国雕版印刷的繁盛期，同时也是一个没有多少既往成就可以守成的开创期。在雕版印刷这个书籍生产的新天地里，热衷于图书出版事业的宋代士大夫、书坊主、雕印匠人倾心创造，在书艺刀法、选纸用墨、版式行款等方面形成了鲜明的时代特色，即宋版书的版刻特征。从传世的宋刻本来看，其版刻特征体现在字体、墨色刀法、用纸、版式等各个方面。

1. 字体

宋代刻书，大多采用唐代书法大家欧阳询、颜真卿、柳公权的书体上版。具体来说，北宋早期多用欧阳询体（图49）。欧字形体略长，笔画挺拔秀丽，京师汴梁、浙江刻本多用之。后逐渐流行颜真卿体(图50)。颜体字形架势端庄雄伟,笔画肥劲弥满,如"樊哙拥盾,力士挥拳"。蜀刻本多用颜体,"字大如钱",有疏朗悦目之美感。南宋以后,柳体流行。柳公权书法笔力遒劲,横轻竖重,结构紧劲,以骨力胜(图51)。福建刻本多用柳体。江西刻本则欧、柳兼而有之。

《九成宫醴泉铭》 欧阳询书　　《事类赋注》 南宋两浙东路茶盐刻本

图49

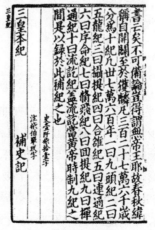

《自书告身》 颜真卿书　　《史记》 宋刻本

图50

 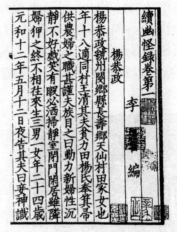

《玄秘塔碑》 柳公权书　　　《续幽怪录》 南宋尹家书籍铺刻本

图 51

2. 墨色刀法

宋代印书，用墨十分考究，质料精良。其特点是色浓似漆，墨深香淡，潮湿不显漂迹，干燥而无烟痕。正如明代高濂在《遵生八笺·燕闲清赏笺》"论藏书"中所指出的："宋人之书，纸坚刻软，字画如写，格用单边，间多讳字，用墨稀薄，虽着水湿，燥无湮迹，开卷一种书香，自生异味。"

雕版刻字，十分讲究刀法，发刀、挑刀、打空、拉线，必须一丝不苟，方能毕现原书神韵。宋代刻书，无论官私，刀法普遍精致细到，点线不苟，原书笔势神气跃然版上。

3. 用纸

宋刻用纸，品类繁多，主要有麻纸、罗纹纸、北方的桑皮纸、江南的竹纸等。

麻纸以麻为主要原料，有黄、白两种：黄麻纸色略黄，纸质坚韧，略显粗糙，不易受潮，很少变质。白麻纸正面洁白光滑，性能与黄麻纸相仿。宋代印书大多采用黄、白麻纸，今传用麻纸印刷的宋本，虽历千年而完整若新。一般来讲，北宋京师刻本和南宋的浙本、蜀本主要用白麻纸，南宋的闽本则主要用黄麻纸。罗纹纸质地细薄柔软，色洁白，有显著横纹，颇似丝质的绫罗，历代都取以印书。桑皮纸，因制造原料中有桑皮成分而得名，以质地坚韧著称，宋、元两代常取作印书用纸。竹纸以嫩竹为原料，颜色微黄，故又称黄纸。因纸性稍脆，不常用于印书。

4. 版式

宋本版式,早期大多为四周单栏,后来逐渐演变为左右双栏、上下单栏,栏线则左右粗、上下细。大部分刻本在版心中缝上端刻字数,下端雕刻工姓名,且为单鱼尾。建阳刻本则多双鱼尾,并刻有牌记和书耳。关于版心,北宋本多为白口,南宋中后期,随着包背装的逐渐流行,福建坊刻本中开始出现细黑口。

宋本刚从卷子本演化过来,有的本子还保持着卷子本的写式,即小题(书中某卷某一章节或类别名)在上,大题(书名全称)在下。官刻本大多还在卷末列出校勘人衔名,区别初校、复校、终校或校对、校定、主校分列。

行款,一般是指古籍书叶版面的行数和字数,又称行格、行字,历来是版本鉴定的重要依据。从现存宋本分析,似无定式。清江标《宋元本行格表》汇集宋元1 156种刻本的行款,分为4行至20行共17类。王国维曾在《五代北宋监本考》中指出:北宋刊诸经疏,其行款半叶15行,疏每行23至28不等。这也是六朝以来的义疏旧式。蜀刻集部书,唐人诗文集多半叶11行或12行,宋人文集则一般都是每半叶10行。而南宋临安书棚本就是以每半叶10行、每行18字为版本特征的。但是,综合观察宋本的版式,存在一个共同的特点,即每行字数虽然相同,但从横的方向看,字的间隔排列,大多是不齐整的。

(二) 宋版书的文化价值

早在明清时期,宋版书已经是稀世珍宝。明末著名出版家毛晋求购善本,宋版书论页出价。清乾嘉年间吴门藏书家黄丕烈以佞宋主人自居,作《百宋一廛书录》,为所藏百种罕传宋本立传;清末浙江吴兴藏书家陆心源更为有200种宋本书的藏室取名皕宋楼,以传扬天下。

时至今日,历经近千年历史风云的宋版书,存世已稀如星凤。日本《朝日新闻》1977年6月28日报道,据阿布隆一教授的调查统计,存世宋版书(不包括《大藏经》之类),中国大陆藏有1 500多部、1 000版种,中国台湾地区藏有840部、500多版种,日本藏有890多部、620版种。其中,绝大部分为南宋刻本。2000年4月,上海市政府以450万美元巨资,使常熟翁氏六世藏书80种、542册(其中南宋刻本11种、156册)重返国土,入藏上海图书馆。这一切说明宋版书的文化价值已受到关注。

宋版书的文化价值主要体现在三个方面:其一,宋版书是迄今存世最早的一批雕版印刷品,它们以实物的形式向后世昭示印刷时代初期图书编辑出版和社会文化传播的真实状况,具有不可替代性。其二,宋版书在书艺刀法、选纸用墨、版式行款等方面形成了自己的版刻艺术风格,为雕版印刷出版的发展创造了一个辉煌的起点。其三,宋版书近古,有的是直接从古写本转刻的,较好地保存了古书的原貌。随着印本书的普及,古写本逐渐湮没消亡,宋版书的学术价值不断得到凸显。以上三个方面,大致与善本书的标准——历史文物性、艺术代表性和学术资料性——相对应。

以上是就宋版书的整体而言的,这并不否认少数宋版书在编辑出版时有忽视质量、存在错漏的现象。所以,在使用中不能盲目崇信宋版书,而应该多做比勘。

三、活字印刷术的发明

雕版印刷,一次可以印成百上千部书,对于靠一字一句手工抄写来说,的确是一场了不起的革命。但是,从雕版印刷的工序来考察,印一叶书,需雕一块版,一部卷帙浩繁的大书,需要雕刻成千上万块书版,这在人力、财力和耗时上都显得很不经济。古人在雕印实践中意识到了这一不足,并且努力探索新的改革途径。北宋仁宗庆历年间(1041—1048),临安毕昇发明了活字印刷术,这项发明比欧洲最早用活字印刷《圣经》的德国人谷腾堡要早400年。

有关毕昇的这一重大发明,沈括在《梦溪笔谈》卷18中做了如下记载:

> 板印书籍,唐人尚未盛为之。自冯瀛王(道)始印五经,已后典籍,皆为板本。庆历中,有布衣毕昇,又为活板。其法用胶泥刻字,薄如钱唇,每字为一印,火烧令坚。先设一铁板,其上以松脂腊和纸灰之类冒之,欲印则以一铁范置铁板上,乃密布字印。满铁范为一板,持就火炀之,药稍熔,则以一平板按其面,则字平如砥。若止印三二本,未为简易,若印数十百千本,则极为神速。
>
> 常作二铁板,一板印刷,一板已自布字,此印者才毕,则第二板已具,更互用之,瞬息可就。每一字皆有数印;如"之""也"等字,每字有二十余印,以备一板内有重复者。不用则以纸贴之,每韵为一贴,木格贮之。有奇字素无备者,旋刻之,以草火烧,瞬息可成。不以木为之者,木理有疏密,沾水则高下不平,兼与药相粘不可取,不若燔土,用讫再火令药熔,以手拂之,其印自落,殊不沾污。昇死,其印为予群从所得,至今宝藏。①

---

① [宋]沈括,著;胡道静,校证.梦溪笔谈校证.上海:上海古籍出版社,1987:597.

这段文字非常详细地记录了毕昇活字印刷的过程。这一发明,在今天看来显得十分原始,但它已经具备了一套完整的活字印刷工艺流程:制活字、排版、印刷,与现代活字印刷技术完全相同。

北宋是我国雕版印刷的黄金时期,毕昇能在雕版印刷术处于上升的时期,就敏锐地发现其印一叶雕一版的根本缺陷,从而创造出活字排版的新技术,的确是非常了不起的。可惜的是,毕昇作为一个社会地位低下的布衣,根本没有能力也没有资本来推广自己的发明,甚至没有留下用活字印刷术印刷的只页片纸,致使这一伟大的发明长时期无法发挥其巨大的社会效益。

毕昇的生平事迹史无记载,仅沈括称他为"布衣"。有关研究者认为,发明活字印刷术需要有雕版印刷经验的丰富积累,因此判断他是一位具有高超技艺的雕版印刷工人。

第五节　两宋时期的图书发行业

由于民间书坊业的形成、政府机构和官吏的参与,两宋时期的图书发行业呈现出比较繁荣的局面,图书销售发行活动遍布大江南北,并且进入边境贸易。两宋政府为了强化对符合自己统治意愿的政治思想文化的宣扬传播,对日益繁荣的社会图书发行活动采取了限制措施。

一、政府管制下的图书市场

(一) 政府机构积极印售书籍

宋代,政府机构参与图书贸易活动以国子监为代表。《宋史·职官五》记载曰:国子监书库官"掌印经史群书,以备朝廷宣索赐予之用,及出鬻而收其直以上于官"。这表明销售出鬻图书是国子监的管理职能之一。由于国子监刻书,不仅在本监,而且大量下发至州府地方刻书机构雕造,所刻图书品种齐、数量多、质量好,在全国刻书出版业中独占鳌头。所以,监本以官刻的良好信誉,迅速占领市场。宋代文献中留下了很多监本在全国的销售记录:北宋徽宗时,吴兴沈偕京师擢第后,"尽买国子监书以归"。四川眉山孙氏购买国子监书万卷,成为名著一方的藏书家。北宋末年，遭逢靖康之乱的著名藏书家赵明诚、李清照夫妇南下之际，将家中所藏"先去书之重大印本者，又去画之多幅者，又去古器之无款识者，后又去书之监本者"。李清照《金石录后序》中的这段描述，说明了两点：一是像赵明诚这样的士大夫家中大多藏有很多监本书籍；二是十分珍视监本，所以到最后才忍痛割舍。

除国子监以外，各地政府或官学的刻书机构也参与图书发售，以此来补贴财政，充实办学经费。其中以公使库最为知名，规模可能也较大。

（二）活跃的民间贸易活动

宋代，民间刻书业已经形成较大的规模，苏轼《李氏山房藏书记》中"近岁，市人转相摹刻诸子百家之书，日传万纸"，南宋咸淳年间（1265—1274）明州刻本《佛祖统纪》"刊板后记"中透露的"拟办纸印造万部为最初流通"的销售设想，都证明了这一点。生产规模的扩大，必定带动发行销售活动的繁荣。曹之根据《郡斋读书志》《遂初堂书目》《直斋书录解题》等宋人藏书目录的得书记载，统计编制了一份《宋代全国书市贸易分布地区表》①，其中包括浙江 21 个地区、福建 21 个地区、四川 10 个地区、江西 22 个地区、湖北 12 个地区、湖南 13 个地区、江苏 6 个地区、安徽 8 个地区、河南 3 个地区、山西 5 个地区、广东 3 个地区。这虽然仅是一份不完全的统计，但是已经足以说明宋代民间图书贸易市场遍及全国的事实。

（三）政府对图书出版流通环节的管制

当社会形成对图书的规模需求后，刻书就成了可以赢利的行业。于是，为了追求利润，民间书坊开始以能否赚钱作为选择雕印图书品种的标准，图书出版和发行领域逐渐出现了政府不能允许的违禁现象。所以，政府开始对图书出版流通环节进行管理控制，发布禁令是通常的做法，禁印的内容大致包括以下两个方面：

（1）涉及国家机密。两宋政府关于严防泄露国家机密的出版禁令，包括涉外和对内两个方面。早在宋初景德三年（1006），真宗就下达了《非九经书疏禁缘边榷场博易诏》，其中规定："民以书籍赴缘边榷场博易者，自非《九经》书疏，悉禁之。违者案罪，其书没官。"仁宗天圣五年（1027），中书省奏请：在与辽国往来中，常有将"皇朝臣僚著撰文集印本传布往彼，其中多有论说朝廷防遏边鄙机

---

① 曹之.中国印刷术的起源.武汉：武汉大学出版社，1994：421.

宜事件",于是诏令"今后如合有雕印文集,仰于逐处授纳,附递闻奏,候差官看详,别无妨碍,许令开板,方得雕印。如敢违犯,必行朝典"。

然而,哲宗元祐四年(1089),苏辙使辽,却在燕都发现了自己的家谱,并有多人问及哥哥苏轼的近况,以为事涉国家机密,要求朝廷加以防范。次年,礼部拟定了出版管理条例,规定:"凡议时政得失、边事军机文字,不得写录传布,本朝会要、国史、实录不得雕印。违者徒二年,告者赏缗钱十万。内国史、实录仍不得传写。即其他书籍欲雕印者,选官详定,有益于学者方许镂板。候印讫送秘书省,如详定不当,取勘施行。诸戏亵之文,不得雕印,违者杖一百。委州县、监司、国子监觉察。"①

仁宗康定元年(1040),诏曰:"访闻在京无图之辈及书肆之家,多将诸色人所进边机文字镂板鬻卖,流布于外。委开封府密切根捉,许人陈告,勘鞫闻奏。"南宋光宗绍熙四年(1193)六月,臣僚奏称:朝廷大臣之奏议、台谏之章疏、内外之封事、士子之程文,机谋密画,不可漏泄。今乃传播街市,书坊刊行,流布四远。事属未便,乞严切禁止。于是,诏四川制司行下所属州军,并仰临安府、婺州、建宁府严行禁止,"其书坊见刊板及已印者,并日下追取,当官焚毁,具已焚毁名件申枢密院。今后雕印文书,须经本州委官看定,然后刊行"。

(2)涉及违碍思想。所谓违碍思想,就是与统治者的政治意愿相违背的思想内容,一切宣扬传播违碍思想的出版活动都在查禁之列。这类查禁情况比较复杂。据《宋史·真宗本纪》记载,大中祥符二年(1009)诏令:"读非圣之书及属辞浮靡者,皆严谴之。已镂板文集,令转运司择官看详,可者录奏。"此后,徽宗朝查禁元祐学术,崇宁元年(1102)下诏:"诸邪说诐行非先圣贤之书,及元祐学术政事,并勿施用。"遂禁印司马光、苏轼文集。稍后,又禁印一切不合儒家经义之书。

在两宋三百多年的统治中,有关出版的禁令出台过不少,但是效果不佳,很多只是一纸空文。究其原因是多方面的:首先,朝廷只禁不导,地方政府执行不力。其次,查禁存在随意性,内容过于宽泛。徽宗时,因党同伐异的政治需要,株连查禁司马光、苏轼、黄庭坚等人在社会上流传已久、有着广泛市场的诗文集,只能起到相反的作用,致使宋室南渡后,出现"人传元祐之学,家有眉山之书"的传播盛况。

---

① [清]徐松,辑;刘琳,等,校点. 宋会要辑稿·刑法二. 上海:上海古籍出版社,2014;8304.

二、宋代的图书价格、广告和书业的版权意识

(一) 图书价格

宋代书价比较便宜,监本书价基本与工本费持平。天禧元年(1017),有朝臣建议提高监本书价,真宗回答说:"此固非为利,正欲文籍流布耳。"哲宗元祐初,监本曾一度提高书价,陈师道上书《论国子卖书状》,曰:"伏见国子监所卖书,向用越纸而价小,今用襄纸而价高……臣愚欲乞计工纸之费以为之价,务广其传,不以末利,亦盛教之一助……诸州学所卖监书系用官钱买充官物,价之高下,何所损益?而外学常苦无钱,而书价贵,以是在所不能具有国子之书,而学者闻见亦寡。今乞止计工纸,别为之价,所翼学者益广见闻,以称朝廷教养之意。"

哲宗似乎采纳了陈师道的建议,元祐三年(1088)刊行汉张仲景医书时,朝廷下令刊行小字本,以降低成本。《注解伤寒论》四部丛刊本附有元祐三年的牒文:"下项医书册数重大,纸墨价高,民间难以买置。八月一日奉圣旨:令国子监别作小字雕印,内有浙路小字本者,令所属官司校对,别无差错,即摹印雕版,并候了日,广行印造,只收官纸工墨本价,许民间请买。"绍圣元年(1094),哲宗再次批准国子监用小字刊印日用医书的请求。

宋代刻印书籍的成本可以分解为纸墨等材料、雕刻印装工钱、伙食补贴支出等项目。下面是三份具体的工料成本单:

(1) 宋曾穜辑《大易粹言》10卷,宋淳熙三年(1176)舒州公使库刻本,其题识称:今具《大易粹言》1部,计20册,合用纸数印造工墨钱下项:纸副耗共1 300张,装背饶青纸30张,背清白纸30张,棕墨糊药印背匠工食等钱共1贯500文足,赁板钱1贯200文足。本库印造,见成出卖,每部价钱8贯文足。

(2) 王禹偁《小畜集》,全书163 848字。绍兴十七年(1147)黄州周郁等雕造,共8册,计432块书版,其纸墨工价支出为:书纸并副版448张,表背碧青纸11张,大纸8张,共钱206文足,赁板棕墨钱500文足,装印工食钱430文足,除印书纸外,共计钱1贯136文足。见成出卖,每部价钱5贯文省。

(3) 宋象山县学刻本《汉隽》题记:象山县学《汉隽》每部2册,见卖钱600文足,印造用纸160幅,碧纸2幅,赁板钱100文足,工墨装背钱160文足。

宋代读者购书有两种方式:一是购买成书,一是自备纸张到藏版处刷印。上述题记中讲到"赁板钱",即是指自备纸张者刷印需付的租赁印版的费用。

（二）图书广告

上海博物馆藏有北宋"济南刘家功夫针铺"商标的铜印版，其中间为一白兔杵药的图案，两边各有四字：认门前白，兔儿为记。下方分七行亮出告白文字：收买上等钢条，造功夫细针，不误宅院使用，客转与贩，别有加饶，请记白。这是目前已知最早的商业广告，从中可知宋代商铺为自己的产品做广告的做法已经较为普遍。宋版书中也已经出现图书广告，做广告的往往是经营意识比较强的民间书坊主。

书坊为所刻书籍做的广告有两种区别于其他商品的形式：坊号牌记与告白文字。坊号牌记用来表示印本书的刻印者及其刻印年月，一般出现在扉页的背面，或目录后，或卷末，其常见的形式是将文字刻在由单线或双线构成的长方形边框内。有的甚至没有边框，如南宋刻本《朱庆馀诗集》的"临安府睦亲坊陈宅经籍铺印"和《续幽怪录》的"临安府太庙前尹家书籍铺刊行"，虽然仅有一行字，但是形体稍显夸张，尤其"行"字，颇有汉简的古雅风味。

牌记形状和文字形体的变化常常成为不同书坊的特定标记，甚至同一家书坊也使用不同的牌记。坊号牌记从形状上讲，其发展由简单到复杂，由朴实进而美观。综观现存坊本的牌记，宋元时期的较为简单朴实，如宋廖氏世綵堂刻《河东先生集》的"世綵廖氏刻梓家塾"的篆体木记、金华双桂堂的九叠篆朱文方形木记（图52）。

告白属于印本书的题记文字，或称为题识、跋尾，刻书者就所刻书的某些问题，如有关底本、校勘、独具的特点等加以说明，是坊刻本经常采用的宣传方式。

坊刻本的告白往往出现在卷末，其形式比较随便，有的如牌记加以双线框，有的则没有，但其文字往往是手写体，以区别于正文，比较醒目，如南宋麻沙镇刘仲吉宅刻《类编增广黄先生大全文集》、元刘氏日新堂刻《伯生诗续编》、元翠岩精舍刻《渔隐丛话》的告白形式就典型地体现了这样的特点。

今见最早的告白文字，是南宋绍兴二十二年（1152）临安荣六郎经史书籍铺

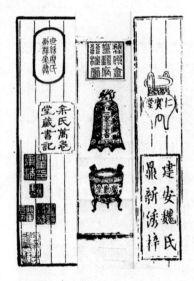

图52　宋元书坊坊号牌记

刻《抱朴子》卷末的告白,其文曰:"旧日东京大相国寺东荣六郎家,见寄居临安府中瓦南街东,开印输经史书籍铺。今将京师旧本《抱朴子内篇》校正刊行,的无一字差讹,请四方收书好事君子,幸赐藻鉴。绍兴壬申岁六月旦日。"书坊及其书本的来历、特色表述得简要明了。将自己从旧日东京迁移而来的家况说出,恐有坊主的深意所在:取得同遭靖康之难南渡寄居临安之中原士族的认同。500年后,清初钱谦益读此书,尚写下了"此二行五十字,是一部《东京梦华录》也。老人抚卷,为之流涕"的动情之句,足见这段告白动人情思的巨大力量。

宋元以来,坊刻本普遍使用告白的形式,叙述刊刻原委、宣传特色,基本已形成固定的模式。对这种类似王婆卖瓜,自卖自夸式的吆喝,有人却不以为然。陆心源在《宋刻玉篇残本》的跋中说:"南宋时,蜀、浙、闽坊刻最为风行。闽刻往往于书之前后别为题识,序述刊刻原委,其末则曰:'博雅君子,幸毋忽诸。'乃书估恶札,蜀、浙本则无此种语。"①陆心源根据经眼的古籍,正确地指出了三地坊本告白的多少、雅俗之别,但是有一点必须了解的是,宋元时期建阳坊刻本的流通量要超过蜀、浙二地。这或许与建阳坊本更注重广告宣传有关。

(三)版权意识

在各地民间刻书业蓬勃兴起之时,一些不规范的行为也随之出现,主要就是侵权盗版的问题。这一现象的存在以及逐渐严重的趋势,引起了享有版权的编辑出版者的抗议,反映版权意识的声明开始出现在印本书上。

目前,已知我国最早的版权声明出现在南宋。光宗绍熙年间(1190—1194),四川眉山程舍人宅刻王偁《东都事略》,上刻牌记:"眉山程舍人刊行,已申上司,不许覆板。"

理宗嘉熙二年(1238),浙刻本《新编四六必用方舆胜览》随刊有两浙转运司的榜文(图53):据祝太傅宅干人吴吉状,本宅见雕诸郡志名曰《方舆胜览》□《四六宝苑》两书,并系本宅进士私自编辑,数载辛勤。今来雕

图53 《新编四六必用方舆胜览》榜文 宋刻本

---

① [清]陆心源,著;冯惠民,整理.仪顾堂书目题跋汇编.北京:中华书局,2009:32.

板,所费浩瀚,窃恐书市射利之徒,辄将上件书版翻开,或改换名目,或以《节略舆地纪胜》等书为名,翻开搀夺,致本宅徒劳心力,枉费钱本,委实切害。照得雕书,合经使台申明,乞行约束,庶绝翻版之患。乞给榜下衢、婺州雕书籍处,张挂晓示,如有此色,容本宅陈告,乞追人毁版,断治施行。奉台判,备榜须至指挥。右,今出榜衢、婺州雕书去处,张挂晓示,各令知悉。如有似此之人,仰经所属陈告追究,毁版施行,故榜。① 《方舆胜览》为南宋祝穆所编,始刊于嘉熙三年(1239)。榜文落款为嘉熙二年,所以翻版还没有出现,附刊榜文,属于申明版权的举动。祝宅这一举措,必定是在见到频繁发生侵权事件后而做出的。度宗咸淳二年(1266),祝穆儿子祝洙补编《方舆胜览》,刊行时,继续随刊榜文,说明祝氏编刊书籍,版权意识十分强烈。

第六节　辽金元三代的图书编辑出版事业

一、辽金两代的图书编辑出版事业

(一) 辽代的图书事业

北宋建立之前,公元916年,契丹族首领辽太祖耶律阿保机在中国北方建立辽国,建元神册,在汉族官员的帮助下,参照唐朝的国家模式进行政权建设,于黄河以北营建皇都,史称上京(今内蒙古巴林左旗南)。

在文化事业建设方面,太祖令文臣仿照汉字创制契丹文字,并到幽州采购万卷汉文图书,建立藏书楼——望海楼。公元946年,辽太宗灭后晋,将其藏书捆载而归,辽国皇室藏书得到极大补充。

辽国还设立了管理国家图书典藏的专门机构秘书监,设有秘书郎、秘书郎正字等属官。下辖著作局,设著作郎、著作佐郎、校书郎。其设监时间,史无明文。考圣宗统和中(983—1011),杨佶为校书郎。开泰元年(1012),李万为秘书郎正字。太平十一年(1031),杨晳获授著作佐郎一职。辽圣宗在位近五十年,正当北宋太宗、真宗、仁宗三朝。重熙二十三年(1054),兴宗新建秘书监,并建乾文

---

① 曹之.中国印刷术的起源.武汉:武汉大学出版社,1994:367.

阁贮藏皇家图书。道宗清宁十年（1064），下诏广求乾文阁所缺经籍，并命儒臣精加校雠。

从历史记载看，辽国建立后，全面接受汉文化，修史，编实录，兴科举，颁行《五经传疏》，在涿州云居寺（今北京房山石经山）开凿石经，并在《开宝藏》的影响下雕印《契丹藏》，在图书文化建设和编辑出版活动方面有所建树。

燕京（今北京）作为与北宋南北对峙的契丹政权辽的南京，是我国北方雕版印刷业的中心。叶恭绰先生曾推测著名的辽代官刻大藏经《契丹藏》就刻印于燕京，只是苦于尚无实物印证。1974年，山西应县佛宫寺木塔进行抢修加固，在这座始建于辽道宗清宁二年（1056）的木塔四层释迦主佛像的胸、腹内发现了一批珍贵的辽代雕版印刷品，经整理修复，得刻经47件，刻书及杂件8件①，其中正有题记刻于燕京的官刻《契丹藏》12卷，完全证实了叶先生的推测。另有《上生经疏科文》题记"燕京仰山寺前杨家印造"、《妙法莲华经》题记"燕京檀州街显忠坊门南颊住冯家印造"，与北宋杭州晏家、钱家经坊刊印《妙法莲华经》的情况相仿，当为民间经坊所刻。刻书中有蝶装《蒙求》1册，存7页，卷后音义的天头上有儿童戏作墨绘人像，是书坊所刊儿童读物。

另据题记，应县木塔经卷的雕印地点所及区域很广，有辽西京道云州（今山西大同）、南京道涿州，即范阳（今河北涿州）等。关于范阳，我们还能从宋人的记载中了解到那里的书坊活动。宋王闢之的《渑水燕谈录》卷7中有这样一则记闻："张芸叟奉使大辽，宿幽州观中，有题子瞻《老人行》于壁者。闻范阳书肆亦刻子瞻诗数十篇，谓《大苏小集》。"张芸叟名舜民，北宋名臣，宋哲宗元祐九年（1094）奉使辽国，有《甲戌使辽录》记沿途山川、井邑、道路、风俗。范阳书坊刻印苏轼诗集当在此前。

综上所述，这批辽代雕版印刷品的刊刻时间大致与北宋立国相始终，从刻工刀法、所用纸墨以及装帧等情况看，都与北宋刻本相仿，而民间书坊则体现了与南方各地书坊多刻印佛经和儿童读物的同一传统。所有这些都说明，燕京及辽南京地区作为我国北方政治、文化的中心区域，在雕版印刷方面体现了与北宋一脉相承的特点，其民间书坊的经营活动也与北宋处于同一发展阶段。

（二）金代的图书事业

公元1115年，北方女真族首领完颜旻在混同江边（东北松花江支流）建立

---

① 国家文物局文物保护科学技术研究所等.山西应县佛宫寺木塔内发现辽代珍贵文物.文物,1982(6).

金国。十年后,金太宗完颜晟举兵南下,轻取燕京,旋即挥师汴梁,北宋覆灭。公元1153年,金海陵王完颜亮迁都燕京,史称金中都。1266年,元朝在燕京东北郊大宁宫附近大规模营建都城宫室,1272年,元世祖忽必烈改燕京为大都,次年正式定都大都。政治、文化中心的北移,对全国出版业的格局和文化传播的走向产生了重大影响。

金朝立国,间接或直接得到了许多北宋皇家、民间所藏的文化典籍,太祖完颜旻天辅五年(1121)下诏:"若克中京,所得礼乐仪仗图书文籍,并先次津发赴阙。"金统治集团十分重视汉文化传统,在礼仪、官制、科举等方面都借鉴赵宋朝廷的成例。金源一朝在北方的统治延续了120年之久,世宗完颜雍尊孔崇儒,为孔子修墓立碑;章宗完颜璟在位19年,曾两次诏令搜访汉文典籍,一时文集大备。在金统治集团对汉文化的倡导下,宋朝的经学和理学都得到了进一步的传播,百年之间,赵秉文、王若虚、元好问、耶律楚材、许衡等魁儒硕士,彬彬集焉。

在文化制度和机构建设方面,金朝仿北宋,设立秘书监,下辖著作局、笔砚局、书画司、司天台。秘书监设监1员、少监1员、丞1员;并设秘书郎2员,通掌经籍图书;校书郎1员,专掌校勘在监文籍。著作局设著作郎1员、著作佐郎1员,掌修日历。皇统六年(1146),著作局设著作郎、著作佐郎各2员,编修日历。

汉文化的倡导,儒家经学、理学的传播,都需要书籍的支撑,从某种意义上说,需要依靠书籍来实现。金朝相当重视刻书,官刻、家刻、坊刻,承宋而皆备,且在平阳设局置官,开雕经籍,书坊版片云集其间,形成了新的雕版印刷中心。

据《金史·选举志》记载:金朝的科举制度,沿袭辽、宋旧制,有词赋、经义、策试、律科、经童、女直进士科、制举宏词科7科,并规定,科举用书,凡经,《易》用王弼、韩康伯注,《书》用孔安国注,《诗》用毛苌注,郑玄笺,《春秋左氏传》用杜预注,《礼记》用孔颖达疏,《周礼》用郑玄注(图54)、贾公彦疏,《论语》用何晏集注、邢昺疏,《孟子》用赵岐注、孙奭疏,《孝经》用唐玄宗注,《史记》用裴骃注,《前汉书》用颜师古注,《后汉书》用李贤注,《三国志》用裴松

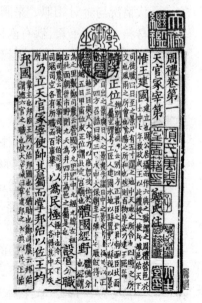

图54 《周礼》
汉郑玄注 金刻本

之注,及唐太宗《晋书》、沈约《宋书》、萧子显《齐书》、姚思廉《梁书》和《陈书》、魏收《后魏书》、李百药《北齐书》、令狐德棻《周书》、魏徵《隋书》、新旧《唐书》、新旧《五代史》,《老子》用唐玄宗注疏,《荀子》用杨倞注,《扬子》用李轨、宋咸、柳宗元、吴秘注。上述各书都由国子监印行,授诸学校。

金国民间书坊的刻书活动也十分活跃。根据现在已经掌握的材料,金国的书坊业主要集中在平水,其他各地目前已知者仅几家书坊和数种坊本。

平水是金代的刻书中心,其地据行政区名实为平阳,即今山西临汾一带。平水本水名,《水经注》卷6"汾水"注曰:"汾水南与平水合,水出平阳县西壶口山。"金人刻书不曰平阳而多署平水,盖取义于平阳城临平水之形势。平水刻书,在金元之际冠绝一时。究其缘由,叶德辉《书林清话》卷4"金时平水刻书之盛"条指出:"金源分割中原不久,乘以干戈,唯平水不当要冲,故书坊时萃于此,而他处私宅刊本,亦间有之。"缪荃孙则以为:"按《金史·地理志》'平阳府……有书籍'。其倚郭平阳县有平水,是平水即平阳。史言有书籍,盖置局设官于此。元太宗八年用耶律楚材言,立经籍所于平阳,当是因金之旧耳。"①历史地考察平水金元之世以雕版之盛巍然崛起的原因,不外有此数端:平阳地居河东南路,金人入侵,战火不绝而战区南移,平阳"因不当要冲"得以休养生息,富庶一方。元代情况与金时相似。平阳物产丰富,盛产梨木、枣木、白麻纸,皆为刻版印书的好材料。金朝书籍,偶有南传,宋人或称为"北地枣本",其因即此。加之宋金南北长年不绝的文化交流,赫赫有名的宋代蜀刻,战乱之际中原雕版良工北上避难等,都对平阳形成刻书之风产生了重要的影响。上述条件促使金元朝廷决定在平阳设置专门的出版机构,管理协调官私和民营书坊的刻书经营活动,最终使平阳成为北方的出版中心。

金国出版史上最著名的一件大事,便是佛教《大藏经》的雕印。

金国雕印的《大藏经》,又称《金藏》;因为原藏山西赵城县霍山广胜寺,故亦称《赵城藏》。《金藏》是民间通过劝募,于金大定十三年(1173)在山西解州天宁寺雕刻完成的。据文献记载,潞州女子崔法珍断臂劝募刻经,得到民间的热烈响应,始于皇统九年(1149)开雕。

《金藏》基本上是《开宝藏》的复刻本,卷轴装,每版23行,每行14字。在现今《开宝藏》散佚殆尽的情况下,它的文化价值无可比拟。《金藏》1933年首次在广胜寺被发现。1942年,日本侵略军进犯赵城,企图抢劫,被八路军及时转移

---

① [清]缪荃孙.艺风藏书记卷一.新刻韵略.北京:中华书局,1993:169.

到一山洞保存,现藏北京国家图书馆。

1986年,美国在一尊由华人赠送给新奥尔良艺术博物馆的木雕观音像内发现了三种金刻本折装佛经零卷:《佛说生天经》,贞元三年(1155)刻本;《高王观世音经》,大定十三年(1173)刻本;另一件为泥土包裹,详情未知。《高王观世音经》有题识,落款为"洪洞县令耶律珪敬施"。洪洞金代属平阳府,再次证明当时平阳、洪洞作为刻书中心"家置书楼,人蓄文库"的文化景象。

金代的刻本,今存有汉郑玄注《周礼》《新秀参音引证群籍玉篇》《新刊黄帝内经素问》《新雕注疏珞琭子三命消息注赋》《新编诏诰章表机要》《南丰曾子固先生集》,金魏道明注《萧闲老人明秀集注》(图55),《栖霞长春子丘神仙磻溪集》《刘知远诸宫调》等,均已辑入《中华再造善本·金元编》。

二、元代的编辑出版事业

(一)元代的文化建设与编纂出版机构

元朝是北方蒙古族征灭南宋后建立起来的统一政权。它的建立,使历时三百多年的宋、辽、金南北对峙的分裂局面重归统一。

我国自汉唐以来,历代均建都长安、洛阳、开封等地。公元1153年,北方女真族政权金

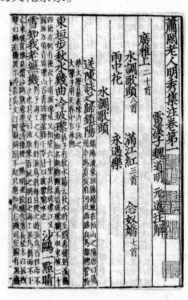

图55 《萧闲老人明秀集注》金刻本

国入关,定都燕京,史称金中都。元朝在金中都东北郊大宁宫附近地区大规模营建京城,取名"大都"。明清两代相继定都北京。北京开始成为全国的收藏中心,自元代起,政府建书库都集中在北京。

蒙古贵族统治集团很早就受到汉文化的影响,太宗窝阔台即位后,听从耶律楚材"制器者必用良工,守成者必用儒臣"的奏对,重用以其为首的早已汉化的契丹贵族。太宗八年(1236),准耶律楚材之请,在燕京设立编修所,在平阳设立经籍所,编集经史,并召集儒士讲习经义,以保存儒家典籍,传扬儒学精义。元世祖忽必烈也曾多次向汉人儒士集团询问治道之本,并延聘他们为太子教授。

元朝建立后,朝廷先后采取了尊经崇儒、兴学立教、科贡并举、荐贤招隐、保护工匠等一系列文化建设措施。

元政府的藏书主要来源于南宋和金国。元军在南方攻城略地时，很注意搜集南宋地方官府的书版。全国统一后，朝廷又多次委派官员南下购书。至元初，得到江南诸郡书版及南宋秘书省的大批藏书。至元十三年(1276)两浙宣抚使焦友直尽取南宋秘书省、国子监、国史院、学士院、太常寺所藏经籍、图画、阴阳秘书，捆载北上。至元十五年(1278)，再次遣使至杭州等处取在官书籍版刻到京师。坐落在元宫中兴圣殿西的奎章阁是政府藏书的主要处所。

元中央政府于至元九年(1272)设立秘书监，主管图书文化事业。秘书监设卿4员、太监2员、少监2员、监丞2员、典簿、令史、知印、奏差、译史、通事、典书、典吏各若干，属官包括著作郎、著作佐郎、秘书郎、校书郎、辨验书画直长等。

元政府的编纂机构有翰林国史院、奎章阁学士院等。

元世祖中统二年(1261)初立翰林国史院，诏修辽、金二史，纂修国史。皇庆元年(1312)升翰林国史院秩从一品。仁宗谕示大臣说："翰林、集贤儒臣，朕自选用，汝等毋辄拟进。人言御史台任重，朕谓国史院尤重；御史台是一时公论，国史院实万世公论。"

奎章阁学士院，始设于文宗天历二年(1329)，大学士、侍书学士、承制学士、供奉学士、参书，大多以他官兼领其职，如集贤大学士赵世延为大学士，翰林直学士虞集为侍书学士等。又置典书、授经郎、承制、供奉等属官。同年，立艺文监，隶奎章阁学士院。

艺文监，专以国语敷译儒书，兼治儒书之合校雠者。设太监检校书籍事2员，少监同检校书籍事2员，监丞参校书籍事2员，典簿、照磨、令史、译史等各若干人。惠宗至元六年(1340)易名崇文监。又立艺林库、广成局，皆隶艺文监。艺林库，置直提点、大使、副使等职官，掌藏贮书籍。广成局，置大使、副使、直长、司吏等职官，掌传刻经籍及印造之事。

奎章阁学士院曾受命与翰林国史院官共同采辑本朝典故，准唐、宋《会要》之体，编纂为《皇朝经世大典》。至顺三年(1335)还受命以国字译《贞观政要》，镂版模印，以赐百官。

元初在翰林国史院设兴文署，掌理得自江南的经籍书版，后废置不用。其职责转由广成局承担。

(二) 元代的图书编辑

1. 官修图书

元代官修图书，以正史《宋史》(图56)、《辽史》《金史》，会要体史籍《经世大典》《元典章》,地志《元一统志》,农书《农桑辑要》等较为著名。

《宋史》《辽史》《金史》三史,元世祖至元年间(1264—1294)翰林国史院已经修成初稿,因体例未定,一直没能成书。惠宗至正三年(1343)诏令开局同时修纂,丞相脱脱为监修人兼都总裁。但是,修史出力最大的是实际主持制定凡例的翰林学士、总裁官欧阳玄。三史修纂,各以本朝的国史、实录为依据,元刊本《辽史》卷首列有三史编修"凡例"5条:(1)帝纪:三国各史,书法准《史记》《西汉书》《新唐书》,各国称号等事准《南史》《北史》。(2)志:各史所载,取其重者作志。(3)表:表与志同。(4)列传:后妃、宗室、外

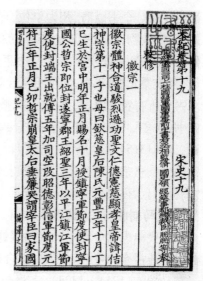

图56 《宋史》 元刻本

戚、群臣、杂传。人臣有大功者,虽父子各传,余以类相从,或数人共一传。三国所书事有与本朝(即元朝)相关涉者当稟。金、宋死节之臣皆合立传,无须避忌。其余该载不尽,从总裁官与修史官临文详议。(5)疑事传疑,信事传信,准《春秋》。从中可以看出,三史修纂的着重点在于处理好三国与元朝相关的史事记载,余则因旧文裁入。至正四年(1344),《辽史》116卷、《金史》135卷,至正五年(1345),《宋史》496卷分别完成奏进。

《经世大典》,元文宗天历二年(1329)诏令翰林国史院等纂修,历时两年修成。全书880卷,分为君事4篇:帝号、帝训、帝制、帝系;臣事6典:治典、赋典、礼典、政典、宪典、工典,元代典章制度无不涵括。明代修《元史》,志的部分主要就是利用这部《经史大典》。全书已于明代散佚,《元文类》卷16收录欧阳玄《进〈经史大典〉表》,卷40至卷42中收录全书的序录,可以窥知其大略。《元典章》本名《大元圣政国朝典章》,英宗敕纂。前集60卷,分为诏令、圣政、朝纲、台纲、吏部、户部、礼部、兵部、刑部、工部10类,后集不分卷,分为国典、朝纲和六部,共8类。全书收录元朝颁行的诏令、律令和有关事例,大多为原始资料,具有重要价值。

《元一统志》1300卷,至元二十三年(1286),元世祖诏令秘书监编修,纂修方法是类编天下地理志书。至元三十一(1294)年编成,凡787卷,赐名《大一统志》。由于当时部分边远地区的资料没有收全,成宗时续修,至大德七年(1303)

最后完稿。全书以府、州为单位,详记其建置沿革、山川形势、风俗物产、名胜古迹、历代人物,采录史料之丰富,编辑体例之完备,超过宋代的志书,明清两代撰修《一统志》,都取为样本。原书惠宗至正六年(1346)曾刊版行世,明代亡佚。

《农桑辑要》7卷,元世祖至元年间诏令司农司编纂的农书。全书以世祖"编求古今所有农家之书,披阅参考,删其繁重,撮其切要"的要求为纲,广泛引录古农书30多种,项目安排以《齐民要术》为范本,至元中首次刊行。其后仁宗在延祐二年(1315)诏命浙江行省印行1万部,颁发有司遵行劝课。此后,英宗、明宗、文宗、惠宗各帝都曾印行,颁发全国,影响极大。正如《四库全书总目》所说:"有元一代,以是书为经国要务。"

2. 马端临与《文献通考》

古代典志体史籍中,杜佑的《通典》、郑樵的《通志》和马端临的《文献通考》都以贯通古今为主旨,故历史上合称为"三通"。

马端临(1254—1323),字贵与,饶州乐平(今属江西)人。南宋度宗朝宰相马廷鸾的儿子,宋亡隐居不仕,倾二十余年的精力,撰著《文献通考》348卷。全书记载了自上古至宋宁宗嘉定末年的政治、经济、文化各方面的典制沿革,分为24考:田赋、钱币、户口、职役、征榷、市籴、土贡、国用、选举、学校、职官、郊社、宗庙、王礼、乐、兵、刑、经籍、帝系、封建、象纬、物异、舆地、四裔。马端临以《通典》为蓝本,将其"八典"扩充为19考,而新增经籍、帝系、封建、象纬、物异5考。全书取材广泛,所载以宋代典制最详。

《文献通考》是我国历史上第一部以"文献"命名的著作,马端临在序言中叙述了命名的由来和编辑体例:

> 凡叙事,则本之经史,而参之以历代会要,以及百家传记之书。信而有证者从之,乖异传疑者不录,所谓"文"也。

> 凡论事,则先取当时臣僚之奏疏,次及近代诸儒之评论,以至名流之燕谈,稗官之纪录。凡一话一言,可以订典故之得失,证史传之是非者,则采而录之,所谓"献"也。

> 其载诸史传之纪录而可疑,稽诸先儒之论辨而未当者,研精覃思,悠然有得,则窃著己意,附其后焉。命其书曰《文献通考》。①

同时,在全书的编排格式上,作者也有意将"文"与"献"加以区分:叙事的"文"顶

---

① [元]马端临.文献通考.北京:中华书局,1986:3.

格书写,论事的"献"低一格书写,马氏本人的"按语"则再低一格。这种采取叙事、论事、按语三结合的编辑体例,在中国历史文献编撰史上具有创新意义。

(三) 元代的出版事业

元代刻书,大都、平水、杭州、建阳为四大中心。元初,曾任翰林国史院检阅官的袁桷在所著《清容居士集》卷22《袁氏旧书目序》中说:"国家承平,四方无兵革之虞,多用文儒为牧守,公私闲暇,鲜享醵会僚属,以校雠刻书为美绩。至于细民,亦皆转相模锓以取衣食。"其中所言真实地反映了元初官府、私家和书坊在统一和平的社会环境中从容进行刻书活动的熙和景象。

1. 官刻与家刻

元太宗八年(1236),"立编修所于燕京,经籍所于平阳,编集经史"。元代的官刻开始于此,其时正当南宋理宗端平三年。南宋覆亡,国家藏书和江南各地书版被大量运往北方,元皇室建奎章阁、崇文院收藏图籍,设兴文署管理经籍书版。

元朝官府刻书机构,中央政府先有兴文署,后设广成局,太史院的印历局、太医院的广惠局或医学提举司都有刻书的记录。兴文署刻书,以至元二十七年(1290)所刻《胡注资治通鉴》最为著名。元大德三年(1299),太医院刻《圣济总录》200卷。据文献记载,元朝官刻,除一小部分由中央机构刊印外,大部分由中央机构辗转下达地方如儒学、书院、郡庠等刻印,辽、金、宋三史就是由江浙、江西行中书省开雕印行的。

元代的书院刻书在历史上享有盛誉,其中尤以西湖书院为最。西湖书院是元朝江南官方的最高学府,在南宋国子监的基础上组建而成。西湖书院建立之初,就对南宋国子监所存书版进行了修补,当时招集92名工匠从事写和刻版工作,共补刻四部缺版7 893块,修补残版1 671块。所刻书精于校勘,质量上乘,其泰定元年(1324)所刻《文献通考》348卷,堪称元本的代表作(图57)。其他如茶陵古迂书院大德三年(1299)刻《增补六臣注文选》、铅山广信书院大德三年刻辛弃疾《稼轩长短句》、茶陵东山书院大德九年(1305)刻沈

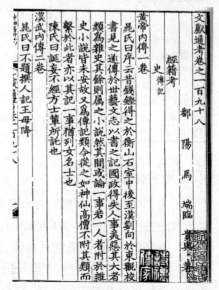

图57 《文献通考》 元西湖书院刻本

括《梦溪笔谈》，都是元代书院刻本中的佼佼者。

儒学是元代刻书比较活跃的地方刻书机构。庆元路儒学泰定二年（1325）刻南宋王应麟杂学名著《困学纪闻》、扬州路儒学（后）至元五年（1339）刻元文学家马祖常的《石田先生文集》、嘉兴路儒学至正十四年（1354）刻《汲冢周书》，皆有名于时。儒学刻书，以大德九年（1305）江东建康道肃政廉访司组织下属九路儒学合刻十九史的行动最为壮观，尽管最终只有八路参与刻成十史，仍不失为元代一次重要的出版活动。

元代家刻也十分活跃，仅据叶德辉《书林清话》"元私宅家塾刻书"条记录，就有40多家，其中以蒙古宪宗六年（1256）北平赵衍刻唐李贺诗集《歌诗编》，大德八年（1304）东平丁思敬刻宋曾巩《元丰类稿》，至大三年（1310）平水曹氏进德斋刻元好问《中州集》、相台岳氏荆溪家塾刻《春秋经传集解》等为代表。

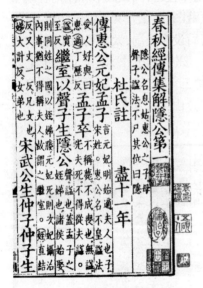

图58 《春秋经传集解》元相台岳氏荆溪家塾刻本

宜兴相台岳氏荆溪家塾以刻九经、三传名闻天下。明清以来，公私藏家无不珍如球璧，然已稀如星凤。清乾隆年间，高宗弘历得其中《周易》《尚书》《毛诗》《礼记》《春秋经传集解》五经，特于昭仁殿后虎辟专室贮藏，名之曰"五经萃室"。乾隆四十八年（1783），武英殿刻《御定仿宋相台岳氏本五经》九十六卷，卷前有清乾隆四十八年御笔《五经萃室记》，盛赞：《春秋经传集解》"每卷之后皆有木刻'亞'形'相台岳氏刻梓荆溪家塾'印，大小篆、隶文、楷书不等，且每页之末傍刻篇识，如《易》之乾、坤卦，《书》之尧、舜典之类，其用心精而纪类审，即宋板之最佳者，亦不多见也。"（图58）。其实，当时主持岳氏荆溪家塾校刻九经、三传者为元代岳浚。

岳浚，字仲远，江苏宜兴人。家富藏书。曾任汉阳县尹，时人尊其官衔，故称其为汉阳君。后因治狱过失被降黜，抑郁而殁。曾任平江路儒学教授的郑元佑（1292—1365），早年曾馆宜兴岳家，故其著作中散落不少有关岳家的记载。他在《送岳山长序》中记述道："至元仍纪元之四年（1338），义兴岳君德操，由县学教谕改授绍兴路和靖书院山长，行有日矣。某尝馆于其长兄汉阳君之家，见其家丘园室庐，篁树封植，莫非数百年故物也。人言其完盛时，延致名德巨儒，雠校群经,锓诸梓,且订定音训傅各经以传海内,海内号为岳氏九经。"①十分清楚地谈到宜兴岳家校刊九经之事,主持者就是德操长兄汉阳君。

然明清以来,学界习以相台岳氏荆溪家塾属之南宋岳珂。1943年,张政烺先生撰《读〈相台书塾刊正九经三传沿革例〉》,对相台岳氏家塾校刊九经三传之事,进行了系统的文献梳理和严密的史事考证,还原了元代宜兴岳浚主持校刊的历史事实。② 这一结论已为学界认同。今相台岳氏荆溪家塾所刊《周易》《春秋经传集解》《孝经》《论语集解》等已经辑入《中华再造善本·金元编》。

2. 坊刻

金国覆灭后,元朝在平阳设经籍所,金时书坊,如中和轩王宅、张氏晦明轩等入元继续开张刻书。元朝书坊主要集中在平水、建阳,而书坊刻书的盛况,较之南宋有过之而无不及。迄今已知的书坊和流传至今的坊刻本数量众多,犹如重枝繁花,掩映前朝。

元代是建阳书坊刻书的黄金时期,南宋余、刘两大世家入元后,书坊名声越传越响,刻书业务越做越大,仅以见存和书目著录者统计,余志安勤有堂刻书就达25种,品种遍及经、史、子、集;刘君佐翠岩精舍、刘锦文日新堂等刻书都在20种以上,且延续入明。现将元代建阳、平水可考书坊及其所刻书择要列举于下:

(1) 余志安勤有堂。建阳余氏刻书始于南宋,终于清康熙年间,刻书时间持续五百多年,为中国刻书史上世家刻书之最。元代余氏书坊有勤有堂、勤德堂、双桂堂等,而以勤有堂刻书最多、名望最高,所刻书仅国家图书馆收藏的就有宋杨齐贤集注、元萧士赟补注《分类补注李太白诗》,宋徐居仁编次、黄鹤补注《集千家注分类杜工部诗》,元董鼎撰《书集传辑录纂注》《三辅黄图》,唐长孙无忌等撰《故唐律疏义》,元苏天爵辑《国朝名臣事略》,元胡炳文撰《四书通》,元张存中撰《四书集注通证》等。

(2) 建阳刘君佐翠岩精舍。叶德辉《书林清话》将其列为"私宅家塾刻书",但是从其刻书规模和绵延入明的刻书活动来看,应属典型的坊刻世家。元仁宗延祐元年(1314)所刻《周易传义》10卷,是现知翠岩精舍最早的刻书。元泰定四年(1327)刻元胡一桂撰《诗集传附录纂疏》,元惠宗至正十四年(1354)刻元董鼎撰《书集传辑录纂注》,均见藏国家图书馆。

(3) 建安郑氏宗文书堂。这是建阳一家由元入明的著名书坊,刻书较多,著

---

① [元]郑元祐,著;邓瑞全等,校点.郑元祐集(第八卷).长春:吉林文史出版社,2010:130.
② 张政烺.张政烺文集(第二卷).北京:中华书局,2012:313.

名者有元文宗至顺元年（1330）所刻元刘因《静修先生文集》22卷，元至正六年（1346）刻《春秋经传集解》30卷。

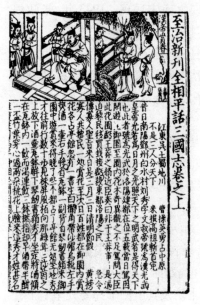

图59 《新刊全相平话三国志》元建安虞氏刻本

（4）建安虞氏。日本内阁文库以富藏中国古典小说戏曲闻名于世，其中元刊平话和崇祯本《二刻拍案惊奇》已是海内外孤本，天壤间秘籍。元刊平话，元英宗至治年间（1321—1323）由建安虞氏刊行，现存5种：《新刊全相平话武王伐纣书》3卷、《新刊全相平话乐毅图齐七国春秋后集》3卷、《新刊全相秦并六国平话》3卷、《新刊全相平话前汉书续集》3卷、《新刊全相平话三国志》3卷（图59）。民国间日本影印《武王伐纣书》，商务印书馆影印后4种，1956年上海文学古籍刊行社据之再次影印。所谓平话，敷衍历史故事，为宋元讲史艺人表演的底本。书内正文插图，连环画式，版框两栏，上图下文。图占三分之一版面，是迄今发现最早的将连环插画这一艺术形式运用于平话小说的古代读物。从书名有后集、续集之称，可知虞氏当日所刊不止5种。建安虞氏的详情已不可考知，若断其为一家以刊行通俗文学作品为主的书坊当无大误。

金元时期，兼具说唱而以唱为主的金诸宫调、元杂剧、平话作为金元文学的重要创作形式十分繁荣，作家群星璀璨，作品洋洋大观。这种通俗文学作品拥有大量读者，民间书坊抓住这个发展的良机，开始刊行说唱文学作品。金诸宫调流传至今者有源于唐传奇《莺莺传》的董解元《西厢记诸宫调》以及《刘知远诸宫调》。《刘知远诸宫调》是迄今发现的金平水坊刻说唱文学作品的唯一传本，清光绪三十三年（1907）在甘肃省张掖黑水城西夏遗址出土，被科兹洛夫掠往俄国。20世纪50年代初苏联政府将其归还我国，现藏国家图书馆，存5卷、42页。

经王国维、孙楷第、傅惜华等学者的研究，元时元杂剧当有千余种行世，但现在所能看到的都是明人的抄刻本。由于坊刻戏文多不署名号，且历经传抄散佚，实已难考元坊刻戏文的详情。但是，坊刻具有广阔社会需求的通俗文学作品的传统，到了明中叶开始大放异彩。

(四) 元刻本的特点

元代的刻书业,因为大部分书坊主和技术工匠由南宋入元,所以在版刻上继承了南宋遗风,尤其元初的刻本,有的与南宋本几乎没有什么区别。但是,从整体上考察,元刻不如宋刻精美。归纳起来,元代刻本大致具有以下特点:

(1) 书口多为黑口。所谓黑口,是指版心中上下鱼尾至版框之间的部位印有一条黑线(参见绪论第二节第三部分)。如果是粗黑线,就称为粗黑口,特别粗的就叫阔黑口;反之,细黑线称作小黑口。书口出现黑口,意味着这个部位有木面存在,使版面显得毛糙。如果要求白口,就必须把这一部位的木面铲去。这样做需要提高雕刻加工的精细程度,劳工费时。元代刻书可能因为经济问题,或者是技术上不求精细,而使黑口成为一大时代特征。

(2) 字体多用赵孟頫体。元代刻书,大多请名手书写上版,承袭宋代风气,好欧、颜、柳体,很多是请当时书法名家写版,如元书法家周伯琦的《六书正讹》就是由作者自己写版的,藏家以为"篆书圆劲,楷书遒丽"。但从整体上看,元代刻书中最具特色的流行字体是赵孟頫体(图60)。赵孟頫以书法名冠天下,世祖忽必烈甚至将他与李白、苏轼相提并论。仕元后,名声日炽,官本刻经史、私家刻诗文集多摹赵体,以至成为元刻本的一个明显特点。

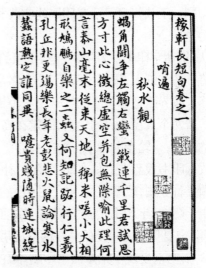

《老子道德经卷》 赵孟頫书　　《稼轩长短句》 元铅山广信书院刻本

图 60

(3) 多用简字、俗字。元朝时,统治者曾创制蒙古新字作为国字,并规定公文往来必须使用国字,从而在一定程度上导致对汉字书写刻版的规范化要求有所降低。同时,大量通俗小说、戏曲读本由书坊刻印应市。书坊刻书,为了抢占市场,本来就图快;为了省成本,总是在图简。这样一来,元刻本,尤其是坊刻本中,简体、俗体字自然就多了起来。另外,与宋刻本相比,元刻本还有一个比较明显的特点,就是用字不避讳。这与元人礼制观念淡薄有关。

三、元代印刷技术的发展

元代印刷技术的发展,主要是指王祯与他的木活字印刷技术。

王祯,字伯善,山东东平县人。元成宗元贞元年(1295)任宣州旌德(今属安徽)县令,大德八年(1304)调任信州永丰(今江西广丰)县令。所著《农书》名登元代三大农书之列。《农书》写成于仁宗皇庆二年(1313),全书共 23 卷,内分农桑通诀、百谷谱、农器图谱三部分,配有 306 幅插图,内容包括各种农具、农业机械、灌溉工具、纺织机械,画面附有文字,说明各种工具的构造和使用方法。《农书》的篇幅比较大,计有 13 万字,刻印可能较繁。王祯打算采用木活字排印,请匠人制作了 3 万多个木活字。大德二年(1298),他用这套木活字试印了自己纂修的《旌德县志》,一部 6 万字的著作,不到 1 个月就印成 100 部,效率大大高于雕版印刷。王祯将自己活字印刷的实践和工序写成《造活字印书法》一文,附在《农书》之末。

从《造活字印书法》的叙述看,王祯的木活字印书程序包括五项:(1)刻字。按韵将字写在纸上,糊到木板上刊刻,各字之间留出界路,以便分割。(2)锯字和整修。按界路把木板上的字一个一个锯开,然后依规格进行修整。(3)造轮贮字。造两个直径 7 尺的轮盘,固定在高 3 尺的转轴上。一轮以韵分格编号,木字按韵放入;一轮专贮杂字。(4)排字。采取一人按韵喊号,一人就盘取字,并依次放入印书板盘中。如有缺字,随时补刻。(5)刷印。先把版面修理平整,刷印是顺界行竖刷,严禁横刷。①(图61)

由于《造活字印书法》的详细记载,王祯一直被视为是木活字印刷的先驱。1991 年,宁夏贺兰山深处的一座西夏砖塔中发现了一批西夏文佛经印本。经专家的深入研究,发现了诸多活字印刷才有的特征。1996 年 11 月,经原中华人民共和国文化部组织专家鉴定,确认了研究员牛达生的研究结论:这批西夏文佛

---

① [元]王祯,撰,缪启愉,译注.东鲁王氏农书译注.上海:上海古籍出版社,1994:760—762.

经是西夏后期由佛教寺院或民间印刷的木活字印本,是迄今为止世界上发现的最早的木活字版印本实物①。

图61　王祯木活字印书流程图

西夏,是以古代羌族的一支以党项为主体民族建立的国家,公元1038年,元昊称帝,国名大夏,汉籍中习称西夏。境土大致包括今宁夏全部、甘肃大部、陕西北部及青海、内蒙古的一部分。其国传10世、190年,先后与辽、北宋、金、南宋对峙,1227年为蒙古所灭。这批印刷于12世纪下半叶的木活字印刷实物的发现,将我国木活字的发明和使用时间前推了一个朝代。

据文献记载和现存实物,西夏历史上编辑出版业具有相当规模。西夏建国前,大庆元年(北宋仁宗景祐三年,1036),元昊命大臣野利仁荣创制西夏文。次年,朝中设汉字院、蕃字院,分掌与宋朝及其他王朝的文字往来事宜。西夏建国后,朝廷设立出版机构"刻字司",主持出版事务。已知出版儒家经籍、诸子、史传、字书等类别的西夏文本和译刻本若干种,其中尤以字书《番汉合时掌中珠》作为著名。

《番汉合时掌中珠》(见图62),西夏人骨勒茂才撰,西夏第五代皇帝仁宗乾祐二十一年(南宋光宗绍熙元年,1190)刊,共38叶。这是一部汉语与西夏语对译字书,每一词目并列四项:西夏文、汉译文、汉译文西夏文注音、西夏文汉字注音。即西夏字傍注汉字音义,汉字傍亦注西夏字音,四言骈列。首有序,称用以教国人汉语汉字者。原书蝴蝶装,现藏俄罗斯科学院东方研究所。

---

①　刘长荣,等.宁夏发现西夏文木活字印本.光明日报,1996-11-27.

图62 《番汉合时掌中珠》 西夏文刻本 现藏俄罗斯科学院东方研究所

20世纪初,我国黑水城遗址(今内蒙古额济纳旗)发现数量众多的文献,其中最大的类别为西夏文、汉文写本与印本,大多属于西夏、宋、金、元时期出版物。沙俄的科兹洛夫从黑水城遗址获得众多西夏刻本,包括西夏文刻本《文海》《音同》《番汉合时掌中珠》《天盛改旧新定律令》《贞观玉镜统》《圣立义海》《三才杂字》《妙法莲花经》等,西夏文译刻本《陈祥道论语全解》《孙子兵法》《类林》等,西夏文活字版《三代相照言集文》等。罗福苌在《俄人黑水访古所得记》中对此有详细记述,以为其中古刊本及西夏文字书,最为罕见。① 当年科兹洛夫所得西夏文献,今皆藏俄罗斯科学院东方研究所圣彼得堡分所。俄罗斯科学院东方研究所圣彼得堡分所与中国社会科学院民族研究所、上海古籍出版社合编《俄藏黑水城文献》,1996年由上海古籍出版社出版,其中第一册集中介绍了这批西夏文献。

---

① 罗福苌.俄人黑水访古所得记.国立北平图书馆馆刊第四卷第三号(西夏文专号),1930.

第七章

明清时期的编辑出版活动

明清两朝是中国历史上最后两个封建集权的统一王朝。明朝历16帝,统治277年;清朝历10帝,统治268年。

明清两代建国前期,国势强盛,统治者为使政权千秋万代,寄希望于强化封建思想和灌输伦理道德,因而源源不断地刊刻颁行官版书籍,致使繁卷巨帙,联袂登场,尽显风骚。历史上两部最大的写本巨典《永乐大典》和《四库全书》就产生在这样的时代里。

作为封建社会的末期,明清两代在无奈地走向衰落之际,编辑出版方面却遭逢了不同的机遇。明朝中叶以后,城市和商品经济迅速发展,小说、戏曲等通俗文学创作出现繁荣局面,两者结合,为编辑出版业的发展创造了巨大空间。一时间,民间书坊编刻的通俗文学读本大量面市,汹涌如潮。1840年,英国侵略者用炮火轰开了盛世余辉已经褪尽的清帝国大门,被迫开放的中国,又接受了西方先进的印刷技术和新式的教育模式,于是,近代出版业迅速更换装备,编刊出许多适应近代社会教育需要的新式教科书和进行科学知识传播的通俗读物,走上了面向大众、进行社会宣传之路,从而为编辑出版事业进入新时代找准了发展的方向。

第一节　政府的编纂机构与编纂活动

一、明清政府的编纂机构

明清两代,政府的主要编纂机构为翰林院。宋代在内侍省设翰林院,总领天文、书艺、图画、医官四局。明设翰林院,总领著作、修史、图书诸事,同时兼有前朝秘书监、史馆、著作局等众多文化机构的职能。清沿明制,仍置翰林院,掌管编修国史和草拟制诰等事务。

吴元年(1367),朱元璋初置翰林院,设学士、侍讲学士、直学士、修撰、编修等职官[①],洪武二年(1369)略作改动。学士为翰林院长官,总领制诰、史册、文翰等事务,奉敕主持实录、玉牒、史志诸书的纂修。侍读、侍讲掌讲读经史。修撰、

---

① 关汉华. 明代翰林院始置时间考辨. 广东社会科学,2006(1):126-129.

编修、检讨为专职史官,掌修国史。凡天文、地理、宗潢、礼乐、兵刑诸大政及诏敕、书檄,皆籍而记之,作为编修实录的基本史料。国家有纂修著作之命,则分掌考辑撰述之事。史官设置无定员,洪武十四年(1381)置修撰3人,编修、检讨各4人。

翰林院还专设"典籍"一职,定编2员,掌管院内藏书事务。洪武三年(1370),明王朝还设置秘书监,掌管内府书籍,洪武十三年(1380)并入翰林院典籍。

清顺治元年(1644),设翰林院,长官为掌院学士,满、汉各1人,属官有侍读、侍讲学士各若干,修撰、编修、检讨、庶吉士等则无定员。掌院学士掌国史笔翰,侍读学士以下职司撰著记载,凡遇编修实录、国史、志书,则充任提调、总纂、纂修、协修等官。

清政府常设的编纂机构还有起居注馆。起居注馆始设于康熙九年(1670),馆址在太和门西庑。馆内置日讲起居注官,满族10人、汉族12人,记注官,满族4人、汉族8人,以日讲官兼摄。日讲官掌侍直起居,记言记动,凡经筵临雍、御门听政、祭祀耕籍、朝会燕飨、勾决重囚等重大活动,都要安排2人侍班。凡谒陵、校猎、巡狩方岳,请旨、扈从、侍直者都要在皇帝身边,以便听请圣训谕旨,作为记注材料。馆内另设主事,满族2人、汉族1人,掌校勘典籍等。清代起居注馆除了康熙五十七年(1718)因记载不实、涉嫌泄密的理由一度被裁撤外,持续工作到清末。所以,清代"起居注"编修数量最多,保存也最完整,仅北京中国第一历史档案馆就藏有3 863册,成为研究清史的重要资料。

明清两代由政府组织的修书活动极为频繁,其编修任务则经常由特设机构承担,如明永乐十二年(1414)诏令在东华门外开馆,纂修"五经四书""性理大全"。清代开馆修书的情况更为常见,如四库全书馆、明史馆、三通馆等。明清两代初期大量敕纂大书,通常都是由这些特开的编纂机构承担完成的。

二、类书的编纂

(一)《永乐大典》

《永乐大典》是我国历史上一部篇幅最大的类书,编成于明永乐年间。全书共22 877卷,目录60卷,约3.7亿字。书中保存了明代以前有关政治、经济、军事、教育、史学、哲学、文化、宗教和应用科学等各方面的丰富资料。它不仅在中国图书编辑史上,而且在人类文化史上都享有崇高的声誉。

公元 1402 年，燕王朱棣以"靖难"之名，挥师南下，攻克南京。其侄建文帝朱允炆遁走，朱棣随即登基改元"永乐"，是为明成祖。朱棣是朱元璋的第四个儿子，他举兵夺取侄子王位的行为，遭到建文旧臣和士大夫的抵制和反对。为了炫耀文治，笼络人心，朱棣坐上皇帝宝座不久，即于永乐元年（1403）七月一日诏令解缙、胡广、胡俨等人主持编纂一部超越前代的大型类书，《永乐大典》就在这样特定的历史背景下拉开了编修的序幕。

永乐二年（1404），解缙把仅用 17 个月编成的书稿进呈御览，成祖赐名《文献大成》，但浏览后觉得过于简略，"尚多未备"，遂下令太子少保姚广孝、礼部尚书郑赐监修，解缙总裁，主持扩大重修，要求把天下古今各类典籍全部编录进去。

永乐三年（1405），重修工作在南京文渊阁开始。永乐五年（1407），重修工作完成。成祖审阅后十分满意，亲撰序文，重新赐名《永乐大典》；同时，向全国征召大批擅长书法和绘画的生员进京，从事清抄工作。《永乐大典》全部采用印有朱丝栏的上等白宣纸，端楷精抄。书中涉及的各种器物、山川地貌，都绘有清晰工致的图形。凡引用书名，标示字体名称者，如"篆书""隶书"等，以及断句圈声的小圆圈，皆用朱笔，以与正文相区别。全书纸质如玉，版面清朗，墨光似漆，朱笔粲然，在编辑上体现了古代写本书的最高水平。《永乐大典》抄清后分装成 11 095 册，全部包背装，书面硬裱，以黄绫作书衣，流光溢彩，蔚为壮观（图 63）。

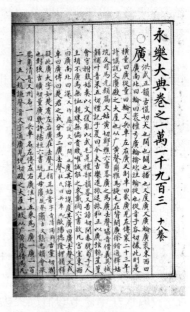

图 63 《永乐大典》

《永乐大典》的编辑原则是：用韵以统字，用字以系事。根据预先制定的编纂凡例，韵内各字下事文之排列，根据确定的方式组合。全书按照《洪武正韵》的韵目分列单字，各单字下详注历代字书、韵书的音韵训释，再列出该字篆、真、行、隶、楷、章草等字体的写法，然后分总叙、典故、诗文、地名、姓氏等项目，依次辑录与该字相关的各种文字记载，常常是整段整篇，甚至是整本整部地抄入。据不完全统计，当时辑入的图书多达七八千种，包括经、史、子、集四部书，佛经道书，以及被摒弃在四部之外的小说、平话、戏文、杂剧等通俗文学作品，可以说囊括了明初存世的各种古书精华。

作为类书,《永乐大典》由于自身独特的编辑体例和史无前例的浩大规模,"把中国古类书的编纂形式发展成为百科全书的形式"①,具有他书无法比拟的重要价值,具体而言,主要表现在以下两个方面:

(1) 保存了大量古书。《永乐大典》引据材料皆直取全文,一字不易,全篇或全书抄录。所以,元代以前的图书典籍多赖以保存。清代修《四库全书》,曾从《永乐大典》中辑出古代佚书 385 种、4 926 卷。其中,邵晋涵辑薛居正的《旧五代史》150 卷,徐松辑《宋会要》500 卷,戴震辑汉至元的古算学书《周髀算经》《九章算术》《海岛算经》《五曹算经》《数学九章》等,周永年辑宋代苏过的《斜川集》,四库馆臣辑宋代的《崇文总目》、南宋陈振孙的《直斋书录解题》、元代官修的《农桑辑要》、元代王祯的《农书》等,都具有重要的文献价值。

(2) 雅俗兼收,开编辑史上敕撰书籍绝无仅有之例。《永乐大典》不但收录保存了很多古代科技类书籍,如北宋李诚的《营造法式》、元代薛景石的《梓人遗制》,还打破传统儒家观念的束缚,大量集录宋元两代的小说、戏文和杂剧作品,如卷 13991 内所收《小孙屠》《张协状元》《宦门子弟错立身》三本戏文是目前存世最古的南戏作品,"辽"字下全文抄录了我国最古的平话《薛仁贵征辽》等。

由于卷帙浩繁,《永乐大典》只抄录了一部,贮藏在南京文渊阁。永乐十九年(1421),明成祖迁都北京,《永乐大典》北上存放在宫中的文楼内。嘉靖四十一年(1562),明世宗决定摹写一部副本,任命高拱、瞿景淳为总校官,主持抄录工作。6 年后,副本抄录完成。永乐正本藏文楼,嘉靖副本藏皇史宬。

清康熙年间(1662—1722),大臣徐乾学、高士奇在皇史宬发现尘封已久的《永乐大典》,经检点,证明是嘉靖副本,且已有残缺。后移藏翰林院,乾隆修《四库全书》时发现已散佚 2 400 多卷。自此,清廷疏于管理,官员监守自盗,至清末光绪年间(1875—1908),只剩区区千余册。1900 年,八国联军洗劫北京城,《永乐大典》最后散失。

中华人民共和国成立后,党和政府十分重视《永乐大典》的搜集复制工作。中华书局经过长期访查,于 1959 年和 1982 年分别出版了两部《永乐大典》影印本,1959 年本收 730 卷,1982 年本续收 67 卷。1986 年,两部印本合为一集,16 开精装 10 册,附目录 60 卷,成为目前收集最为齐全的《永乐大典》影印本,但也仅仅只是这部旷世巨典原书的 3.5%。

---

① 王重民.中国目录学史论丛·《永乐大典》的编纂及其价值.北京:中华书局,1984:178.

(二)《古今图书集成》

《古今图书集成》共 10 000 卷,是我国现存篇幅最大的类书。该书原名《古今图书汇编》,主要成于清康熙间学者陈梦雷之手,其编辑形式和方法与前代类书多有不同之处,在古代编辑出版史上具有特殊的地位。

陈梦雷(1651—1741),字则震,一字省斋,福建侯官人。康熙九年(1670)进士,授翰林院编修。三藩叛乱中蒙冤获罪戍边,后为康熙诏归京师,侍皇三子诚亲王胤祉读书。康熙四十年(1701)着手编辑《古今图书汇编》,至康熙四十五年(1706)完成进呈。陈梦雷在《进汇编启》中写道:"自揣五十年来,无他嗜好,惟有日抱遗编。今何幸,大慰所怀。不揣蚊力负山,遂以一人独肩斯任。谨于康熙四十年十月为始……至此四十五年四月内,书得告成。分为《汇编》者六,为志三十有二,为部六千有零。凡在六合之内,巨细毕举。其在《十三经》《二十一史》者,只字不遗。其在稗史子集者,十亦只删一二。以百篇为一卷,可得三千六百余卷。若以古人卷帙较之,可得万余卷。"①其中对编辑缘起、编写过程、编纂规模、编写体例做了简明的表述。雍正即位才几个月,就将陈梦雷再度流放,而诏命户部尚书蒋廷锡主持对《古今图书集成》进行润色增删,编辑竣事。蒋廷锡的重编增补改动很小,仅将陈氏原编的"志"易名为"典",3 000 余卷析为 10 000 卷,故《清史稿·蒋廷锡传》并没有提及他曾主持《古今图书集成》的重编活动。

从编纂体例上考察,《古今图书集成》较历代类书更为完善。全书分 6 汇编、32 典:历象汇编,辖乾象、岁功、历法、庶征 4 典;方舆汇编,辖坤舆、职方、山川、边裔 4 典;明伦汇编,辖皇极、宫闱、官常、家范、交谊、氏族、人事、闺媛 8 典;博物汇编,辖艺术、神异、禽虫、草木 4 典;理学汇编,辖经籍、学行、文学、字学 4 典;经济汇编,辖选举、铨衡、食货、礼仪、乐律、戎政、祥刑、考工 8 典。典以下复分 6 109 部,各部皆分项排列资料,首汇考,次总论、图、表、列传、艺文、造句、纪事、杂录、外编诸目,分类细密,内容繁富,引文忠实于原著,并详出处,标注征引文献的书名、篇名及作者,国外学者往往以此为资料的根据,故有《康熙百科全书》之称。

三、丛书的编纂

丛书是我国古代一种重要的图书编纂类型,它按照一定的意图,把若干种书

---

① 胡道静.《古今图书集成》的情况、特点及其作用.见:程焕文编.中国图书论集.北京:商务印书馆,1994:268.

籍汇辑在一起，冠以总名，所以亦称丛刻、丛刊、丛编、汇刻等。收录在丛书中的书籍首尾完整，各自独立，称为"子目"。丛书的编辑历史可以溯源于先秦、两汉，一般以南宋咸淳九年（1273）左圭辑刊《百川学海》为定型之作。此后，历代编刻丛书蔚然成风，尤以清代为盛。而清代的丛书则以《四库全书》（图64）为最。

《四库全书》是我国古代规模最大的一部丛书，共汇辑图书3 503种、79 337卷，装成36 304册①，基本上囊括了清初以前的各类重要文化典籍。该书前后共有4 200多名学者和专业人员参加编修，历时14年才完成。它的卷数、册数是《永乐大典》的3倍。《四库全书》的编修，堪称我国文化史上一次工程最浩大的编辑活动。

图64 《四库全书》

乾隆三十八年（1773）二月，四库全书馆成立，大臣于敏中任总裁，纪昀任总纂官，《四库全书》的编修工作正式启动。此后，乾隆帝曾先后派出三位皇子和数位军机大臣出任正总裁，但是实际主持编修工作的是纪昀和总校官陆费墀。纪昀（1724—1805），字晓岚，一字春帆，直隶献县（今属河北）人，乾隆十九年（1754）进士，官至协办大学士，加太子太保。纪昀学贯诸子百家，除担任《四库全书》总纂官，为全书的编修发凡起例，并审改《四库全书总目》外，还先后主持方略馆、会典馆、三通馆等官方机构的编纂活动，为古代文献的整理编纂事业做出了重要贡献。

四库全书馆开馆前后，主要在乾隆三十八年（1773）后的一年多时间里，清政府在全国征集到了13 500多种图书，其中不少为江南藏书家举世罕见或海内仅存的珍藏秘籍，这为《四库全书》的编修提供了重要的典籍来源。

---

① 《四库全书》因抄成时间有先后，各部种数和卷数不尽相同，文中数字是1949年后据文津阁本统计得出的。

《四库全书》的编纂是一项规模空前的浩大工程,数百名学者济济一堂,按照严格的考校程序和取舍标准,对通过各种途径集中到四库全书馆内的上万种图书进行包括甄别、辑校、考辨和编目的全面整理工作。从底本来源考察着手,全书的编纂主要分为三大块:《永乐大典》的辑佚、内府书籍的改纂增补、进呈书籍的处理。清宫内府藏书,主要是前代流传的官刻旧书,以及清代历朝皇帝敕纂的书籍。前者如乾隆初年校刻的《十三经》《二十一史》,大都直接送交缮写;后者如乾隆初年编纂的《大清一统志》《通鉴纲目三编》等,根据新史料进行改纂增补。进呈书籍包括各省采进书、私人进献本以及通行本,数量最大,处理也最为复杂。其工作程序为:(1) 甄别。区分罕见之书、寻常之书,剔出琐屑无当、违碍悖逆之书。乾隆三十九年(1774)八月禁书谕旨下达后,许多书籍被划入禁书范围。(2) 校阅。经初步甄别的书籍,由总裁分发给各纂修官做详细的考订校阅,包括版本鉴定、辨伪、考证。此项工作耗费精力最巨。(3) 提要。在上述两项工作的基础上撰写提要,这是纂修官的最后一项任务。

　　经过9年的艰辛编纂,乾隆四十八年(1783)十二月,第一部《四库全书》告竣。早在开馆编修的第二年,乾隆就已经筹划修成后的贮藏问题,下令按浙江宁波范钦建于明代的藏书楼天一阁的样式,陆续修筑四座皇家藏书楼,即北京紫禁城中的文渊阁、圆明园内的文源阁、河北承德避暑山庄的文津阁、沈阳故宫的文溯阁,称为"内廷四阁"。第一部《四库全书》就入藏文渊阁。后来,考虑到江南为人文荟萃之地,存放《四库全书》可以扩大文治的影响,就在江南增建三座藏书楼,即镇江金山寺的文宗阁、扬州大观堂的文汇阁、杭州西湖圣因寺的文澜阁,称为"江浙三阁"。至乾隆五十二年(1787),七部《四库全书》全部校订缮写完毕。

　　《四库全书》的内廷四阁本全部使用上等开化榜纸,质地坚韧洁白。江浙三阁本用坚韧洁白的太史连纸,质地细匀而纸色较开化纸略黄。七部书皆端楷抄写,书迹秀美,纸润墨香。装帧全部采用绢面包背装,书衣则选用不同颜色来区别四部。内廷四阁本,经部为绿色、史部为红色、子部为浅蓝色、集部为黑色。江浙三阁本的颜色稍异,但基本色调是一致的。装帧一新的书籍,每若干册放入一个精致的樟木书匣,称为一函。匣内还衬有香楠木夹板,把书册上下夹束起来。函匣外面刻写书名,标注序号,美观精巧,查阅方便。气势恢宏、富丽堂皇的七套全书,分别入藏南北雄峙的七大藏书阁中。

　　在我国文化传播和编辑出版史上,《四库全书》的编纂和流通具有重要意义,概括来说大致有以下几点:

　　(1) 系统保存了古代重要的文化典籍,并扩大了这些典籍的传播流通面。

《四库全书》收录之书都是从全国广泛征集的数万种图书中遴选出来的,并经当时的一流学者如纪昀、陆锡熊、戴震、邵晋涵、翁方纲、王念孙、周永年、金简、任大椿等精心校勘考订,自先秦至清乾隆间尚存和新版的重要典籍借此得以以新的定本形式保存下来。江浙三阁向社会读者开放,读书人和藏书家纷纷入阁阅读、抄录各种平日难以寓目的善本,对传播和弘扬中华民族的传统文化发挥了积极的作用。

(2)对传统学术做了全面的总结评价。《四库全书》在编修过程中,编纂官为每一种过目的书撰写一篇提要,对作者生平、写作旨要、成书经过、内容篇章、学术价值等情况做出概述。提要原来粘在各书开卷副页右方,随书进呈。后来,各篇提要被分别辑出,汇编成为 200 卷的《四库全书总目》,单行流传。《四库全书总目》按四部分类编排,部和类前各有总序和小序,说明源流和立类根据。各类先列著录书,次列存目书。所谓著录书,是指已经收入《四库全书》的书,共计3 400 余种。所谓存目书,是指经纂修官过目并撰有提要、后来因是非重要典籍而没有收入《四库全书》的书,共计 6 700 余种。这 10 000 余篇提要,加上几十篇部、类的序,对先秦以来的传统学术做了全面的梳理和评价。这些提要都成于学有专攻的著名学者之手,最后经总纂官纪昀笔削定稿,具有很高的学术价值。《四库全书总目》于乾隆六十年(1795)经武英殿刊行后,在阅读治学和目录编纂方法方面影响了全国。

最后,有一点必须指出,乾隆下令编修《四库全书》,是想通过大规模的征书和编修活动,完全禁除各类书籍中有碍清政府统治的思想内容。当时,清廷设立了三个查办机构:红本处、四库全书馆、军机处,对呈进之书进行严厉的审查。乾隆的这次禁书活动是历史上规模最大的,与《四库全书》的编修时间大致相始终。据不完全统计,在这场旷日持久的禁书活动中,先后有 3 000 种左右的书被销毁,由此,传统文化典籍遭受了空前的劫难。这是我们今天在利用《四库全书》时应该加以了解的。

在纂修《四库全书》的过程中,还出现了几部与《四库全书》相关的丛书:其一,《四库全书荟要》,是为抄本,共收书 472 种。当时,乾隆令馆臣"著于《全书》中撷其菁华,缮为《荟要》,其篇式一如《全书》之例,盖彼极其博,此取其精,不相仿而适相助"。可见,《四库全书荟要》是《四库全书》的一个选本。其二,《武英殿聚珍版丛书》,是为木活字印本,共选刻《四库全书》中四部书 138 种,其中大部分为《永乐大典》中辑出的宋、元人著作。乾隆以为活字版名称不雅,特赐名"聚珍版"。其三,《宛委别藏》,嘉庆时大臣、著名学者阮元辑刻,共收录了 160 余种《四库全书》未收的珍贵图书。

第二节　明代的刻书事业

明代开国之初,朝廷即有"书籍田器不得征税"之令,《明史·食货志》"商税"记载道:"明初务简约,其后增置渐多,行赍居鬻,所过所止各有税。其名物件析榜于官署,按而征之。惟农具、书籍及他不鬻于市者勿算,应征而藏匿者没其半。"虽然其中有两项事宜未明:其一,书籍免税的政策施行至何时,是否仅因"务简约"而设,其后"增置渐多"而废;其二,免税仅指书籍生产过程,还是沿用至书籍交易鬻卖。但是不管如何,这项政策的实施,对明初刻书业的促进作用是巨大的。

明代刻书业仍沿袭宋代形成的三大系统分别发展,但是各系统的消长态势发生了一些变化。明嘉靖以后,在江南富庶地区,工商业蓬勃发展,资本主义开始萌芽。城市里聚居着大量市民,官宦、工商业主及其子弟、文人在人文新思潮的熏染下,逐步形成了追求自由、热衷娱乐的生活习惯,看戏、听书、读小说迅速进入他们的日常生活。于是,大量曲折动人、反映人情世故的历史故事,被精心编织成一部部戏曲小说,亮相于舞台,传阅在人们手中。这类出版物数量巨大,浩如烟海。傅惜华《明代杂剧全目》著录明代杂剧 523 种,《明代传奇全目》著录明代传奇 950 种,江苏省社科院明清小说研究中心所编的《中国通俗小说总目提要》共著录 1 600 余部,其中宋、元刻本仅数种,绝大部分系明清小说。它们的刊行主要依赖民间书坊。换言之,明清小说、戏曲等通俗内容的出版物,主要为坊刻本。而清初黄虞稷《千顷堂书目》著录明人别集 6 000 余种,其大部分是私刻或坊刻本。所以,"篇帙繁富,远过前人",尤其是嘉靖万历年间坊刻通俗文学读本盛行,成为明代出版业的一大特点。

杜信孚等著《全明分省分县刻书考》(北京线装书局 2001 年版),共著录自洪武元年(1368)至崇祯十七年(1644)间参与刻书者 4 670 人,刻书 8 260 余种(包括官刻和私刻)。

综上不完全的统计,可见明代社会刻书规模的巨大。

一、官府刻书与私家刻书

明代官府刻书，以内府、国子监、藩府为盛。私家刻书名家主要集中在经济、文化发达的江南地区。

（一）内府刻书

明代，内府设有庞大的太监机构，号称"二十四衙"，即内府十二监、四司、八局，其中司礼监列十二监之首，其职掌中有一项为书籍名画，经厂就是监中负责刻印书籍的专门机构。所谓内府刻书，就是经厂刻书，所刻图书称为"经厂本"（图65）。

经厂的规模不小，据《明会典》卷189记载，嘉靖十年（1531），经厂配有笺纸匠62人、裱褙匠293人、折配匠189人、裁历匠81人、刷印匠134人、黑墨匠77人、笔匠48人、画匠76人、刊字匠315人，总数达1 275人，颇具规模。经厂刻书的数量，据明末太监刘若愚《酌中志》的记载为161种，嘉靖时周宏祖《古今书刻》中著录83种，去除重复，得177种①。这当然仅是经厂所刻图书的一部分。经厂刻书，听命于皇帝，因此刻书以经书为多。

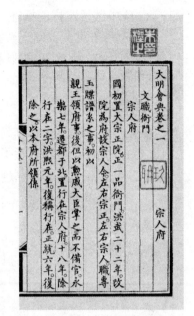

图65 《大明会典》
明正德六年（1511）司礼监刻本

（二）国子监刻书

洪武建国，以南京为都城，永乐继位，迁都北京，所以南北有两个国子监，习称南监、北监。有明一代，南监、北监都刻书，而南监刻书大多利用元代旧版。周宏祖《古今书刻》中共著录了南监刻印的图书270种，清《钦定国子监志》中著录了北监刻印的图书144种。这仅是见于记载的，实际刻书的数量当然要大大超出这个数字。由于疏于校勘，明代国子监所刻图书的质量整体不高。

---

① 曹之.中国古籍版本学.武汉：武汉大学出版社，1992：252.

（三）藩府刻书

所谓藩刻，是指明代各地藩王的刻书活动，其所刻图书称为"藩刻本"。在明代官刻本中，藩刻本质量最佳。明代，藩王享有极高的待遇，拥有雄厚的经济实力、丰富的珍本藏书、优质的人才储备，这些使他们具备了刊刻众多高质量书籍的优越条件。关于明代藩府的刻书情况，潘承弼、顾廷龙在《明代版本图录初编·藩府》中做了这样的概述："明时藩邸王孙袭祖宗余荫，优游文史，雕椠之业，迈轶前朝，今可溯者殆十数家。"明代藩府刻书，以蜀府最先，而宁藩、唐藩、晋藩、秦藩、赵藩、郑藩等，在刻书内容、版式等方面各擅胜场。据文献记载，已知可考的藩府刻本共有300余种。

（四）私家刻书

在明代的版刻史上，私家刻书写有很辉煌的一页。叶德辉《书林清话》卷5"明人刻书之精品"中就列举了吴郡沈与文野竹斋、昆山叶氏菉竹堂、震泽王延喆恩袤四世之堂、吴郡袁褧嘉趣堂、顾春世德堂、东吴郭云鹏济美堂、东吴徐时泰东雅堂、嘉兴项笃寿万卷堂、毛晋汲古阁，等等，可谓名家云集，精品迭现。尤其汲古阁主毛晋是明代乃至中国古代版刻史上最负盛名的民间出版家，自明天启至清初四十多年间，共刻书600余种，以校勘精善、雕刻华美称誉士林，世称"毛刻本"。下面简要介绍其中具有代表性的袁褧嘉趣堂刻书和臧懋循刻《元曲选》，毛晋汲古阁刻书设专节叙述。

袁褧（1495—1573），字尚之，江苏吴县（今属苏州）人，室名嘉趣堂。袁氏为吴中刻书世家，袁褧与胞兄弟袁表、袁裹，堂兄弟袁袠、袁袞、袁裘皆以藏书刻书名世，时称"袁氏六俊"。袁褧刻书以底本精良、善校细雕著称。其传世刻本主要有嘉靖十四年（1535）刻《世说新语》（图66）、嘉靖二十八年（1549）刻《六家文选注》以及《金声玉振集》等。

图66　《世说新语》　明袁褧嘉趣堂刻本

臧懋循（1550—1620），字晋叔，号顾渚山人,浙江长兴人。万历八年(1580)进士,曾为南京国子监博士。明代著名戏剧家。刻书以戏曲作品为主,尤其以《元曲选》100卷最为著名。现在传世的156种元杂剧赖《元曲选》而保存的就有96种,其中《陈州粜米》《伍员吹箫》《秋胡戏妻》等15种当时就是孤本。臧氏刻书,是在经济窘迫的情况下进行的。他在《负苞堂集·寄黄贞夫书》中说:"刻元剧本拟百种,而尚缺其半,搜辑殊不易,乃先以五十种行之。且空囊无以偿梓人,姑藉此少资缓急。"从中可见其刻书的情志。

二、毛晋汲古阁刻书

江苏常熟市,古称虞山。作为历史文化名城,这里在明末清初涌现出了几位名冠江南乃至全国的大藏书家和名刻书家,毛晋就是其中最著名者。

毛晋(1599—1659),原名凤苞,字子晋,号潜在。常熟毛氏是富有田产的大地主,世居迎春门外七星桥。毛晋一生未涉仕途,仅以秀才的身份,凭借家中丰厚的田租收入,终生从事藏书、刻书的文化传播事业。

汲古阁是毛晋藏书、刻书的地方。据统计,自明万历设肆至清初的四十多年间,汲古阁刻书近600种,雕刊华美,世称毛刻本,或汲古阁本,名动士林,因有"毛氏镂本走天下"之誉。

毛晋有较强的经济实力,购书时常不惜高价买进。他在家门口贴出告示,声称如若有人带宋本来,门内主人将以叶计酬,每叶出钱二百,旧抄每叶四十,善本书他家定价一千者,主人出一千二百。优惠的价格,吸引了远近书商,以至于"湖州书舶云集于门"。当地也因此传开了"三百六十行生意,不如鬻书于毛氏"的谚语。这种空前踊跃的上门售书现象,使毛晋在竞争激烈的江南古旧书业中赢得了优势,成功积藏了大量刻书所需的宋元善本。

汲古阁刻书,无论数量、种类,还是雕印质量,都是古代民间刻书史上前所未有的。杨绍和海源阁旧藏汲古阁影宋精抄《五经文字》,卷末有毛晋季子毛扆跋,称:"吾家当日有印书作,聚印匠二十人,刷印经籍。扆一日往观之,先君适至,呼扆曰:'吾缩衣节食,遑遑然以刊书为急务,今板逾十万,亦云多矣。'"仅印书工匠就达20人,雕刻工匠的人数当远远超过此数。据《宋史·邢昺传》的记载,宋初40年间,国子监书版由不及四千增至十余万。今汲古阁以一家之力,书版之积竟达十万,其刻印作坊规模之大,可以想见。毛晋不仅自己刻书,还代人刻印,如为张溥刻《汉魏六朝百三名家集》《南史》,为王象晋刻《群芳谱》,为钱谦益刻《列朝诗集》,为乡贤冯班刻《冯定远全集》,为李玙刻《群芳清玩》,为张潜刻《苏门六君子集》,等等。如果颁发古代民间刻书英雄榜桂冠的话,汲古阁是当之无愧的。

毛晋刻书始于明天启年间(1621—1627)。这期间,年方弱冠的毛晋刊行了《剑南诗稿》《神农本草经注疏》《三家宫词》《风骚旨格》等,初试锋芒。崇祯元年至十七年(1628—1644)是毛晋刻书的全盛时期,所刻包括经史巨帙《十三经注疏》《十七史》《说文解字》等,诗文词曲有《唐人选唐诗八种》《元人十种诗》《宋六十名家词》《六十种曲》《文选注》《四唐人集》《乐府诗集》《唐诗纪事》等,乡邦文献有《吴郡志》《琴川志》《吴地记》《吴郡图经续记》《海虞古文苑》等,另外还有佛经道藏,以及大型丛书"津逮秘书"等。入清,毛晋的刻书事业与生命都进入尾声,书版开始流散,《十三经注疏》版片归同邑席氏,《十七史》版片归苏州扫叶山房,《八唐人诗》版片归山东赵执信,《十元人集》版片归无锡华氏,《说文解字》版片归苏州钱景开萃古斋,等等。汲古阁所刻图书,版心下端皆镌有"汲古阁"或"绿君亭"(图67)字样,明末以来流传甚广。

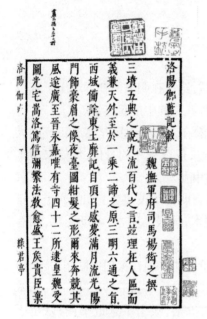

图67 《洛阳伽蓝记》明末毛氏绿君亭刻本

从历史文化传播的角度审视毛晋刻书的文化意义,有两点是应该予以特别提出的:其一,影响了研究、刊书的风尚。东汉许慎的《说文解字》开古代字典编纂的千年风尚,然元明两代,学者不重小学,公私刻书,竟无顾及,一代经典遂有沉晦之虞。毛晋崇祯年间购得北宋刻小字本《说文解字》,即予翻雕行世。清代许学大盛,名家辈出,汲古阁本的刊行流传对此具有一定的影响和促进作用。就大规模汇刻词集而言,毛晋的《宋六十名家集》是宋以后的第一家,直接影响了清代词集刊刻之风,为后世宋词研究保存了宋词创作的历史原貌。其二,保存了大量珍稀古籍的足本。"津逮秘书"是毛晋精心校刻的大型丛书,所收以宋元著述为主。毛晋一改明末汇刻丛书随意删削节取之风,百计求取善本、全本刊入。

毛晋作为一个有事业心的刻书家,对于底本选择和校勘问题是十分慎重的。

他刻书所据底本大多为宋元善本,并延聘学者专任校勘之职,每一书校刻毕,则跋数语于后,阐明版本流传渊源、底本选择诸事。今人潘景郑广事搜稽,共辑得249篇,名之曰《汲古阁书跋》,由上海古典文学出版社于1958年正式出版。历来学者研究古代刻书史,皆不把毛晋汲古阁列入书坊范畴,原因就在于他刻书校勘精善,雕刻隽美,连用纸也丝毫不苟,特于千里之外的江西定制,厚者谓毛边,薄者曰毛太,纸润墨香,绝非一般书坊所能模仿。

在长期藏书刻书的实践中,毛晋经过精心研究和实验,创造了一种"影抄"的方法,就是将薄纸覆盖在底本书叶上,照其点画、版式精心描摹下来,务求与原本丝毫不差。这种影抄本与原本基本无异,使得许多深藏私家的宋元善本化身千亿,能以本来面目出现在长期欲睹不能的读者藏家眼前。毛晋每见世所罕见而藏之故家不能得者,就聘请善抄手,选用佳纸好墨,精心摹写。清常熟孙从添《上善堂藏书记要·抄录》中对毛晋的影宋抄本推崇备至:"汲古阁影宋精抄,古今绝作,字画纸张,乌丝图章,追慕宋刻,为近世无有能继其作者。"清《天禄琳琅书

图68　宋张时举《弟子职》
清初毛氏汲古阁影宋抄本

目》特辟影宋抄本一类,置于宋版之后,元版之前,所录多汲古阁本,且屡加揄扬,如《张状元孟子传》,称其"影抄字法纸墨,皆极精良",宋张时举《弟子职》(图68)等小学五书"字法欧体,工整清劲,影抄能得其神,洵为佳本"。北京文禄堂主王文进辑《明毛氏写本书目》,著录毛晋、毛扆抄本凡240种,据瞿冕良先生估计,实际上还不止这个数。

毛晋汲古阁,以所藏宋元善本为基础,几十年间遍刻四部典籍、佛经道藏,秘笈琳琅,堪称古代刻书史上一幅百看不厌的青绿山水长卷。

三、民间书坊刻书

明代坊刻与宋元时期坊刻相比,具有明显的时代特色。首先是专业性强,传

统的四部典籍与新兴的通俗文学类书籍是明代坊刻的两大系列，各地书坊大多以后者为主要刊行对象，尤其金陵、建阳两地汇集了以刊行通俗文学类书籍行名天下的许多著名书坊，如刊行大量戏曲剧本的金陵唐氏富春堂、金陵唐氏文林阁，刊行大量通俗小说的建阳余氏三台馆、建阳熊氏忠正堂。当然，也仍有相当数量的书坊继续在传统领域里发展，如由元入明的建安刘氏日新堂、郑氏宗文书堂，以及金台汪谅、刘氏安正堂，刘氏慎独斋等。其次是经营规模不断扩大，出现了异地设肆经营的新情况。明代，家族同宗经营书业的现象较之宋、元更为突出，如建阳的余氏、刘氏，金陵的唐氏，苏州的叶氏，他们或联手或竞争，把当地的书市经营得轰轰烈烈。与此同时，一些巨富望族青睐具有相当赢利空间的书业，开始投资设肆，如锡山华氏的会通馆、兰雪堂和安氏的桂坡馆，吴兴闵氏、凌氏，金陵胡氏的十竹斋和汪氏的环翠堂，常熟毛氏的汲古阁等，我国雕版印刷的新技术——金属活字版印刷、套版印刷、饾版拱花印刷、影抄等，都是在他们的积极投入和实验下得到成功推广的，由此创造出了许多巧夺天工、精美绝伦的印本新品，为读者喜闻乐见，为市场争相接纳，极大地丰富了明代的书业市场，促进了社会文化传播的进一步深入扩展。

明代刻书形成了三大中心地区：以金陵为中心的吴地、以杭州为中心的越地、以建阳为中心的闽中。就坊刻而言，由于明代刻书几乎是遍地开花，所谓两京十三省，无处不刻书，所以形成了星罗棋布于全国，燕京、苏州、杭州、湖州南北辉映，以金陵、建阳为龙头的格局。

（一）金陵坊刻

洪武建国，定都南京。南京，秦汉为秣陵县地，三国东吴建都时改名建业，晋易名建康。东晋成帝时朝臣谋议迁都，丞相王导有言："建康，古之金陵，旧为帝里。"此后，世人即以金陵为南京别称。明代，南京书坊喜欢在名号前冠以"金陵"或"秣陵"二字，盖以其地历史之悠久、名望之显赫为自豪。金陵书坊的刻书活动，明初并不活跃，明太祖洪武至武宗正德近二百年间，目前知见的书坊不满10家。而世宗嘉靖至神宗万历末的近百年间，这个数字就猛增至40多家。嘉靖万历年间是金陵坊刻历史上发展最好的时期，此后盛况不再。

金陵书坊云集于三山街及太学前，所以有的书坊常冠以"三山街书林""三山书坊"字样。1980年，张秀民先生根据历代藏书家的书目及原书牌子，考录了明代金陵书坊的名号和数量，共得50余种，结论是"稍少于建阳而多于北京"。数年后，张先生根据新材料做了修正，举出93家金陵书坊，其"多于建阳九家，更远远超过北京"①。金陵书坊刻书以戏曲、小说、医书为多。

(二) 建阳坊刻

明宣宗宣德四年(1429),曲阜衍圣公孔彦缙经礼部批准,派遣专人远赴千里之外的建阳选购大批图书,插架圣名赫赫的孔府,故黄璿在景泰四年(1453)所修《建阳县志》中自豪地宣称:"天下书籍备于建阳之书坊。"弘治十三年(1500),麻沙遭受特大火灾,古今书版尽毁。而崇化书坊却毫发无损且愈益滋蕃,其地书业继续往日"图书之府"的繁荣景象。麻沙书坊也在十多年的时间里逐渐恢复生机,以至嘉靖五年(1526),朝廷特在建阳设官署监校麻沙书版,并派遣侍读学士汪佃执掌其事。由此可见,建阳书林在明代刻书业中具有重要地位。

有明一代,建阳麻沙、崇化两坊的书业上承宋、元前人所创基业继续发展。明代周宏祖《古今书刻》载建宁府书坊书目达365种,而嘉靖《建阳县志》卷5所载建阳书坊书目及《儒学尊经阁书目》中注明的书坊版亦多至300余种。书目下有注云:诸书"皆嘉靖丁酉教谕章悦捐资购置"。丁酉为嘉靖十六年(1537),据此,此建阳书坊书目反映的仅是明朝中叶的情况。而明代建阳书坊的刻书高潮则在万历时期,小说、杂书大量行世,其数虽无确载,但当在千种左右。两项相加,数字十分可观,从中可知建阳书坊明代继续发展的规模与盛况。

明代,建阳书坊有名号可考的,依然主要集中在宋元以来累世传承的几家大姓,如刘氏翠岩精舍、刘氏日新堂、虞氏务本堂、叶氏广勤堂、郑氏宗文堂等,这些由元入明的老坊,沿用旧有名号,保持原有传统,刻书仍以四部典籍为主,基本不赶嘉靖以后盛行于书业的刊行通俗小说、戏曲读本之潮。而如刘氏慎独斋、刘氏安正堂,虽出刘姓,却是明代新设书坊,并以精刊四部典籍而成为坊中龙凤。另有一类情况有所不同,即继承刻书祖业但另设名号,刻书上也别开蹊径者,其最典型的就是余氏以编刻通俗小说蜚声书林的余象斗三台馆。熊氏是明代新入书业的大族,其书坊名号以熊宗立的种德堂、熊大木的忠正堂最为响亮,前者以自编自刊日常生活不可或缺的医书,后者以自撰自刊社会民众喜闻乐见的小说为人所乐道,名著一时。大小书坊,新旧面孔,家家窥测动向,人人紧盯市场,翻刻新编,买稿自撰,各显身手,一时龙腾虎跃,将建阳的书业点缀得有声有色。

---

① 张秀民.中国印刷史.上海:上海人民出版社,1989·348.

四、明代刻书的特点及其文化意义

(一) 明代刻书的特点

在中国编辑出版史上,明代的刻书活动出现了一个很显著的特点,即文人与民间书业合作刻书。这一现象的形成,是以江南经济的发展和人文思潮的涌动为前提的。明末,政治的黑暗,朝廷的腐败,使很多知识分子对仕途失去信心;而经济的发展、城市的繁荣,又使他们愿意抛弃已经厌烦了的道学,去追求能体现个人情志的自由天地。这股人文思潮首先在经济富庶、文人云集的长江三角洲地区亮出大旗,其标志之一,就是大量通俗文艺类作品和反映文人栖身自然、修养性情类书籍被适时推出。

明嘉靖、万历间,社会上说部丛书刊行成风:嘉靖二十三年(1544),上海陆楫辑《古今说海》135种;嘉靖中,长洲顾元庆辑刊《顾氏文房小说四十种》《梓吴四十种》;隆庆二年(1568),海盐王文禄辑《百陵学山》100种;万历初,丰城李栻辑《历代小史》105种;万历二十四年(1596),乌程沈节甫辑刻《由醇录》12种;万历二十五年(1597),嘉兴周履靖辑《夷门广牍》107种;万历三十一年(1603),钱塘胡文焕文会堂刊"格致丛书"198种;万历中高凤鸣辑《今献汇言》39种,吴琯辑《古今逸史》55种,会稽商濬辑刊《稗海》70种,华亭陈继儒辑"宝颜堂秘笈";

图69　陈继儒像
　　　清叶衍兰绘

无锡华淑万历四十五年(1617)辑《闲情小品》、万历四十六年(1618)自撰《快书》6种;天启六年(1626)闵景贤辑《快书》;崇祯二年(1629)何伟然、吴从先辑《广快书》;等等。其中,有的辑刻者为官宦或书坊主,有的则是与书坊有合作关系的江南文士。在这些人中,陈继儒最为著名。

陈继儒(1558—1639),字仲醇,号眉公,松江华亭(今属上海)人(图69)。明诸生。工诗文,兼善书画,与同郡董其昌齐名。陈继儒能上交官宦名流,下接文人寒士,名声倾动一时。钱谦益以为陈继儒之所以能在晚明声华浮动,得享高名,原因在于不但得到王锡爵、王世贞及董其昌等显宦名流的雅重,而且"能延招吴、越间穷儒老宿、隐约饥寒者"。陈继儒共辑校丛书"宝颜堂秘笈"6集数百种。"宝颜堂秘笈"原题陈继儒编,晚明以来公私著录皆同。然据陈氏门人李日华《味水轩日记》所载,该书实为书坊所刻①。晚明数十年间,"宝颜堂秘笈"挟眉公之名风动一时,清代文人屡讥陈继儒作文编书以获利的所为"行同商贾"。其实,这正是陈继儒作为不耕不宦的文人,在商品经济日渐发达,以营利为目的的书商日增的时代,所选择的一种处世方式。而其时书商与文人的合作,早已成为出版业经营的趋势,各种科举用书、名家选本、通俗戏曲小说读物等畅销书籍,就是这种合作的产物。

像陈继儒这样倾情说部,与书坊联手编刊书籍的情况,在晚明并非少数,如嘉兴周履靖辑《夷门广牍》、钱塘胡文焕辑刊"格致丛书"也是一样的情况。明末清初,恃才傲物的名画家陈洪绶在杭州西湖定香桥为书坊作画,安徽休宁戏曲家汪廷讷弃官后,设肆金陵,著《环翠堂集》,刻《环翠堂乐府》,在自己素喜的戏曲艺术世界里优哉游哉,尽情尽兴。如果深入下去,我们会得到一份更长的名单,在更大的范围内,发现更多的官宦、文人参与书坊的刻书活动。

明末,社会上大量流通的两大类书籍——通俗文艺、说部丛书,无疑为我们今天追寻晚明文人的心路历程,研究当时的社会思潮与编辑出版活动的互动关系,留下了十分珍贵的历史资料。

明代,随着通俗文艺类书籍的大量推出,刻书中版画插图成为时尚,开始出现结构复杂、形体美观的牌记:明嘉靖杨氏归仁斋所刻《大明一统志》和明万历余氏所刻《皇明资治通鉴》的荷叶莲花龛式牌记,上叶下花,中间所嵌长方形双线框内双行刻字,十分醒目美观。而明弘治间詹氏进德堂刻《大广益会玉篇》、明正德间杨氏清江书堂刻《剪灯新话》的牌记结构基本相同,篇幅几乎占满整个版面,中间为版画,天头为坊号,两边刊字,整个结构对称,视觉形象丰满美观(图70)。

明清两代,版画作为插图艺术,被更广泛地运用于各类书籍,尤其是戏曲、小

图70 《剪灯新话》 明清江书堂刻本

---

① [明]李日华.味水轩日记(卷7).上海:上海远东出版社,1996:444.

说等通俗文艺类书籍之中。金陵、建阳的书坊纷纷改革宋元时期上图下文的遗风，创出两面连式、合页连式、团扇式等新品，争奇斗艳，闹红了当时的图书市场。

我国的插图本书籍并非源于坊刻，但就现存的插图本书籍情况来看，绝大部分为明清时期的坊刻本，这就证明书坊是古代插图本书籍的继承和发扬者。众多精美古雅的坊刻插图本通俗文艺类书籍，与社会文艺思潮互动，推动古代版画艺术发展进入巅峰状态，在中国版刻史、文化传播史上写下了极其精彩的一笔。

（二）明代刻书的文化意义

小说、戏曲等通俗文艺类书籍，一向受封建时代所谓正统文化的排斥，清修《四库全书》就对当时已产生广泛社会文化影响的通俗小说、戏曲类书籍视而不见，一本不录。植根于民间的通俗艺术最具民族性，明代为数众多的通俗文艺类书籍漂洋过海，成为国际文化交流的使者。与古代中国有密切文化交流的日本、韩国，现今都收藏有大量中国古代的通俗小说、戏曲作品，并出现改编本和仿作。欧洲各国也有此类收藏，俄罗斯著名汉学家李福清在欧洲访学期间，于丹麦哥本哈根皇家图书馆和奥地利维也纳国家图书馆发现了三种我国明代的戏曲选集：《乐府玉树英》《乐府万象新》《大明天下春》；龙彼得先生又在海外发现了三种闽南戏曲弦管选本的明刊孤本：现藏英国剑桥大学图书馆的《新刻增补戏队锦曲大全满天春》，现藏德国萨克森州立图书馆的《精选时尚新锦曲摘队》和《新刊弦管时尚摘要集》。这些选本于18世纪中叶已经出现在它们的馆藏目录上，而最先作为私人收藏的时间应该早些，即距刊刻时间约有半个世纪。综观近二十年来影印出版的海外所藏中国通俗小说、戏曲的孤本和善本，可知明清时期通过通俗文艺书籍向世界传播的中国社会文化和民俗活动的信息是巨量的。此类主要来自私家书坊广泛刊行的书籍，既推动、促进了古代通俗文艺思潮的发展，又记录了大量有关资料，并成功地与全世界交流，为我国古代文化遗产的传播和保存做出了重要的贡献。

即使是通俗读物，其历史文化影响也不容忽视。王重民先生曾就通俗文学读本的社会影响发表过精辟的见解，他在明司礼监刻《诸儒笺解古文真宝》一书提要中指出："凡传诵极广之诗篇，未必尽出于大名人之手，而结果必附大名人以传，此定数也……此类通俗诗歌，所影响于社会者甚巨，今尚无人研究，余故表而出之，以待方家考证。"① 这实际上提出了对历史上在文化传播方面发挥过重

---

① 王重民. 中国善本书提要·集部. 上海：上海古籍出版社，1983：443.

要作用的私家书坊通俗类刻本的研究问题,值得今天身处大众传播时代的人们予以高度重视。

盛行于明中叶以后的通俗文艺和说部丛书,对社会文化的广泛传播、古代图书市场的兴旺繁荣、雕版印刷技术的提高发展等,都做出了重大的贡献。

第三节　清代前期的刻书事业

清代前期,尤其是康、雍、乾三朝,无论刻书的数量还是质量,都是历史上最好的。其中官刻、家刻特别兴盛,坊刻相对较弱。究其原因,一方面,当时政府处于强势时期,财源充足,帝王们都想通过大规模编刊书籍来表达稽古崇文之意,以点缀盛世;另一方面,清初三朝罗织了森严的文网,面对冷酷的文字狱,文人、学者纷纷自囚书斋,潜心于整理旧籍,考究古学,考据之风弥漫于学界。一大批优秀的版本学、校勘学家加入官府或私家的刻书活动,使这一时期的官刻、家刻本书籍获得了较高的版本和学术价值。

一、武英殿刻书

清初,朝廷大张旗鼓地刻印书籍。康熙初年,中央政府有多家专门刻书机构,如武英殿、国子监、官书局等。这些机构所刻图书,统称为内府刻书。据翁连溪《清代内府刻书编年目录》统计,清廷内府刻书多达 960 种(指雕版印本和活字本,不包括石印、铅印图书和写本、抄本等)。① 其中以武英殿刻书为最。武英殿刻书始于康熙十九年(1680),所刻大多为皇帝钦定之书,然后通过赏赐、颁行、发卖等多种渠道流通天下,世称"殿本"。嘉庆朝礼亲王昭梿曾列出殿本 130 多种②,近代陶湘《故宫殿本书库现存书目》也著录了 300 多种,由此可见当日武英殿刻书之盛况。

武英殿(图71)位于紫禁城内熙和门西、西华门东,始建于明代。清康熙中确定为内府刻书处,称武英殿修书处,隶内务府营造司,下设监造处、校刊翰林

---

① 翁连溪.清代内府刻书研究·附录一.北京:故宫出版社,2013:364.
② [清]昭梿.啸亭杂录·啸亭续录·"本朝钦定诸书"北京:中华书局,1980:400.

处、档案房等。监造处复设书作,负责书籍装潢;刷印作,负责图书刻印;铜字库、聚珍馆,分别负责铜活字和木活字印书。

康熙、雍正时(1662—1735),武英殿刻书已经成为官刻中最

图71　武英殿

主要的部分,共刻书128种、17 000万余卷。康熙时,武英殿刻书用唐欧阳询、元赵孟頫体精写上版,再用精制的开化纸印刷,字体娟秀工整,书叶洁白光亮,形成了康熙刻书的特点,称为"康版"。康熙四十四年(1705),江宁织造曹寅奉命在扬州开诗局校刊《全唐诗》,次年刊成。全书900卷,精工细楷镌刻,笔迹秀丽匀称,一时成为"康版"的代表作。雍正时,用宋体铜活字印《古今图书集成》100部,成为我国出版史上首次用活字印刷万卷巨著的出版印刷活动。

乾隆时(1736—1795),武英殿刻书走向极盛,60年中,刻书308种,占清代殿本总数的60%,并以木活字印成"武英殿聚珍版丛书"。负责木活字印刷工程的户部右侍郎金简在元王祯印书法的基础上,将转轮排字架改造为格橱排字架,在刷印工序方面:版面界栏先在另版上雕好,接着将书名、卷次、页码等活字嵌入版心,连同界栏先印出,然后再覆于正文版槽上套印成书,使"武英殿聚珍版丛书"的刻印取得了很大的成功,对我国活字印刷事业做出了贡献。乾隆十五年(1750),武英殿还彩色套印了《御制唐宋诗醇》47卷。

嘉庆以后,随着国势的趋弱,武英殿刻书的财政拨款减少,工料不足,匠人减缩,当时,殿本如《八旗通志》《熙朝雅颂集》等,在字体、纸墨、校勘质量等方面都已远远不能与康、乾时期相比。道光、咸丰、同治三朝,殿本书据陶湘书目记载为15种,981卷,仅占清代总数的2.9%和1.85%。武英殿刻书业已经衰败,风光不再。

二、私家刻书

清代乾嘉时期,一代学者先后以毕生的精力、才智,孜孜于对古代文献的整理研究,以考据学的丰硕成果,在我国古代学术思想史上写下了极其辉煌的一

页。考据学的研究,首先在于恢复古代文献的本来面貌,校刊古籍自然成了一项不能回避的重要课题。于是,学者、藏家竞起刻书,至成一代风尚。正如张之洞所说:"前代经史子集,苟其书流传自古,确有实用者,国朝必为表章疏释,精校重刻。"校刊古籍除了彰显学术以外,还能以保存古籍之功传名于世,这一点尤为藏家所看重。张之洞的《劝刻书说》对此做了精彩的阐述:"凡有力好事之人,若自揣德业学问不足过人,而欲求不朽者,莫如刊布古书一法。但刻书必须不惜重费,延聘通人,甄择秘籍,详校精雕,其书终古不废,则刻书之人终古不泯,如歙之鲍,吴之黄,南海之伍,金山之钱,可决其五百年中必不泯灭,岂不胜于自著书、自刻集者乎。且刻书者,传先哲之精蕴,启后学之困蒙,亦利济之先务,积善之雅谈也。"①文中所列鲍廷博、黄丕烈、伍崇曜、钱熙祚都是清代以家刻名世的编辑出版家。

鲍廷博(1728—1814),字以文,号渌饮,安徽歙县人,著名藏书家。其室名"知不足斋",取意于《礼记》中"学然后知不足"之句。乾隆三十四年(1769)开始刻"知不足斋丛书",至鲍氏去世,刻成27集。其子继承父业,续刻3集。全书经过两代人50年的努力,共刻成30集、207种、780卷,成为一部以精善著称的大型综合性丛书。

黄丕烈(1763—1825),字绍武,号荛圃,江苏苏州人。他一生无意仕进,不喜声色犬马,一意倾情于书,藏书、读书、校书、刻书不止,刻有"士礼居丛书"20种、190余卷,多据宋本影刻,是清代精校精刻的著名丛书之一。

伍崇曜(1810—1863),字良辅,号紫垣,广东南海人,刻有"岭南遗书"59种(其中2种有目无书)、"粤雅堂丛书"180种,曾延聘学者谭莹专事校订和撰写题跋。

钱熙祚,字锡之,江苏金山(今属上海)人,刻有"守山阁丛书"112种、665卷,"指海"144种、441卷,"珠丛别录"28种。阮元赞扬钱氏辑刻丛书,以"采择雠校之精,迥出诸家丛书之上"。

除了张氏所说四家之外,清代著名的家刻还有周亮工、卢见曾、卢文弨、吴骞、孙星衍、张敦仁、张海鹏、阮元、胡克家、缪荃孙、王先谦、黎庶昌、叶德辉、罗振玉等。清代刻书以丛书为盛,张之洞《书目答问》附录清代著名丛书120部,叶德辉《书林清话》又增19种,绝大部分出自他们之手,足见清代家刻的繁荣。

---

① 范希曾.书目答问补正.上海:上海古籍出版社,1983:341.

三、书坊刻书

考有清一代,民间书坊以及所刻书籍应该具有相当大的数量,主要生活在清初雍乾时期的吴敬梓在所著《儒林外史》第二十回"匡超人高兴长安道,牛布衣客死芜湖关"中,借匡超人之口提供了这方面的例证:

> 我的文名也够了。自从那年到杭州,至今五六年,考卷、墨卷、房书、行书、名家的稿子,还有《四书讲书》《五经讲书》《古文选本》,家里有个帐,共是九十五本。弟选的文章,每一回出,书店定要卖掉一万部,山东、山西、河南、陕西、北直的客人,都争着买,祇愁买不到手;还有个拙稿是前年刻的,而今已经翻刻过三副板。①

匡超人6年之间选了95部八股文选本,每种印数竟达1万,虽然不无信口夸张之意,但书坊编刊此类"选家"之书泛滥于时的事实却是存在的。由于书坊的业务主要集中在科举用书、生活日用、通俗文艺类书籍方面,以及接受官刻、家刻的委托刻印,所以,称得上名坊的书坊和公认为善本的刻书寥寥无几。

北京、苏州是清代坊刻比较集中的地方,而琉璃厂则为北京书坊的集中地。琉璃厂位于北京南城正阳门西,辽时名海王村。自明代起,其地即有书肆。清初,四库全书馆开馆,其编修古书过程中所产生的对古书巨大的需求,极大地刺激了北京乃至全国的古旧书业。在这样的背景下,北京琉璃厂形成了空前繁荣的古旧书业。孙殿起辑《琉璃厂小志》引翁方纲《复初斋诗注》语:"乾隆癸巳(三十八年,1773)开四库馆……每日清晨,诸臣入院,设大橱,供茶饭。午后归寓,各以所校阅某书应考某典,详列书目,至琉璃厂书肆访之。是时,浙江书贾,奔辀辇下;书坊以五柳居、文粹堂为最。"②纂修《四库全书》的巨量需求,有力地推动了琉璃厂书肆的发展,只是当时以书籍贸易为主。清中叶以后,琉璃厂书肆开始自行刊书,但为数仍然不多,上百家书铺中仅三成有刻书的记载,且所刻种数少,一般仅数种,多者几十种,比较著名的有五柳居等。

尽管有关清代书坊的史料十分缺乏,但还是可以找到各地书坊活动的零星记载。综观这些有限的记载,我们可以看到清代中叶以后书坊逐渐退出历史舞台的无奈过程。

---

① [清]吴敬梓,著;李汉秋,辑校.儒林外史汇校汇评本.上海:上海古籍出版社,1999:256.
② 孙殿起.琉璃厂小志.北京:北京古籍出版社,1982:32.

四、扫叶山房

有清一代,民间书坊经营时间延续最久、刻书数量最多、社会影响最大的,要数常熟继毛晋汲古阁而起的席氏扫叶山房。

席氏本苏州洞庭东山著姓望族,其刻书始自清初席启寓。

席启寓(1650—1702),字文夏,号治斋。明崇祯时太仆寺少卿席本桢季子,清初迁居常熟,追随前辈风流儒雅之余绪,以辑刻有唐一代诗歌全集为己任,不惜耗时30年,刻成《唐诗百名家全集》,开席氏刻书之先河。

席启寓往来于东山、常熟之间,其后代始为两支。常熟一支继承藏书、刻书的流韵遗风,其中席世臣继起以扫叶山房名设肆刻书。

席世臣,字邻哉,席启寓玄孙,曾以商籍学生身份参与校勘《四库全书》。乾隆五十一年(1786)钦赐举人,两年后成进士。席世臣嗜古好学,家中多藏书,每见佳本,则手自校雠,因以"扫叶山房"名室,盖取义于"校书如扫落叶"之句。其所刻书籍以史部为主,曾得汲古阁十七史书版,予以重印。当书业扩大后,即在苏州阊门设书铺,以"扫叶山房"为号。其所刻图书版心大多有"扫叶山房"字样,"扫叶山房"之名随着所刻书籍行销天下而传扬四方。故扫叶山房刻书自席世臣始,与席启寓无涉。

席世臣扫叶山房刻书始自乾隆末年,主要在嘉庆间,瞿冕良先生《琴川书志》"扫叶山房"条下较详细地列出了一个知见目录,较著名的有十七史、四朝别史、《大唐六典》、唐吴兢的《贞观政要》10卷、宋刘珍的《东观汉记》24卷、宋薛居正的《旧五代史》150卷、宋苏辙的《古史》60卷、宋王益之的《西汉年纪》30卷、宋陶岳等的《五代外史》15卷、元刘一清的《钱塘遗事》10卷(图72)、明钱世升的《南宋书》68卷,等等。

席世臣刻书,多撰序言,阐明刻书原委。例如,嘉庆三年(1798)刻顾嗣立《元

图72 《钱塘遗事》清扫叶山房刻本

诗选·癸集》,叙曰:"顾秀野先生《元诗选》以十干分部,自甲至壬,即寿诸梓,风行海内,惟癸集未竣,而先生遽殁。先大父守朴君顾出也,尝取是编授世臣,而深以癸集独缺为憾。逮先大夫捐馆,世臣每读是编,辄潸然有动其心。乃访先生之曾孙果庭,寻已刻之版并未刻之稿,亟取以归,如获拱璧。"嘉庆前十年是席世臣刻书的全盛期,今见席世臣刻扫叶山房传本几乎全是这一时期的产物。

扫叶山房在席世臣去世后继续经营书业。道光、咸丰年间的情况,光绪八年(1882),席素威《唐诗百名家全集》跋中有这样一段话:"伏念此书之成,迄今垂二百年,由虞山而迁珠溪,而佘山,而松江,水陆舟徒,零落殊甚。咸丰间,家大人惧先世手泽就湮,重加修补。校刊既竣,未及印行而庚辛之乱作,凡经史诸版之在苏垣者,十毁七八。幸是版什袭家中,与敝庐俱无恙。"席素威自记为席启寓七世孙,细味文意,当为扫叶山房传人。可见,扫叶山房书版于咸丰末年太平军与清军在江南的军事拉锯中损失惨重,书坊正在刊印的《旧唐书》书版即毁于当时战火中。光绪中叶,扫叶山房的经营活动有所发展,汇刻清李兆洛《李氏五种》,收录《历代地理志韵编》《皇朝舆地韵编》等舆地著作5种。据耿文光记载,题署"清光绪中吴县朱氏槐庐家塾刻本"的丛书"槐庐丛书",为扫叶山房所刻。

同治、光绪年间(1862—1874),扫叶山房将经营中心迁往上海,先后在彩衣街、棋盘街设立营业所,且引进石印、铅印新技术,扩大印刷规模和经营范围,线装石印本成为主要的出版样式。据民国间所编书目的不完全统计,扫叶山房编印的书籍达700多种,在清末民初的古书市场上占有很大份额。

随着民国年间更大规模的现代民营出版企业如商务印书馆、开明书局等的先后出现,以及古籍市场的相对萎缩,扫叶山房虽在民国时缀以书局之称,以新面貌参与出版业的竞争,但是终因受书坊旧体制的限制,业务日见萧条,于新中国成立后的1954年关门大吉,彻底退出历史舞台。

第四节　晚清编辑出版事业的发展

19世纪中叶,西方列强用大炮轰开了清帝国闭关自守的大门,挟武力大肆入侵积病积弱的中国。

挟势而来的西方传教士通过出版各种书刊,加强西学传播。中国的知识分子和开明官吏则在西学中撷取新知识、新思想、新学问,并迅速接受西方先进的印刷技术和出版传播理念,编辑出版各类现代书刊,广泛深入地推进社会的改革运动。

从鸦片战争爆发到辛亥革命推翻清王朝的70年间,晚清编辑出版事业经历了迎新弃旧的痛苦抉择,接受改革的洗礼,通过吸纳先进的印刷技术和设备,组建现代民营出版企业,编辑出版了大量具有新知识、新思想的现代出版物,从内容到形式,逐步完成了编辑出版业从古代模式向现代体制的转换。

一、西学东渐思潮中的译书活动

公元1811年,伦敦会传教士马礼逊在广州出版第一部中文西书,揭开了晚清西学东渐的序幕。1842年,英、法、美等列强通过与战败的清政府签订不平等的《南京条约》《望厦条约》《黄埔条约》,获取了觊觎已久的传播特权,迅速在上海、宁波、福州、广州、厦门等通商口岸建立起西学传播基地,并在上海开设了首家西书出版机构——墨海书馆,中国知识分子开始参与译书活动。1862年,清政府设立京师同文馆,组织翻译西方书籍。翻译西书很快成为近代编辑出版活动的重要内容,在思想文化和科学知识方面,为新文化运动的发动奠定了坚实的基础。

晚清广泛的译书活动,大致可以分为传教士译书、官方译书和民间译书三大类。

(一)传教士译书

西方传教士在华翻译西书的历史,可以追溯到明代万历年间。以利玛窦、汤若望、南怀仁、艾儒略等为代表的天主教传教士,在明清之际,先后来华传教,并翻译了部分西方科技著作,其中以意大利传教士、学者利玛窦最为著名。

利玛窦(1552—1610)于明万历十年(1582)获准进入中国,辗转来到北京,广泛结交朝廷官员和社会名流,传播西方天文、地理、数学等科学技术知识。中国学者徐光启、李之藻等相与交游,师学西方科学知识。1605年,他与徐光启(图73)一起翻译了欧

图73 利玛窦(左)与徐光启(右)画像

几里得的《几何原本》;1613年,又与李之藻合作编译《同文算指》,开西学书籍翻译之先河。由于历史原因,这批译书并没有在社会上产生明显的影响。徐光启晚年在给崇祯皇帝的上疏中说出了自己对这种现象的担心:"臣所惧者,诸臣以惶恐畏咎之心,坚其安习寡闻之陋。臣等书虽告成,而愿学者少,有倡无继,有传无习,恐他日终成废阁。"这大致说明了少数开明士大夫并不能推动社会译书发展的历史原因。

晚清,传教士再次来华进行传教译书活动,来自英国伦敦会的基督教新教传教士马礼逊是开展这一活动的第一人。

图74 马礼逊(右一)在英华书院

马礼逊(1782—1834),英国诺森伯兰人。毕业于戈斯波特传教士学院,后在伦敦学习天文、医学和中文。1807年,受伦敦传教会的指派来中国传教,先后在广州、澳门和南洋马六甲从事编译中文书籍和传教活动。1815年,在马六甲创办英华书院(图74),作为培养传教人员和刊发宗教印刷品的基地。他经过15年的努力,首次完整地将《圣经》译成中文,以《神天圣书》之名,由英华书院印刷所陆续排印出版。这一译书活动的成功,在中西文化交流史上具有重要意义。此后,马礼逊还主持编纂了6卷本《中英词典》,由东印度公司出资刊行。《中英词典》的内容包括单词、词组、成语、句型等,全部英汉对照,开中国近代双语辞书编纂之风气。

由于当时清政府禁止西方传教士来华传教,马礼逊和稍后来华的英、美传教士的活动都被限制在东南沿海或南洋地区,其编译书籍以宗教内容为多,影响相对亦不大。

鸦片战争后,西方传教士蜂拥进入首批开放的5个通商口岸城市。传播出版权的开放,极大地改变了传教士译书活动的方式和内容。从1843年到1860年的短短17年中,在香港和5个通商口岸共计出版了434种西书,其中非宗教类的科技、历史和经济类著作105种,占总数的24.2%。[1] 1843年,麦都思来到

---

[1] 熊月之.西学东渐与晚清社会.上海:上海人民出版社,1994:8.

上海,标志着这种改变的开始。

麦都思(1796—1857),英国伦敦人。1817年来到马六甲的英华书院工作,在南洋的二十多年中学会了中文和编译技能。1843年,他带着在南洋巴达维亚(雅加达)的印刷所来到上海,将印刷所定名为墨海书馆,成为中国境内第一家近代印刷所。墨海书馆作为专门的翻译出版机构,很快在中国产生了影响。后来以创办《循环日报》著称的报刊政论家王韬,早年就受聘在书馆协助伟烈亚力翻译西方科技书籍,并接受西学影响。

伟烈亚力(1815—1887)也是伦敦会的传教士,1847年来到上海协助麦都思主持墨海书馆的翻译活动,曾与中国学者李善兰合译当年利玛窦、徐光启未能完成的《几何原本》的后9卷、《代微积拾级》,与王韬合译《重学浅说》等,对书馆翻译出版西方科技著作做出了重要贡献。他还主编了近代上海第一份综合性中文刊物《六合丛谈》。后来,他应邀到清政府官办翻译机构江南制造局翻译馆继续从事翻译工作,直到1877年因患眼疾双目失明回国。

(二)官方译书

19世纪60年代,在清政府部分官僚发动旨在实业救国的洋务运动初期,洋务派先后创办了京师同文馆和江南制造局,并在其中设立翻译出版机构,开始了官方译书活动。

京师同文馆是清政府培养外交人员的专门学校,主要教授各国语言及天文、数学、物理、化学等知识。学制五年,规定最后两年学生必须译书,聘请的西方教习也都有译著,凡质量好的,由同文馆出版。同文馆译书基本上是自译、自编、自印,所译26种西书中以丁韪良所译美国律师惠顿的《万国公法》最为著名,清总理衙门曾印300部颁发各省督抚备用。1902年,同文馆并入京师大学堂。

江南制造局,全称江南机械制造总局,为官办军事工业企业,1865年创办于上海。同治七年(1868),下置出版印刷机构——翻译馆。翻译馆是晚清官办译书机构中历时最长、译书最多、影响最大的一家,其成就的获得,依赖于所聘优秀的编译人员,尤以傅兰雅、徐寿、华蘅芳最为知名。

傅兰雅(1839—1928),生于英格兰海德镇一个传教士家庭。1860年受英国圣公会委派出任香港圣保罗书院院长,两年后接受清政府聘请出任同文馆英文教习。1868年南下上海,任江南制造局翻译馆翻译,主持制定了一套包括译名的确定、新名词的创造、中西翻译名词对照表的编定等内容的翻译原则和具体方法。1871年,翻译馆开始出版译书,至1899年共出书126种,傅兰雅所译为77

种,其中很多译本,尤其是化学译本创造了近代中国第一的纪录。

徐寿(1818—1884),字雪村,江苏无锡人。早年在墨海书馆师从数学家李善兰,接触西学。1867年到上海襄办江南制造局,建议曾国藩创办翻译馆,并成为馆内最重要的中国译员。他在翻译馆共翻译了16部科技书籍,大多是与傅兰雅合作的,以化学、机械类书籍居多。

图75 华蘅芳

华蘅芳(1833—1902),字若汀,江苏无锡人(图75)。早年即以精于数学知名,曾与同乡徐寿结伴入墨海书馆求知。1868年参与翻译馆的筹建,并成为其主要译员。华氏一生著译甚丰,译著以"足兼信、达、雅三者之长"称誉于世。其所译《地学浅释》是中国近代早期最好的地质学译著,与傅兰雅合译的《决疑数学》是西方传入中国的第一部概率论专著。

江南制造局翻译馆的译书活动,正处于中国近代译书运动的早期,馆内译员无一精通中外两种语言者,均无法独立承担译书任务。译书采取传统口译笔述的二步流水方式:先由西方传教士口译成中文,再由中国译员加以润色。翻译馆译书在选择西书底本上存在一些问题,所以其译本在20世纪初就逐渐被新版的译本替代了。总结翻译馆在中国编辑史上的贡献,主要体现在对译书体例的改进和翻译原则的制定上。

(三)民间译书

19世纪60年代后,一批出使、留学或游历欧美各国,亲身接触了西方近代科技文明和议会制度的进步官吏和知识分子不满洋务派种种不触及制度改革的行为,提出了具有资产阶级政治思想色彩的改良主义要求。与这种社会政治思潮相适应,译书活动开始注重西方社会科学方面的著述。中日甲午战争之后,这种译书风气的转变表现得更加明显,以资产阶级改良分子为主体的民间译书活动开始发展,其间,设立译书学会,编译西学丛书,西方社会科学名著被大量译成中文。在蓬勃的民间译书活动中,严复和林纾的翻

图76 严复

译独树一帜。

严复(1854—1921),字几道,福建侯官人(图76)。早年肄业于福建船政学堂。1877年赴英国格林尼治海军大学留学,两年后学成归国,出任天津北洋水师学堂总办。甲午战争后,他极力主张变法救国,以办报和译书作为实现自己政治主张的两大行动。

严复先后翻译了赫胥黎的《天演论》、亚当斯的《原富》、孟德斯鸠的《法意》、斯宾塞尔的《群学肄言》(即《社会学原理》)等名著,比较系统地介绍了西方资产阶级的政治、经济和社会学说。严译名著在中国思想界产生了重大影响,尤其是《天演论》。《天演论》原名《进化论与伦理学》,赫胥黎旨在用达尔文关于生物界"物竞天择,适者生存"的进化论思想来分析、解决社会问题。这本是一种庸俗进化论的观点,但是在当时中国的历史条件下,确实起到了惊醒国人奋起自救、变革图强的作用。当译著在严复自办报纸《国闻报》的旬刊《国闻汇编》上连载后,很快就成了维新派宣传变法改良的理论依据。

在社会科学类译著得到重视的同时,西方文艺作品,尤其是小说的翻译介绍也受到普遍重视。近代文学家、不谙外文的林纾,成为外国文艺作品翻译的大家。

林纾(1852—1924),字琴南,福建闽县(今福州)人。光绪举人,任教于京师大学堂。早年曾参加资产阶级改良派的政治活动。他一生翻译了170多种外国文学作品,很多是西方名著,其中以法国小仲马的《巴黎茶花女遗事》、美国女作家斯托谴责奴隶制的小说《黑奴吁天录》(又名《汤姆叔叔的小屋》)最为著名,在知识界产生了很大影响。林纾靠他人口述,用娴雅的古文翻译,译笔流畅,很受中国读者的喜爱,为外国文学在中国开拓了巨大的阅读空间,并且进一步推动了西方文艺类书籍的翻译活动。

二、新式教育的兴起与新式教科书的编制

中国沿袭了千余年的教育体制和教科书模式,在社会改革的大潮中成为改革的重要对象。

与洋务运动的兴起差不多同时,要求在中国发展新式教育的呼声已经遍及朝野。所谓新式教育,是指以培养人才而非应试为目的、采取循序渐进的方法、增加自然科学内容的教育模式。1862年的京师同文馆和1863年的上海广方言馆就属于官方兴办的实验型新式学校。

戊戌变法前后，维新派在提出的政治改良方案中，把育人才、开学校列为社会变革的重要举措。1895年百日维新期间，光绪皇帝采纳维新派关于改革教育的计划，下诏兴办学校。而其时西方在华兴办的教会学校已经有近500所，在读学生约2万人。这些采用西方教育模式的教会学校，与国人自己创办的新式学校相互影响，形成了中国近代教育的新格局。所以，戊戌变法失败后，清政府下令废除各省的学校，但是民间私立学校依然新式办学。对此，梁启超的解释是"民智已开，不可遏抑"。

近代新式教育的重要内容，在于课程设置的创新和教科书的编写。课程设置以教会学校为参照系，增设自然科学课程和改革社会科学课程的内容。课程改革成功与否，教科书是一个十分关键的因素。中国旧式以《三字经》《百家姓》为代表的启蒙课本和四书、五经等科举应试文本，都已经不能适应新式教育的需要，必须重新编制。

中国近代新式教科书首先出现在教会学校。1877年，基督教传教士在上海召开大会，决定成立学校教科书委员会，中文名称为"益智书会"，由傅兰雅、狄考文等具体负责编写教科书。至1890年，益智书会先后推出了98种教科书，另加几十种教学挂图和图说。1902年，清政府颁行新学制后，益智书会所编的这些新式教科书被各地学校普遍选用。①

中国自己编写新式教科书，起于由盛宣怀创办的南洋公学。1897年，南洋公学设立了相当于小学的外院，师范生陈懋治、杜嗣程、沈叔逵等仿照西方教科书的体例，用文言文合作编写了《蒙学课本》3编。这一编写活动被视为近代国人自编新式教科书的开始。有学者根据新史料，发现了1885年浙江学者陈虬为自办利济学堂而编写的教本《利济教经》，内分36门，知识体系包括西学内容，属于新式教科书。②

1898年，俞复、杜嗣程、吴稚晖等人开始采用新法编制蒙学教科讲义，先后编成7编，按照由浅入深的教学规律，将识字、故事、图画组合在一起。1902年，俞复等人组建文明书局，将自己这套教科书命名为《蒙学读本》，出版发行后，深受欢迎，被多次重印。

近代国人新编教科书影响最大的，要数商务印书馆。1902年，清政府学部颁布了学堂章程，对各等学堂的学制做了规定。在此之前，已编定的教科书都与

---

① 熊月之.西学东渐与晚清社会.上海：上海人民出版社，1994：664.
② 熊月之.西学东渐与晚清社会.上海：上海人民出版社，1994：665.

新学制不吻合,给教学带来了不便。商务印书馆抓住时机,果断设立编译所,聘请蔡元培出任所长,次年改由张元济继任所长,蒋维乔等人为编辑,从《初小国文》入手,开始了大规模的新式教科书编辑活动。

1904年,编译所的第一本教科书《最新初小国文教科书》第一册出版。这册按照新学制要求,经过多次研究探讨,借鉴综合多家新教材之长的教科书一经面市,立即受到欢迎。编译所随即陆续推出初小、高小、初中各级教科书,组成了一套"最新教科书",风行全国。

1906年,清学部设立图书局,以管理和规范教科书的编写和使用,拟定的职责为编制国定教科书,在国定教科书出版之前,审定颁布暂用书目。我国教科书的编写和使用逐步走向规范化、统一化。

教科书自古以来一直是编辑出版的重要内容,近代面向社会大众的新式教育的兴起,使教科书的作用突破了科举应试的狭隘范畴,成为全面、系统地传播历史文化和科学知识的重要载体,社会需求量巨大。近代逐步确立的教科书审定、编辑、出版的制度,是我国编辑出版史上的大事。自此以后,组织编写教材和教学参考书成为编辑出版活动的重要内容,成为社会赋予编辑出版业的重大责任之一。

三、新闻报刊的编辑出版

新闻报刊,是指以刊载新闻和评论为主的连续出版物,包括报纸和期刊两种形式。我国自唐代起出现古代报纸——进奏院状报,至宋代,发展为具有中央官报性质的"邸报"。此后,除元朝外,由朝廷中央职能部门统一编发官报的体制一直保持到清末。

我国古代的邸报在内容上以传播官方文书为主,包括皇帝的诏令谕旨、朝廷的政务动态、臣僚的表章奏疏等,后来有一些社会新闻。由于受到封建政治和社会经济状况的制约,古代报纸仅在封建统治集团内部传播,所以不具备近代报纸面向社会大众、刊发评论的重要性质。

在晚清西学东渐的浪潮中,西方传教士带着进步的传播理念,通过创办报刊进行宗教和西学传播。外国人在华创办了中国第一批近代化报刊,其先进理念和报刊的宣传效果,极大地启发了正在苦苦寻求动员国民奋起自救道路的知识分子,中国人自己创办的近代化报刊迅速出现,并且在资产阶级革命运动中发挥了重要的宣传鼓动作用。

(一) 外国人的报刊编辑活动

19世纪以来,外国人在华的报刊编辑活动,从文字形式上,可以分为外文、中文两种;从时间上看,以鸦片战争为界限,可分为两个阶段。鸦片战争前,海禁未开,传教士只能在东南沿海和南洋华人聚居地区创办报刊。

鸦片战争前,1815年8月5日,马礼逊在南洋马六甲创办了世界上第一份近代中文报刊《察世俗每月统记传》(图77),雕版印刷,仿中国书籍线装成册,内容以传教为主,兼及伦理道德和西学知识。1833年8月1日,德国传教士郭实猎在广州创办了中国境内的第一份近代中文报刊《东西洋考每月统记传》。《东西洋考每月统记传》在内容上较《察世俗每月统记传》增设了新闻和言论专栏,更接近现代综合性杂志的标准①。1822年,在澳门创办的葡萄牙文《蜜蜂华报》是中国境内第一份外文报纸,1827年在广州创办的《广州纪录报》则是中国境内第一份英文报纸。

图77 《察世俗每月统记传》

鸦片战争后,获得办报特权的西方传教士纷纷移师北上,寻觅合适的办报新据点,上海很快成为新的办报中心。外文报纸,以1850年创办于上海的《字林西报》较为著名。1872年,英国商人美查的中文商业报纸《申报》在上海创刊,这是国内最早的日报。1860年前后在上海创刊的《六合丛谈》和《中国教会新报》是影响较大的早期中文宗教报刊。

据统计,从19世纪40年代至90年代,西方传教士在中国先后创办了170多种报刊,对中国社会和思想界产生了双重影响。

(二) 中国人的报刊编辑活动

1839年,钦差大臣林则徐在广州领导禁烟期间,为了及时了解、掌握敌方动态,组织人员翻译各种外文报刊的有关新闻和评论,分类装订成册。这一举动,说明林则徐已经注意到新闻报章的重要性,在近代中国人办报史上具有开创性

---

① 中华书局1997年影印出版了黄时鉴据美国哈佛大学"哈佛—燕京图书馆"藏本整理的全套《东西洋考每月统记传》,可资参考。

意义。

1858年,伍廷芳在香港创刊了国人自办的第一份近代中文报纸《中外新报》,1872年在广州创刊的《羊城采新实录》和1873年艾小梅主编的汉口《昭文新报》,是内地最早的一批国人自办的近代报纸。但是,这些报纸很快在与外报的竞争中停刊,影响都很有限。

1874年,王韬在香港创办了著名的《循环日报》,拉开了我国资产阶级改良派办报活动的序幕。《循环日报》以发表宣传变法自强、鼓吹学习西方的政论为特点,政论多出自王韬、郑观应之手,王文后来结集为我国第一部报刊政论文集《弢园文录外编》,郑文结集为近代名著《盛世危言》。

19世纪90年代,国内维新运动蓬勃发展,其标志之一就是办报。据统计,1895年至1898年,维新派在全国创办了30多个学会,办报50多种,形成了3个宣传中心:以梁启超的《时务报》为核心的上海、以严复的《国闻报》为核心的天津、以谭嗣同的《湘报》为核心的长沙。

1898年6月11日,光绪皇帝发布《明定国是诏》,戊戌变法正式开始。9月21日,慈禧太后发动政变,持续才103天的维新变法宣告失败。此后,改良派的宣传中心移至海外。梁启超先后在日本东京创办了《清议报》和《新民丛报》,政治上转为保皇派,不久在与以孙中山为首的资产阶级革命派的思想论争中失败,《新民丛报》停刊,维新派的报刊编辑活动退出历史舞台。

1900年1月25日,陈少白主编的《中国日报》在香港创刊,成为资产阶级革命派创办的第一份报纸。1913年该报停刊,是辛亥革命期间出版时间最长的革命报纸。1905年,同盟会在东京成立,同年11月26日,同盟会的机关报《民报》创刊。享有"以文章排满的骁将"之誉的章太炎出任《民报》主编,领导了与《新民丛报》之间有关革命与否的思想论战,最后以革命主张的胜利告终。于是,同盟会员纷纷回国办报,上海、武汉等成为活跃的革命报刊宣传基地。

资产阶级革命派的报刊编辑宣传活动,有力地推动了全国革命形势的发展,为辛亥革命和创立民国做出了重要贡献。

四、晚清出版事业

(一)晚清出版法规的诞生

20世纪初,在全国推翻帝制的革命呼声一浪高过一浪的形势下,清政府被迫实行"预备立宪",开始制定、颁布体现改革精神的专业性法规。1906年,商部、巡警部、学部共同拟订颁布了《大清印刷物件专律》。"专律"共6章、41款，其内容涉及著作、印刷、编译和发行，宣布在京师设立隶属三部门的印刷注册总局，规定"所有关涉一切印刷及新闻记载等，均须在该局注册"，各地"凡以印刷或发卖各种印刷物件为业之人，依本律即须就所在营业地方之巡警衙门，呈请注册"①，各地巡警衙门再向京师印刷注册总局申报，未经注册而承印文书图画者，以犯法论处。"专律"第四章"毁谤"罗列了19项条款，无端加给著作人和出版者许多束缚和限制，而授予各级地方官吏处理有关毁谤案件以极大的权限。

1910年，清政府又颁布了中国历史上第一部版权法《著作权章程》，分为通例、权利期限、呈报义务、权利限制、附则5章，共55条。《著作权章程》界定："称著作物者：文艺、图画、拓本、照片、雕塑、模型皆是"，"凡称著作物而专有重制之利者，曰著作权"；同时规定："著作权归著作者终身有之。又著作者身故，得由其承继者继续至三十年。"该章程带有明显的欧美版权法的色彩，但是，仅仅颁布一年，就随着清政府的垮台而被废除。尽管如此，它对民国时期北洋政府和国民政府制定版权法仍产生了一定的影响。

（二）西方教会出版机构的出版活动

西方传教士以其进步的传播理念、先进的印刷技术和成熟的经营意识，在晚清中国的编辑出版舞台上，开展了有声有色的编辑出版活动，对中国近代编辑出版事业的发展产生了重要影响。在众多西方教会出版机构中，墨海书馆、美华书馆、广学会、益智书会、博济医局、上海土湾印书馆等比较知名。现择要简介前三家：

墨海书馆，是上海开埠后第一家开设的西人出版机构。创办人英国传教士麦都思是早期来华传教士中著述最多、名声最响的人物。在墨海书馆开张的头三年中共出版了17种书，其中16种是他编写的。稍后，传教士美魏茶、艾约瑟、伟烈亚力，中国学者王韬、李善兰、管嗣复等先后应聘来馆工作。1844年至1860年，书馆共出版书刊171种，以宗教读物为主，兼及科学知识类书籍。1860年，美华书馆迁至上海，墨海书馆在上海出版业的中心地位被取代，以后逐步淡出上海出版界。

美华书馆，是美国基督教长老会设在中国的印刷出版机构，前身是1844年设在澳门的华花圣经书房，馆名中的"华"指中国，"花"指花旗国，即美国。1845

---

① 大清印刷物件专律.见：刘哲民编.近现代出版新闻法规汇编.上海：学林出版社，1992：2.

年迁址宁波,在宁波的 14 年间,印书约 132 万册。1859 年再迁上海,改名"美华书馆",由丁韪良、姜别利先后负责,以出版宗教书籍为主,兼及数学、物理、化学等。姜别利(1830—1886)是出生于英格兰的美国长老会传教士,1858 年来华主持华花圣经书房,他发明了电镀中文字模,对中国活字印刷术的发展做出过特别贡献。

广学会(图 78),是英、美基督教新教传教士和外交人员、商人在中国创办的出版机构。初名"同文书会",1887 年成立于上海。1894 年,易名"广学会",寓含"以西国之新学广中国之旧学"之意。其宗旨为编译出版书刊,介绍西方文化。至 1900 年,广学会共出版书籍 170 余种,其中以李提摩太的《泰西新史揽要》《百年一觉》、林乐知的《中东战纪本末》《文学兴国策》、韦廉臣的《格物探源》影响较大。广学会在 1888 年至 1900 年的十多年时

图 78　广学会办公大楼

间里,通过赠送的方式,将累计 30 余万册书籍送入流通领域,使所出版的西书充分发挥出传播效应,对中国思想界产生了深刻影响。广学会还办有《万国公报》《孩提画报》《成童画报》《大同报》等报刊。后来,与其他三个基督教出版机构合并,成立了中国基督教联合书局。

《万国公报》是广学会最重要的机关刊物,1899 年发表李提摩太节译英国基德的《社会进化论》,题名《大同学》,是中国国内刊物上最早提及和介绍马克思及其著作的文章。

李提摩太(1845—1919)(图 79),字菩岳,英国传教士。1870 年 2 月 12 日被英浸礼会派来中国,开始了在中国长达 45 年的传教生涯。曾先后在山东、山西从事赈灾活动。1891 年出任同文书会督办,将同文书会改为"广学会",主持广学会工作达 25 年之久。《万国公报》是一本综合性的时事政治

图 79　李提摩太(摄于 1910 年)

刊物,以中国上层官绅与知识分子为主要读者对象,注重刊登时论,介绍西方社会政治学说与自然科学等译著,传播西学。这一时期的重要译著,如林乐知的《中西关系论略》、李提摩太的《泰西近百年来大事记》等,都首先发表在《万国公报》上,对中国的维新运动,尤其是康有为、梁启超的维新思想产生了很大影响。孙中山的首篇重要政见文章《上李傅相书》,也发表在1894年的《万国公报》上。

(三) 官书局的兴起

官书局,是晚清地方官刻的重要代表,产生于雕版印刷日趋衰落、新印刷技术日渐兴旺的同治年间。同治二年(1863),两江总督曾国藩在安徽安庆创办金陵书局,开地方大吏设局刻书的先例。接着,浙江书局、崇文书局、广雅书局、湖南书局、淮南书局、江西书局、山东书局、福州书局、贵州书局、云南书局等先后设立,开展刻书活动,在光绪年间形成了官书局刻书的繁荣局面。

同治三年(1864),金陵书局迁至南京冶城山,所刻的第一部书是《王船山遗书》332卷,著名学者张文虎、刘毓崧等曾参与了该书的校勘工作。此后,书局还陆续刻印了《楚辞》《文选李善注》《唐人万首绝句选》等。光绪二十七年(1901)并入江楚编译局。

浙江书局,同治六年(1867)由浙江布政使杨昌浚等呈准巡抚马新贻设立于杭州,名儒俞樾曾任书局总办。该书局先后刻书140余种。1909年改称浙江官书印售处,隶属浙江图书馆。1913年正式并入浙江图书馆,成为浙江图书馆下辖的木印部印行所。

崇文书局,同治六年(1867)在武昌正觉寺成立,由湖广总督李瀚章创设,先后刻书250余种。光绪十二年(1884)成立的广雅书局刻书300多种,是官书局中刻书较多者。

晚清官书局刻书,以经史居多,子书次之,诗文最少,同时也刻印过部分定价低廉的普及读物。各书局之间建立图书代销业务,江南金陵、淮南、江苏、浙江、崇文五书局还联合刻印过二十四史。

(四) 晚清民营出版企业的崛起

同治年间官办书局的崛起与西方印刷新技术的传入,使市场书籍供应量增大,民间书坊自己雕版印书的赢利可能不及销售,尤其宋元古本日益稀少,从事古书收购鬻卖的赢利更大。于是,刻书坊开始分化,一部分以经营销售为主,间亦刻书;一部分既自行刻书,亦接受委托刻书;一部分则成为专门接受委托刻书业务的专业作坊。例如,北京琉璃厂、隆福寺作为坊刻的集中地,清中叶以来确实印行了不少书籍,但应该指出的是,这些书籍绝大部分为重印或影印,自主编刻者较少。近代自刻书较多的书坊为南京李光明庄,坊主李光明,字椿峰,号晓星樵人,室名何陋居,咸丰、同治间设肆于三山街大功坊秦状元巷。其所刻宋蔡沈《书经集传》附刊书目录计167种,各书版心下均刻有"李光明庄"四字。卢前在《书林别话》中曾记及清代南京书林故事,称:"金陵三山街为明代刻书者所聚……近百年刻书业则始于洪杨事变之后,随曾、左而起者曰李光明,江南官书局所刻皆出李氏。"①这说明李光明庄在自刻的同时,也大量承接官书局的委托业务。

卢前在《书林别话》中还提到南京东牌楼党家巷有姜文卿者,"所刻有合肥李氏《集虚草堂丛书》,金坛冯氏《蒿庵类稿》,宝应成氏遗书,贵池刘世珩暖红室,南陵徐乃昌《积学斋丛书》及《闺秀词》,而江阴缪艺风书为姜氏刻者尤多"②。姜文卿的儿子姜瑞书,与卢前是好友,朱祖谋的"彊村丛书"、卢前的"饮虹簃丛书"都出自姜瑞书之手。姜氏父子似经营着一家刻书坊。以能刻仿宋及软体字而有名于清末的湖北黄冈人陶子麟,亦专营刻书业,在武昌设刻书肆,为近代藏家学者如缪荃孙、刘世珩、刘承干、董康、叶德辉诸人摹刻古书。

当西方先进的铅印、影印等印刷技术在我国广泛应用之后,当近代普及教育的浪潮汹涌而来之时,以运用新技术大规模出版社会广泛需求的普及性文化教育书籍为主的现代民营出版企业开始大踏步走上历史舞台。其中,以点石斋石印书局、同文书局、商务印书馆最具代表性。

点石斋石印书局(图80)是中国最早使用石印技术印书的民营出版机构,1879年由英国商人美查创办于上海。开办之初,聘请土湾石印所的邱之昂为技师,首先采用照相缩印技术翻印木刻古籍,并发布广告:"本分局专办一切石印经史子集,以及中外舆图、西文书籍、名人碑帖、画谱、楹联、册页,花色齐全,价目克己。绅商赐顾,请认抛球场南首三层楼红墙洋房可也,此布。"书局石印的古籍有殿版《康熙字典》《四库全书简明目录》以及《佩文韵府》《渊鉴类函》等大型类书。1884年,点石斋石印出版了《点石斋画报》旬刊,以连史纸印,线装。1909年,与图书集成铅印局、申昌书局、开明书店合并成立集成图书公司。

---

① 卢前.书林别话.见:中国现代出版史料(丁编).北京:中华书局,1959:635.
② 卢前.书林别话.见:中国现代出版史料(丁编).北京:中华书局,1959:635.

图 80　点石斋石印书局

1882年,点石斋石印书局在石印《康熙字典》的经营中,首版4万部,数月售罄,再版6万部,又数月销完,创下了中国近代出版史上的销售记录。丰厚的利润刺激了社会各界人士投资石印。此后,各地石印机构层出不穷。其中,1882年由广东人徐宏甫、徐润等开设于上海的同文书局名声最大。[①] 同文书局拥有石印机12部,职工500人,主要以石印技法翻印古籍,如殿版二十四史、《佩文斋书画谱》《子史精华》《快雪堂法书》等。1891年,书局受清廷委托,按原大石印殿版《古今图书集成》100部,赢得了很高的社会声誉。后期,因缺乏发行经验,印书过多造成大量积压,于1898年歇业。

商务印书馆是我国近代民营出版印刷业中最有影响的一家,1897年由夏瑞芳、鲍咸恩、鲍咸昌、高凤池等人创办于上海。最初,专营商业用品的印刷,后扩充机构,增设编译所、发行所,1902年由张元济进馆主持编辑工作,业务随之转到出版。书馆以编印出版成套新式教科书、中外语文词书而蜚声中外出版界,至民国时期规模逐渐扩大。

据上海书业商会的统计,光绪三十二年(1906)仅登记入会的出版企业就有包括商务印书馆、开明书店、点石斋书局、有正书局等在内的22家;当年清学部第一次审定初等小学教科书102册,其中85册是由民营出版企业出版发

---

① 陈琳.同文书局的历史兴衰与石印古籍出版.成都师范学院学报,2018(6):114-118.

行的。因此,"在光绪三十年左右出版业的重心已由教会和官书局移到民营的出版业了"①。

第五节　印刷技术的进步与图书发行业的建立

一、套印、拱花和饾版

在中国版刻印刷史上,始于明末的彩色套印和拱花技术独树一帜,是应该大书特书的。

套印,是指用多种颜色同印于一个版面的印刷技术,最早是在一块雕好的书版上,根据需要在不同部位分别涂上不同颜色进行印刷。由于这种单版套印需要手工敷色,着色区域难以准确控制,所以印本常常出现色区不清、墨色掺杂相混的现象。对此,相关人员进行了改进,将一叶书按照需要着以不同颜色的部位,分刻成若干版式大小相同的书版,然后逐版加印在同一叶纸上。用这种方法印成的书叶,色区分明,颜色鲜亮,大大提高了彩印的艺术效果。由于这种印刷方法需要多块雕版,且各版刻有内容的部位必须完全吻合,故被称为"套版"。

我国现存最早的雕版套印本为《金刚经注解》(图81),元至正元年(1341)中兴路(今湖北江陵)资福寺刻本。版面上下界线、人物及用具用朱色,文字和背景松树为墨色,色区过渡柔和,赏心悦目。以套印本名扬天下的出版家,是明代浙江湖州的闵齐伋、凌濛初两家。

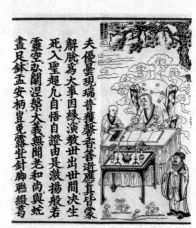

图81　《金刚经注》元朱墨双色套色印本

---

① 李泽彰.三十五年来中国之出版业(1897—1931年).见:程焕文编.中国图书论集.北京:商务印书馆,1994:393.

闵齐伋(1580—1662)[1],字寓五,乌程(今浙江湖州)人。明诸生,以刻书为事。明万历四十四年(1616)主持采用朱、墨两色套印《春秋左传》,为闵氏传世最早的套印本。该书每叶9行,行19字,白口,四周单边,无直格。后又改为五色套印,先后刻印经史子集等一批古书及诸多戏曲、小说。德国科隆东方艺术馆藏闵齐伋崇祯十三年(1640)刻《西厢记》彩图21幅,各图分色套印,最多达八色,套色精准,画面清新淡雅,堪称《西厢记》插图之最佳者(有上海古籍出版社2005年影印本)。因印刷技艺日臻完美,名声大振,所刻世称"闵板"。

图82　凌濛初像

凌濛初(1580—1644年)(图82),字玄房,号初成,别号即空观主人,乌程人。崇祯中,以副贡授上海县丞,颇有政声。崇祯十五年(1642),擢徐州通判。编著《初刻拍案惊奇》和《二刻拍案惊奇》,与苏州冯梦龙编著的《喻世明言》《警世通言》《醒世恒言》合称"三言二拍",是中国古典短篇小说的代表。凌濛初为江南刻书名家,所刻书有双色、多色套印,与湖州闵家齐名于世。刻书重于各种体裁的文学作品,有《孟浩然诗集》《孟东野集》《西厢记》《琵琶记》《红拂记》《虬髯客传》《东坡书传》等,多达数十种。

据现存实物统计,在明末短短二十多年中,闵、凌二族共刻套版印本书130种[2],印色从朱墨二色发展到三色、四色乃至五色不等,为我国古代版刻印刷事业的发展做出了贡献。

明末在版画印刷上继套版后还有更令人叫绝的创举,那就是饾版和拱花。

所谓"饾版",是指在彩色版画的印刷中,为求得与原作几乎相同的艺术效果,刻印时先根据彩色画稿的设色要求,将不同颜色分别勾摹下来,每色雕刻成一块小木板,然后胶着于指定位置,逐色依次套印或叠印,最后形成一幅完整的彩色画面。由于在这印刷过程中使用的一块块小木板形似古代一种五色小饼"饾饤",故被称为"饾版"。以饾版方法套印的印品,色彩鲜艳、层次分明,几与原作无异。

拱花是一种不着墨的印刷方法,即用凹凸两版嵌合,使中间的纸面产生凹凸

---

[1] 赵红娟.著名刻书家闵齐伋的家世与生平活动考.杭州学刊,2017(2):212-221.
[2] 王荣国,王筱雯,王清原.明代闵凌刻套印本图录·凡例.扬州:广陵书社,2006:1.

图形,以表现画中山貌、水波、流云、花蕊、鸟羽等的细腻动态,极富立体感。

明末,金陵十竹斋主、徽州胡正言曾采用饾版、拱花结合的技术,成功印制了精美异常的《十竹斋画谱》《十竹斋笺谱》(图83)。对此,李克恭在《十竹斋笺谱·序》中,盛赞《十竹斋笺谱》"汇古今之名迹,集艺苑之大成,化旧翻新,穷工极变"。与胡氏同时,金陵吴发祥用拱花技术印成《萝轩变古笺谱》。三谱同是中国古代木刻彩色水印书籍中不可多得的艺术珍品。

二、活字印刷的发展

(一) 金属活字

图83 《十竹斋画谱》

据历史文献记载和印刷实物,我国的金属活字印刷始于明代弘治、正德年间(1488—1521)无锡华氏会通馆、兰雪堂和安氏桂坡馆的铜活字印刷。

会通馆主人华燧(1439—1513),字文辉,号会通。弘治三年(1490),他用铜活字印刷了《宋诸臣奏议》50册。此书墨色浓淡不匀,是现存最早的一部铜活字印本。此后,会通馆还陆续印过《文苑英华辨证》《君臣政要》等。

尚古斋华珵是华燧的叔父,弘治十五年(1502)用铜活字印过陆游的《渭南文集》和《剑南诗稿》。

兰雪堂主人华坚是华燧的侄子,正德年间(1506—1521)曾用铜活字印《白氏长庆集》《元氏长庆集》《艺文类聚》等,各书每卷末有"锡山兰雪堂华坚活字铜板印"字样。

桂坡馆安国(1481—1534)是与华氏齐名的出版家,他的铜活字印本数量较多,所刊《初学记》有嘉靖十年(1531)俞泰跋:"经史子集,活字印行,以惠后学,二十年来无虑数千卷。"

雍正四年(1726),武英殿排印《古今图书集成》是古代最大的一次铜活字印书活动。《古今图书集成》全书10 000卷,约1.6亿字。据估计,排印这样一部巨著,所需铜活字的数量不会少于25万个。可惜的是,这批存放在武英殿的铜活字已于乾隆年间被熔毁铸币。

清道光年间(1821—1850),福建福清县尤田人林春祺在 21 年中,耗费 20 多万两白银,刻制了正楷体大小铜活字 40 多万个,取名"福田书海"。他撰写了一篇《铜板叙》,详载自己刻制铜活字的原因和全过程,并印制了顾炎武《音论》《诗本音》等书籍。

明清两代遗存铜活字印本共 20 多种,以北京国家图书馆收藏最多。据文献记载,明清时期民间和宫廷的铜活字都是手工雕刻的。

明清时期见于记载的金属活字印刷还有锡活字和铅活字。清道光年间,广东佛山唐姓书商曾制造了 20 万个左右的大小锡活字,并印成《文献通考》348 卷。道光十四年(1834),湖南人魏崧在所著《壹是纪始》中提供了这样的线索:"活板始于宋……今又用铜、铅为活字。"

(二) 木活字

木活字的使用,在明代已经普及到很多地区。明崇祯年间,官方邸报就是以木活字印刷的。清代以木活字印书更加普遍,到乾隆年间(1736—1795),朝廷刻书处武英殿进行了历史上最大的一次木活字印书活动。乾隆皇帝在编修《四库全书》的过程中,要求刊行从《永乐大典》中辑出的宋、元古本。承办人金简建议采用木活字印刷,乾隆帝批准了金简的建议,并因"活字版"名称不雅,赐名"聚珍版"。

金简雇工刻成枣木活字 25 万多个,先后印成"武英殿聚珍版丛书"138 种,并将木活字印书的全部程序写成《武英殿聚珍版程式》(图84),成为中国编辑出版史上的重要文献。

图84 《武英殿聚珍版程式》
清武英殿木活字版印本

(三) 泥活字与磁版

北宋毕昇创造泥活字印刷技术八百多年后,清道光年间(1821—1850),苏州人李瑶用泥活字排印了清温睿临的《南疆逸史》《校补金石例四种》等。但是,李瑶制作泥活字的方法却不见文献记载。

道光二十四年（1844），安徽泾县秀才翟金生及其家人，在经过30年的努力后，烧制出了10多万个泥活字，印成《泥版试印初编》《水东翟氏宗谱》《仙屏书屋初集》《修业堂集》等书。翟氏泥活字的制作工艺为：先做好木模或铜模，然后造泥字，入炉烧炼，再加修正。由于他没有留下有关制作方法和工序的文字记录，只能做此推测。

磁版是指用磁泥活字排成的书版。所谓磁泥活字，是由泥活字上磁釉后再烧炼而成的。1961年，北京中国书店访得一部康熙五十八年（1719）泰安徐志定印的《周易说略》，封面栏上题有"泰山磁版"四字。清人金埴《巾箱说》中有相关的记载："康熙五十六七年，泰安州有士人，忘其姓名，能锻泥成字，为活字版。"虽然没有提及姓氏，但时间、地点相符。有关磁版的详细情况，目前我们掌握的材料较少，还有待进一步的发现。

三、西方机械化印刷术的传入及其应用

自1440年德国人谷腾堡发明铅活字机械印刷术以来，西方的机械化印刷术持续创新，并向世界各地传播。19世纪中叶，机械化印刷术开始传入中国，对中国近代印刷出版事业的发展起到了重要的促进作用。

机械化印刷术按其印版的结构，可以分为三种类型，即凸版印刷、平版印刷和凹版印刷。

（一）凸版印刷术

凸版印刷术是指使用凸版即图文部分凸起的印版进行印刷的技术。中国发明的雕版印刷术就是最早的凸版印刷技术。西方近代机械化凸版印刷术以铅活字排版为主，由谷腾堡发明。

谷腾堡（约1394—1468），德国美因茨人，早年从事珠宝雕琢加工，1438年起秘密进行金属活字的试制，1440年制成螺旋式手板木质印书机，1452年用铅活字印刷技术印刷了《四十二行圣经》。谷腾堡的发明，主要包括铸造活字的铅合金、木制印刷机、印刷油墨和一整套印刷工艺。

谷腾堡的活字印刷术，在基本原理上与我国始自宋代毕昇的活字印刷没有多大差别。有所创新之处在于他采用铅合金材料铸字，用脂肪性油墨代替水性油墨，并且创造了手板印刷机，为日后机械化铅印术的诞生奠定了基础。

谷腾堡的发明对我国印刷出版业的影响，主要表现在印刷过程的机械化和中文铅活字的研制改进方面。

从1845年起,大约经过100年的发展,欧美工业化国家先后生产出了转轮机、滚筒印刷机、双色转轮机、六色转轮机等先进的印刷设备,相继实现了印刷工业的机械化。

19世纪后半叶,西方凸版印刷机器开始传入中国。1872年,上海申报馆购置手摇转轮机,后又改用蒸汽、火力作动力。1898年,日本仿欧洲制造的转轮机,接着英国采用电力作为动力的滚筒机先后输入,有效地改变了我国出版印刷业设备落后的状况。

中文铅活字的研制始自传教士。1807年,马礼逊为印刷中文版《圣经》开始研究中文铅字的制作。1819年,他成功地印刷了铅活字本《圣经》。此后,美国、法国的教会出版机构成员先后就中文铅活字的制作方法进行实验,其中成就与影响最大的是美国传教士姜别利发明的电镀汉文字模法。其方法是:取纹理细密的黄杨木刻阳文字,镀成紫铜字模心,镶嵌在黄铜模壳上。姜别利采用这种方法,先后制成了大小不同的7套中文字模,排序为1~7号,称"美华字",俗称"宋字"。此后,"美华字"成了几十年间中国出版机构最通用的字模。光绪年间(1875—1908),武英殿采用铅活字印刷了《历代圣训》762卷。

(二)平版印刷术

平版印刷术,是指使用平版,即图文部分与非图文部分基本处于同一平面的印刷版进行印刷的技术。石印、胶印和珂罗版印刷属于平版印刷术的三种不同工艺。

石印是一种以表面具有密布细孔的石版作为印版,进行平压或圆平压的直接印刷。其原理是利用油水相斥的现象,用脂肪性油墨将图文绘制在石版上,然后以水润湿石版表面,使没有图文的石版细孔吸蓄水分,而由油墨覆盖的图文区域则充分拒水。印刷时,纸张覆盖在经过施墨润水的石版上,通过施压使石版上的墨迹转移到印纸上。石印术初起时,制版采用手工直接将图文绘制到石版,后通过转写纸转印到石版,再发展到用照相技术代替人工制版。

石印技术是1798年捷克布拉格人塞纳菲尔德发明的。1876年,上海徐家汇天主教出版机构土湾印书馆开始使用石印术印刷书籍。石印实际上是一种复制技术,能够基本保持图文的原貌,它对于复制讲求版面行款匀称、注重书法美的中国古籍来说特别合适。石印技术简单,投资较少。所以,当1882年上海点石斋石印书局石印《康熙字典》数月之内销售10万部的巨大成功在社会上传开后,武昌、苏州、宁波、杭州等地石印书局如雨后春笋一般纷纷成立,迅速在江南地区形成一个石印古籍的热潮,甚至皇家出版机构武英殿也采用石印技术印刷了《钦定书经图说》50 卷。石印术成为近代中国出版印刷业首次大规模使用的西方近代机械化印刷术,它催生了许多民营出版印刷企业走向市场。虽然当时由于市场调研不够,发行环节没有跟上,造成印书积压,导致不少企业关停或并转,但是,石印活动的可贵实践,却使近代出版业在编辑、印刷、发行等环节积累了许多大规模生产必须具备的经验,将中国出版印刷业真正导入了近代化的发展之路。

胶印是在石印的基础上发展起来的平版印刷技术,1875 年由美国人巴克雷首先发明出来。他采用间接转印方式,将石版上的图文转印到经过特殊处理的厚纸表面,再转移到金属薄片印版上。1904 年,美国人路贝尔改进了巴克雷的发明,将金属印版上的图文墨迹先印到包在滚筒表面的橡皮布上,然后再由橡皮布转印到纸张上。这种间接印刷方式开创了近代胶印的历史。

珂罗版印刷,是指用涂有明胶层的厚玻璃作为印版进行印刷的技术,俗称玻璃版印刷。18 世纪 60 年代,德国人阿尔贝特首先将它应用于印刷生产。使用这种印刷技术,能够复制层次丰富的印刷品,所以一般用于印刷文物图片和书画作品。但是,珂罗版印刷效率低,印刷量不大,应用不广。我国在光绪初年就有珂罗版印刷,1907 年商务印书馆开始用珂罗版进行彩色印刷。

平版印刷与照相排版技术相结合,能迅速制版,轻松拼版,广泛适应出版周期相对短暂的报纸和其他出版物的印刷需要。

(三) 凹版印刷术

凹版印刷术,是指在平面上利用雕刻或腐蚀方法,使图文凹陷,着墨后将凹陷部分油墨转移到承印物表面的技术。根据制版方法的不同,可分为雕刻凹版、蚀刻凹版和照相凹版三种。

由于凹版印刷的制版技术工艺复杂,价格昂贵,所以,这种印刷方法通常用作印制有价证券或书籍中要求高的插图和地图等,一般很少用于印书。

四、图书形制的变化

明清时期,我国书籍的装订形式主要是线装,这是一种在包背装基础上发展起来的更加简易牢固的方法。具体而言,就是将书叶沿版心的中线对折,折叶排序后在前后各加书衣,然后在书脑处打孔穿线,装订成册。

随着铅活字印刷术的推广应用,近代铅印书籍和杂志开始出现。早期铅印出版物仍然采用雕版书籍的线装方式。以后,铅印书籍不断增多,逐渐成为出版物的主流,其书籍装订形式也随之发生了变化,以工业技术为基础的装订工艺——西式装订开始出现。

西式装订是以印刷用纸的变化为依据的。铅印采取单页双面印刷的形式,版式也与单面印刷纸叶的古籍明显不同,不再适合于线装。西式装订有两种形式,即平装和精装。

平装,也称简装,以纸质软封皮为主要特征,其装订工艺包括折页、配帖、订本、包封皮、切书边。也有不切书边的,称为毛边书。订本方式有平订、骑马订、锁线订等。

精装,通常是指采用硬质封面的装订形式,主要使用于页数较多、需要经常使用并长期保存或讲求美观的书籍。所谓硬质封面,一般以纸板为书壳,其面层用料有纸、布、麻类、丝类织物、漆布等。

五、明清前期图书市场的繁荣

明永乐十九年(1421),明成祖朱棣迁都北京。新都北京作为全国政治、经济、文化中心,在各方面进行了与帝都地位相适应的气势恢宏的建设,中央政府迅速建立起北上后新的刻书机构,官刻本被大量刊行,北京很快成为全国最大的书籍贸易集散地。胡应麟在《少室山房笔丛》卷4中对此做了很具体的描述,他说:"燕中刻本自希,然海内舟车辐辏,筐篚走趋,巨贾所携,故家之蓄,错出其间,故特盛于他处。"而于书市交易,胡氏又做了这样的记述:"凡燕中书肆,多在大明门之右,及礼部门之外,及拱宸门之西。每会试举子,则书肆列于场前;每花朝后三日,则移于灯市;每朔望并下浣五日,则徙于城隍庙中。灯市极东,城隍庙极西,皆日中贸易所也。灯市岁三日,城隍庙月三日,至期百货萃焉,书其一也。"

自宋室南渡以来,杭州逐渐成了东南的一个文化中心,藏书之风盛行,刻书业发达。明代,杭州书籍贸易红火,"凡武林书肆,多在镇海楼之外,及涌金门之内,及弼教坊,及清河坊,皆四达衢也。省试则间徙于贡院前,花朝后数日,则徙于天竺,大士诞辰也。上巳后月余,则徙于岳坟,游人渐众也。梵书多鬻于昭庆寺,书贾皆僧也。自余委巷之中,奇书秘简,往往遇之,然不常有也"①。这种随节庆人流的趋向而迁徙的书市,可以肯定主要是一些举业帖括之本、生活日用之

---

① [明]胡应麟.少室山房笔丛(卷4).经籍会通四.北京:中华书局,1958:56.

书、通俗文艺之作。由此可以推知,当时杭州图书市场十分兴盛。

　　清代是中国历史上图书出版最多的封建王朝,据杨家骆统计,清代出版的著作达 126 649 部、1 700 000 卷①。李灵年、杨忠先生主编的《清人别集总目》更是著录了近 20 000 名著者的别集,约 40 000 种。傅惜华《清代杂剧全目》著录清代杂剧约 1 300 种,据不完全统计,传奇有 1 700 多种,小说也有千种以上。仅按这样一个有存书或记载可考的数字,就可以知道清代存在一个庞大的图书市场,或者说有一个大规模的图书流通系统来接纳、消化这样巨量的出版物。

六、晚清图书发行业的建立

　　在近代西方先进的机械化印刷技术广泛运用于出版业后,书籍的大批量生产已经不再困难,出版业得以良性循环的关键开始聚焦到发行环节,发行在出版业的母体里逐渐取得了与编辑、出版鼎足而立的地位。晚清图书发行的类似变化出现在 19 世纪初,它的出现与西方传教士的出版活动有关。

　　1815 年,传教士马礼逊在马六甲刻印中文书籍,然后向东南亚及中国东南沿海地区发行。当时采取的发行方式是委托他人于方便时携带,如发行《察世俗每月统记传》,就是通过"友人通信游历船舶之便利"实现的。后来,他们发现了中国每年要举行有大量读书人参加的地方或国家考试,认为这应该是一个有潜力的图书市场。通过对广东高州一次考试的实验,他们对自己的判断增强了信心:因为仅在几天时间里,就向各地前来考试的生童赠送了 700 册宗教书籍。

　　发现了市场,传教士们便开始用自己的理念在各省寻找考试市场的图书发行代理人,并希望能建立一个考试市场图书发行网。1891 年,上海同文书会在第四号《年报》"计划采取的方法"中表达了他们的这一希望:"在每一个考试中心设立一个代销处,以便出售我们的出版物。"②据广学会(前身即同文书会)在第十次《年报》中披露,1897 年乡试时期,他们已经在 12 个省的考试市场中设立了经销点。

　　传教士出版机构不仅盯住考试市场,还把目光撒向全国。在同文书会《组织章程》的第三条中,他们确定了这样的目标:"在上海设立一个发行中心,并在十八省省会和主要城市,以及其他商业中心,如香港、横滨、星加坡、槟榔屿、巴达

---

① 杨家骆.中国古今著作名数之统计.新中华复刊,1946(4):7.
② 同文书会年报第四号见.出版史料,1988(3,4):64.

维亚等地,尽量设立一些代销机构。"①到19世纪末,广学会基本上实现了自己预定的目标。

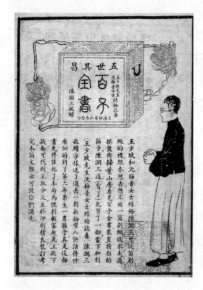

图85 清末扫叶山房售书广告

与此同时,清末官书局的图书发行也采取全国官书局联合代销的方式,一方面书局自售,一方面则批发给书肆销售,并代理邮寄业务。近代图书发行中,印制销售书目的做法比较普遍,如《扫叶山房书目》(图85)、《抱芳斋书目》就是苏州扫叶山房、上海抱芳斋的销售书目。

近代新出现的报纸杂志,为图书发行提供了更为广阔的宣传空间,报纸图书广告开始出现。报纸图书广告是西方的产物,传教士花之安在出版于1884年的《自西徂东》中介绍说:"凡新出之书,则无属于某家书肆,亦宜寄送一本于报馆观阅,方便告白。盖欲其书之速售,必资报馆之告白乃能令人周知也。"到19世纪末、20世纪初,国内的出版广告已经成为报纸广告中的四大类型之一。

---

① 同文书会组织章程。见:出版史料,1988(2):31.

第八章

民国时期的编辑出版活动

自1911年辛亥革命推翻清王朝统治,1912年孙中山创建中华民国,到1949年中华人民共和国成立,前后共39年,史称民国时期。民国时期虽然不到40年,却发生了中国几千年历史上内容最为深刻、意义最为深远的社会变革。

1921年,中国共产党成立,开辟了中国历史上人民革命的新纪元。从此,中国共产党领导下的人民革命解放事业成了中国社会光明和希望的所在。全国人民在中国共产党的领导下,前赴后继,走向胜利,成为本时期历史发展的主旋律。国民党反动政府则勾结国外帝国主义势力,千方百计地绞杀人民革命事业,错综复杂、尖锐严酷的阶级斗争和政治斗争,是本时期历史进程的主要特征。

民国时期,编辑出版事业的发展呈现复杂的态势,经历了战斗的洗礼。中国共产党领导下的编辑出版事业,团结进步力量,在严酷的斗争中坚持革命思想和先进文化的编辑出版活动,最终迎来了历史性的胜利。

第一节　编辑出版事业的基本状况

一、民国时期出版物概况

民国时期的编辑出版事业,无论在出版机构,还是在出版物的种类、数量上都得到了较大的发展。下文按图书、报纸、期刊三大类,对本时期出版物的整体情况做一介绍。

图书:《民国时期总书目》分哲学、宗教、社会、政治、法律、军事、经济、文化教育、语言文字、文学、艺术、史地、理、医、农、工、总类17类,著录了1911年至1949年间公开出版的中文平装本图书124 040种。这是据北京图书馆、上海图书馆、重庆图书馆三馆馆藏图书情况整理著录的,实际数字应该还要超过一点。

报纸:《上海图书馆馆藏建国前中文报纸目录》收录了馆藏1862—1949年国内外出版的中文报纸3 500余种,上海图书馆编《徐家汇藏书楼报纸目录初编》著录了清同治至民国初年的报纸共225种。保守地估计,其中属于民国时期国内出版发行的报纸当在2 500种以上。

期刊:《全国中文期刊联合目录》(1833—1949)著录了全国50所图书馆所藏建国前国内外出版的中文期刊近2万种,另《中国近代期刊篇目汇录》著录了

1912—1918年国内出版期刊238种,《全国解放前革命期刊联合目录》收录了1919—1949年新民主主义革命时期各个历史阶段出版的刊物1 658种。去除各目录的重复著录,属于民国时期出版的期刊应在万种以上。

这样巨量的出版物,充分显示出民国时期编辑出版活动的活跃和卓有成效,也是民国时期时代特征在编辑出版事业上的反映。

辛亥革命失败后,资产阶级先进分子首先开辟思想文化战场,高举科学和民主的旗帜,掀起了波澜壮阔的新文化运动;五四时期宣传马克思主义,中国共产党成立以后着重进行革命思想的宣传,动员广大民众起来进行反帝、反封建和反对国民党反动统治的斗争,无不以编辑出版为手段,以书籍报刊为利器。同时,在民国各阶段错综复杂的政治斗争中,各派政治势力也都把新闻出版领域作为主要阵地。在这样的时代背景下,大量以政治宣传和文化传播为目的的出版物通过各种渠道涌向社会,产生了巨大和持久的社会影响。

二、出版法规的制定与实施

民国时期,先后掌握政权的北洋政府和国民党政府一方面全力建设自己的编辑出版体系,垄断出版权,企图控制社会舆论;另一方面则利用政权的力量和法律手段,制定一系列针对共产党和进步力量的新闻出版法令,实行严厉的书报检查制度,企图完全封杀革命和进步书报刊的出版。

(一) 历年的出版法规及其对出版自由的限制

民国时期,利用出版法限制出版自由,由袁世凯的北洋政府首开其例。1914年12月4日,北洋政府颁布了《出版法》,共23条。其中,第十一条规定了文书图画不得出版的8种情况:"一、淆乱政体者;二、妨害治安者;三、败坏风俗者;四、煽动曲庇犯罪人、刑事被告人或陷害刑事被告人者;五、轻罪、重罪之预审案件未经公判者;六、诉讼或会议事件之禁止旁听者;七、揭载军事、外交及其他官署机密之文书图画者,但得该官署许可时,不在此限;八、攻讦他人隐私,损坏其名誉者。"[1]如果有出版或出售散布上述违禁事项的文书图画者,第十三条规定:"该管警察官署认为必要时,得没收其印本及其印版。"而在第十五条中又特别规定了对违反第十一条第一、第二款者的严厉处罚:"除没收其印本或印版外,处著作人、发行人、印刷人以五等有期徒刑或拘役。"所谓"淆乱政体",所谓"妨

---

[1] 刘哲民. 近现代出版新闻法规汇编. 上海:学林出版社,1992·54.

害治安",就是不允许出版物有任何冒犯当局的思想内容,其限制出版自由的真正用意十分明显。

在同年4月颁布的《报纸条例》中,北洋政府除了规定同样的限制和处罚外,更有甚者,还在第四条中将学校学生与精神病者、褫夺公权尚未复权者并列,规定其不得充当报纸发行人、编辑人、印刷人。将不准学校学生参与报纸的编辑、出版、发行活动写入法令,同样暴露了制定者害怕出版自由的真正用意。

1928年5月,国民党政府公布了《著作权法》,在第二章第二十二条中规定著作物违反下列条款者,内政部拒绝注册:"一、显违党义者;二、其他经法律规定禁止发行者。"1929年1月,国民党中宣部在《宣传品审查条例》第五条中明确宣布"宣传共产主义及阶级斗争","攻击本党主义、政纲、政策及决议案"的宣传品为"反动宣传品",必须"查禁、查封或究办之"。大量发表马克思主义文艺理论文章和左翼作家作品的《拓荒者》、鲁迅主编的中国左翼作家联盟机关刊物《萌芽》都在1930年5月被国民党当局依据此条例查禁。紧接着,在6月,国民党当局公布了《取缔销售共产书籍办法令》,对取缔销售"共产书籍"的各书店和印刷"共产刊物"的印刷厂的办法做出了规定,销售、印刷者的行为也被加以严格的限制。

1930年12月,国民党政府公布了《出版法》,在全部44条规定中,对报纸、杂志和书籍的出版、登记做出了十分苛刻的限定。此后,随着国民党反共活动的不断升级,主要针对共产党领导的编辑出版活动进行限制的法令、法规,在紧锣密鼓中陆续登场。据刘哲民编《近现代出版新闻法规汇编》(学林出版社1992年版)的统计,1927—1949年间公布的出版法及其施行细则的解释共26项,图书呈缴、审查法规达56项,新闻检查和取缔法规为24项。据张静庐编《中国现代出版史料》乙、丙、丁三编所录资料的统计,仅在1929—1941年的13年时间里,国民党政府就利用这些出版法令、法规,禁毁了2 700多种书刊。这样大规模的查禁活动,历史上只有清代乾隆编修《四库全书》期间的禁毁运动可以与之相比。

(二) 新闻出版界争取出版自由的斗争

新闻出版界争取出版自由的斗争,早在北洋政府公布《出版法》(1914)和《著作权法》(1915)后就已经开始了。1916年、1922年,上海书业公会连续上书国务院和内政部,要求修改两部法规的部分条款,却没有下文。1926年,北京报界再次强烈要求修改,北京段祺瑞政府被迫下令废除1914年公布的《出版法》,

成为现代史上出版界争取出版自由斗争取得的第一个胜利。

1932年,商务印书馆、中华书局、世界书局等49家上海民营出版机构署名发起了反对国民党政府施行《出版法》的请愿活动,要求废除1930年新公布的《出版法》及《出版法施行细则》,以保障出版自由。1934年2月19日,国民党上海党部奉国民党中宣部命令查禁"反动"书刊的公文,对上海各书店实施查禁。受查禁行动牵涉的书店推举开明书店领衔,发动联合请愿。在强大的舆论压力下,反动当局被迫妥协,同意对以前曾准予发行的书籍酌加删改继续发行,但是今后新书,必须先行送审查机关审查,通过后方准出版印行。

1937年,全民族抗战爆发后,国民党政府加紧查禁共产党和进步人士编辑刊印的出版物,并于1938年公布实施了《战时图书杂志原稿审查办法》《修正抗战期间图书杂志审查标准》。同年8月,生活书店联合商务印书馆、中华书局、世界书局、开明书店等10多家上海知名出版企业发表宣言,坚决要求国民党立即撤销一切压制言论出版自由的法令。邹韬奋在重庆第二次国民参政会议上争取到70多位参议员联署,提出了《请撤销图书杂志原稿审查办法,以充分反映舆论及保障出版自由案》,稍后又提出了相对缓和一些的《改善审查书报办法及实行撤销增加书报寄费,以解救出版界困难而加强抗战文化事业案》。两次提案虽先后在参议会获得多数票的通过,但是当局都拒绝执行。

1945年8月,抗战胜利后的国统区终于爆发了一场争取新闻出版自由、拒绝检查的民主运动。8月7日,民主人士黄炎培的《延安归来》未经检查公开出版,拉开了轰轰烈烈的"拒检运动"的序幕。8月下旬,重庆33家杂志社声明今后不再将原稿送交官方审查。9月1日,《新华日报》发表时评,呼吁新闻出版界团结起来,争取新闻出版自由。成都、昆明、西安、桂林等城市新闻出版界群起响应,声明一律拒检。声势浩大的拒检运动,迫使国民党当局宣布从当年10月1日起废除原稿检查制度。

三、印刷技术的发展与图书装帧的变化

(一) 印刷技术的发展

清末,科举制度的废除,致使石印书局因失去支撑而纷纷倒闭歇业。汉文铅活字印刷从此取代石印成了中国现代印刷业的主导方式。

清末以来,西方传教士热衷于研制汉文铅活字,其研制依据是明代中叶以后雕版印刷中出现的"宋体字"(俗称"匠体字",后则称为"印刷体")。民国时期,

当铅活字普遍使用后，自古就养成追求字体美观传统的国内读者和出版者，对呆板僵化的宋体字日益不满。于是，从1909年开始，出现了一个由国人掀起的铅活字研制热潮，并陆续下延到30年代。

这次研制热潮是由商务印书馆领头的。1909年，商务印书馆请徐锡祥镌刻，创制了2号楷书铅活字；1915年，又聘请湖北近代雕版名家陶子麟镌刻"古体活字"，历经数年，刻成1号和3号古体铅活字各一副；1919年，韩佑之为商务印书馆创制了以宋、元精刻本为范本的"仿古活字"。总之，这次研制活动的重点和目的在于提高铅字的字体美观度。所以，各次研制的成果，无非是再现中国传统雕版的优美字体，使读者在大量宋体字中发现一些灵动秀美的仿古书迹。

在研制新体铅活字的同时，其他先进的印刷技术和辅助设备也在不断引进，旧设备不断得到改造。1920年，上海申报馆仿日本字架，改革传统元宝式字架为"统长架"。1923年，商务印书馆的张元济创新新式排字机，用塔形轮转圆盘，分贮常用和冷门二类铅字，使排字工免去了终日站立奔走取字之劳。

1921年，商务印书馆率先购置新式纸型机，其采用高压纸型原纸即可完成纸型的制作，为保存书版和重印提供了便捷的技术条件。

（二）现代图书的装帧

现代图书开始讲究装帧艺术，1904年的《东方杂志》、1909年的《域外小说集》等书刊用中国画、风景人像等装饰封面，开现代书籍装帧之先河。

1915年，《新青年》采用自右向左的横排美术字作封面，用西洋图案作边饰（图86）。自此开始，书刊都争相采用不同图案、各式字体、多种颜色进行封面装帧设计，追求主题突出、构图新颖、色彩活泼的装帧效果。

受新文化运动的影响，商务印书馆、中华书局等大出版商引领图书装帧潮流，采用有色纸作封面材料，用铅字横排代替书法题签，丛书和文库大多采用汉画石刻、金石纹样作装饰，并选欧洲名画、雕刻作封面。

现代图书的装帧可分为封面和内饰两大部

图86 《新青年》

分。所谓内饰,是指书籍的版式和插图。鲁迅在他的编辑出版活动中十分重视图书的装帧,讲究封面和内饰的和谐统一。他认为:"书籍的插画,原意是在装饰书籍,增加读者的兴趣的,但那力量,能补助文字之所不及,所以也是一种宣传画。"①这指出了书籍装帧的意义所在。

民国时期,有成就的书籍装帧艺术家有陶元庆、丰子恺、司徒乔、钱君匋等。

陶元庆(1893—1929),字璇卿,浙江绍兴人。曾在上海艺术专科师范学校师从丰子恺、陈抱一等名家学习西洋画,对中国传统绘画、东方图案画和西洋绘画都有较高的修养和见识。为鲁迅先生的译作《苦闷的象征》(日本文艺评论家厨川白村的文艺评论集)创作的封面,是他书籍装帧设计的第一件作品。作品利用由线条、色彩构成的图案来展示书名的寓意。作品面世,引起轰动,仿者成风。唐弢的《晦庵书话》中有《关于陶元庆》一文,文中对此评价道:"今人作封面,但重图案,欲求如元庆之并寓深意,使人低徊不已者,难矣。"陶元庆最为知名的作品,是1925年为许钦文《故乡》所作的封面(图87),设计取自故

图87 《故乡》封面
陶元庆创作

乡绍兴戏《女吊》的意境:一位顶天立地的女子,蓝衫、红袍、白底靴,展现出京戏中武生握剑仰天的身姿,半仰的脸上,神情既悲苦又坚强。这幅作品创作被鲁迅选定并称之为"大红袍",已经成为中国书籍装帧史上的一个经典。许钦文的其他作品如《毛线袜》《幻象的残象》《回家》《蝴蝶》等,均出自陶元庆之手。

鲁迅十分欣赏陶元庆在书籍装帧设计方面的才华,自己的《彷徨》《出了象牙之塔》《中国小说史略》《唐宋传奇集》《坟》《朝花夕拾》等著作封面都是由他设计创作的。1925年,鲁迅在《〈陶元庆氏西洋绘画展览会目录〉序》中有这样的评价:"可以看见他对于笔触,色采和趣味,是怎样的尽力与经心,而且,作者是夙擅中国画的,于是固有的东方情调,又自然而然地从作品中渗出,融成特别的丰神了,然而又并不由于故意的。"并预言他的设计"将来,会当更进于神化之域罢"。②

---

① 鲁迅.《连环图画》辩护.见:鲁迅全集第4卷.北京:人民文学出版社,2005:458.
② 鲁迅.集外集拾遗.见鲁迅全集第7卷,北京·人民文学出版社,2005:272.

第二节　书刊的编辑出版

一、新文化运动中的编辑出版活动

辛亥革命的成果被袁世凯窃取后，中国继续陷于黑暗和苦难之中。一批激进的资产阶级民主派知识分子经过反思，最终认识到，造成这样后果的根本原因在于中国广大民众还没有摆脱数千年封建思想的牢笼，当前的要务是在思想文化领域批判封建主义，进行资产阶级民主思想的启蒙。于是，一场气势磅礴的新文化运动迅速在全国范围内展开。

1915年9月15日，陈独秀在上海创刊《新青年》（初名《青年杂志》）。在名为《敬告青年》的发刊词中，陈独秀明确指出："国人欲脱蒙昧时代……当以科学与人权并重"，亮出"民主"与"科学"的旗帜，号召进行"思想革命"，成为新文化运动庄严的宣言。

1917年，陈独秀北上出任北京大学文科学长。《新青年》杂志随往北大，实行编辑集议制，由陈独秀、钱玄同、高一涵、胡适、李大钊、沈尹默、鲁迅等成员参与编辑会议。《新青年》从创刊到1922年停刊，前后八年，经历了中国革命由旧民主主义向新民主主义的转变过程。《新青年》的这八年可以分为三个时期：（1）从1915年至1918年，以宣传科学与民主，反对封建专制为宗旨，发动批孔和文学革命运动，成为新文化运动的旗帜和宣传新思想的主要阵地。（2）1918年10月至1920年8月，以宣传马克思主义为要务。1918年10月，李大钊将自己主编的第六卷第五号办成《马克思研究》的专号，标志着杂志在五四运动前后已经成为宣传马克思主义的主要阵地。（3）1920年9月至1922年7月，由民主主义刊物转变为社会主义刊物。1920年夏，陈独秀到上海筹建共产主义组织，《新青年》随之南下，自第八卷第一号起改组为上海共产主义小组的机关刊物。1921年7月成为新成立的中国共产党的中央理论刊物，出至1922年7月第九卷第六号后终刊。

在编辑出版业务上，《新青年》自第四卷起，率先使用白话文和新式标点符号，意义深远，对五四时期乃至现代新闻和编辑出版业务的改革起到了开风气的重要作用。同时,《新青年》高举反封建大旗,倡导白话文的新文化主张,顺应了历史发展的潮流,在新闻和出版界得到广泛的响应,出现了众多以传播新文化为主的定期刊物,仅三联书店1979年出版的《五四时期期刊介绍》就介绍了160余种,较著名的有北京大学新潮社的《新潮》,以及《星期评论》《建设》《少年中国》《解放与改造》等。同时,北京、上海等地报刊还纷纷进行副刊改革,其中以上海《时事新报》的《学灯》、《民国日报》的《觉悟》、北京《晨报》的《晨报副镌》、《京报》的《京报副刊》最为知名,有"四大副刊"之称,一时形成了一个宣传新文化的新闻出版阵线。

1919年,关系中国权益的巴黎和会和决定国家前途的南北和谈都将召开。社会关注这两大政治事件,要求报刊加强对时事政治的报道和评论。陈独秀、李大钊考虑到《新青年》侧重思想文化宣传,而且刊期较长,不便于及时进行政治宣传鼓动,于是决定创办《每周评论》。

《每周评论》,周刊,4开4版,五四时期最有影响的刊物之一,于1918年12月创刊于北京;1919年8月31日被北洋军阀政府查禁,共出版发行37期。《每周评论》由陈独秀主编,李大钊、胡适、周作人、高一涵等为主要撰稿人,辟有《国外大事评述》《国内大事评述》《社论》《随感录》《新文艺》等栏目,系统报道、评论国内外大事,大力推动五四爱国运动,传播十月社会主义革命思想。

新文化运动中,全国出版界的面貌亦为之一新。

民国以来,新出版社以中华书局成立最早。稍后,大东书局成立于民国五年(1916),世界书局成立于民国十年(1921)。此外,新开张的书局大多数都是在民国十年以后,就是新文化运动开始以后。新文化运动以全国学生为中心,其传播媒介主要就是出版物。清末出版界出版的书籍主要是教科书、法政书、小说。新文化运动兴起,风气大变,在出版机构中,上海的群益书社率先承担了《新青年》的发行,中华书局承担了《解放与改造》的发行。传播新文化的出版物,除了杂志以外,还有大量重量级的丛书,如商务印书馆的"共学社丛书""世界丛书""北京大学丛书",中华书局编辑发行的"新文化丛书"等。

上海生活书店1935年出版了平心编《全国总书目》,全书分总类及哲学、社会科学、宗教、自然、社会科学(主要包括人类学、心理学等)、自然科学、文艺、语言文字、史地、技术知识10类,著录了1911年至1935年间出版的书籍约2万种,以收当时人所撰写的新文化著作为主,尤其注意收录马列主义经典著作及世界名著的不同译本。其前言中说道:"在传播新文化的艰苦道途中,站在拉纤者的地位,献出一点微薄的助力,是我们编印这部目录的主要志愿。"这其中较直接地反映了新文化运动在思想文化建设和编辑出版方面的成果。

二、新文学运动与编辑出版

新文学运动以1917年1月1日《新青年》杂志第二卷第五号发表胡适的《文学革命刍议》和同年2月1日第二卷第六号发表陈独秀的《文学革命论》为标志,自此以后,如大潮汹涌而来的新文学运动,孕育了大量文学报刊,文学报刊的出现又不断推进新文学运动的深入和发展。

1918年5月,《新青年》第四卷第五号发表了鲁迅的第一篇白话小说《狂人日记》,接着在1919年的第六卷第四、第五号上连续发表了《孔乙己》和《药》,这些控诉封建伦理道德吃人罪恶、揭发社会黑暗、暴露国民痼疾的现实主义小说,成为新文学运动最早的杰出成就。到1921年,文学团体和文艺刊物开始出现,文艺书籍的专门出版机构也随之诞生,如成立于北京、后迁往上海的北新书局,就是我国第一家专门出版新文学书籍的出版机构。新文学运动进入蓬勃发展的时代,在众多文学社团中,文学研究会、创造社、语丝社三家自成流派,而且在文学作品的编辑出版方面多有成就。

(一)文学研究会

文学研究会是我国现代文学史上最早、最大的新文学社团,由周作人、朱希祖、耿济之、郑振铎、瞿世英、王统照、沈雁冰、蒋百里、叶绍钧、郭绍虞、孙伏园、许地山12人发起,1921年1月4日成立于北京。研究会持"文以载道"的文学观,主张"文学为人生",提倡现实主义的创作方法,重视翻译介绍外国文学中的现实主义作品。在编辑出版方面,文学研究会与商务印书馆合作,先后编辑出版了数种有影响的文学期刊和丛书,主要有《小说月报》和"文学研究会丛书"。

《小说月报》(图88),1910年8月29日创刊于上海,1931年12月10日出至第二十二卷第十二号终刊,由商务印书馆出版。其发展分为前后两期:前期第一至十一卷(1920)共126期,由王蕴章、恽铁樵先后主编,属"鸳鸯蝴蝶派"刊物。

图88 《小说月报》
文学研究会编

自 1921 年 1 月第十二卷第一号起改由研究会成员沈雁冰主编,开始进行全面革新,成为新文学的第一个大型文学专刊,至终刊,共编辑出版 132 期,及俄国、法国、中国文学 3 个研究号外。《小说月报》虽然名义上并非文学研究会的会刊,但是研究会主要成员沈雁冰、郑振铎、叶圣陶先后出任主编,而研究会的宣言、简章、发起人名单等重要文件都发表在改革后的第一期上,最重要的是刊物实际上代表了研究会的思想和创作倾向。

文学研究会还与商务印书馆合作编辑出版了新文学运动中影响很大的"文学研究会丛书"。经过协议,由研究会编辑,商务印书馆出版。1921 年 10 月,丛书的第一本瞿世英译印度泰戈尔的《春之循环》出版。至 1937 年 4 月,共出版了 100 多种,其中 50 多种为翻译的外国文学作品。在 20 世纪 30 年代,经郑振铎主编,由商务印书馆出版的还有"文学研究会世界文学名著丛书""文学研究会创作丛书"等。将这些丛书加起来,其出版总数在 230 种以上,内容包括各种体裁的创作、译作、文学理论和文学史等。文学研究会与商务印书馆合作编辑出版的"文学研究会丛书"成为新文学运动最重要的实绩之一,也是现代编辑出版史上文学社团与出版机构合作的典范。

(二) 创造社

1921 年 7 月,留学日本的郭沫若、郁达夫、田汉、成仿吾、郑伯奇、张资平等在东京发起成立了创造社。作为五四新文学运动初期的著名文学社团,创造社早期主张为艺术而艺术的文学观,后期转而提出"革命文学"的口号,进行无产阶级革命文学的倡导和创作。在编辑出版方面,创造社与上海泰东图书局、光华书局合作,编辑出版了新文学运动中最早的新文学丛书"创造社丛书",并编辑发行了一批文学期刊。

1921 年秋季,"创造社丛书"开始在上海编辑出版,先将郭沫若、郁达夫在《时事新报》副刊《学灯》上发表的作品及未发表的作品编辑为诗集《女神》和小说集《沉沦》,作为最早的丛书本出版。到 1930 年,丛书共编辑了包括各类文学创作、文艺论著和译作 60 余种,分别由泰东图书局、光华书局和成立于 1925 年的创造社出版部出版。丛书出版面世后,在社会上尤其是青年中产生了较大的影响。《女神》出版后至 1929 年重印 9 次,《沉沦》出版后至 1930 年重印 12 次。泰东图书局 1923 年开始出版的"辛夷小丛书"也属于"创造社丛书"系列。

创造社编辑出版的文学刊物包括《创造》(季刊)(图 89)、《创造周报》《创造月刊》《洪水》(半月刊)、《文化批判》《流沙》等。《创造》是创造社的机关刊物,

图89 《创造》(季刊) 创造社编

1922年5月1日创刊,共编辑2卷、6期,由泰东图书局出版。刊物以发表创作为主,兼及理论批评和翻译。《创造周报》为兼顾政治、文艺批评和文学创作的综合性刊物,1923年5月13日创刊,共出版52号,由泰东图书局发行。

由于创造社的进步文化出版活动触犯了反动当局的禁律,1929年2月,创造社及其出版部被国民党当局查封。郑伯奇等立即成立了江南书店,将创造社出版部的书籍和全部刊物归书店,继续从事出版活动。

(三) 语丝社

语丝社是以编辑出版《语丝》周刊而得名的现代新文学社团。它没有明确的组织机构,成员一般是刊物的编辑者和主要撰稿人。《语丝》1924年11月17日创刊于北京,由孙伏园、周作人先后任主编,主要撰稿人有鲁迅、周作人、刘半农、林语堂、钱玄同、章依萍等,由北新书局出版发行。《语丝》以发表杂感、短评、随笔为主,以鲁迅为代表的作者,在反对封建思想、抨击北洋军阀统治的斗争中发挥了积极的作用,1927年10月遭奉系军阀张作霖查封。当时,北新书局已南迁上海,于是《语丝》也随之南下,在上海复刊。复刊第四卷第一期开始由鲁迅主编,后由柔石、李小峰继任主编,1930年3月出至第五卷第五十二期后停刊。

(四) 鲁迅的编辑出版活动

鲁迅的编辑活动开始于1912年参与创办《越铎日报》和1918年参与《新青年》编辑部的重大活动。自1925年担任《莽原》主编后,鲁迅的编辑活动逐渐进入高潮期,1927年主编复刊的《语丝》,1928年与郁达夫合编《奔流》月刊。20世纪30年代在左翼文化运动中,他作为主帅,先后主编了左联机关刊物《萌芽》《巴尔底山》《世界文化》《前哨》《十字街头》等,1934年又主编了《译文》月刊。据不完全统计,终其一生,鲁迅共担任过20种期刊和报纸副刊的编辑工作,共编辑过11套丛书,编辑或参与编辑的各种书籍达76种,校阅的书籍有40余种,为我国现代编辑出版事业做出了重要的贡献。

鲁迅把编辑出版看作是一种非常需要而且很有意义的工作,就是把它当作为社会大众提供的精神食粮,当作投向敌人心脏的匕首,因此始终以饱满的革命激情和严肃认真的态度对待每一件编辑出版事务。对编辑出版过程中的每一个环节如选题、组稿、校对、版式、插图、序跋、装订等,都亲自过问,严格把关。鲁迅用他在毕生从事的编辑出版活动中体现出来的革命精神和优良作风,为后世编辑出版工作者树立了光辉的榜样。

新文学书刊的编辑出版面广量大,贯穿了整个民国时期。柯灵主编的"中国现代文学序跋丛书"(1919—1949),共搜集整理自五四运动到新中国诞生前30年间现代文学书籍的序跋5 000余篇,分为散文、小说、戏剧、诗歌、译文、理论以及期刊前言、后语等7卷;唐沅、韩之友等编录的《中国现代文学期刊目录汇编》,选录1917年至1949年间编辑出版,且在现代文学史上有影响、有代表性的文学期刊276种,足见其规模之巨大,在现代编辑出版史上占有十分重要的地位。

三、抗日救亡运动中的编辑出版活动

1931年"九一八"事变后,日本帝国主义加紧对华全面侵略,中国人民奋起反抗,抗日救亡运动在全国轰轰烈烈地展开,宣传抗日救亡的书籍、报刊也在各地大量涌现,仅以上海、北平为中心的国统区就有不下千种的报刊创刊发行。各地出版机构也纷纷加入抗日救亡的宣传出版活动,其中以《申报》的改革和邹韬奋的编辑出版活动影响最大。

(一)《申报》的改革

《申报》(图90)是民国时期历史最悠久的报纸,1872年4月由英商美查在上海集资创办,1913年转售给史量才,正式成为中国民族资产阶级的报纸。1931年9月1日,《申报》发表创刊60周年纪念宣言,提出革新计划。宣言发表后仅17天,"九一八"事变突然爆发,次年"一·二八"上海淞沪抗战接踵而至。史量才一方面积极参加抗日爱国活动,一方面着手进行《申报》的改革。他在1932年11月30日《〈申

图90 《申报》

报〉六十周年革新计划宣言》中说:"从去年到今年,举国纷纷扰扰,不可终朝,而国难依然是'原封不动'。本报同人从而觉悟到欲谋打破国难,不在于空口的叫嚣,亦不在于无意识的盲动,最重要的是在于'各尽其责',在于实际的'做'。为谋'尽责',所以本报决本去年所宣示于国人的计划,以'实际做'的精神,从今开头,逐步促其实现。"很明显,《申报》把改革看成是抗日救亡的需要。

《申报》的改革,首先是从时评和副刊上开始的。当时,史量才聘请爱国进步人士黄炎培、陶行知进入报社的高级管理层,设计和领导改革。以每天一篇的时评,紧密联系形势,及时分析时局发展的趋势,反映民众的感情和要求。在"九一八"事变前后,《申报》的时评,针对抗日救亡的形势,明确表示坚决反对国民党"攘外必先安内"的反动立场,赢得了全国人民的一致好评。《申报》原有副刊《自由谈》,自 1911 年创办以来,一直是鸳鸯蝴蝶派、礼拜六派等旧文人的大本营。1932 年,史量才聘请从法国归来的黎烈文出任主编。黎烈文上任伊始,即大刀阔斧进行改革,大量刊登鲁迅、茅盾、瞿秋白、叶圣陶、唐弢等革命作家的杂文,一时间,《自由谈》成为左翼作家反对和还击国民党文化围剿的重要阵地。

作为在全国享有盛誉的大报,《申报》的革命性改革引起了国民党当局的恐慌。1934 年 11 月,国民党特务卑鄙地暗杀了史量才,《申报》改革因此遭受了夭折的命运。但是,史量才主持的《申报》改革,对全国的抗日救亡运动仍然起到了积极的促进作用。

(二) 邹韬奋的编辑出版活动

邹韬奋(1895—1944)(图 91),江西余江人,1926 年主编《生活》周刊,开始了他作为政论家、出版家和革命战士的辉煌人生。

《生活》周刊原来主要谈论个人修养问题,进行职业指导,其政治倾向属于爱国的民族资产阶级。"九一八"事变使邹韬奋的思想发生了巨变,在共产党员胡愈之等人的帮助下,他很快走上抗日救亡的道路。1933 年 12 月,《生活》周刊被查封,邹韬奋也被迫流亡国外。1935 年回国后,他继续创办报刊,先后主编了《大众生活》周刊、《生活日报》《生活日报星期增刊》《抗战》三日刊、《全民抗战》、复刊版《大众生活》。周恩来

图91 邹韬奋

同志在延安谈到邹韬奋时说过:"我们党的抗日民族统一战线政策,主要是通过韬奋主编的刊物传播到国民党统治区广大知识分子中去的。"

1932年,邹韬奋又创办了著名的生活书店,大量出版进步的社会科学和文学艺术类书籍,并在西安、重庆、长沙、桂林、昆明、南宁、恩施、梅县等地开设了56处分店,成为国统区重要的进步文化出版阵地。据统计,生活书店在单独存在的16年中(1932—1948),先后出版了30多种期刊、1 200多种图书,没有一本在政治上是投机的,在经济上是单纯为了营利的。其中,最有影响的是郑振铎主编的大型丛书"世界文库"和茅盾主编的《中国的一日》。

1944年,身患脑癌的邹韬奋在上海病逝,根据他在遗嘱中表达的请求,中共中央追认他为中共正式党员。毛泽东同志在亲笔书写的挽词中高度评价了邹韬奋的一生:"热爱人民,真诚地为人民服务,鞠躬尽瘁,死而后已,这就是邹韬奋先生的精神,这就是他之所以感人的地方。"邹韬奋留下了一部几百万字的《韬奋文集》和值得我们编辑出版工作者永远学习的韬奋精神。

第三节　民营出版业的发展及其出版活动

民国时期,社会处于改革转型之际,各种改革思潮和文化运动此起彼伏,民众对各种出版物的需求大增,在很大程度上刺激和促进了出版事业的发展。从20世纪20年代开始,国内出版业集中的上海出现了集编辑、印刷和发行于一体的、具有相当规模的现代出版企业。这其中,在出版种类和数量上能够适应社会需求,并创出自己品牌的,以商务印书馆、中华书局、世界书局、开明书店以及良友图书公司最具代表性。

一、商务印书馆

商务印书馆在我国近现代编辑出版史上具有独特的贡献,进入民国时期,能够跟随时代发展的步伐,把握出版方向,紧密配合新文化运动,提倡白话文,创办新刊物,编刊大量反映新思想、新文化内容的书籍。民国时期的大型知名出版物中,几乎在所有种类上都能看到商务的标记,如期刊中的《小说月报》《东方杂志》等。《东方杂志》是民国时期历史最悠久的大型综合性刊物,1904年创刊,在编辑上具有综合文摘的性质:设有社说、时评、内务、军事、外交、教育、实业、交通、商务、记载、宗教、文件、调查、杂俎、小说等专栏,除自撰论说外,内容多辑自当时国内外报刊,保存了中国现代社会大量有价值的历史史料,至1948年停刊时,共出44卷、828期。

更为重要的是,商务印书馆为出版界培养了大批专业编辑出版人才,综观民国时期知名出版机构的创办者或主持人,大多数有在商务印书馆工作的经历。

商务印书馆由初创时以经营印刷业务为主的小型企业,到民国时期逐步发展成为集编辑、出版、发行为一体的规模巨大的新式企业,张元济为商务印书馆的这一历史性发展建立的功绩是不可磨灭的。

图92 张元济(时年七十)

张元济(1867—1959)(图92),字筱斋,号菊生,浙江海盐人。光绪十八年(1892)进士,戊戌变法时期,力主政治改革。变法失败,南下上海。1903年,抱着"昌明教育生平愿,故向书林努力来"的宗旨,受聘出任商务印书馆编译所所长。任职期间,他对编辑出版活动在组织策划上做出了卓越的贡献,具体可以归纳为以下几个方面:(1)组织编辑成套教科书,遍及幼儿园、小学、中学、大学、师范、专科、职业等各个层次,开创了我国学校统一用书的新纪元(图93)。他并配合教学,编辑出版了大批工具书,著名的有《辞源》《植物学大辞典》《中国人名大辞典》《中国古今地名大辞典》以及各科中外文专业工具书。(2)译介西方文化学术和科技名著,据统计,自清末至1936年,先后出版汉译科技书籍达963种;创办杂志,以《教育杂志》《东方杂志》最具影响。(3)影印大批成套古籍,如"涵芬楼秘籍""续古逸丛书""四部丛刊""百衲本二十四史""四库全书珍本""宛委别藏"等。其中以"四部丛刊"初、续、三编504种和"百衲本二十四史"用力最多,张元济百计查访,多方协商,从国内外著名藏书机构、藏书楼和藏书家借得宋、元善本影印。在张元济主持下影印出版的大量古籍,影响之大,在中国现代编辑出版史上是空前的,他在保存民族文化遗产方面可谓功绩卓著。

商务印书馆在20世纪二三十年代的发展,离不开时任编译所所长王云五的贡献。王云五(1888—1979),字岫庐,广东中山人。辛亥革命后曾在临时大总统府任秘书。1921年进入商务印书馆,初任编译所出版部部长,不久升任编译所所长。他针对编译工作提出了一套改革措施,在编辑出版业务上,将原来注重教学用书调整为一般图书,集中力量编辑出版成套书和丛书。大型丛书如1929年至1937年出版的"万有文库"1、2集,凡1 721种、4 000册;1935年出版的"丛书集成初编"3 111种以及"大学丛书""中国文化史丛书"等。这些丛书都由王云五主持编印,对传统文化的传播和积累起到了很重要的作用。尤其是1929年出版发售"万有文库"正值图书馆运动在全国开展。1928年,全国教育会议通

图93　商务印书馆编印的教科书

过决议,要求全国各学校均设置图书馆,并从每年学校经费中提出5%以上为购书经费,时称"图书馆运动"。于是,出版界就以大量出书加以响应,商务印书馆出版"万有文库"成为最显著的标志,被称为是中国出版界的创举。

王云五还主持发明了新检字方法——四角号码检字法,将汉字四角的基本笔形类分为10种,分别用0~9这10个号码代表,具有直接、便捷的优点。当时,商务的许多工具书和古籍的索引都采用这一检字法编排,在编辑出版界产生了很大影响。

二、中华书局

中华书局(图94)是我国现代重要的民营出版发行机构,1912年元旦成立于上海。书局的创办与教科书有关。1911年,面对革命风暴席卷全国的政

图94　中华书局上海旧址

治形势,商务印书馆在确定新学期教材的编印问题上采取了保守的决策:照印符合清学部规定的旧本。而此时在商务印书馆工作的陆费逵却另有考虑,他认为反清革命的成功为时不会太远,应该抓住这个难得的时机,迅速编印一套革命胜利后适用的新教科书。于是,陆费逵秘密约请商务同人戴克敦(懋哉)、陈寅(协恭)、沈颐、沈继芳商讨编写新教科书的各种具体问题,并逐步付诸实施。他们的新教科书用2号铅字排印,插图用黄杨木雕刻。1911年10月武昌起义时,新教科书已经印好十之八九。于是,新书局的诞生水到渠成。

作为合资经营的出版企业,中华书局最初的资金为2.5万元,由陆费逵出任经理。民国新纪元的第一个春季,新学期开学时,中华书局的"新学制教科书""新编国民教育教科书"大量应市,它们以五色国旗图片为封面,一举占领了国内主要的教科书市场,以"教科书革命"为口号的中华书局赢得了首战的全胜。接着,中华书局采取积极扩张的策略,在北京、天津、广州、汉口、南京等大城市吸引投资,设立分局,兼并文明书局和民主图书公司,自办印刷所和发行所。至1916年,资本已经达到160万元,成为国内仅次于商务印书馆的第二大民营出版社。

民国时期,中华书局编辑出版的书籍和刊物种类齐全、数量众多,主要有:(1)教科书,共计编辑出版各科各级教科书400余种,在民国时期的出版界独占鳌头。(2)社会科学类书籍,总计编辑出版数千种,几占民国时期出版书籍总数的一半,其中如"新文化丛书""社会科学丛书"等都风靡一时。(3)杂志,先后创办编刊20余种,其中的《大中华》《中华教育界》《中华小说界》《中华学生界》《中华童子界》《中华妇女界》《中华英文周报》《中华儿童画报》有中华八大杂志之称。(4)工具书,以1915年出版的《中华大字典》、1934年影印出版的《古今图书集成》808册、1936年出版的《辞海》最为著名。(5)古籍整理,以1930年出版的"聚珍仿宋版二十四史",1926年起先后排印出版的聚珍仿宋版"四部备要"线装本2500册、精装本100册和平装本280册最为著名。综观中华书局在民国时期的发展,总经理陆费逵的执掌功不可没。

陆费逵(1886—1941),字伯鸿,号少沧,浙江桐乡人,清《四库全书》总校官陆费墀的裔孙。陆费逵20岁进入编辑出版界,自办书店和报纸;1908年进入商务印书馆国文部任编辑,次年即升任出版部部长兼《教育杂志》主编;1912年领衔创办中华书局,任中华书局总经理达30年之久,亲自主持书局的教科书、《中华大字典》等重要出版物的编撰;同时,长期担任上海书业同业公会主席,为民国时期社会文化出版事业的发展做出了很大贡献。

三、世界书局与开明书店

世界书局于1921年由沈知方在原广文书局的基础上扩展而成。沈知方曾任中华书局的副经理,因挪用书局公款投机失败而脱离中华书局,另建世界书局。初创时,沈知方采取吸收"读者储蓄"的办法,筹到资金100多万元,获得了扩大经营的机会。世界书局开局之初,以编印期刊为主,如《红杂志》《红玫瑰》《快活》《侦探世界》等,然后将其中的短篇小说抽出发行单行本,由于不必再支付稿费,相应就提高了利润,使书局获利颇丰。例如,向恺然的《江湖奇侠传》被明星影片公司改编为电影《火烧红莲寺》,成为盛行一时的畅销书。

世界书局出书,早期以小说为主,主要是将古典小说名著如《西游记》《三国演义》《水浒传》《封神演义》《岳飞传》等改编为连环画,热销图书市场,"连环画"之称,因此盛行出版界。1924年,世界书局介入教科书的竞争,采取优厚的手续费、低价批发、赠送礼物等手法来争夺已被商务印书馆、中华书局占领的市场,一度引发教科书市场的恶性竞争。1934年,改组后的世界书局由陆高谊出任总经理,他调整了以前只注重通俗小说的倾向,开始出版实用性图书,如工具书和文艺书刊等。全民族抗战爆发后,上海成为"孤岛",陆高谊特请郑振铎、王任叔等主编"大时代文艺丛书",宣传爱国主义。在发展过程中,世界书局曾先后兼并广智书局、俄商西伯利亚印书馆和东亚书局等,出版图书达5 000余种,成为民国时期较大的民营出版企业。

开明书店,1926年8月由章锡琛、章锡珊兄弟创办于上海宝山路,后迁至福州路。1928年,开明书店改组为股份有限公司,由夏丏尊、叶圣陶等主持编辑业务,王伯祥、徐调孚、周振甫等担任编辑,钱君匋为主持封面设计的美术编辑。书店以广大青年为主要读者对象,大量出版文艺书籍、青年修养类图书、学生辅导读物、教科书和期刊等,其中"世界少年文学丛刊",叶圣陶编写的《开明中学国语课本》,林语堂编写的《开明英文读本》(图95),夏丏尊、叶圣陶合著的《文

图95 《开明英文读本》

心》,以及《中学生》杂志都成为当时社会的畅销书刊。国语课本和英文读本都由著名的插图艺术家丰子恺插图,图文并茂,畅销20年。

开明书店作为我国知识分子自行创办的出版社,在确定出版选题、保证出版质量方面,首先考虑的是图书的社会效益。开明书店朴实无华、兢兢业业的编辑作风和经营方式,在现代编辑出版业界树立了良好的形象。

四、良友图书公司

良友图书公司,1926年由广东人余汉生、伍联德等创办,由梁得所、马国亮、赵家璧、郑伯奇等人担任编辑,先后编辑出版了《良友画报》,"良友文学丛书""一角丛书""中国新文学大系"等书刊,在社会和学术界具有广泛影响。

《良友画报》(图96),是我国新闻出版史上第一本9开大型画报,先后由伍联德、周瘦鹃、梁得所、马国亮、张说恒主编。该画报于1926年创刊于上海,为月刊。1941年12月出至第171期后,因太平洋战争爆发被迫停刊。抗战胜利后,于1945年出版最后一期。其间还出版了副刊《孙中山先生纪念特刊》(1926)、《良友八周年纪念特刊》(1933),共174册,含各种照片3万余帧,全套画册图文并茂。《良友画报》在编辑思想上,以雅俗共赏、老少咸宜为主旨,内容上广泛涉及政治、经济、文化、生活各个方面。可以说,凡这一历史时期著名人物的活动、重大历史事件、各种各类社会新闻都有所反映,保存了丰富的中国历史文化史料。

图96 《良友画报》

"中国新文学大系",赵家璧主编,蔡元培作总序。全书收录1917年至1927年间的新文学理论和作品,分为建设理论、文学论争、小说、散文、戏剧、诗和史料、索引7个门类10卷,分别由胡适、郑振铎、茅盾、鲁迅、郑伯奇、周作人、郁达夫、朱自清、洪深、阿英编选并撰写导言。在编辑上,大系开创了新的体例。各集导言论述各自门类的发展历史,兼论入选的作家作品,对我国五四运动以后第一个10年的新文学运动做了全面的总结,兼有文学史的性质。所以，良友图书公司 1940 年将总序和各集导言汇编成《中国新文学大系导论集》，单独出版。"中国新文学大系"的编辑出版，为今后中国新文学发展的研究总结和文化史料积累，提供了一个编纂上的范例。

五、全民族抗战期间民营出版业的衰落

全民族抗日战争爆发后，国民党政府曾要求上海的书局和出版机构将印刷设备物资等紧急撤离上海。由于国民党当局早先答应提供的交通工具已经无法兑现，各书店只好将主要设备物资运到苏州河以南的英、法租界内，继续从事出版活动。

从 1937 年 11 月中旬到 1941 年 12 月 8 日太平洋战争爆发，日军占领了上海四周地区和市内华人区，而苏州河以南的英、美公共租界和法租界暂时还在英、美、法的势力控制范围内，未被占领，犹如茫茫大海中的一座"孤岛"。所以，这段时间史称上海"孤岛"时期。

"孤岛"时期，上海出版界并没有消沉，进步爱国人士继续利用报刊从事抗日的宣传出版活动。1938 年 8 月至 9 月间，读书生活出版社出版发行的郭大力翻译的近 300 万字的《资本论》3 卷中译本、复社 1938 年出版的 600 余万字的 20 卷本《鲁迅全集》，都堪称中国出版史上的奇迹。

1941 年底，太平洋战争爆发，日寇一夜之间占领上海租界。穷凶极恶的侵略者将商务印书馆、中华书局、世界书局等大中出版企业洗劫一空，数百万册图书被劫运日本，这些出版企业的印刷厂、仓库和支店等被查封，上海出版业遭到沉重打击。直到国民党政府垮台，上海的民营出版企业还没有完全从战争的凋零状态中恢复过来。

第四节　　中国共产党领导下的编辑出版事业

一、马克思主义的传播

20 世纪初，西方资本主义国家无产阶级反对资产阶级的革命斗争已经十分活跃，科学社会主义思想得到广泛传播。这时，中国进步知识分子在介绍西欧资

产阶级文化思想时,接触到了流传于欧洲大地的各派社会主义学说,包括马克思、恩格斯的著作及其学说。考察当时资产阶级知识分子在中文报刊上介绍的有关马克思、恩格斯生平和著作的情况,基本上是片段的、零星的。

中国工人阶级的成长和工人运动的发展为马克思列宁主义在中国的传播准备了必要的条件。1917年,俄国十月社会主义革命的胜利,使以李大钊为代表的一批长期在思考国家前途的先进知识分子很快接受了马克思主义,并开始研究马克思主义学说。从十月革命胜利之际出现以《新青年》《每周评论》为代表的宣传刊物到五四运动,马克思主义和马克思、恩格斯的部分著作在中国得到了真正意义上的传播。李大钊主编的《新青年》第六卷第五号成为马克思主义研究的专号,揭开了中国马克思主义传播的历史新页。

图97 李大钊

李大钊(1889—1927)(图97),字守常,河北乐亭人。中国共产党主要创始人之一,长期从事革命的宣传出版活动,1916年在日本留学期间,主编了留日学生总会机关刊物《民彝》创刊号。同年回国后,积极参与《新青年》的编撰工作。十月革命胜利后,李大钊迅速在《新青年》《每周评论》等报刊上进行热情洋溢的宣传,并使之成为马克思主义宣传的主要阵地。

1920年3月,李大钊倡导成立了"北京大学马克思学说研究会"。同年夏天,上海成立了以陈独秀为首的"马克思主义研究会",马克思主义经典著作和有关马克思主义书籍的翻译和出版工作受到了重视。

1920年8月,由上海"马克思主义研究会"发起人之一的陈望道翻译的《共产党宣言》正式出版,这是《共产党宣言》在中国出版的第一个全译本,也是马克思、恩格斯著作在

图98 陈望道译《共产党宣言》封面

中国出版的第一个单行本(图98)。全书为平装本,开本略小于小32开本,封面印有水红色的马克思半身像,上面"共产党宣言"五个大字赫然醒目。封面上端从右到左模印"社会主义研究小丛书第一种"字样,并有"马克思、安格尔斯合著,陈望道译"的署名。这在中国马克思主义著作的出版传播史上占有重要的地位。

二、《共产党》月刊与《向导》周刊

《共产党》月刊和《向导》周刊是中国共产党早期的两份机关刊物,在党的编辑出版史上具有重要地位。

1920年11月7日是十月革命胜利3周年纪念日,选择这一具有特殊意义的日子,共产党上海发起组创办了半公开的理论宣传刊物《共产党》月刊(图99)。月刊为16开本,每期50页左右,由李达主编,前后共出版6期。在白色恐怖的环境下,月刊秘密编辑、发行,以宣传列宁的建党学说和共产党的基本知识为主,第一次在中国高擎起"共产党"的旗帜,阐明了共产党的基本主张和历史使命。1921年5月,该刊第四号还刊登了沈雁冰翻译的列宁的《国家与革命》中第一章《阶级社会和国家》的第一、第二节。《共产党》月刊的出版,引起了敌人的注意,在第三号付印前,首篇文章第一页稿件被法租界捕房没收。李达同志

图99 《共产党》月刊

在付印时,将这一面空着,用醒目的大字刊出"此面被法巡捕房没收了"的字样,以示强烈抗议。这是中国共产党在宣传编辑工作中最早使用"开天窗"的对敌斗争方法。1921年7月,《共产党》月刊停刊。

《向导》周刊是中国共产党的第一份中央政治机关报,1922年9月13日诞生在上海,1927年7月18日出至第201期后被迫停刊。《向导》是在共产国际的指导下和以陈独秀为首的中共中央领导下出版发行的。首任主编是蔡和森,其后是瞿秋白、彭述之。蔡和森在担任该刊主编的近三年中,很好地把握了宣传的中心,集中力量系统宣传党的二大制定的民主革命纲领。蔡和森因病离职后,

《向导》开始受到右倾机会主义的影响,在中山舰事件、北伐战争、农民运动等一系列重大问题上偏离正确路线,刊物的革命性、战斗性相对减弱。

中国共产党在领导新民主主义革命的各个时期,都创办了中央政治机关报,《向导》以后,先后有 1937 年 12 月 1 日在汉口创刊的《群众》周刊、1938 年 1 月 11 日在汉口创刊的《新华日报》、1939 年 2 月创办的《新中华报》、1941 年 5 月 16 日在延安创刊的《解放日报》。1847 年 6 月,以科学理论指导的第一份无产阶级国际共产主义组织的机关刊物《共产主义杂志》在英国伦敦诞生,共产主义政党机关报刊开始了自己的发展历史。其后,马克思、恩格斯创办"共产主义者同盟"民主派机关报《新莱茵报》,以及列宁创办《火星报》的伟大革命实践,为无产阶级政党创办机关报刊提供了宝贵的历史经验和理论指导。中国共产党在新民主主义革命阶段创办的机关报刊,都能及时正确地宣传党的路线、方针、政策,在指导全国人民的革命斗争方面,发挥了极为重要的作用。党报在长期的办报实践中形成的全党办报、宣传党的总路线和密切联系群众、联系斗争实际等经验和作风,是我国编辑出版史上一份极其珍贵的精神文化遗产。

三、党的出版发行机构及其活动

中国共产党自 1921 年成立到 1927 年大革命时期,先后设立了新青年社、人民出版社、上海书店和长江书店 4 个出版机构,出版发行了许多革命书刊。

新青年社:1920 年在上海法大马路(今金陵东路)279 号成立,除了继续出版《新青年》杂志外,还出版过"新青年丛书"等。1921 年底迁往广州昌兴马路 28 号,继续从事党的出版活动。

人民出版社:1921 年 7 月中国共产党成立后,按照党的一大做出的决定,党在宣传工作中首先恢复了《共产党》月刊和《新青年》杂志,"新青年社丛书"继续出版,并成立了人民出版社,与新青年社分别在上海、广州编印书籍报刊。人民出版社设在上海成都南路辅德里 625 号,由李达负责,主要出版马克思、列宁的著作。人民出版社在《新青年》第九卷第五号刊登的通告中宣布了自己的出版宗旨和任务,计划出版《马克思全书》15 种、《列宁全书》14 种、"康明尼斯特丛书"(即"共产主义丛书")及其他宣传马克思主义的书籍若干种。在一年多时间里,先后出版了《马克思全书》3 种、《列宁全书》4 种、"康明尼斯特丛书"4 种,以及其他通俗宣传手册数种,在传播马克思主义方面发挥了重要作用。1923 年,人民出版社并入广州新青年社。

上海书店：1923年11月1日，党的三大后，为了扩大马克思主义的宣传而决定成立上海书店，负责出版、发行党内所有的对外宣传刊物，如《向导》周刊、《中国青年》以及新青年社的出版物等。1924年，上海书店开始出版自己的新书，如瞿秋白的《社会科学讲义》《国外游记汇刊》、恽代英等的《反对基督教运动》等。1925年"五卅运动"中，党的第一个印刷所——崇文堂印务局成立了，承印《向导》《中国青年》及上海总工会的宣传小册子和传单等，并出版"中国青年社丛书"6种，"向导丛书"4种等。至1925年12月，上海书店先后出版了30多种革命书籍，在配合反帝反封建斗争和宣传马克思主义方面发挥了重要作用。1926年，进驻上海的军阀孙传芳害怕书店的宣传影响，于2月4日以"煽动工团，妨碍治安"的罪名，封闭了上海书店。

长江书店：1926年11月在武汉成立，成为继承上海书店营业的党的公开出版发行机构，在半年多时间里新出和重版了"中国青年社丛书"、《向导周报汇刊》《中国青年汇刊》《马克思全书》《列宁全书》以及毛泽东的《湖南农民革命（一）》(即毛泽东《湖南农民运动考察报告》的单行本)等著作50多种。适逢北伐军一路直逼上海、南京，革命形势迅猛发展，党决定在上海恢复公开的出版发行机构，设立上海长江书店。1927年"四一二""七一五"反革命政变相继发生后，上海、武汉的长江书店先后遭到扼杀。

在十年内战、全民族抗战和解放战争中，中国共产党领导的出版事业在困难中坚持，在曲折中发展。第一次国内革命战争时期，中央苏区设有出版局和发行所，统筹苏区书刊的出版发行工作，据当时《红色中华》等苏区报刊的报道，苏区出版了200余种图书，以小部头的马列主义著作、党和政府文件以及通俗教育材料为主。

全民族抗战时期，党中央在延安建立了中共中央出版发行部，统一负责党的出版、印刷、发行工作。当时，马克思、恩格斯、列宁的著作和毛泽东著作用解放社的名义出版（图100），一般社会科学读物则用新华书店的名义出版。1939年9月1日，新华书店单独建制，由中共中央出版发行部直接领导。党中央还派专人去上海、西安等地采购印刷器材，聘请技术人员，组建中央印刷厂。从1937年到1947年3月中央撤离延安为止，由中央

图100 《列宁选集》
解放社1938年版

印刷厂、解放社和新华书店出版发行的书籍达300种,加上大量的报纸、杂志,延安的编辑出版事业呈现出十分兴旺的局面。同时,根据党中央的指示,各抗日民主根据地都建立了党领导的出版机构,从事革命书刊的宣传和出版工作,因此,出版物的数量和种类都达到了一定的规模。

图101 《毛泽东选集》
晋察冀中央局编印本(1947)

解放战争中,党的出版事业进入了新的发展时期。1945年建立的东北解放区,在图书编辑出版方面走在全国的前列,先后出版了影响遍及全国的《毛泽东选集》,1947年晋察冀中央局也编印出版了《毛泽东选集》(图101)和反映东北解放区斗争生活的《暴风骤雨》《政治委员》《无敌三勇士》等。仅在1947年至1948年两年时间里,东北新华书店就出版了592种书刊,发行量达到1 400万册,充分反映了解放区出版事业欣欣向荣的大好发展趋势。

1946年6月,蒋介石悍然发动内战,各解放区的新华书店坚持在战争环境下出版发行书刊,从政治上给解放军战士和解放区人民提供精神食粮。随着解放战争的节节胜利,新华书店迅速在新解放区建立自己的分支机构。到全国解放前夕,新华书店在各地的分支店已经多达735个,基本形成了覆盖全国的发行网络。据华北、华东、华中、东北和西北五大解放区的统计,1940年到1949年间,新华书店共出版了5 342种图书,发行量达到4 474余万册,加上1937年至1947年以延安解放社和新华书店总店名义出版的约300种、约150万册,则解放区的新华书店从成立到新中国诞生前,共计出书5 642种,出版数为4 624万册①;同时拥有印刷厂29处,职工8 100多人,为解放后新中国的图书出版事业奠定了良好的发展基础。

1949年2月23日,中共中央宣传部成立了出版委员会。9月18日,任命胡愈之为新华书店总编辑,叶绍钧为副总编辑。1949年10月3日,中共中央宣传部出版委员会在首都北京召开了全国新华书店第一次出版工作会议,毛泽东主席为会议题词:"认真做好出版工作。"自此,我国的编辑出版事业进入了新的历史发展时期。

---

① 郑士德.新华书店简史.见:程焕文编.中国图书论集.北京:商务印书馆,1994:531.

主要参考书目

[1] 张静庐辑注. 中国近代出版史料(初编、二编)[M]. 上海:群联出版社,1953—1954.

[2] 张静庐辑注. 中国出版史料补编[M]. 北京:中华书局,1957.

[3] 张静庐辑注. 中国现代出版史料(甲编、乙编、丙编、丁编)[M]. 北京:中华书局,1954—1959.

[4] 王树民. 史部要籍解题[M]. 北京:中华书局,1981.

[5] 胡道静. 中国古代的类书[M]. 北京:中华书局,1982.

[6] 刘叶秋. 中国字典史略[M]. 北京:中华书局,1983.

[7] 陈国庆. 汉书艺文志注释汇编[M]. 北京:中华书局,1983.

[8] 魏隐儒. 中国古籍印刷史[M]. 北京:印刷工业出版社,1984.

[9] 余嘉锡. 古书通例[M]. 上海:上海古籍出版社,1985.

[10] 高明. 中国古文字学通论[M]. 北京:文物出版社,1987.

[11] 叶德辉. 书林清话[M]. 北京:中华书局,1987.

[12] 张舜徽. 中国文献学[M]. 郑州:河南人民出版社,1987.

[13] 韩仲民. 中国书籍编纂史稿[M]. 北京:中国书籍出版社,1988.

[14] 张秀民. 中国印刷史[M]. 上海:上海人民出版社,1989.

[15] 姚福申. 中国编辑史[M]. 上海:复旦大学出版社,1990.

[16] 来新夏,等. 中国古代图书事业史[M]. 上海:上海人民出版社,1990.

[17] 中国大百科全书总编辑委员会. 中国大百科全书·新闻出版[M]. 北京:中国大百科全书出版社,1990.

[18] 钱存训. 纸和印刷(李约瑟. 中国科学技术史第五卷·第一分册)[M]. 刘祖慰,译. 北京:科学出版社,上海:上海古籍出版社,1990.

[19] 上海新四军历史研究会印刷印钞分会. 雕版印刷源流[M]. 北京:印刷工业出版社,1990.

[20] 上海新四军历史研究会印刷印钞分会. 活字印刷源流[M]. 北京:印刷工业出版社,1990.

[21] 吉少甫. 中国出版简史[M]. 上海:学林出版社,1991.

[22] 上海新四军历史研究会印刷印钞分会.历代刻书概况[M].北京:印刷工业出版社,1991.

[23] 宋原放,李白坚.中国出版史[M].北京:中国书籍出版社,1991.

[24] 曹之.中国古籍版本学[M].武汉:武汉大学出版社,1992.

[25] 上海新四军历史研究会印刷印钞分会.装订源流和补遗[M].北京:中国书籍出版社,1993.

[26] 孙钦善.中国古文献学史[M].北京:中华书局,1994.

[27] 熊月之.西学东渐与晚清社会[M].上海:上海人民出版社,1994.

[28] 曹之.中国印刷术的起源[M].武汉:武汉大学出版社,1994.

[29] 程焕文.中国图书论集[C].北京:商务印书馆,1994.

[30] 程焕文.中国图书文化导论[M].广州:中山大学出版社,1995.

[31] 范慕韩.中国印刷近代史(初稿)[M].北京:印刷工业出版社,1995.

[32] 肖东发.中国编辑出版史[M].沈阳:辽宁教育出版社,1996.

[33] 李瑞良.中国古代图书流通史[M].上海:上海人民出版社,2000.

[34] 潘树广,等.文献学纲要[M].桂林:广西师范大学出版社,2000.

[35] 李零.郭店楚简校读记[M].北京:北京大学出版社,2002.

[36] 李明君.历代书籍装帧艺术[M].北京:文物出版社,2009.

[37] 捷连提耶夫-卡坦斯基.西夏书籍业[M].王克孝,景永时,译.银川:宁夏人民出版社,2000.

[38] 马衡,等.古书的装帧:中国书册制度考[M].杭州:浙江人民美术出版社,2019.